本教材获得浙江省一流学科建设经费支持

法 学 创 新 课 程 教 材

家事法实务教程

魏小军◎主编

知识产权出版社
全国百佳图书出版单位
—北京—

图书在版编目（CIP）数据

家事法实务教程／魏小军主编．—北京：知识产权出版社，2024.1
法学创新课程教材
ISBN 978－7－5130－9033－9

Ⅰ.①家… Ⅱ.①魏… Ⅲ.①婚姻法—中国—高等学校—教材 Ⅳ.①D923.9

中国国家版本馆 CIP 数据核字（2023）第 236916 号

责任编辑：刘　江　　**责任校对**：谷　洋
封面设计：乾达文化　　**责任印制**：刘译文

法学创新课程教材
家事法实务教程
魏小军　主编

出版发行：知识产权出版社有限责任公司　　**网　　址**：http：//www. ipph. cn
社　　址：北京市海淀区气象路 50 号院　　**邮　　编**：100081
责编电话：010－82000860 转 8344　　**责编邮箱**：liujiang@ cnipr. com
发行电话：010－82000860 转 8101/8102　　**发行传真**：010－82000893/82005070/82000270
印　　刷：三河市国英印务有限公司　　**经　　销**：新华书店、各大网上书店及相关专业书店
开　　本：720mm×1000mm　1/16　　**印　　张**：32.5
版　　次：2024 年 1 月第 1 版　　**印　　次**：2024 年 1 月第 1 次印刷
字　　数：466 千字　　**定　　价**：158.00 元
ISBN 978－7－5130－9033－9

作者简介*

魏小军，民商法学博士，杭州师范大学沈钧儒法学院副教授、硕士生导师，北京大成律师事务所高级顾问，中国法学会婚姻家庭法学研究会理事，最高人民检察院“民事行政检察专家咨询网”专家，长期深耕家事相关法律理论与实务，在《法律科学》等刊物发表论文及评论数十篇，出版《遗嘱有效要件研究》等专著多部，曾为十余家驰名金融机构总部提供家庭财富管理法务支持，多次参加《民法典》立法研讨，担任中华全国律师协会、中国中小企业协会等协会涉家事、财富管理业务指引（标准）的起草人。

石清荣，西南政法大学硕士，杭州市中级人民法院督察室主任、三级高级法官，从事民商事审判工作十余年，曾获浙江省民事审判先进个人等荣誉称号，审理的案件曾入选最高人民法院指导性案例，撰写的论文曾刊载于最高人民法院《民事审判指导和参考》。

王小成，国浩律师（上海）事务所合伙人、国浩家族财富管理研究中心主任、中欧国际工商学院硕士、中国人民大学律师学院兼职教授，2015 年以来连续 9 年被国际法律评级机构 LEGALBAND 评为私人财富管理顶级律师，并入选 2022 年度 LEGALBAND 家族财富管理中国律师特别推荐 15 强、钱伯斯大中华区私人财富管理推荐律师。

万薇，湖南云天律师事务所高级合伙人，兼任中华全国律师协会婚姻家庭法律专业委员会委员、湖南省律师协会婚姻家庭法律事务专业委员会主任、

---

* 除主编外，按编章及作者署名顺序。

湖南省婚姻家庭研究会常务理事、长沙市律师协会副会长等职，曾多次参与婚姻家事相关立法活动，先后获得中华全国妇女联合会“全国三八红旗手（称号）”“全国维护妇女儿童权益先进个人”、湖南省司法厅、湖南省律师协会“湖南省优秀青年律师”等荣誉。

胡奎，杭州师范大学讲师、钱塘律师学院执行院长、上海申骏（杭州）律师事务所兼职律师，上海财经大学法学硕士。

王楠，北京大成（杭州）律师事务所合伙人、金融专业组联合负责人，浙江省法学会婚姻法学研究会常务理事、杭州市律师协会第九届家事专业委员会副主任、浙江省律师协会婚姻家事委员会委员、中国民主同盟浙江省第十三届委员会妇女委员会副主任、杭州市妇联妇女维权和法律援助志愿团团长，中国政法大学硕士，具有15年律师执业经验。

蒋丽华，法学博士、博士后，西北政法大学民商法学院副教授、硕士生导师，入选西北政法大学“长安青年学术骨干”，陕西省法学会民事诉讼法研究会副秘书长，中国仲裁法研究会仲裁规则研究专业委员会副秘书长，在《财经法学》《人民法院报》等报刊发表论文27篇，出版专著1部，主持和参与多项省部级课题。

付丽，北京大成（郑州）律师事务所合伙人、中华全国律师协会婚姻家庭法专业委员会副主任、河南省律师协会婚姻家事法律专业委员会主任、河南省律师协会讲师团成员、河南省首批婚姻家庭法专业律师、具有20年律师执业经验。

张莹，北京浩天（西安）律师事务所合伙人，西安交通大学法律硕士，陕西省律师行业领军人才，具有非常扎实的理论功底和丰富的实务经验，代理过多起家庭资产数亿的婚姻案件和继承案件；长期担任媒体嘉宾律师，直播和录制节目400余期，多次接受《中国新闻周刊》《民主与法制时报》等多家知名媒体的采访；多篇作品发表于《投资与合作》《华商报》等报刊，参与编写《婚姻家庭案件裁判要旨总梳理》《继承案件裁判要旨总梳理》等著作。

熊剑宇，南京市中级人民法院未成年人及家事案件审判庭一级法官，浙江大学法学硕士，曾获全国法院系统2019年度优秀案例分析评选活动二等奖等荣誉。

何嘉川，北京大成（杭州）律师事务所合伙人、金融行业组联合负责人，浙江省法学会民法学研究会理事、浙江省法学会婚姻家庭法学研究会理事，杭州市律师协会第十届权益保障与执业环境提升委员会委员，杭州市律师协会第九届、第十届家事专业委员会秘书长，具有15年律师执业经验。

鲁荣杰，华东政法大学民商法学硕士，曾就职于浙江省慈溪市人民法院，现任浙江省余姚市人民检察院二级检察官，在《人民司法（案例）》等专业期刊发表学术论文多篇，办理的案件曾入选最高人民检察院典型案例。

杨云，上海市浦东新区人民法院法官助理，西南政法大学民商法学硕士，曾在《西南政法大学学报》《人民法院报》等期刊报纸发表文章多篇，具有7年民商事审判工作经验。

倪瑶霞，浙江省磐安县人民法院法官助理，杭州师范大学民商法学硕士，具有扎实的婚姻家事法学理论功底和丰富的实务经验。

王梦娟，法学硕士，扬州市人民检察院检察官助理，主要从事民事检察工作。

孙双双，西南政法大学民商法学硕士，嘉兴市中级人民法院法官助理，具有8年民商事审判工作经验。

刘宇娇，西南政法大学民商法学博士，浙江理工大学法政学院讲师，主要从事婚姻家庭继承法研究，在《现代法学》《学术论坛》等核心期刊发表学术论文多篇。

赵宁宁，万商天勤（上海）律师事务所合伙人，同时担任中国国际私法学会理事、国际家事律师协会（IAFL）会员、亚洲太平洋法律协会（LAWASIA）会员、上海市律师协会民事业务研究委员会委员等职，著有《涉外婚姻家庭案件律师实务》、*Family Law* 等多部著作及数十篇专业文章。

刘威，国浩律师（上海）事务所律师助理，华东政法大学民商法学硕士。

郭倚阳，杭州师范大学沈钧儒法学院民商法学硕士研究生。

王艺，杭州师范大学沈钧儒法学院民商法学硕士研究生。

吴慧萍，万商天勤（上海）律师事务所律师，同济大学法学硕士，自2015年起律师执业至今，在跨境争议解决方面积累了丰富的实务经验，擅长涉外民商事法律业务。执业期间，参与撰写21世纪法学系列教材《婚姻家庭继承法学》，有多篇文章收录于《家事法实务》并出版发表。

总　序

党的二十大报告提出，要坚持全面依法治国，推进法治中国建设。建设法治中国离不开高素质法律人才，培养法律人才离不开法学院师生的薪火相传。韩愈曾言：师者，所以传道、授业、解惑也！三者之中，传道为先。周敦颐亦言：文以载道。作为法学院之教师，欲传法治之道，当著法治之书。故编撰法学教材，乃法学教师义不容辞之事。杭州师范大学法学院成立于2001年，设有法学与知识产权两个本科专业。2009年法学专业成为浙江省重点建设专业，2011年民商法学获批浙江省重点学科，2011年获批法学一级学科硕士点，2015年获批浙江省一流学科B类，2017年获批浙江省“十三五”特色专业建设，2016年和2018年分别获得法治教育硕士学位授予权和法律硕士学位授予权。

学院坚持以人才培养为中心，以科学研究为龙头，鼓励教师从事高水平学术研究。近年来，学院教师先后在《中国社会科学》《法学研究》《中国法学》《中外法学》《知识产权》等刊物发表学术论文400余篇，主持国家社科基金项目及其他科研项目60余项。学院倡导教师将研究成果融入教学活动，广大教师对此热切回应，积极将自己的学术研究成果吸纳到教学环节，认真撰写高水平的教学大纲及课程教案。学院组织院内外专家对学生评价较高的教师教案进行评估，从中挑选出一部分优秀教案。评估专家认为入选的优秀教案具有向法学教育界推广的价值，学院遂与知识产权出版社协商一致，决定将上述优秀教案整理出版为相应教材。学院与出版社本着鼓励学术传承，打造精品教材的追求，对入选教材由最初教案编写者与讲授同一门课的其他教师共同按照精品教材的标准进行打磨，不急功近利，唯竭诚作则，以期达到国内同类教材的最高水准。

孔子云：“人能弘道，非道弘人。”杭州师范大学沈钧儒法学院的教师秉承沈钧儒先生崇尚法治的理念，紧跟时代步伐，为弘扬法治之道，培养优秀法治人才而砥砺前行。相信杭州师范大学沈钧儒法学院法学创新课程教材的出版能够为高校法治人才的培养做出自己的贡献。

杭州师范大学沈钧儒法学院法学学科负责人　蒋铁初

前　言

几乎所有的人都生活在某种家庭关系当中，所以家事法被认为是最贴近生活、最实用的法律。但这种实用性，并未受到传统家事法教科书的足够重视。本教程的编写，立足于法律的实际运用，兼顾基础理论，对家事法及其实务进行系统阐述。总体而言，本教程主要具有以下特点：

第一，作者具有非常丰富的法律实务经验及深厚的理论功底。本教程的作者中，三位拥有博士学位，六位拥有多年家事及相关案件审判工作经历，两位有丰富的婚姻家事相关民事检察工作经验，八位有10年以上家事律师执业经验；有最高人民法院指导性案例、最高人民检察院典型案例的案件承办法官、检察官，以及国际法律评级机构所发榜单上的顶级家事律师；有专门处理上诉案件的中级人民法院资深法官、业务部门负责人，也有全国及多个省市律师协会婚姻家事专业委员会的负责人。这样的学术功底和实务经验，为本书编写目标的达成提供了人力支撑。

第二，本教程以《民法典》及最高人民法院《民事案件案由规定》为基础，结合其他法律法规、司法解释，并参考部分省市高级人民法院发布的文件及中华（全国）律师协会发布的相关业务指引，将全部内容分为综合编、婚恋编、血亲编、继承编以及涉港澳台及涉外编共五编二十一章，对实务中常见的家事法问题进行了全方位及体系化的阐述。本教程不求面面俱到，但求主要问题不留死角。

第三，各章节的内容安排，均力求通俗易懂、紧扣实务。对知识的讲解，原则上不涉及制度史等纯学理问题，只围绕现行规定及司法实践进行解释，并通过针对性的、简洁清晰的案例予以进一步说明。第一章以外的其他各章，正文后面都附有实务热点问答，针对当前社会生活及法律实务操作中易发生争执的问题展开分析，并以法院主流裁判观点为基础给出解答意见。全书末尾还附有法律文书样例，以便读者对相关法律实践有更直观的认识。

我们付出了最大的努力，但受多种因素影响，书中难免有不足之处。恳请业界同人和各位读者予以指正。

本教程由魏小军担任主编。主编拟定提纲和写作要求后，全体作者分工撰写，本教程经主编与各作者沟通后统一修改、定稿，各章撰稿人如下：

石清荣，第一章；

王小成，第二章（与刘威合著）；

万薇，第三章；

魏小军，第四章（与郭倚阳合著）、第十四章、第十六章；

胡奎，第五章；

王楠，第六章；

蒋丽华，第七章；

付丽，第八章；

张莹，第九章；

熊剑宇，第十章；

何嘉川，第十一章；

鲁荣杰，第十二章；

杨云，第十三章（与王艺合著）；

倪瑶霞，第十五章；

王梦娟，第十七章；

孙双双，第十八章；

刘宇娇，第十九章；

赵宁宁，第二十章、第二十一章（与吴慧萍合著）。

知识产权出版社刘江副编审对稿件提出了宝贵的意见，并为本教程的出版付出了辛勤的努力。北京大成（杭州）律师事务所朱云红、陈馥宇，对稿件进行了细致的文字校对。

魏小军

2023 年 7 月 2 日

缩略语表

全　称	简　称
《中华人民共和国民法典》	《民法典》
《中华人民共和国公司法》	《公司法》
《中华人民共和国保险法》	《保险法》
《中华人民共和国信托法》	《信托法》
《中华人民共和国民事诉讼法》	《民事诉讼法》
《中华人民共和国反家庭暴力法》	《反家庭暴力法》
《中华人民共和国老年人权益保障法》	《老年人权益保障法》
《中华人民共和国家庭教育促进法》	《家庭教育促进法》
《中华人民共和国未成年人保护法》	《未成年人保护法》
《中华人民共和国涉外民事关系法律适用法》	《法律适用法》
《最高人民法院关于适用〈中华人民共和国民法典〉时间效力的若干规定》	《民法典时间效力规定》
《最高人民法院关于适用〈中华人民共和国民法典〉总则编若干问题的解释》	《民法典总则编解释》
《最高人民法院关于适用〈中华人民共和国民法典〉婚姻家庭编的解释（一）》	《婚姻家庭编解释（一）》

续表

全　称	简　称
《最高人民法院关于适用〈中华人民共和国民法典〉继承编的解释（一）》	《继承编解释（一）》
《最高人民法院关于审理民事案件适用诉讼时效制度若干问题的规定》	《诉讼时效规定》
《最高人民法院关于确定民事侵权精神损害赔偿责任若干问题的解释》	《民事侵权精神损害赔偿解释》

说明：

1. 法律名称，可以省略“中华人民共和国”，其他文字应保留。

2. 行政法规、部门规章，可以不用缩写，直接用全称，如《不动产登记暂行条例》《应收账款质押登记办法》。

3. 最高人民法院的各种批复，由于出现频率不高，可以采取全称，不缩略。

4. 其他未明确列举的，可以参照本示例缩略。

目　录

第一编　综合编

第二编　婚恋编

第五编 涉港澳台及涉外编

附录 法律文书样例

第一编

综合编

第一章　家事法及其实务概述

第一节　家事法概述

一、家事法的含义及特征

家事法，指调整家庭身份关系及与其紧密关联的人身、财产关系的法律规范的总称。在我国，家事法并非某一部法律的名称，而是以《民法典》婚姻家庭编、继承编为中心的法律规范的总称。一般认为，家事法具有以下特征。

（一）整体上属于民法的范畴

家事法调整的是平等主体之间的人身和财产关系，属于民法的范畴。家事法中也会出现少量诸如婚姻登记、收养登记、家庭暴力告诫书、人身安全保护令等涉及国家机关的规范，但整体上是为平等主体之间的关系服务的，不影响家事法属于民法范畴的基本定位。

（二）以身份法为主

家事法主要调整家庭领域的关系。这一领域的关系，主要是围绕身份关系展开的。虽然财产关系也是家事法的重要调整对象，但有别于合同、物权等领域，家事法中的财产关系主要是以身份为基础的。

案例：小明和小强是同学，两人共同出资购置了一辆自行车，各自占一半的份额。在此之前，小明和小花已经结婚多年。小明用自己的工资去买自行车，没告诉小花。

解析：小明和小强对自行车的共有关系，是两人约定（共同购买）的结果。小明的工资属于他和小花的夫妻共同财产，用工资买到的自行车的一半份额也同样属于夫妻共同财产。在这之中，小花对小明工资及其所购自行车的财产权利，源自她和小明的夫妻关系。

（三）适用范围非常广泛

首先，家事法适用的主体具有普遍性。所有的自然人，都离不开家事关系，甚至都生活在多重家事关系当中。其次，家事法对婚姻家庭继承所涉及的关系进行全方位的调整。单就婚姻而言，从结婚、夫妻关系到离婚，从身份到财产，家事法都要予以调整。

（四）具有鲜明的伦理性

首先，自古以来，家事领域主要受伦理道德调整。现代家事法的内容，多数源自伦理道德，是道德部分法律化的结果。其次，家事法一旦形成，会反过来影响家庭伦理道德。最后，在家事法的适用过程中，需要较多地考虑伦理道德。伦理道德经由公序良俗原则的作用，对家事领域的法律解释、法律漏洞填补等都具有非常重要的作用。

案例：四川省泸州市某公司职工黄某与蒋某1963年结婚。1994年，黄某与张某认识并于第二年同居。2001年，黄某在医院检查出肝癌。在黄某患病直至去世期间，张某一直在照顾黄某。黄某于2001年4月18日立下遗嘱，将自己的财产遗赠给张某，骨灰盒由张某负责安葬。

解析：黄某在与蒋某婚姻关系存续期间，和张某同居，违反了《婚姻法》。黄某将自己名下财产遗赠给张某的行为，违反了公序良俗，属于无效民事法律行为。

（五）强制性规范较多

民法遵循意思自治原则，其法律规范以任意性规范为主，但家事法规范多数为强制性规范。家事法规范的强制性主要表现为以下几点：第一，关于身份关系产生、终止的规定，具有强制性。第二，关于身份行为方式的规定，具有强制性。第三，关于身份关系内容的规定，具有强制性。

二、家事法与相关法律部门的关系

（一）家事法与民法

家事法属于民法的一部分。在我国，构成家事法主要内容的婚姻家庭法和继承法，均规定在《民法典》当中。

（二）家事法与行政法

行政法是有关行政主体及其职权、职责、行政行为及其程序、违法及责任和救济的法律规范的总称。家事法中包含部分行政法律规范，如涉及婚姻登记、收养登记、家庭暴力告诫书的规定。所以，家事法与行政法存在一定的交叉关系，但这不改变家事法属于民法的基本定性。

（三）家事法与民事诉讼法

家事法中规定的实体权利的实现，是以国家强制作为最后保障的。民事诉讼法，是家事法能够得以贯彻执行的程序保障。家事法中会出现诉讼离婚、诉讼解除同居关系、诉讼解除收养关系、诉讼分割遗产、人身安全保护令等涉及民事诉讼程序的规定，重申了通过民事诉讼保护当事人权益的立场，但其本身并非典型程序法规范，不改变家事法的实体法属性。

（四）家事法与刑法

刑法是规定犯罪和刑罚的法律规范的总称。我国《刑法》关于虐待罪、遗弃罪、暴力干涉婚姻自由罪、重婚罪、破坏军婚罪等犯罪及其刑罚的规定，凸显了对家事相关权利的保障。家事法中的《反家庭暴力法》，就实施家庭暴力、违反人身安全保护令、负有反家庭暴力职责的国家工作人员玩忽职守、滥用职权、徇私舞弊等行为可能涉及刑事责任的问题作出了概括性规定。所以，家事法与刑法存在一定的交叉关系。但家事法作为民法的一部分，与刑法系不同的法律部门。

第二节　家事法实务概述

一、家事法实务的含义与分类

家事法实务，指各相关主体将家事法律规范用于解决家事纠纷或社会生活中的其他家事问题。

从不同角度出发，家事法实务可进行不同分类。按是否需要在诉讼程序中进行，家事法实务可分为涉诉家事法实务和非诉家事法实务。按所涉及的具体家事法规范，家事法实务可分为监护实务、婚姻实务、收养实务、继承实务等。按照运用家事法律规范解决实际问题的法律机构不同，家事法实务可以分为家事审判实务、家事律师实务、家事公证实务、家事检察监督实务等。

二、家事审判实务

（一）家事案件的类别

根据最高人民法院发布的《民事案件案由规定》，人民法院审理的家事案件分为家事诉讼程序案件和家事非讼程序案件两类。[1] 家事诉讼程序案件又主要分为婚姻家庭案件和继承案件两类。其中，婚姻家庭案件分为以下 17 种：婚约财产纠纷、婚内夫妻财产分割纠纷、离婚纠纷、离婚后财产纠纷、离婚后损害责任纠纷、婚姻无效纠纷、撤销婚姻纠纷、夫妻财产约定纠纷、同居关系纠纷、亲子关系纠纷、抚养纠纷、扶养纠纷、赡养纠纷、收养关系纠纷、监护权纠纷、探望权纠纷、分家析产纠纷；继承案件分为 6 种：法定继承纠纷、遗嘱继承纠纷、被继承人债务清偿纠纷、遗赠纠纷、遗赠扶养协议纠纷、遗产管理纠纷。家事非讼程序案件包括认定自然人无民事行为能力、

[1] 非讼案件与非诉类家事法实务相比，前者需在人民法院进行，后者无须人民法院的介入。

限制民事行为能力案件、监护权特别程序案件和指定遗产管理人案件。

（二）家事审判方式[1]

我国现行立法没有对家事审判程序进行专门规定。家事诉讼程序案件和家事非讼程序案件，分别遵循民事诉讼法中诉讼程序案件和非讼程序案件的相关规定。家事案件也有一些业务特色明显的程序机制，比如家事调解、家事调查。

1. 家事调解

人民法院审理家事案件，应当将调解贯穿案件审判全过程，但婚姻效力、身份关系确认、人身安全保护令申请等根据案件性质不能进行调解的案件除外。对适宜调解的纠纷，登记立案前，经当事人同意或者当事人虽未提出调解申请但人民法院认为有必要调解的，可以委派给特邀调解组织或者特邀调解员进行调解。当事人情绪或心理受到严重困扰，无法正常发表意见，情况紧急需要尽快启动有关诉讼程序的案件，除双方当事人申请外，不得进行立案登记前委派调解。对适宜调解的纠纷，登记立案后，人民法院可以自行调解，也可以委托给特邀调解组织或者特邀调解员进行调解。

2. 家事调查

家事案件审理过程中，人民法院根据案件审理需要，可以委托家事调查员调查下列事项：（1）当事人的个人经历、性格、教育程度、身心状况、家庭情况、夫妻关系、居住环境、工作情况等；（2）对子女的抚养情况、子女的心理状况及学习状况等；（3）对老人的赡养情况等；（4）其他需要调查的事项。

具体案件中的家事调查员应不少于两人，由人民法院在家事调查员名册中选择。人民法院选择家事调查员后，应当在3日内通知当事人。当事人对家事调查员有异议且有正当理由的，或者双方当事人共同选择其他家事调查

[1] 本部分内容的主要规范来源为《最高人民法院关于进一步深化家事审判方式和工作机制改革的意见（试行）》。

员的，人民法院应当另行选择确认。

家事调查员有下列情形之一的，当事人有权申请回避：（1）是一方当事人或者其代理人近亲属的；（2）与纠纷有利害关系的；（3）与当事人、代理人有其他关系，可能影响公正调查的。家事调查员有上述情形的，应当自行回避，但是双方当事人同意由该调查员调查的除外。家事调查员的回避由人民法院决定。

每一项调查事项，均应由两名以上家事调查员共同进行调查。家事调查员应当自人民法院委托调查之日起15日内完成调查工作，向人民法院出具书面调查报告。如在上述期限内完成调查事项确有困难的，可以向人民法院申请延长，但最长不超过30日。调查报告应当包括人民法院委托调查的所有事项，可以包括家事调查员的分析和建议。

人民法院在收到家事调查报告后，应当向当事人告知家事调查报告的内容，并允许当事人陈述意见。家事调查报告可以作为人民法院审理案件的参考。

第二章　家事中的监护

第一节　监护的概念与功能

一、监护的概念

在我国，监护可被定义为《民法典》所规定的对无民事行为能力人和限制民事行为能力人的人身、财产和其他合法权益进行监督、管理和保护，弥补其民事行为能力不足的民事制度。[1] 监护既不是一种权利，也不是一种单纯的义务，而是一种职责。监护人有权代理被监护人实施民事法律行为、保护被监护人的人身和财产权利，其他人不得干涉，同时，这也是监护人的职责所在，监护人未能妥当履行职责的将承担法律责任。

二、监护的功能

监护是一项传统民法制度，其功能在于补足部分民事主体的行为能力，从而保护其民事权益。自然人民事权利能力始于出生终于死亡且所有自然人都平等地享有民事权利能力，但民事主体享有民事权利、承担民事义务还需借助民事行为能力。民事行为能力在民法上分为三类，即完全民事行为能力、限制民事行为能力和无民事行为能力。限制民事行为能力人和无民事行为能力人在通过自己的行为享有权利、承担义务方面受到不同程度的限制，法律

---

[1] 最高人民法院民法典贯彻实施工作领导小组．中华人民共和国民法典总则编理解与适用：上［M］．北京：人民法院出版社，2020：162.

若不设置相应制度则“所有自然人都平等地享有民事权利能力”将失去意义。更重要的是，这意味着部分自然人不仅无法行使权利，其人身和财产也将陷于不受保护的状态。因此民法特设监护制度，监护人为了被监护人的利益在被监护人行为能力缺失的范围内代理被监护人实施法律行为，保护被监护人的人身、财产权利以及其他合法权益。

案例：宜先生的儿子今年16岁，用宜先生给的零花钱在学校门口的书店买了几本参考资料和习题，一共花了87元。

解析：宜先生的儿子为限制民事行为能力人，作为高中生的他花87元购买学习资料是与他年龄、智力相适应的法律行为，无须宜先生作为监护人（法定代理人）代他实施或征求宜先生的同意。

第二节　监护的分类

根据监护人产生的方式，监护可分为法定监护、遗嘱监护、协议监护、指定监护和意定监护等。

一、法定监护

法定监护即监护人的产生系由法律直接规定，是最常见的一种监护。根据被监护人的不同，法定监护可分为未成年人的法定监护与成年人的法定监护，涉及《民法典》第27条、第28条。

法定监护的特点是：

第一，法定监护以家庭关系为基础，最具代表性的就是《民法典》第27条第1款规定的，父母是未成年子女的监护人。第27条、第28条列明的有监护资格的人除兜底条款外也均是被监护人的近亲属。

第二，法定监护是一种顺位监护，即有监护资格的主体按照顺位担任监护人。以未成年人的监护为例，父母是其第一顺位的继承人，若父母死亡或者没有监护能力，则由祖父母、外祖父母担任监护人；若祖父母、外祖父母没有监护能力，或者已死亡的，则由兄、姐担任监护人。

第三，法定监护具有当然性、强制性。法定监护是法律对监护关系直接作出的规定，特别是父母对未成年子女的监护，融合了传统民法亲权的内容，具有当然性和强制性。以未成年人的监护为例，父母是未成年子女第一顺位的当然监护人，除非父母死亡、丧失监护能力或者被撤销监护人资格。父母也不得通过协议监护放弃或转移监护人资格。[1] 在有监护资格的主体中，只有父母和子女在被剥夺监护资格后还可予以恢复。祖父母、外祖父母，兄、姐在没有协议监护的情况下，也不能推诿担任监护人。

第四，法定监护具有基础性。首先，法定监护是最常见的一种监护类型，这与法定监护以家庭关系为基础密切相关，家庭是当今社会的基本组成单元。其次，法定监护是也是遗嘱监护、协议监护、指定监护的基础，这是因为协议监护、指定监护中依法具有监护资格的人也是按照法定监护人的范围来确定，实质上是法定监护的一种特殊形式；只有父母可以通过遗嘱指定监护人，而父母则是最重要的法定监护人。

第五，法定监护具有开放性。法定监护虽然总体上明确规定了监护人的范围和顺位，但也通过兜底条款允许其他主体成为监护人。《民法典》第 27 条第 2 款第 3 项、第 28 条第 4 项均将“其他愿意担任监护人的个人或者组织”作为最后顺位，但需经被监护人住所地的居民委员会、村民委员会或者民政部门同意。

（一）未成年人的法定监护

未成年人的法定监护融合了传统民法亲权的内容，因此《民法典》“监护”一节第 1 条（《民法典》第 26 条）首先就规定了“父母对未成年子女负有抚养、教育和保护的义务”。第 27 条第 1 款规定“父母是未成年子女的监护人”。可以看出，父母在未成年人的监护中具有特殊的地位。抚养主要是指父母为子女提供成长所需的物质条件和精神抚慰；教育是指父母亲自教导

[1] 《民法典总则编解释》第 8 条。

未成年子女基本的文化科学知识、社会行为规范，引导、塑造思想道德等，也包括让子女接受学校教育；保护主要是指父母应保障子女身心健康成长，人身、财产及其他合法权益免受伤害。

法定的扶养义务并不以义务人担任监护人为前提，特别是在父母与未成年子女的关系中应尤为注意。《民法典》第37条规定："依法负担被监护人抚养费、赡养费、扶养费的父母、子女、配偶等，被人民法院撤销监护人资格后，应当继续履行负担的义务。"因此，父母双方或一方被撤销监护资格后不影响其继续负担给付抚养费的义务，不能以其不是监护人为由拒绝履行。《民法典》中所说的父母子女，不仅包括血亲意义上的父母子女（婚生或非婚生），还包括拟制的父母子女。继父或者继母和受其抚养教育的继子女，养父母与养子女与血亲意义上的父母子女都适用相同的法律规范，具有相同的权利义务关系。

父母与子女的关系，不因离婚而消除。父母离婚的，父母仍是子女的监护人，仍对子女负有抚养、教育和保护的义务。离婚中的抚养权归属是指直接抚养权的归属，不代表不直接抚养的一方被免去了抚养义务，其仍应通过给付抚养费、探望等方式履行抚养义务。直接抚养的一方也负有接受和容忍另一方间接抚养子女的义务，如配合另一方行使探望权等。

案例：宜先生和妻子的婚姻走到了尽头，儿子跟随妻子一起生活。某日，儿子在学校不小心将同学绊倒，该同学治疗花费1.5万元，为此宜先生向前妻转账1万元。

解析：未成年人造成他人损害的，由监护人承担侵权责任。父母与子女间的关系，不因离婚而消除，宜先生仍是儿子的法定监护人，仍应承担责任。

父母是未成年人第一顺位的法定监护人，第二顺位是未成年人的祖父母、外祖父母；第三顺位是未成年人的兄、姐；第四顺位是其他愿意担任监护人的个人或者组织，但是须经未成年人住所地的居民委员会、村民委员会或者民政部门同意。须注意的是，未成年人的兄、姐作为监护人的，其本身应当具有监护能力，包括年龄上的要求。虽然法律并未明确要求兄、姐为成年人，但至少应该是完全行为能力人（否则其本身就仍属于被监护人），即年满 18 周岁或者 16 周岁以上且以自己的劳动收入为主要生活来源。

（二）成年人法定监护

《民法典》第 28 条规定了成年人的法定监护。成年人法定监护的被监护人可能是老年人，也可能是存在智力、精神障碍的其他成年人。与未成年人法定监护不同的是，成年人法定监护的第一顺位监护人是配偶，这是考虑到从生活关系来讲，配偶是最密切的人，同时，配偶也负有法定的扶养义务。父母、子女是第二顺位监护人。其他近亲属是第三顺位的法定监护人，其他近亲属包括：兄弟姐妹、祖父母、外祖父母、孙子女、外孙子女。成年的被监护人大致可以分为两类：一是老年人监护，在老龄化社会中其重要性日益凸显；二是除老年人以外的成年人监护，即因身体、精神或心理上的原因导致不能辨认或不能完全辨认自己行为的成年人应依据《民法典》第 28 条确定监护人。

成年监护的前提是成年人行为能力有缺失，与未成年人主要根据年龄确定行为能力不同的是，成年人在法律上推定其具备完全民事行为能力。行为能力对民事主体影响巨大，必须慎重，且成年人的行为能力是根据其对行为的辨认能力这一实质标准认定，具有极高的专业性，故法律规定成年人行为能力的否定需经法定程序。

申请认定无民事行为能力或限制民事行为能力适用民事诉讼特别程序，一审终审，由利害关系人或者有关组织向该公民住所地基层人民法院提出申请，人民法院审理后判决认定或驳回。人民法院根据被认定为无民事行为能力人、限制民事行为能力人本人、利害关系人或者有关组织的申请，证实该公民无民事行为能力或者限制民事行为能力的原因已经消除的，应当作出新判决，撤销原判决。

二、遗嘱监护

父母不仅是未成年人当然的法定监护人，父母作为监护人时（包括作为成年子女的监护人)，还可通过遗嘱指定监护人。遗嘱是单方法律行为，且监护职责对监护人有着较高的要求，因此遗嘱监护并不必然产生确定监护人的效力。若被指定的人不愿意担任监护人，则需按照《民法典》第 27 条、第 28 条确定监护人。

《民法典总则编解释》第 7 条规定，若父母一方立遗嘱指定其他人担任未成年人的监护人，而遗嘱生效时另一方尚具有监护能力，且就监护人的确定发生争议的，应由另一方担任监护人。该条司法解释实际上是有条件地承认了父或母一方通过遗嘱指定其他人担任未成年人监护人的效力，兼顾了遗嘱人的意愿和另一方的监护地位。另外，这一规定也突破了父母是未成年子女的当然监护人这一原则，即使生存的父母一方具备监护能力且未被法律剥夺监护权，也可能不属于子女的法定监护人。这一解释只适用于未成年人监护，父或母一方通过遗嘱为成年子女指定监护人，而另一方尚具有监护能力，该指定具有何种效力尚不明确。

案例：宜先生妻子生前立下遗嘱，写明若自己离世而子女尚未成年，则由自己的父母作为监护人。宜先生知晓遗嘱内容后，经与岳父岳母多次商量，考虑到子女的成长和妻子的心愿，决定将子女交由岳父岳母抚养。

解析：宜先生妻子立有遗嘱指定自己父母为监护人，且宜先生和岳父母均同意这种安排，指定有效。

三、协议监护

法定监护是基础性的监护制度，为了确保具有监护资格的人不推诿承担监护职责，法定监护具有强制性，即有关主体按照法定顺序担任监护人。虽然这在很大程度上可以解决无监护人的问题，但未能将具体案例中各个具有监护资格的人承担监护职责的意愿、生活条件以及被监护人意愿等因素纳入考量，而这些因素对被监护人的利益有重大影响。因此在法定监护外，法律还规定了协议监护。协议监护即依法具有监护资格的人之间可以通过协议而不是按照法定顺位确定监护人。

具有监护资格的人的范围，应当依照《民法典》第27—28条来确定。父母的抚育对于未成年人的成长具有不可替代的作用，父母对此负有不可推卸的责任。因此，未成年人的父母不得通过协议监护免除自己的监护职责而由其他主体担任监护人，[1] 但可以约定未成年人的父母丧失监护能力时由其他具有监护资格的人担任监护人。协议确定监护人的，可以约定由不同顺位的人共同担任监护人，如未成年人的祖父母可以和兄、姐共同担任监护人。[2]

协议确定监护人应当尊重被监护人真实意愿。协议监护的根本目的是保护被监护人的利益，而不是为了具有监护资格的人可以通过协议推诿职责，因此协议必须尊重被监护人的真实意愿。被监护人尚能表达意愿的，应当听取其意见。被监护人在协议时不能表达其意愿的，可以结合有关情况予以确定或作为考虑因素。如成年人在神志清醒时通过书面形式表达的有关意向或安排，或者在日常生活中表现出的偏好，协议监护应予以尊重。

四、指定监护

指定监护是解决监护人确定争议的制度。对监护人的确定有争议的，由被监护人住所地的居民委员会、村民委员会或者民政部门指定监护人，有关当事人对指定不服的，在接到指定通知之日起30日内可以向人民法院申请指定监护人；在接到指定通知之日起30日后提出申请的，人民法院按照变更监护关系处理。有关当事人也可以直接向人民法院申请指定监护人。相比《民法通则》和《最高人民法院关于贯彻执行〈中华人民共和国民法通则〉若干问题的意见（执行）》（以下简称《民通意见》），《民法典》的规定取消了居民委员会、村民委员会的指定作为申请人民法院指定的前置程序，有利于减少当事人的程序负担、尽快解决争议。

指定监护需遵循尊重被监护人真实意愿原则和最有利于被监护人原则。

尊重真实意愿原则体现了法律对被监护人意志的尊重。被监护人并非都

---

[1] 《民法典总则编解释》第8条第1款。

[2] 《民法典总则编解释》第8条第2款。

完全无法甄别自身利益、表达自身意志，指定监护人时被监护人尚能表达其意志、偏好的，应当予以尊重。指定监护人时若被监护人无法表达意志、偏好，但提前留有书面材料说明意愿，或根据其之前的生活经历可以知晓或合理推断其意愿的，指定监护人时也应充分予以考虑。

最有利于被监护人原则：监护乃为被监护人利益而设，指定监护人应当优先考虑被监护人利益。利益不仅包括物质利益，也包括精神利益。物质利益需考虑监护人的经济条件、居住条件、当地基础设施和公共服务等；精神利益需考虑监护人与被监护人关系、监护人品行和性格、监护人家庭关系等。对于未成年人而言，精神和情感上的支持对其良好人格的塑造具有重要影响，要更为关注监护人对其在精神和情感上的影响。

《民法典总则编解释》第9条罗列的参考因素有：

（1）与被监护人生活、情感联系的密切程度；

（2）依法具有监护资格的人的监护顺序；

（3）是否有不利于履行监护职责的违法犯罪等情形；

（4）依法具有监护资格的人的监护能力、意愿、品行等。

人民法院依法指定的监护人一般应当是一人，由数人共同担任监护人更有利于保护被监护人利益的，也可以是数人。监护人被指定后，不得擅自变更；擅自变更的，不免除被指定的监护人的责任。

监护不是权利也不是义务，而是一种职责，监护人一旦被指定就不能随意变动，否则既有损于法律的权威，也不利于保护被监护人合法权益。被指定的监护人擅自变更的，不免除监护人责任。例如，被指定的监护人擅自变更监护人，拒绝承担监护职责，被监护人在此期间侵害他人权益的，该监护人仍要承担相应责任。司法解释也规定，被依法指定的监护人与其他具有监护资格的人之间协议变更监护人的，人民法院应当尊重被监护人的真实意愿，按照最有利于被监护人的原则作出裁判。

指定监护人前，被监护人的人身权利、财产权利以及其他合法权益处于无人保护状态的，由被监护人住所地的居民委员会、村民委员会、法律规定的有关组织或者民政部门担任临时监护人。

五、意定监护

监护的基本属性是法定，遗嘱监护、协议监护和指定监护都以法定监护为基础，对被监护人而言都是“他治”。诚然，对于未成年人而言，或者对于不具备完全行为能力的成年人而言，其意思自治本身就已经受到限制。然而，如果具备完全行为能力的成年人预先对自己的监护人作出了选择，没有理由不认可此种决定。《民法典》为尊重民事主体意思自治、为民事主体提供更丰富的选择，特增设意定监护。《民法典》第 33 条规定，具有完全民事行为能力的成年人，可以与其近亲属、其他愿意担任监护人的个人或者组织事先协商，以书面形式确定自己的监护人，在自己丧失或者部分丧失民事行为能力时，由该监护人履行监护职责。

适用意定监护的前提是“具有完全民事行为能力的成年人”，未成年人不能自己选择监护人，拟担任监护人的一方也应是完全行为能力人。意定监护人既可以是法定监护人范围之内的主体，也可是之外的主体，没有特别的限制。有意向建立监护关系的双方应达成书面协议。由于监护关系具有极强的人身性，法律规定该书面协议（意定监护协议文书样式见附录 1）在需要监护的一方丧失或部分丧失行为能力前，任何一方都有权要求解除协议。

案例：宜先生子女远在海外，自己又不愿出国养老，住在自己楼下的小李是自己的忘年交，为以防万一，便与小李订立书面协议，将小李作为自己的监护人。宜先生子女知道此事后，颇有意见。

解析：宜先生作为完全民事行为能力人，以书面形式将他人作为自己丧失或部分丧失行为能力时的监护人，合法有效。

六、其　他

（一）兜底监护

遗嘱监护、协议监护、指定监护以法定监护为基础，若被监护人没有法定监护人，成年被监护人也没有意定监护人的，为避免落入无监护人的境况，法律规定由民政部门兜底作为监护人，也可以由具备履行监护职责条件的被监护人住所地的居民委员会、村民委员会担任监护人。

（二）临时照料

因突发事件等紧急情况，监护人暂时无法履行监护职责，被监护人的生活处于无人照料状态的，被监护人住所地的居民委员会、村民委员会或者民政部门应当为被监护人安排必要的临时生活照料措施。

案例：宜先生和妻子短途出差，计划当天往返，因疫情暴发政府决定实施封控而无法回家，家中仅有刚上小学的儿子，宜先生和妻子十分着急。

解析：因突发事件导致宜先生和妻子暂时无法履行监护职责，且宜先生儿子无人照料，居民委员会、村民委员会或者民政部门应当为宜先生儿子安排必要的临时生活照料措施。

第三节　监护职责

一、监护人的职责

《民法典》第 34 条规定，监护人的职责是代理被监护人实施民事法律行为，保护被监护人的人身权利、财产权利以及其他合法权益。

（一）实施法律行为

被监护人行为能力缺失，在法律上最直接的影响就是无法自己作出有效的法律行为，因此监护人的职责之一就是代理被监护人实施法律行为。《民法典》第 23 条明确了监护人作为法定代理人的地位："无民事行为能力人、限制民事行为能力人的监护人是其法定代理人。"法定代理本质上仍是代理，只是其代理权由法律直接规定而非被代理人授予。法定代理是一般代理，涵盖一切法律允许代理的行为。

法定代理的代理范围不包括需被代理人自己实施的行为，这主要是指与人身关系密切的行为。如法定代理人不得代被代理人实施结婚行为、遗嘱行为、收养行为等。但也有例外,《婚姻家庭编解释(一)》规定:无民事行为能力人的配偶有《民法典》第 36 条第 1 款规定行为,其他有监护资格的人可以要求撤销其监护资格,并依法指定新的监护人;变更后的监护人代理无民事行为能力一方提起离婚诉讼的,人民法院应予受理。监护人代被监护人实施法律行为,法律效果由被监护人承担。

根据被监护人的行为能力的具体情况,监护人应当在被监护人行为能力不足的范围内代其实施法律行为。被监护人能够自己独立实施的法律行为,监护人不得干涉。被监护人不能自己实施的法律行为,被监护人能够表达意愿或偏好的,监护人也应当予以尊重。

(二)保护被监护人的人身权利、财产权利以及其他合法权益

除了代理被监护人实施法律行为,监护人还负有保护被监护人的人身权利、财产权利以及其他合法权益的职责。保护不仅包括使被监护人的合法权益免受侵害,还包括积极帮助被监护人获得良好的生活条件、发展条件等,如良好的居住条件、日常照料、医疗服务,良好的家庭关系,使子女能接受良好的教育,帮助养成健康的生活习惯等。在履行保护职责的过程中,既涉及监护人代被监护人实施法律行为,也包括监护人实施事实行为,如照料、看护、教育、引导。

监护人履行监护职责所需要的经济来源应当由被监护人负担,被监护人有扶养义务人的,监护人有权要求扶养义务人履行扶养义务。在多数情形下,扶养义务人与监护人的身份是重合的,因此无须考虑监护职责的经济支持问题。但监护人与扶养义务人仍然是两个不同的身份,对应的是不同的权利义务关系,监护人本身并不负有在经济上供养被监护人的义务。例如,被监护人选择邻居作为自己的监护人,所需的经济支持应从被监护人财产中支出,不能认为监护人有义务使用自己的财产来履行监护职责。

二、监护的委托

监护人,特别是父母作为法定监护人,因为工作等原因事实上不能履行

监护职责的，允许委托他人代为履行。《民法典总则编解释》第 13 条规定：监护人因患病、外出务工等原因不能完全履行职责的，可以将全部或部分监护职责委托给他人，当事人主张受托人因此成为监护人的，人民法院不予支持。

这在我国存在大量留守儿童、空巢老人的现实背景下具有实践意义。若因父母在外务工就剥夺其监护人资格，于情理不合。同时，父母虽不自己履行监护职责，作为监护人仍应承担作为监护人的法律责任。但应注意，监护职责是一种法定职责，与人身具有重大关系，原则上不能将其委托他人履行，因此除法律明文规定外应禁止委托。受托人并不因委托而成为监护人。

三、监护人履行监护职责的原则

（一）最有利于被监护人原则

监护人应当按照最有利于被监护人的原则履行监护职责。监护人作为被监护人的法定代理人，享有全面的代理权，若滥用监护人地位，将对被监护人利益造成损害。《民法典》第 35 条第 1 款明文规定，监护人除为维护被监护人利益外，不得处分被监护人财产。该处分禁止条款构成对监护人代理权的限制，监护人为了自身利益处分被监护人财产的，应构成无权处分。监护人应妥善履行自己的义务，除了不得为了自身利益处分被监护人财产外，即使是为了被监护人利益，也应遵循适当原则，如应根据被监护人财产状况、被监护人的偏好等合理安排支出，不得挥霍以使被监护人陷入财务困境。同时，对于纯获利益的事项，如继承、受赠与或受遗赠，监护人原则上也不能代理被监护人作出拒绝的意思表示。

（二）尊重被监护人真实意愿原则

最有利于被监护人原则是从客观方面对监护人履行监护职责作出的指引和要求，但被监护人的真实意愿同样应该得到尊重。“未成年人的监护人履行监护职责，在作出与被监护人利益有关的决定时，应当根据被监护人的年龄和智力状况，尊重被监护人的真实意愿。”“成年人的监护人履行监护职责，应当最大限度地尊重被监护人的真实意愿，保障并协助被监护人实施与其智力、精神健康状况相适应的民事法律行为。对被监护人有能力独立处理的事务，监护人不得干涉。”

可以看到，法律更为强调对成年人监护中的尊重被监护人的真实意愿，这是因为成年被监护人很大一部分群体是从完全行为能力渐进减退到限制行为能力或者无民事行为能力，典型的就是因为衰老带来的行为能力缺失。这种情况下被监护人的行为能力缺失是渐进发生的，其尚未缺失的行为能力对于其自我决定乃至生活质量仍有重要意义并应得到尊重。此外，成年是未成年之后直到死亡的一个阶段，在一般的社会观念里，成年也意味着具备了独立的人格，自我决定是其中重要的一部分，因此成年人的自我决定具有更重要的地位。

因此相比于未成年监护更强调对被监护人的管理、教育，监护人在事实上与被监护人处于一个不平等的地位，典型的如父母对子女的惩戒权，成年监护则更强调监护人对被监护人的支持与协助，即监护人应该是从属于被监护人的，是被监护人生活的协助者而非主导者。

案例：宜先生近年来头脑日益不清楚，经常忘事，已经难以从事研究工作，被鉴定为限制行为能力人，监护人小李开始帮忙处理事情，但日常起居还算正常。某日，宜先生打算将自己收藏的一支毛笔赠与自己多年的好友林先生，以为纪念。

解析：若无明显迹象表明宜先生心智状态不正常，小李不得干涉赠与行为。

四、监护人责任

（一）监护人自己责任

监护人不履行职责、侵害被监护人合法权益的应当承担法律责任。监护人的责任最常见的是侵权责任，如被监护人将被监护人财产擅自处置、据为已有，甚至因怠于履行监护职责导致被监护人人身受到伤害。意定监护中，监护人的责任还可能表现为违约责任。由于被监护人的自我保护依赖、受制于监护人，要求监护人承担责任存在客观障碍，因此对于监护人的加害行为法律也规定了特殊的诉讼时效，《民法典》第190条规定，对法定代理人的请求权的诉讼时效期间，自该法定代理终止之日起计算。第191条规定，未成年人遭受性侵害的损害赔偿请求权的诉讼时效期间，自受害人年满18周岁之日起计算。

（二）监护人替代责任

监护人不仅要为自己的行为负责，还要为被监护人的行为负责。

《民法典》第1169条规定：教唆、帮助无民事行为能力人、限制民事行为能力人实施侵权行为的，应当承担侵权责任；该无民事行为能力人、限制民事行为能力人的监护人未尽到监护职责的，应当承担相应的责任。

《民法典》第1188条规定：无民事行为能力人、限制民事行为能力人造成他人损害的，由监护人承担侵权责任。监护人尽到监护职责的，可以减轻其侵权责任。有财产的无民事行为能力人、限制民事行为能力人造成他人损害的，从本人财产中支付赔偿费用；不足部分，由监护人赔偿。

《民法典》第1189条规定：无民事行为能力人、限制民事行为能力人造成他人损害，监护人将监护职责委托给他人的，监护人应当承担侵权责任；受托人有过错的，承担相应的责任。

第四节　监护的撤销与终止

一、监护人资格的撤销与恢复

（一）撤　　销

监护人资格也可能被撤销，撤销的法定事由有：

（1）实施严重损害被监护人身心健康的行为；

（2）怠于履行监护职责，或者无法履行监护职责且拒绝将监护职责部分或者全部委托给他人，导致被监护人处于危困状态；

（3）实施严重侵害被监护人合法权益的其他行为。[1]

有权申请向法院申请撤销监护人资格的主体有：其他依法具有监护资格的人，居民委员会、村民委员会、学校、医疗机构、妇女联合会、残疾人联合会、未成年人保护组织、依法设立的老年人组织、民政部门等。个人和民政部门以外的组织未及时向人民法院申请撤销监护人资格的，民政部门应当向人民法院申请。

监护人对被监护人负有法定扶养义务的，不因监护人资格被撤销而免除此种义务。

（二）恢　　复

由于监护关系多发生在亲属之间，尤其是父母子女之间，而父母子女关系在伦理及情感上具有特殊意义，监护资格的剥夺会影响这种关系的维系。因此法律规定父母或子女的监护人资格被撤销后可以有条件地予以恢复，体现了法律对于道德情感的尊重。

被监护人的父母或者子女被人民法院撤销监护人资格后，除对被监护人实施故意犯罪外，确有悔改表现的，经其申请，人民法院可以在尊重被监护人真实意愿的前提下，视情况恢复其监护人资格，人民法院指定的监护人与被监护人的监护关系同时终止。

二、监护关系终止

监护关系终止的事由是出现了导致监护关系丧失存在基础的事实，包括以下四类：

---

[1] 《反家庭暴力法》第21条规定：监护人实施家庭暴力严重侵害被监护人合法权益的，人民法院可以根据被监护人的近亲属、居民委员会、村民委员会、县级人民政府民政部门等有关人员或者单位的申请，依法撤销其监护人资格，另行指定监护人。

（一）被监护人取得或者恢复完全民事行为能力

民事主体具备完全民事行为能力即不需要监护人，监护关系即应终止。被监护人取得民事行为能力是指未成年人成年，或年满 16 周岁且以自己的劳动收入作为主要生活来源，系自然终止；恢复完全民事行为能力是指成年人精神、心理或身体等方面的障碍消除，能够辨认自己行为。恢复民事行为能力应取得法院判决，之后监护关系终止。

（二）监护人丧失监护能力

担任监护人的前提是具备监护能力，监护能力不等同于行为能力。最高人民法院《民法典总则编解释》第 6 条规定：人民法院认定自然人的监护能力，应当根据其年龄、身心健康状况、经济条件等因素确定；认定有关组织的监护能力，应当根据其资质、信用、财产状况等因素确定。监护能力主要是指监护人履行监护职责所需的客观条件，如某人虽有监护资格，但系残障人士行动不便，或年老体弱都不宜认为具备监护能力，因为这些主体照顾自己可能都有困难，不可能再让其承担监护责任。

当然，监护能力也包括行为能力的要求，监护人应具备完全行为能力，如被监护人的兄、姐尚未成年的，不能作为监护人。

（三）被监护人或者监护人死亡

自然人死亡的，其民事主体地位即消灭，监护关系也应终止。自然人的死亡，不仅包括自然死亡，也包括宣告死亡。监护人为组织的，其“死亡”应理解为法律上的注销。

（四）人民法院认定监护关系终止的其他情形

监护关系终止后，被监护人仍需要监护的，应当依法另行确定监护人。

本章实务热点问答

一、意定监护的监护人可以解除自己的监护人身份吗？

法律规定，在监护关系正式形成前，即被监护人成为限制行为能力人或无行为能力人之前，达成意定监护合意的双方均有权解除协议。但监护关系形成后，除非出现意定监护终止的法定情形，或监护人被剥夺监护资格，否则意定监护人不得基于自己意愿解除监护关系。与一般的协议关系相比，意定监护在监护关系正式形成前双方均有任意解除权。这是因为监护关系具有很强的人身性，对于被监护人和监护人都有重大影响，在这种关系正式形成前赋予双方反悔的权利更有利于保护双方的合法权益。意定监护关系正式形成后，由于一方事实上已经陷入行为能力缺失状态，法律虽未明确要求解除监护关系需要完全行为能力，但比照建立监护关系的要求，应认为解除监护关系也需具备完全行为能力。因此被监护人不能作出有效的意思表示，被监护人事实上不能与监护人合意解除。此时，监护人也不能单方解除监护关系，否则监护关系将极不稳定，被监护人的利益将失去保障。

二、父母离婚后不直接抚养子女的一方还是子女的监护人吗？

离婚不影响父母子女关系，父母离婚的，仍是子女的父母，也仍是子女的监护人。这意味着无论父母是否与子女一起生活，都应承担作为父母的责任，如经济上的供养、情感上的抚慰等。父母是否与子女一起生活涉及的是抚养权，而抚养权不等于监护权。抚养权指的是父母一方与子女一起生活、亲自抚育子女的权利，这不等于另一方丧失了抚养子女的权利或可以不履行抚养义务，另一方仍需通过给付抚养费、行使探望权的方式抚养子女。

父母离婚后直接抚养子女的一方可能会再婚，《民法典》第 1072 条规定："继父或者继母和受其抚养教育的继子女间的权利义务关系，适用本法关于父母子女关系的规定。"若该子女受继父或继母抚养教育，则与该继父或继母也成立父母子女关系，对于继父或继母而言，该关系只是意味着多了一个子女，但对于子女来说，却意味着可能同时存在两个法律意义上的父亲或母亲，同时也多了一个监护人。此时继子女具有双重法律地位，享有双重权利，负有双重义务。[1]

---

[1] 最高人民法院民法典贯彻实施工作领导小组．中华人民共和国民法典婚姻家庭编继承编理解与适用［M］．北京：人民法院出版社，2020：216.

同为拟制血亲关系的养父母与养子女之间，《民法典》第 1111 条第 2 款规定：养子女与生父母以及其他近亲属间的权利义务关系，因收养关系的成立而消除。收养本身即具有重新建立身份关系的目的，符合一般社会认知，也不会造成身份关系的重叠。而离婚又再婚属于公民的自由，另一方无权干涉，继父母扶养教育继子女也不违背情理，如何处理这种冲突是一重大课题。但无论如何，生父母与子女的关系不能仅因子女与继父母的关系就被切断。因此，生父母离婚不影响与子女的法律关系，生父母仍是子女的父母和法定监护人。

三、父母可以和子女签订合同吗？

父母作为子女的监护人，同时也是子女的法定代理人，法定代理在法律上仍然要遵循代理制度的一般要求，如自我代理的禁止。监护人不得代表被监护人与自己为法律行为，这主要是为了避免利益冲突。

《民法典》第 168 条第 1 款规定：代理人不得以被代理人的名义与自己实施民事法律行为，但是被代理人同意或者追认的除外。虽然这一条位于委托代理一节，但法定代理也应受此限制。因此，父母不能代表子女与自己订立买卖合同，如将房屋卖给子女，或者将子女的房屋卖给自己，将自己的债务归于子女，等等。

自我代理之禁止主要是为了避免利益冲突，若不存在利益冲突则可允许，如纯获利益的行为。父母对自己子女为赠与，即使子女尚为婴儿也可发生效力。“纯获利益”属法律判断而非经济衡量，即使一个买卖合同在经济上于被代理人有利，因被代理人承担了债务仍不属于“纯获利益”。

四、协议监护中协议人的范围是包括哪些？

《民法典》只是规定具有监护资格的人之间可以协议确定监护人，但司法解释规定：依法具有监护资格的人之间依据《民法典》第 30 条的规定，约定由《民法典》第 27 条第 2 款、第 28 条规定的不同顺序的人共同担任监护人，或者由顺序在后的人担任监护人的，人民法院依法予以支持。这说明司法解释认为协议人的范围可以包括所有具有监护资格的人，而不限于某一顺位。同时，最高人民法院又认为“已由前一顺位具有监护资格人协议确定监护人的，后一顺位即丧失协议权利”，[1] 这说明可以只由前一顺位具有监护资格的人协议确定监护人，且具有排除后一顺位具有监护资格的人的协议权利的效力，但同时也说明后一顺位具有监护资格的人并非绝对不具有参与协议的权利。因此，综合来看，协议监护中协议的范围既可以是在先顺位具有监护资格的人，也可以是所有顺位具有监护资格的人，前一顺位达成协议的具有排除后一顺位的效力，但无论仅仅是在先顺位达成协议，还是所有顺位达成协议，参与协议的顺位应当包括该顺位所有具有监护资格的人。

五、意定监护人资格有限制吗？

意定监护人应当是完全民事行为能力人，除此之外，法律并未对意定监护人有其他限制。意定监护人可以是近亲属，也可以是近亲属以外的人，既可以是个人，也可以是组织。由于法定监护人的范围除了兜底规定外都属于被监护人的近亲属，因此选择近亲属作为意定监护人的，相比法定监护区别在于被监护人可以完全根据自己的意志确定自己的监护人，自主决定的空间更大。意定监护更具突破性的地方在于成年人还可以选择近亲属以外的人担任监护人。

但监护关系是非常重要的人身关系，是完全将自己托付给他人，因此监护人的选择应非常慎重，律师、公证员等第三方也应仔细审查和考量监护人的有关情况并建议被监护人慎重考虑。一般而言，近亲属间不仅有法律上的权利义务关系，也有伦理道德上的牵连和羁绊，且近亲属往往也是扶养义务人（特别是父母与子女之间、配偶之间），相对而言更为可靠和稳定。若将非近亲属作为监护人，则应更为审慎。对于监护人而言，是否成为监护人也应慎重考虑，监护对监护人也有较高要求，且正式形成监护关系后就不能随意终止这种关系。

---

[1] 最高人民法院民法典贯彻实施工作领导小组．中华人民共和国民法典总则编理解与适用：上［M］．北京：人民法院出版社，2020：183.

六、法律对监护人，特别是意定监护人有什么监督手段吗？

首先，《民法典》对监护人履行监护职责的原则作出了规定，如最有利于被监护人原则、尊重被监护人真实意愿原则；其次，《民法典》规定了制裁措施，包括未正确履行监护职责的，应承担法律责任；严重的，还可由相关主体申请撤销监护人资格。但是，上述规定主要是事后救济，缺少事前预防的手段。在司法实践中，有法院要求监护人定期报告对被监护人的人身及财产情况，即引入事中监督。应该认为，监护关系对于被监护人的人身和财产都有着极为重大的影响，目前我国对于监护的监督在法律规范层面还比较笼统，当事人可以自行对有关监护监督的内容作出安排，如将人身监护与财产信托相结合，由不同的主体参与进来、约定监护人的报告义务，等等，可以有效避免监护人侵害被监护人利益。

七、父母处分未成年子女财产的效力如何？

父母作为未成年子女的监护人，同时也是未成年人的法定代理人。从法律上而言，未成年人当然可以有自己的财产，财产可能来自赠与，包括父母对其的赠与，可能来自继承，等等。《民法典》第 35 条规定："监护人除为维护被监护人利益外，不得处分被监护人的财产。"该规定的反面解释即监护人为了维护被监护人利益，可以处分被监护人财产。该规定作为对监护人处分被监护人财产的一种法定限制，尚显笼统。司法实践中，父母处分未成年子女财产的效力存在较大的分歧，认为有效的观点主要是基于对被监护人利益作出扩大解释、交易安全优先、处分取得了对价、处分限制系管理性规定等理由；认为无效的观点则从未成年人保护优先等角度否定效力。

实践中，父母处分未成年子女财产在形式上不仅体现为父母直接以法定代理人身份与第三人进行交易，还体现为父母的追认。虽然父母的追认指的是对未成年人意思表示的追认，这不同于父母自己主动处分子女财产，但在父母与子女一同签署交易文件的场合，所谓子女的意思可能只是形式，父母为了达到交易目的完全可以让子女配合自己签署文件，实质上仍是父母处分未成年子女的财产。因此，处分禁止不仅应针对父母作为法定代理人的处分行为，还包括一些情形下父母的追认行为。但实践中部分法院并未注意到“被动”追认和主动处分在实质上可能没有区别，从而认定交易有效。

关于处分限制所依据的利益标准存在不同的认识。有观点认为此处利益仅限于法律上的纯获利益，而非经济利益。以房产抵押为例，实践中比较一致的看法是，如果抵押借款用于子女的生活、教育、医疗等方面则有效，为无关第三人借款则无效。如果借款是为了父母的经营行为，则也倾向于认为有效，因为子女也会从经营收益中获益。纯获利益标准的缺陷是父母的处分权会受到过多限制，几乎无法合法地处置未成年人的财产，这对未成年人不一定有利。比如，未成年人名下有不动产，父母本可以通过抵押等方式获取资金用于未成年人的教育、医疗等，如果限于法律上的纯获利益，则父母无法这样做。因此，是否符合子女利益一般应以经济利益为标准进行实质判断，这也符合实践的做法。

八、申请确定、指定、变更监护人的区别是什么？

申请确定、指定、变更监护人都属于监护权特别程序案件，且都与《民法典》第 31 条有关。

申请确定监护人是指根据《民法典》第 31 条，当事人对监护人有争议，又不服居民委员会、村民委员会或民政部门的指定，而向人民法院申请指定监护人。[1] 虽然法条中使用的是“指定”，但在最高人民法院民事案由中属于“确定”监护人特别程序。

申请指定监护人是指根据《民法典》第 31 条，当事人对监护人有争议，不经居民委员会、村民委员会或者民政部门指定而直接向人民法院申请指定监护人。[2]

申请变更监护人是指监护人不能履行监护职责，有监护资格的人或者有

---

[1] 杨万明．最高人民法院新民事案件案由规定理解与适用：下［M］．北京：人民法院出版社，2021：1119．

[2] 杨万明．最高人民法院新民事案件案由规定理解与适用：下［M］．北京：人民法院出版社，2021：1121．

关组织申请变更监护人，或者根据《民法典》第 31 条、《民法典总则编解释》第 10 条不服居民委员会、村民委员会或者民政部门的指定，当事人在法定期限外才向人民法院申请指定监护人的，按照变更监护关系处理。[1] 因监护人不能履行监护职责申请变更监护人的，与因监护人怠于、无法履行监护职责申请撤销监护人具有相同之处，二者的区别在于申请变更监护人同时包含撤销和变更，撤销是变更的前提。[2]

九、“医疗预嘱”“生前预嘱”与意定监护的关系是什么？

“医疗预嘱”又被称为“生前预嘱”“预先医疗指示”等，是指个人为预防将来失去医疗决定能力，在意识清醒时对自己可以接受或不能接受的医疗措施、方案等作出指示。[3] 医疗预嘱起源于国外，我国《深圳经济特区医疗条例》首次在立法层面认可了医疗预嘱的效力。意定监护中监护人虽然也可为被监护人做医疗决定，但医疗预嘱与意定监护仍然是两个不同的制度，有着不同的功能。首先，医疗预嘱仅限于医疗决定，而意定监护是全面的代理，包括人身和财产的各个方面。个人可根据自己的需要选择医疗预嘱或者意定监护。其次，意定监护也不能完全替代医疗预嘱。意定监护生效是自被监护人失能时，当个人需要他人代其做医疗决定时，如陷入昏迷状态，而此时意定监护可能并未生效，意定监护人也就无法做医疗决定。再次，医疗预嘱可以对将来的医疗安排作出具体的安排，比如，对可接受的具体治疗方案作出选择，而意定监护只是概括式地授权给监护人，由监护人来决定。最后，意定监护是一种持续性的身份关系，涉及监护人和被监护人两方主体，因此对监护人的选择十分重要；而医疗预嘱只是预嘱人的一种单方意思表示，在将来特定的时间发挥作用，与遗嘱类似。

---

[1] 杨万明．最高人民法院新民事案件案由规定理解与适用：下［M］．北京：人民法院出版社，2021：1123.

[2] 杨万明．最高人民法院新民事案件案由规定理解与适用：下［M］．北京：人民法院出版社，2021：1124.

[3] 医疗预嘱文书样式详见附录 2。

第三章　家庭暴力的预防与制止

第一节　家庭暴力的概念和特征

一、家庭暴力的概念

根据《反家庭暴力法》的规定："家庭暴力是指家庭成员之间以殴打、捆绑、残害、限制人身自由以及经常性谩骂、恐吓等方式实施的身体、精神等侵害行为。""家庭成员以外共同生活的人之间实施的暴力行为，参照本法规定执行。"但实践中，除了上述列举的形式外，还存在其他可以归为家庭暴力范畴的行为。最高人民法院《关于办理人身安全保护令案件适用法律若干问题的规定》进一步对家庭暴力行为种类作了列举式扩充，扩大人身安全保护令适用范围，保障家庭成员免受各种形式家庭暴力的侵害：家庭成员之间以冻饿或者经常性侮辱、诽谤、威胁、跟踪、骚扰等方式实施的身体或者精神侵害行为，应当认定为《反家庭暴力法》第 2 条规定的"家庭暴力"。《反家庭暴力法》第 37 条规定的"家庭成员以外共同生活的人"一般包括共同生活的儿媳、女婿、公婆、岳父母以及其他有监护、扶养、寄养等关系的人。

各地方关于《反家庭暴力法》的立法中也有一些突破性规定：《湖南省实施〈中华人民共和国反家庭暴力法〉办法》（2019 年 5 月 30 日开始实施）将侮辱、诽谤、宣扬隐私、跟踪、骚扰等方式实施的身体、精神等侵害行为认定为家庭暴力行为；《内蒙古自治区反家庭暴力条例》（2020 年 5 月 1 日开始实施）增加了侮辱、诽谤、威胁、跟踪、骚扰、过度支配或者剥夺家庭成员的财物为家庭暴力的侵害行为，将保护范围扩大到曾有配偶、同居关系的人之间实施的暴力行为；《广东省实施〈中华人民共和国反家庭暴力法〉办法》（2020 年 10 月 1 日开始施行），增加了“冻饿”“跟踪”“禁闭”“骚扰”“散布隐私”为家庭暴力的侵害行为，并明确“通过网络等手段实施侵害行为”的也属于家庭暴力，将目睹家庭暴力的未成年人一并列为家庭暴力受害人进行保护。

最高人民法院应用司法研究所陈敏所著《涉家庭暴力案件审理技能》将家庭暴力定义为发生在亲密关系中的一方侵害或者威胁要侵害另一方的身体、性、精神等方面的人身权利，以达到控制另一方之目的的行为模式。❶

第一，家庭暴力是违法犯罪行为。家庭暴力是对受害人人权的侵犯，是对社会秩序的破坏，但经常被定义为某个人、某个家庭的私事，被错误地归入家庭矛盾、家庭纠纷范畴。任何人都无权用暴力的方式对待家庭成员。没有人愿意受到殴打和虐待，但受害人不得不忍受暴力，是基于个人、家庭、社会文化、政治经济、法律缺位等多方面的原因。

第二，家庭暴力是一种基于性别文化的暴力。在家庭暴力受害者中，女性占绝大多数。这一方面是男女生理构造不同，男性往往具有一定体力优势。更重要的原因是，在传统观念中有男主女从、男尊女卑的性别观念，一些男性从而认为自己有权力在家庭中对女性施暴来确立自己的控制地位。因此分析家庭暴力问题时必须带有社会性别意识，认识到家庭暴力的实质是性别暴力。

第三，家庭暴力是一种控制行为。家庭暴力是一方对另一方施以特定的行为，如殴打、限制人身自由，从表面看，家庭暴力似乎是生活琐事引发，实际上，家庭暴力是施暴者故意实施的，意在造成受害者身体伤害、精神痛苦与折磨，从而使受害者服从于自己的手段。每一个家庭暴力行为的背后，都是施暴者控制受害者的强烈心理需要。

---

❶ 陈敏．涉家庭暴力案件审理技能［M］．北京：人民法院出版社，2013：1.

二、家庭暴力的特征

（一）家庭暴力具有普遍性

无论发达国家还是不发达国家，大约1/5~2/3的妇女一生中都遭受过家庭暴力侵害。中国已婚妇女中，至少每四人中有一人曾遭受来自配偶的暴力。

据最高人民法院2015年公布，近10%的故意杀人案件涉及家庭暴力。北京为平妇女权益机构的媒体报道监测发现，2016年3月1日至2019年12月31日这1000余天中，中华人民共和国境内家庭暴力导致的死亡案件1785起，造成至少1200名成人和儿童死亡，其中有被殃及的邻居、路人，平均每天家庭暴力致死超过1人，其中绝大多数是女性。[1]

（二）家庭暴力的手段具有多样性

家庭暴力的形式多样，具体包括以下几类：（1）身体暴力，包括所有对身体的攻击行为，如殴打、推搡、打耳光、脚踢、使用工具进行击打、跟踪、骚扰、冻饿等；（2）精神暴力，以语言威胁、恐吓、恶意诽谤、辱骂、宣扬隐私、使用贬损人格的言语等，使得受害人自我认同低；（3）性暴力，故意攻击性器官、强制发生性行为或者以侮辱、他人不能接受的方式发生性行为等；（4）经济控制，以是否支付生活费等基本生存保障性费用限制他人的行为，过度支配或者剥夺家庭成员的财物等。

（三）家庭暴力的存在具有隐蔽性

家庭暴力通常发生在生活起居空间等相对私密的特定场合。受到长期以来"家丑不可外扬"等陈旧观念的影响，家庭暴力问题被有意无意地掩盖起来，多数受害者为了自己和家人的人身安全、能够抚养照顾孩子、使用家庭共同财产、家庭的完整等不得不忍受施暴者的暴力行为。

---

[1] 北京为平妇女权益机构：《中华人民共和国反家庭暴力法》实施四周年监测报告（2016年3月1日—2020年2月29日）[EB/OL].［2023-07-28］. http://www.equality-beijing.org/newinfo.aspx?id=80.

（四）施暴行为具有周期性与反复性

社会调查结果表明，遇到第一次家庭暴力后果断离开施暴人，或寻求帮助的人非常少。面对暴行，女性平均被虐待多次才选择报警，这是因为家庭暴力总是在“积聚期”（关系紧张，双方经常发生口角、轻微推搡等冲突）——“暴力爆发期”（暴力发生，受害人受伤）——“平静期”（施暴人道歉直至获得谅解，双方和好直到下个暴力周期的到来）的循环中加强。一方面施暴人会纠缠不休，另一方面受暴人也很难摆脱暴力在身体和心理上的控制。无论是施暴者杀害受害人，还是受害人以暴制暴杀害施暴者，经过专业的干预是可以被避免、被阻止的，家庭谋杀是一次次“虐待和暴力循环之后的悲剧”。

第二节　家庭暴力的处置

一、强制报告

根据《反家庭暴力法》第14条的规定，学校、幼儿园、医疗机构、居民委员会、村民委员会、社会工作服务机构、救助管理机构、福利机构及其工作人员在工作中发现无民事行为能力人、限制民事行为能力人遭受或者疑似遭受家庭暴力的，应当及时向公安机关报案。强制报告义务可以及时发现家庭暴力，最大限度保护未成年人、精神病人、失智老人、残障人士等没有行为能力或者限制行为能力等弱势群体。

（一）强制报告的义务主体

强制报告的义务主体包括两类，一类是特定单位，包括学校、幼儿园、医疗机构、居民委员会、村民委员会、社会工作服务机构、救助管理机构、福利机构；另一类是个人，即前列有强制报告义务单位的工作人员。

另外，根据《关于建立侵害未成年人案件强制报告制度的意见（试行）》（2020年5月）的规定，关于侵害未成年人案件强制报告，是指国家机关、法律法规授权行使公权力的各类组织及法律规定的公职人员，密切接触未成年人行业的各类组织及其从业人员，在工作中发现未成年人遭受或者疑似遭受不法侵害以及面临不法侵害危险的，应当立即向公安机关报案或举报。密切接触未成年人行业的各类组织，是指依法对未成年人负有教育、看护、医疗、救助、监护等特殊职责，或者虽不负有特殊职责但具有密切接触未成年人条件的企事业单位、基层群众自治组织、社会组织。主要包括：居（村）民委员会；中小学校、幼儿园、校外培训机构、未成年人校外活动场所等教育机构及校车服务提供者；托儿所等托育服务机构；医院、妇幼保健院、急救中心、诊所等医疗机构；儿童福利机构、救助管理机构、未成年人救助保护机构、社会工作服务机构；旅店、宾馆等。

（二）强制报告的适用条件

1. 家庭暴力的受害人为无民事行为能力人和限制民事行为能力人

强制报告的适用对象，仅限于无民事行为能力人和限制民事行为能力人，包括不满 16 周岁的未成年人、16 周岁以上的未成年人尚不能以自己的劳动收入为主要生活来源的未成年人以及不能辨认或不能完全辨认自己行为的精神病人，最高人民法院《关于办理人身安全保护令案件适用法律若干问题的规定》将年老、残疾、重病等需要特殊保护的人群也纳入了保护范围。

2. 在工作中发现家庭暴力确定或疑似发生

强制报告条件包括但不限于在工作中接到受害人求助，发现或怀疑家庭暴力事件的发生，如身上出现原因不明的伤口，包括瘀青、鞭痕、割伤、烫伤等，或者骨折、脱臼；行走不便；精神恍惚；未成年人举止有很大改变，表现出恐惧、焦虑、绝望、具有攻击性、在学校内逗留不愿回家等。此项义务仅对报告者在工作中发现的家庭暴力情况提出了要求，其与报告者的日常工作和职责紧密相连，于义务主体而言，并非额外的负担。

（三）强制报告的对象

强制报告的对象，即接受强制报告的人。如前所述，强制报告的对象为公安机关。

（四）强制报告的期限

法律未明确强制报告须在何种期限内提出，及时即可。

（五）强制报告的方式

义务主体进行报告的方式为向公安机关报案。

（六）未报告的后果

未依照《反家庭暴力法》第 14 条规定向公安机关报案，造成严重后果的，由上级主管部门或者本单位对直接负责的主管人员和其他直接责任人员依法给予处分。第 36 条规定负有反家庭暴力职责的国家工作人员玩忽职守、滥用职权、徇私舞弊的，依法给予处分；构成犯罪的，依法追究刑事责任。

二、家庭暴力告诫

家庭暴力情节较轻，依法不给予治安管理处罚的，由公安机关对加害人给予批评教育或者出具告诫书，告诫书应当包括加害人的身份信息、家庭暴力的事实陈述、禁止加害人实施家庭暴力等内容，可成为法院审理涉家庭暴力案件认定家庭暴力事实的证据。

（一）告诫制度的定义与性质

《反家庭暴力法》并未直接给出告诫制度的定义，部分地方性法规对“告诫”进行了定义，如《浙江省家庭暴力告诫制度实施办法》（浙公通字〔2017〕3 号）（以下简称《浙江省告诫办法》）第 3 条规定：“本办法所称家庭暴力告诫，是指公安机关对情节较轻，依法不给予治安管理处罚的家庭暴力行为，督促加害人改正而作出的行政指导意见。”《江苏省家庭暴力告诫制度实施办法》（以下简称《江苏省告诫办法》）第 3 条规定：“本办法所称的‘告诫’，是指公安机关对违反法律、法规的轻微家庭暴力行为或不宜直接作出行政处罚的家庭暴力行为，督促加害人改正而作出的行政指导。”

（二）告诫制度的适用条件

《反家庭暴力法》第 16 条第 1 款原则性地规定了告诫制度的适用条件，

即“家庭暴力情节较轻，依法不给予治安管理处罚的”。部分地方性法规对告诫制度适用条件作出了较为详细的列举式规定，如《江苏省告诫办法》第5条规定了应当作出告诫的四种情形：“①情节特别轻微，依法不予行政处罚的；②主动消除或减轻违法后果，并取得受害人谅解，依法不予行政处罚的；③情节较轻，经公安机关调解处理，当事人达成协议，依法不予行政处罚的；④其他不宜直接作出行政处罚的家庭暴力行为。”

值得注意的是，告诫书制度处理的是可以不予行政处罚的轻微家庭暴力行为，对于已经构成行政或刑事违法的，必须依法承担相应责任，而不能采取告诫处理。实施家庭暴力行为，伤害后果构成轻微伤，原则上应予以治安处罚。实施家庭暴力行为，经司法鉴定伤害后果构成轻伤及以上的；多次实施家庭暴力行为，经司法鉴定伤害后果构成轻微伤以上的，原则上应予以刑事立案侦查。

（三）告诫的方式

依据《反家庭暴力法》第16条，告诫的方式有两种：一是公安机关予以批评教育，二是出具告诫书。口头训诫和书面告诫在制止家庭暴力上具有同等效力，但书面告诫可以作为法院认定家庭暴力事实的证据。

（四）告诫书的内容

依据《反家庭暴力法》第16条第2款：“告诫书应当包括加害人的身份信息、家庭暴力的事实陈述、禁止加害人实施家庭暴力等内容。”

（五）告诫书的送达

《反家庭暴力法》第17条第1款规定：“公安机关应当将告诫书送交加害人、受害人，并通知居民委员会、村民委员会。”《湖南省家庭暴力告诫制度实施办法》（湘公发〔2016〕35号）规定了告诫书的当场送达：“《家庭暴力告诫书》向加害人当场宣告后，经加害人在家庭暴力告诫书上签名、捺印，即视为当场送达。”加害人拒绝签收的，不影响告诫书的效力。

（六）告诫的查访、监督

依据《反家庭暴力法》第17条第2款：“居民委员会、村民委员会、公安派出所应当对收到告诫书的加害人、受害人进行查访，监督加害人不再实施家庭暴力。”湖南省、浙江省的地方性法规明确了社区民警和居（村）民委员会在收到通知后一个月内进行查访，并做好查访记录。

（七）告诫书的法律效力

《反家庭暴力法》第20条规定：“人民法院审理涉及家庭暴力的案件，可以根据公安机关出警记录、告诫书、伤情鉴定意见等证据，认定家庭暴力事实。”浙江省、江苏省、宁夏回族自治区、湖南省的地方性法规除了规定告诫书在涉家庭暴力案件中的证据作用之外，还规定在审理家庭暴力人身伤害刑事案件中，告诫书可以作为量刑的酌定情节。因为家庭暴力告诫书没有对加害人的实体权利作出处分，因此，对告诫书不能申请行政复议或者提起行政诉讼。

三、庇　　护

根据民政部、全国妇联《关于做好家庭暴力受害人庇护救助工作的指导意见》（2015），家庭暴力受害人庇护救助工作对象是指常住人口及流动人口中，因遭受家庭暴力导致人身安全受到威胁，处于无处居住等暂时生活困境，需要进行庇护救助的未成年人和寻求庇护救助的成年受害人。寻求庇护救助的妇女可携带需要其照料的未成年子女同时申请庇护。民政部会同全国妇联指导推动各地民政部门与妇联组织加强合作，依托救助管理机构成立“家庭暴力庇护中心”，积极为因家庭暴力无家可归或有家难归的受害人提供庇护和临时救助服务，及时保护家庭暴力受害人的生命安全和合法权益。

（一）紧急庇护

1. 紧急庇护的对象

无民事行为能力人、限制民事行为能力人因家庭暴力身体受到严重伤害、面临人身安全威胁或者处于无人照料等危险状态的，公安机关应当通知并协助民政部门将其安置到临时庇护场所、救助管理机构或者福利机构。

2. 紧急庇护适用的情形

紧急庇护适用的情形，主要包括三种：其一，无民事行为能力人、限制民事行为能力人因家庭暴力身体受到严重伤害；其二，无民事行为能力人、限制民事行为能力人因家庭暴力面临人身安全威胁；其三，无民事行为能力人、限制民事行为能力人因家庭暴力无人照料。

3. 紧急庇护的义务主体

紧急庇护的义务主体为公安机关和民政部门。

4. 紧急庇护的方式

公安机关通知并协助民政部门将其安置到临时庇护场所、救助管理机构或者福利机构。

（二）临时庇护

根据《反家庭暴力法》第 18 条的规定，县级或者设区的市级人民政府可以单独或者依托救助管理机构设立临时庇护场所，为家庭暴力受害人提供临时生活帮助。

1. 临时庇护的对象

任何家庭暴力受害人，均可成为临时庇护的对象。

2. 临时庇护的实施主体

《反家庭暴力法》并未强制性地规定必须提供临时庇护，仅规定县级或者设区的市级人民政府可以设立临时庇护场所。

第三节　人身安全保护令

实务的角度而言，在预防和制止家庭暴力上效果最好的两大措施，当属人身安全保护令和家庭暴力告诫书。人身安全保护令作为一种民事强制措施，是家庭暴力的“防火墙”，重在预防家庭暴力行为发生，禁止被申请人作出一定行为，或者责令其作出一定行为，防止被申请人正在实施或者将要实施的行为给申请人造成不可弥补的伤害。

一、人身安全保护令概述

2008年，中央宣传部、最高人民检察院、公安部、民政部、司法部、卫生部、全国妇联联合制定《关于预防和制止家庭暴力的若干意见》。2008年3月，最高人民法院中国应用法学研究所发布法官办案的参考性指南《涉及家庭暴力婚姻案件审理指南》，其中第三章规定了“人身安全保护措施”，对于涉及家庭暴力的婚姻案件审理过程中普遍存在的受害人人身威胁、精神受控制，尤其是典型的“分手暴力”现象，确立了保护受害人人身安全、维护诉讼程序严肃性和公正性的人身安全保护裁定制度。2010年，湖南省高级人民法院《关于加强对家庭暴力受害妇女司法保护的指导意见（试行）》发布。2010年，长沙市中级人民法院出台《关于深入推进预防和制止家庭暴力审判工作的指导意见》，作为全市人民法院及相关职能部门使用人身安全保护裁定制度的具体实践指导。

《反家庭暴力法》明确指出：“当事人因遭受家庭暴力或者面临家庭暴力的现实危险，向人民法院申请人身安全保护令的，人民法院应当受理。”2022年6月7日，最高人民法院发布《关于办理人身安全保护令案件适用法律若干问题的规定》，为这一制度的施行提供了进一步的规范依据。

二、人身安全保护措施及其有效期

（一）人身安全保护措施

根据《反家庭暴力法》第29条及《关于办理人身安全保护令案件适用法律若干问题的规定》，人身安全保护令内容除了禁止令、迁出令，还有弹性规定，根据当事人需要，采取其他措施，对法官运用自由裁量权，用足保护令措施，依法及时制止暴力发生提供了依据。具体措施包括如下几种：

（1）禁止被申请人实施家庭暴力；

（2）禁止被申请人骚扰、跟踪、接触申请人及其相关近亲属；

（3）责令被申请人迁出申请人住所；

（4）禁止被申请人以电话、短信、即时通信工具、电子邮件等方式侮辱、诽谤、威胁申请人及其相关近亲属；

（5）禁止被申请人在申请人及其相关近亲属的住所、学校、工作单位等经常出入场所的一定范围内从事可能影响申请人及其相关近亲属正常生活、学习、工作的活动。地方实践中也有直接禁止被申请人在特定场所200米范围内活动，安全保障更高，也便于操作。

（6）保护申请人人身安全的其他措施，如责令被申请人自费接受心理治疗或者行为矫治，佩戴电子镣铐等。

（二）人身安全保护令的有效期

根据《反家庭暴力法》第30条的规定，人身安全保护令的有效期不超过6个月，自作出之日起生效。人身安全保护令失效前，人民法院可以根据申请人的申请撤销、变更或者延长。

三、人身安全保护令的申请*

（一）申请人

申请人为当事人。当事人为无民事行为能力人、限制民事行为能力人，或者因年老、残疾、重病等原因无法申请人身安全保护令，其近亲属、公安机关、民政部门、妇女联合会、居民委员会、村民委员会、残疾人联合会、依法设立的老年人组织、救助管理机构等可以代为申请。

（二）申请方式

人身安全保护令以书面申请为主，书面申请有困难的，可以口头申请。

（三）申请条件

申请人身安全保护令，应当具备下列条件：第一，有明确的被申请人；第二，有具体的请求；第三，有遭受家庭暴力或者面临家庭暴力现实危险的

---

* 人身安全保护令申请书文书样式详见附录3。

情形。

申请人身安全保护令，不需缴纳诉讼费用和提供担保，不以提起离婚等民事诉讼为条件。

刑事案件中也可以申请人身安全保护令。根据最高人民法院、最高人民检察院、公安部、司法部联合制发的《关于依法办理家庭暴力犯罪案件的意见》(2015 年 3 月 4 日)，人民法院、人民检察院、公安机关决定对实施家庭暴力的犯罪嫌疑人、被告人取保候审的，为了确保被害人及其子女和特定亲属的安全，可以依照《刑事诉讼法》第 69 条第 2 款的规定，责令犯罪嫌疑人、被告人不得再次实施家庭暴力；不得侵扰被害人的生活、工作、学习；不得进行酗酒、赌博等活动；经被害人申请且有必要的，责令不得接近被害人及其未成年子女。

四、人身安全保护令的审理与复议

(一) 人身安全保护令的审理

1. 审理程序

法院对人身安全保护令的审理比照特别程序进行，家事案件纠纷中的当事人申请人身安全保护令，由审理该案的审判组织作出是否发出人身安全保护令的裁定；申请人在接受其申请的人民法院并无正在进行的家事案件诉讼，由法官以独任审理的方式审理；是否需要在审理中听取被申请人的意见，由法官酌情决定。

受害人保护性缺席条款：有证据证明存在家庭暴力且受害人处在极度恐惧之中的，正常的开庭审理可能导致受害人重新受制于加害人的，或可能使受害人的人身安全处于危险之中的，人民法院可以应受害人的申请，单独听取其口头陈述意见，并提交书面意见。该案开庭时，其代理人可以代为出庭。

2. 证明标准

人身安全保护令案件中，人民法院根据相关证据，认为申请人遭受家庭暴力或者面临家庭暴力现实危险的事实存在较大可能性的，可以依法作出人身安全保护令。

3. 调查取证

当事人及其代理人对因客观原因不能自行收集的证据，申请人民法院调查收集，符合《民事诉讼法解释》第94条第1款规定情形的，人民法院应当调查收集。人民法院经审查，认为办理案件需要的证据符合《民事诉讼法解释》第96条规定的，应当调查收集。

4. 作出裁定

人民法院受理申请后，应当在72小时内作出人身安全保护令或者驳回申请；情况紧急的，应当在24小时内作出。以小时为计算单位，有利于及时阻断家庭暴力，隔离施暴者，避免暴力升级，以最大限度保护家庭暴力受害人。

（二）人身安全保护令的复议

人身安全保护令属于不准上诉的裁定，一经作出，即具有法律效力；当事人对裁定有异议的，可以自裁定作出之日起5日内向作出裁定的人民法院申请复议一次。可以向作出裁定的人民法院申请复议一次，复议期间不停止执行。人身安全保护令的复议可由原审判组织进行，也可另行指定审判组织进行复议。

复议考量因素：（1）被申请人有无暴力犯罪前科；（2）被申请人有无严重家庭暴力行为；（3）申请人是否在被申请人或其家人陪同下前来申请撤回；（4）申请理由是否符合逻辑（以申请人撤回申请的审查为例，要重点审查判断申请人是否因被申请人的胁迫提出撤回）。

五、人身安全保护令的送达与执行

人民法院在作出人身安全保护令后，应当在24小时内向当事人送达，同时送达当地公安派出所、居民委员会、村民委员会，也可以视情况送达当地妇女联合会、学校、未成年人保护组织、残疾人联合会、依法设立的老年人组织等。人民法院在送达人身安全保护令时，应当注重释明和说服教育，督促被申请人遵守人身安全保护令，告知其违反人身安全保护令的法律后果。

被申请人不履行或者违反人身安全保护令的，申请人可以向人民法院申请强制执行。被申请人违反人身安全保护令，尚不构成犯罪的，人民法院应当给予训诫，可以根据情节轻重处以1000元以下罚款、15日以下拘留。符合《刑法》第313条规定的，以拒不执行判决、裁定罪定罪处罚；同时构成其他犯罪的，依照刑法有关规定处理。

离婚案件中，判决不准离婚或者调解和好后，被申请人违反人身安全保护令实施家庭暴力的，可以认定为《民事诉讼法》第127条第7项规定的“新情况、新理由”。

第四节　家庭暴力的证据收集

一、证明发生过家庭暴力事实的证据

（一）报警记录、受案登记表、受害人的询问记录、施暴人讯问笔录等

发生家庭暴力后，建议及时报警，由公安机关按照有关规定调查取证。家庭暴力受害人可以直接拨打110报警，也可以向居民委员会、村民委员会、妇女联合会等单位投诉、反映、求助，妇联组织、村（居）委会等单位接到求助后，会进行劝阻或协助受害人报警。公安机关接到家庭暴力报案后应当及时出警，查明案情并进行处置。通常，公安机关留存的报警记录、受案登记表、相关调查笔录等资料很好地记录了家庭暴力事实，可以作为重要证据。

（二）家庭暴力告诫书（原件或复印件）

家庭暴力受害人或者他人报警后，根据相关规定，公安机关应根据不同情况，及时作出处理。对情节较轻，依法不予治安管理处罚的，由公安机关对加害人给予批评教育或者出具告诫书。告诫书可以作为人民法院认定实施家庭暴力的有力证据，家暴受害人可以在派出所民警出警处理家庭暴力案件过程中，明确提出开具告诫书的要求。

（三）治安管理处罚决定书（原件或复印件）

报警后，对涉嫌违法犯罪的，公安机关将查明案情，对构成违反治安管理行为的，依法给予治安管理处罚；构成犯罪的，依法追究刑事责任。一般经鉴定为轻微伤的，公安机关应依据《治安管理处罚法》作出治安管理处罚，包括行政拘留、罚款。根据《治安管理处罚法》的规定，公安机关应当将处罚决定书副本抄送受害人。

（四）法医鉴定报告或者司法鉴定报告

公安机关介入家庭暴力案件后，会根据调查情况确定是否委托法医鉴定，并根据伤情鉴定结果，确定责任追究方式。对于偶尔的家庭暴力行为造成的轻微伤及以下的属于治安案件，适用治安管理处罚；造成轻伤及以上的属于刑事案件，可能构成故意伤害罪或故意杀人罪，应当立案侦查；持续性、经常性的家庭暴力属于虐待，可能构成虐待罪，属于刑事案件，应当立案侦查。

（五）双方用人单位、村（居）民委员会、妇联组织、反家暴社会组织等机构的求助接访记录、调解记录等

受害人遭受家庭暴力后，还可能会选择向妇联组织、街道司法所、村（居）委会、反家暴社会组织投诉，受理投诉过程中，这些机构会进行详细记录并存档，必要时，受害者可以通过律师查阅调取，或者向法院申请调查令来调取投诉记录。此外，这些机构还会根据求助者遭受家庭暴力的危险程度和实际需求，提供法律帮助、心理辅导、社工干预和困难帮扶等综合维权服务，以及协调相关部门为受害者提供基本生活、就业创业、教育培训等力所能及的帮助。

（六）身体伤痕和打砸现场照片、录像

接到家庭暴力报警后，公安机关会及时到现场收集、固定证据。但很多遭受家庭暴力的人没有选择第一时间报警，而是向亲人朋友、妇联组织、双方工作单位、基层组织、社会机构求助时，可以让他们亲眼看到家庭暴力现场，或者事后向他们讲述家庭暴力的经历，并请他们帮助拍照。拍照既要有

受伤部位和打砸物品的特写，也要有受害人正面和现场环境的整体照片，智能手机拍照应关闭美颜功能，校对时间并打开照片定位功能。

（七）病历资料、医院诊疗花费票据

遭受家庭暴力攻击后，基于各种原因，家庭暴力受害人可能既没选择报警，也没向外界寻求帮助，但建议一定要及时去医院进行诊断、接受治疗。医疗记录能够客观、真实、准确记录伤情，是证明家庭暴力存在的有力证据，要保留好医疗记录。

（八）殴打、辱骂等实施家庭暴力的录音、录像

家庭暴力具有周期性，长期遭受家庭暴力的受害人，可以购买一支录音笔，学会使用并熟练操作，在可能遭受家庭暴力之前，打开放在衣服口袋或者背包等隐蔽的地方。也可以在家安装摄像头对家庭暴力行为进行取证。这种能够记录还原案发时具体情形的证据，对于司法机关来说是非常重要的。

（九）加害人保证书、承诺书、悔过书

在家庭暴力发生过程中，特别是初级阶段，加害人一般有悔过的表现，受害人可以抓住这一时机，让加害人写保证书。保证书应由加害人自己书写，并签署姓名及日期。如果加害人不愿意自己写，也可以采用录音录像的方式。

（十）证人证言、未成年子女证言

家庭暴力发生后，如果同住亲人、隔壁邻居、小区居民等其他人听到或目睹家庭暴力的发生，要有意识地向他们收集证人证言，丢掉爱面子的想法，尽可能早地和这些人做一些沟通工作，或者委托律师以调查笔录的方式向证人进行取证。可以请证人将所看到的经过写下来，或者征得其同意进行录音录像，同时需要提供证人的身份信息和联系方式，以备核查。

（十一）受害人自述

受害人自述是一种法定的证据形式。通常报警后，公安机关会对受害人进行询问并记录，公安机关的询问笔录可以作为证据使用。如果没有报警，家庭暴力受害人向相关机构或组织反映情况时，相关机构或组织也可以给受

害人足够时间，让其按照时间顺序自述遭受家庭暴力的情况，包括必要时，可以作为证据使用。

二、证明面临家庭暴力现实危险的证据

（一）施暴人带有威胁、恐吓内容的信息、录音

施暴人通过电话、短信、微信、QQ 聊天记录、电子邮件等传达威胁、恐吓信息及时录音、截屏可以作为证据，向法院申请人身安全保护令。同时，也可根据《治安管理处罚法》第 42 条，以恐吓或其他方法威胁他人人身安全为由，要求公安机关予以治安管理处罚。有关资料尽量保存在原始载体中并妥善保存，必要时可以备份，具备条件的，可以通过公证处提取电子证据。

（二）曾经遭受过家庭暴力的证据

如果有证据证明存在家庭暴力，通过家庭暴力评估量表进行评估，施暴人有继续威胁、恐吓或伤害受害人可能的，法院基于保护受害人可以作出人身安全保护令。证据包括：遭受暴力的公安机关报警记录、伤情鉴定报告、受伤害照片、报警证明、证人证言、社会机构的相关记录或者证明、加害人保证书、当事人陈述等，如果有均可向法院提供。

本章实务热点问答

一、夫妻吵架后相互打起来了，属于家庭暴力吗？

最高人民法院应用法学研究所出版的《涉家庭暴力案件审理技能》中明确有控制型暴力、抵抗型暴力，控制型暴力属于家庭暴力，抵抗型家庭暴力不是家庭暴力。夫妻吵架后相互打起来，要考虑双方的体能和身高等身体状况，在过往的暴力史中谁经常受伤、伤情更重，谁先动手，另一方是否属于抵抗型暴力（正当防卫）。相关职能部门需要根据事发现场痕迹、双方对事发经过的陈述（是否详尽）、受伤部位等进行综合判断，避免误判为“互殴”，导致受害人受到二次伤害。

二、父母经常责骂孩子，是否属于家庭暴力？

《反家庭暴力法》第 12 条规定，未成年人的监护人应当以文明的方式进行家庭教育，依法履行监护和教育职责，不得实施家庭暴力。经常责骂孩子会导致孩子有严重的心理创伤，属于精神暴力。好的教育是建立在相信和尊重孩子的基础上的，作为父母，应该学习科学的教育方式，使用符合孩子年龄的教育方法，学会与孩子沟通，既给孩子制定规矩，又要善于倾听孩子的意见，才能达到教育的目的。

三、夫妻一方对另一方进行经济控制，属于家庭暴力吗？

经济控制是加害人通过对夫妻共同财产和家庭收支状况的严格控制，摧毁受害人自尊心、自信心和自我价值感，导致受害人不敢、不能反抗，以达到控制受害人的目的。《反家庭暴力法》关于家庭暴力的定义用的是列举式加“等方式实施的身体、精神等侵害行为”，家庭暴力的方式多种多样，一个“等”字可以包含性暴力和经济控制，具体需要结合案件情况再分析。

四、幼儿园和小学老师发现学生受到家庭暴力但没有报案，要承担什么样的法律责任？

《反家庭暴力法》第 35 条规定：“学校、幼儿园、医疗机构、居民委员会、村民委员会、社会工作服务机构、救助管理机构、福利机构及其工作人员未依照本法第十四条规定向公安机关报案，造成严重后果的，由上级主管部门或者本单位对直接负责的主管人员和其他直接责任人员依法给予处分。”此条规定的是强制报告责任主体的行政责任，根据有关法律法规的规定，处分通常包括警告、记过、记大过、降级、撤职、开除。若是该行为同时构成玩忽职守、滥用职权等犯罪行为的，也应当依法追究其刑事责任。

五、公安机关向当事人出具了家庭暴力告诫书，对法院审理相关离婚案件有什么影响？

公安机关向当事人出具的家庭暴力告诫书是一种警告措施，旨在提醒受到家庭暴力的当事人，防止家庭暴力行为再次发生。公安机关按照规范程序调查取证后所形成的书面告诫书，不仅有利于及时固定家庭暴力的证据，而且其往往具有更强的证明力。家庭暴力告诫书可以作为法院认定家庭暴力事实的证据，法院仍需再综合全案证据和情况来作出是否离婚、抚养权归属和精神损害赔偿判决。

六、法院作出了人身保护令，其在相关案件审判中会据此直接认定当事人存在家庭暴力吗?

离婚等案件中，当事人仅以人民法院曾作出人身安全保护令为由，主张存在家庭暴力事实的，人民法院应当根据《民事诉讼法解释》第 108 条的规定，综合认定是否存在该事实。法院认为申请人遭受家庭暴力或者面临家庭暴力现实危险的事实存在较大可能性的，即可作出人身保护令，是一种针对家庭暴力受害人的保护措施，其目的主要是保护受害人免受家庭暴力的侵害。法院在离婚案件中认定当事人存在家庭暴力必须综合考量各种证据，如当事人陈述、家庭暴力告诫书、医疗诊断记录、鉴定报告、录音录像等。

七、离婚案件审理中，法院不予认定家庭暴力的常见原因有哪些?

第一，当事人缺乏保留证据的意识，未能提交证据，或者提交证据不符合法律规定，经法院释明仍未能提交，以证据不足为由不予认定;

第二，提交的证据不能形成完整的证据链，且对方当事人拒不承认实施了家庭暴力，法院认为无法证明暴力行为与损害后果之间的因果关系，不予认定，甚至是在裁判文书中回避提及家庭暴力;

第三，提交的证据形成了完整的证据链，证明存在家庭暴力，但法院认为暴力行为轻微或者次数不多，夫妻感情尚未破裂，不宜判决离婚，在裁判文书中回避认定是否构成家庭暴力。

第二编

婚恋编

第四章　恋爱与同居

第一节　恋爱、同居法律问题概述

一、恋爱法律问题概述

恋爱是两个人培养爱情的过程或在爱情基础上进行的交往行为。我国法律没有对恋人相互间的权利义关系务作出专门规定，法院也不处理纯粹的恋爱分手纠纷。但是恋人间的关系确有其特殊性，司法实务中由恋爱引起的纠纷也不少见。

一方面，在财产关系上，恋爱双方经济往来频繁，容易出现小额借贷、赠礼、日常转账等情形，部分处于试婚阶段的情侣可能还会出现大额彩礼的给付。一旦分手，两人便可能就财产返还问题发生争执。另一方面，如果女方在恋爱期间怀孕、生子，则会引发子女抚养问题。如果女方因为堕胎或家庭暴力等原因造成身体损害，还会涉及侵权责任、损失分担问题。

二、同居法律问题概述

（一）同居的概念

同居指男女双方在未经婚姻登记的前提下，持续、稳定共同居住的事实状态。多数情况下，同居是恋爱关系的发展和进阶，是一对伴侣步入婚姻前的准备阶段。根据不同的标准，可以作以下区分：

（1）是否以夫妻名义共同生活，可以分为以夫妻名义的同居和非以夫妻名义的同居。以夫妻名义的同居还可以根据同居时间长短，分为达到事实婚姻标准的同居和尚未达到事实婚姻标准的同居。根据最高人民法院《婚姻家庭编解释（一）》第7条的规定，1994年2月1日前就以夫妻名义共同生活同居且符合结婚实质条件的，按事实婚姻处理，在法律性质上与登记婚姻无异，双方的权利义务关系在后续婚姻关系的章节中介绍。1994年2月1日及之后，若以夫妻名义共同生活的男女，补办结婚登记，登记的婚姻具有溯及效力，未补办登记的，按同居关系处理。

案例：小敏与小王均离异，经朋友介绍相识后于1996年同居至今，两人未办理结婚登记手续。两人日常出双入对，对外一直以夫妻相称，周围街坊邻居也都以为他们是合法夫妻。

问：小敏和小王能否构成事实婚姻？

解析：不能。从本案反映的信息看，两人正式同居是在1996年，晚于1994年，无法构成事实婚姻。所以，两人的关系只能定性为同居关系，而非夫妻关系。

（2）同居方是否有配偶，可将同居分为有配偶者与他人同居和单身者同居。有配偶者与他人同居，是指有配偶者与婚外异性，不以夫妻名义，持续、稳定地共同居住，违反夫妻忠实义务，是法定离婚理由，并可基于此提起离婚损害赔偿，违背社会主义公序良俗的，不受法律保护。本章讨论的同居，主要是未经婚姻登记的男女于1994年后发生的同居。

（二）同居期间的法律问题

在当代中国，随着个人自由的解放和社会观念的多元化，自由的同居关系越来越被大众所接受。无论是都市白领还是流动打工者，抑或是在校大学生和丧偶老人，都存在同居的意愿和可能性。同居不仅会引发恋爱关系中的法律问题，还会产生其他问题：

（1）财产分割。同居期间，男女双方的工资、存款、投资收益可能放置于同一个银行账户中，容易出现财产混同，部分同居伴侣甚至存在共同生产经营、共同购买房屋或车辆等情形。因此，解除同居时，就会出现如何分割共同财产，如何划分双方收入等问题。

（2）债务分担。同居关系不具备婚姻关系中的家事代理、法定财产制等规定，非经双方一致同意原则上不存在共同债务。一方的举债，仍可因表见代理使另一方需对债权人承担责任，相互间也因无因管理、不当得利等产生债务分担问题。

（3）照顾和保护义务。同居关系双方在特定情况下会形成一定的身份义务关系，如救助、保护义务。

（4）财产继受。如果一方在同居期间去世，还会产生另一方能否获得去世方遗产的问题。

（三）同性同居中的法律问题

我国目前未对同性婚姻、同性同居予以法律上的认可，但随着社会观念的变化，同性同居也不为少见。同性同居不同于普通同居，前者客观上就无法办理结婚登记，后者则是伴侣双方主观上不选择婚姻登记。如何认定同性伴侣间事实同居的性质，决定了双方同居期间的权利义务以及结束同居时的法律后果。在实践中，有些法院将其认定为情侣关系，参照适用了婚姻法（《民法典》婚姻家庭编）的规定，也有些法院将其认定为朋友关系、同事关系等非亲密关系，按照一般同居进行处理。

部分同性恋者为了追求长期稳定的伴侣关系，尝试通过事先约定的方式为伴侣设置与异性伴侣相似的民事权利，如通过签订财产协议的形式，将双方对房产、车辆、存款、保险等权利义务的归属落于纸上，甚至办理公证，以期拥有具备法律保障的书面契约。但这又引发了新的问题，即对于不存在同居协议的同性伴侣，或者协议约定不详尽的，如何解决同居期间的财产、人身关系法律问题。

第二节 恋爱、同居期间的人身关系

人身关系是指自然人之间因身份、地位而形成的特殊权利义务关系。男女双方办理婚姻登记后，双方之间自然形成相互忠诚、相互协助、抚养教育子女等人身权利义务，但恋爱、同居关系因具有高流动性和低稳定性，在人身关系上与婚姻关系存在一定区别。

一、恋爱、同居自由

（一）依照自己的意愿选择恋爱、同居对象的权利

我国《民法典》第5条确立了民事活动中的自愿原则，第1046条规定“结婚应当男女双方完全自愿，禁止任何一方对另一方加以强迫，禁止任何组织或者个人加以干涉”，即婚姻自由原则。恋爱、同居关系作为大部分人缔结婚姻的基础，应由当事人双方自愿建立，不受父母、子女、亲属、朋友的干涉。

案例：李老先生早年丧偶，独自抚养两个儿子成人。儿子们成家后，原来的房子只剩李老先生独自生活，李老先生感到十分孤独。后经他人介绍认识了同样丧偶的吴老太太，两个人很快便确定了恋人关系。然而，两个儿子因担心吴老太太觊觎家产，极力反对父亲与吴老太太交往，并“没收”了李老先生的户口簿、房产证等一系列证件，每月只给李老先生2000元的生活费。面对儿子们的强烈阻挠，为了争回“恋爱权”，李老先生一纸诉状将两个儿子告上法庭。

解析：一方面，老年人的择偶自由受法律保护，子女或其他亲属都不得干涉；另一方面，老年人对个人的财产，依法享有占有、使用、收益和处分的权利，子女粗暴干涉老人婚恋、拿走房产证的行为，侵害了李老先生的基本权益。在审理过程中，法院经过调解，最终要求儿子们返还房产证并不得干涉李老先生的恋爱自由。

（二）拒绝、结束恋爱同居关系的权利

当事人有权自行决定拒绝、结束恋爱同居关系，无须经过另一方伴侣和他人同意，也无须通过特殊程序进行解除。法院原则上不受理解除恋爱、同居关系的诉讼，但涉及子女抚养、财产分割的除外。

案例一：小敏大学毕业后，忙于工作，一直未找男朋友。随着年纪渐长，小敏父母对小敏的婚姻状况极为着急，频繁为她介绍对象，但都无疾而终。后小敏的父亲无法忍受女儿的行为，强制要求其年前交男朋友，否则与之断绝父女关系。

解析：在是否恋爱的问题上，小敏享有消极自由，任何人不得强制其选择恋爱对象。小敏父亲的行为既侵犯了小敏的感情自由，又影响了家庭内部和谐。

案例二：小敏在一次相亲中认识了小王，对外表英俊、内在风趣的小王心生好感。但两人在一起并同居后，小敏发现小王时常会情绪崩溃，出现暴力倾向，两人多次发生冲突。因此，小敏将小王诉至法院，请求解除同居关系。

解析：根据《婚姻家庭编解释（一）》第 3 条的规定，当事人提起诉讼仅请求解除同居关系的，人民法院不予受理；已经受理的，裁定驳回起诉。小敏对于恋爱、同居关系只需要私下自行解除即可，法院不介入双方的感情纠纷。

案例三：小敏与小王和好后，小敏意外怀孕，双方因此订下婚约，但一直未办理婚姻登记。生下孩子后，小王对月子期间的小敏不闻不问，导致小敏遭受生理和心理的双重伤害。于是，小敏再次向法院提起诉讼，要求解除同居关系、分割共有财产并获得孩子的直接抚养权。

解析：根据《婚姻家庭编解释（一）》第 3 条的规定，当事人因同居期间财产分割或者子女抚养纠纷提起诉讼的，人民法院应当受理。小敏的诉讼请求中包含子女抚养、财产分割问题，属于法院的审理范围，故法院应当受理。

二、相互扶助的义务

恋爱关系中的双方无须承担相互扶助的义务。同居关系中的双方，原则上也无相互扶助的义务，但对其中共同生活较长时间、具有稳定的感情基础的，基于公序良俗和公平原则，双方互负一定的扶助义务。

案例：小李与小陈于2007年2月按照农村风俗置办酒席举行婚礼，并开始同居生活，生育一女，其后未补办结婚登记手续。同居生活期间，小李与小陈常因家庭事务与感情不和发生吵打，2013年5月2日，双方因小陈外出务工问题发生争执，次日又因子女抚养问题发生吵打。当晚小李突发疾病被送到医院抢救，后多次转院，被诊断为脑梗塞等病症并进行了手术治疗。后小李因患病已致一级言语、肢体残疾，长期在家休养并需服药治疗和家人护理。两人分手后，小李将小陈起诉至法院，要求其承担扶养义务，给付小李年满60周岁前的扶养费15万元。

解析：法院认为，虽然小陈与小李属于同居关系，小陈对无生活能力的原告小李无婚姻法上的扶助义务，但双方的同居关系仍应受社会公德与善良风俗的约束，处理因同居关系导致的矛盾纠纷仍应遵循公平原则。结合本案中双方已经按照农村风俗举办婚礼，并以夫妻名义同居生活了较长时间的客观实际情况，同时综合考量双方的家庭条件、给付能力等因素，判决小陈给付小李一次性扶助费1.5万元。

三、救助和保护义务

（一）恋爱、同居关系中的救助义务

恋爱、同居作为一种不同于普通朋友的结合模式，当事人在长期相处过程中必然会涉及双方长远利益甚至人生终身利益的分配，涉及双方之间利益的平衡。从本质上看，恋爱、同居关系与婚姻关系的区别主要在形式上，即是否经过登记，内容包括性关系、共同生活、相互照料和帮助，甚至共育子女。因此，根据公序良俗和社会道德，恋爱、同居关系双方需承担合理的注意和救助义务。

案例：小敏与小王建立恋人关系并同居，同住在小王所购房屋内。某日晚12点，小敏在家中开始出现腹痛，小王对此并无反应。第二天早上，小敏还是感觉下腹痛，小王便到药店买药给其服用，中午12点小敏病情加重，随

即拨打120急救电话，大约20分钟失去知觉，救护人员到场抢救但无效死亡。小敏父母要求小王对小敏的死亡承担赔偿责任，小王予以拒绝。

问：小王是否需要承担赔偿责任？

解析：根据《民法典》第1165条的规定："行为人因过错侵害他人民事权益造成损害的，应当承担侵权责任。"本案中，死者小敏与被告小王存在特定的关系，是恋爱同居关系。当女方生病时，男方负有合理的注意及救助义务。在得知小敏腹痛长达12个小时内，且在吃药后下腹仍然疼痛的4个小时内，小王仅是照看却并未积极履行送医的义务，以致小敏丧失治疗良机而身亡，故小王具有过错，应当承担部分侵权责任。

（二）恋爱、同居期间的保护义务

恋爱、同居关系双方互负一定的保护义务。随着现代社会对两性关系和婚前性行为的包容度不断提升，恋爱、同居期间发生性行为并不罕见。一旦出现意外怀孕，大部分未做好婚姻准备或没有缔结婚姻想法的情侣会选择流产，女方因此身体将受到伤害，甚至可能导致终生不孕。在这种情况下，即使双方都不存在过错，另一方也未尽到保护义务，应承担相应的补偿责任。

案例：小敏和小王订婚后同居生活，一段时间后小敏怀孕。两人因生活琐事发生矛盾，小敏决定终止怀孕，并与小王协商，但二人未对此达成一致意见，小敏便于2016年11月18日到医院进行人流手术。后两人分手，小敏以健康权受到侵害为由要求小王予以赔偿。

解析：订婚后同居生活导致怀孕，是二人自愿行为产生的结果，二人均无侵害对方健康的故意。小敏决定做人流手术，是小敏自己的个人决定。小敏以此请求小王赔偿，不符合侵权责任的构成要件。然而，小王虽没有侵害小敏健康的故意，但客观上小敏因为人流手术致使身体造成一定伤害，小王作为同居伴侣应当予以一定的经济补偿。

四、反家庭暴力

根据《反家庭暴力法》第2条的规定，家庭暴力是指家庭成员之间以殴打、捆绑、残害、限制人身自由以及经常性谩骂、恐吓等方式实施的身体、精神等侵害行为，保护对象限于家庭成员。但在现实生活中，未婚同居的现象已经较为常见，还有部分夫妻虽已离婚，但由于住房紧张、离婚后设立居住权等原因仍居住在一起，导致“离婚不离家”现象的出现。为保护这部分人群的权益，《反家庭暴力法》第 37 条规定：“家庭成员以外共同生活的人之间实施的暴力行为，参照本法规定执行。”因此，未婚同居者之间，应可适用《反家庭暴力法》，详见第三章。❶

第三节　恋爱、同居子女抚养

一、直接抚养权的归属

恋爱、同居期间生育的子女属于非婚生子女，原则上应由伴侣双方共同抚养。若双方关系恶化，主动解除恋爱、同居关系的，子女应当跟随一方生活，另一方需承担抚养费。根据我国《民法典》第 1071 条的规定：“非婚生子女享有与婚生子女同等的权利，任何组织或者个人不得加以危害和歧视。不直接抚养非婚生子女的生父或者生母，应当负担未成年子女或者不能独立生活的成年子女的抚养费。”可见，非婚生子女与父母间具有法定的权利义务关系，生父、生母应当负担子女的生活费和教育费，直至子女能独立生活为止。同时，《婚姻家庭编解释（一）》第 3 条规定：当事人因同居期间财产分割或者子女抚养纠纷提起诉讼的，人民法院应当受理。因此，伴侣双方在发生直接抚养权纠纷时，有权提起诉讼，请求法院确定子女的抚养问题。

正确判定直接抚养权的归属是保证非婚生子女身心稳定、健康成长的一

❶ 《最高人民法院关于办理人身安全保护令案件适用法律若干问题的规定》（法释〔2022〕17 号）第 4 条规定：反家庭暴力法第三十七条规定的“家庭成员以外共同生活的人”一般包括共同生活的儿媳、女婿、公婆、岳父母以及其他有监护、扶养、寄养等关系的人。该条未明确非婚同居可适用《反家庭暴力法》，但也未完全排除。笔者认为，非婚同居现象越来越普遍，其中相当于一部分已经具备准婚姻的特征，应可适用《反家庭暴力法》。

个重要条件，对此，应当比照离婚子女抚养相关规定，将最有利于子女成长原则作为衡量标准。在具体判断上，综合考虑以下因素：

第一，子女意愿。8 周岁以上的，应当征求子女意见，尊重其真实意愿；8 周岁以下的未成年人为无民事行为能力人，不能正确表达其真实意愿，由法官结合男女双方情况综合考量。

第二，父母双方抚养的能力。如是否有结婚意愿、是否再生育、工作和收入情况是否稳定等。

第三，子女生活环境现状。改变子女生活环境对其健康成长存在隐患：一方面，长期随父亲一方或母亲一方生活的未成年子女，与其一起生活的亲属、玩伴等已经建立稳固的社交关系和感情基础；另一方面，未成年子女对教育环境、生活环境的突然改变，存在难以适应的可能，容易产生性格不稳定、逆反心理等不良后果。

第四，与生父、生母的感情基础。父亲或母亲与子女是否能够进行有效沟通等是确定直接抚养权归属时考量的要素。

案例：小王和小敏恋爱后，两人打算结婚，但小敏的父母坚决反对。小王和小敏遂不顾父母反对，两人选择私奔，在外租房同居。两年后，小敏怀孕并生了一个男孩，小王早已厌倦同居的生活，又不想承担家庭的责任，所以一走了之，抛弃小敏和孩子。小敏认为小王应当给自己抚养费并承担养育孩子的责任，小王则认为双方都没有结婚，自己无须给付抚养费和承担养育孩子的责任。

解析：在给付抚养费的问题以上，根据我国《民法典》第 1071 条的规定，只要不与非婚生子女生活在一起，未直接抚养非婚生子女的，不论是生父还是生母，都应当负担子女的生活费和教育费，直到该子女独立生活时为止。拒绝履行该抚养义务的，生父母中的另一方有权向人民法院起诉。在抚养责任的问题上，由于子女年龄较小，出生以来就跟着小敏生活，小王又无稳定工作、抚养意愿，故由小敏直接抚养更为合适。

二、亲子关系的认定

恋爱、同居期间所生子女的亲子关系认定异于婚姻关系。婚姻关系存续期间所生子女一般直接被推定为夫妻双方所生子女，夫妻双方对孩子直接享有亲权。但恋爱、同居期间的区别在于，女方可以通过分娩行为判断是否存在亲子关系，男方则难以直接证明。对此，如果在亲子关系确认上存在争议的，实践中一般这样判断：一方（一般为女方）请求确认亲子关系的，应提供必要证据予以初步证明另一方存在具有亲子关系的可能。在此情形下，另一方（一般为男方）应配合进行亲子鉴定，并根据鉴定结果确定有无亲子关系；另一方没有相反证据，又拒绝做亲子鉴定的，人民法院无法进一步查明亲子关系，可以推定请求确认亲子关系一方的主张成立。

案例：小敏和小王经朋友介绍认识。某日小王约小敏去家里喝酒，小敏就携一个朋友去了小王家中。小敏喝醉后去上厕所，被小王推到房内发生性关系。当时，小敏刚经人介绍认识案外人张三不久，尚未确定恋爱关系。2015 年 5 月 26 日，小敏与张三结婚，同年 8 月 11 日，小敏生育一子张四。申报户口时，应派出所要求进行了亲子鉴定，排除了张三系张四生父。

小敏认为小王系张四生父，故与小王交涉，但小王置之不理。小敏遂起诉要求判令所生之子张四随自己共同生活，被告小王自张四出生起每月支付抚养费 1 万元至其 18 周岁止。

在法庭上，小王认可了两人喝酒的事实，但对两人发生性关系的事实予以否认，并拒绝进行亲子鉴定。

解析：法院在审查过程中发现，小敏和小王对是否发生过两性关系各执一词，但可以确认二人有在小王住处喝酒、单独接触的机会，而双方私密接触的时间与张四出生日期、出生孕周等信息又基本吻合，小敏提供的证据可以初步证明小王有可能系张四生父。而小王并未提供相反证据，在庭审中屡次反复，避重就轻，未予遵守诚实信用原则，陈述意见的可信度低于原告，故法院最终推定小王与张四存在亲子关系，要求对张四支付抚养费。

三、抚养费与探望权

一般而言，恋爱、同居双方在关系破裂后，不直接抚养子女一方应支付抚养费，并享有定期探望的权利，具体的权利义务内容应参照离婚子女抚养和探望的规定，详见第八章。

第四节　恋爱、同居财产关系

一、恋爱、同居期间所得财产的归属

《婚姻家庭编解释（一）》第22条规定："被确认无效或者被撤销的婚姻，当事人同居期间所得的财产，除有证据证明为当事人一方所有的以外，按共同共有处理。"同时，《民法典》中还规定该种情况优先由当事人协商解决，同时坚持照顾无过错方的原则处理。该类情形之外的恋爱、同居，其间所得财产的归属，目前尚无明文规定。

结合《民法典》等法律及相关司法解释的规定，恋爱、同居生活期间一方所得的收入财产原则上为个人财产；若双方存在共同购置的财产或者共同经营所得的收入的分配，有约定从约定，无约定或约定不明的，原则上应按照出资份额、所作贡献等认定为按份共有，公平合理地予以分割。

案例：王先生与李女士于2002年经人介绍相识，因双方均已离异，通过交往，王先生于2003年带着两个子女与李女士开始同居生活，双方一直未办理婚姻登记。同年7月，由王先生出资在萍乡市购买商品房一套，购房款为37522元。购房后，双方共同出资（王先生称亦全部由其出资，但其不能提供足够证据，李女士只认可王先生出资大部分）对房屋进行了装修，购置家具，共花费10万元。从2003年开始，王先生与李女士共同生活至今。在共同生活中，因性格不合，相互猜忌，无感情可言，难以继续生活，李女士起诉要求解除同居关系，分割共同生活期间所购置的财产。

解析： 就本案而言，由于双方在同居期间对财产的分割没有协议约定，且购房款全部由王先生支付，装修及家具王先生也出资了大部分，可以看出王先生对购置房屋、装修、添置家具等贡献较大。结合本案实际情况，本案房屋可以全部分配给王先生，装修费及家具双方平均分配，由王先生折价补偿给李女士，更能体现公平、合理的原则。

二、恋爱、同居期间生活支出的负担

恋爱、同居当事人相互间没有法定扶养义务，各方自行负担居住、饮食、日常娱乐等生活支出。一方在恋爱、同居期间的消费支出，原则上无权要求另一方返还或共同承担，除非另一方同意。

案例： 小王和小敏从大学相识，后成为情侣。恋爱期间为了追求风花雪月，两人经常出入高档餐厅约会吃饭，遇到长假期就全国各地到处旅游，平时有空也是到各种场所玩乐。在谈恋爱的两年期间，小王承担了几乎所有的日常开销，共花费12万元。后两人分手，小王认为小敏应补偿自己恋爱期间的花销费用。

问： 小王的请求是否具有法律依据？

解析： 小王的请求不具有法律依据。法律不能对正常的社交关系进行过度干涉，恋爱期间的消费并非出于结婚目的，而是为了联络感情和表达爱意。而且恋爱期间的消费是双方一起参与的，具体的承担比例也难以精准确定，该费用在发生时就已经由一方自愿承担，不能在承担之后再要求他人分担。

三、相互间财物往来的处理

恋爱、同居期间，出于共同生活、增进关系甚至备婚等目的，经常会发生财物往来。

（一）一般赠与

一方向另一方赠与财物并实际交付的，原则上无权要求返还。日常生活中，一方向另一方进行节日转账、赠送礼物的，一般按亲密关系中的财物赠与处理，无权要求返还。

案例：小王和小敏是一对情侣。因为小王家庭条件好，所以每逢节假日，小王会给小敏转1314元、520元等特殊数字意义的红包，送一些衣服、化妆品等价值几百到几千元的礼物，两年间花了3万余元。但后来两人因感情不和而分手，小王要求小敏返还红包、礼物的金额。

问：小王的请求能否被支持？

解析：不能被支持。在恋爱期间，一方向另一方转账行为和赠送礼物的性质如何确定，要根据行为人作出该行为时的真实意思表示来确定。一般而言，恋爱期间赠与方赠与另一方财物时没有或推定其没有结婚目的，只是恋爱期间的礼尚往来，如在情人节、七夕、520等特殊节日赠与的520、1314等具有特殊意义的数字的钱款、赠送一些礼物，其实质是表达了祝福和爱意。根据生活经验，可以认定行为人的真实意思是祝福、示爱，应当认定为赠与。根据《民法典》第657条："赠与合同是赠与人将自己的财产无偿给予受赠人，受赠人表示接受赠与的合同。"第658条："赠与人在赠与财产的权利转移之前可以撤销赠与。"由此可看出，一方将自己的物品无偿赠送给另一方，另一方予以接受，物品转移后，该赠与合同即履行完毕，财产所有权已经转移，赠与方不能撤销。因此，恋爱期间往来的财物如果被认定为赠与，则不能要求返还。

（二）彩　　礼

彩礼是我国古代婚礼程序之一，是一方在婚姻约定达成时向另一方赠送的聘金、聘礼。与日常的送礼、转账不同，首先，彩礼的价额往往比较大，超出了日常经济往来的范围；其次，彩礼一般是一方为了与另一方结婚，以家庭名义支付给另一家庭的财物，而日常生活中的小额转账主要是为了增进双方情谊，在主观目的上有所不同；最后，彩礼的给付方式一般与地方风俗密切相关，而日常小额转账则无此限制。

根据《婚姻家庭编解释（一）》第5条："当事人请求返还按照习俗给付的彩礼的，如果查明属于以下情形，人民法院应当予以支持：（一）双方未办理结婚登记手续；（二）双方办理结婚登记手续但确未共同生活；（三）婚前给付并导致给付人生活困难。适用前款第二项、第三项的规定，应当以双方离婚为条件。”由此可看出，如果恋爱、同居双方未办理结婚登记手续的，在分手时应当返还彩礼。当然，返还彩礼并不意味着全额返还，在符合上述法律规定的情况下，还要综合彩礼是否用于共同生活，以及共同生活的时间长短、消费支出、有无过错等各种因素，进行适当调整，按比例返还。

四、酌分遗产

根据传统的继承法理论和我国现行法律，恋爱、同居期间一方死亡时，另一方当事人不得以配偶身份继承遗产，不享有法定继承权。但是，我国《民法典》第1131条规定：“对继承人以外的依靠被继承人扶养的人，或者继承人以外的对被继承人扶养较多的人，可以分给适当的遗产。”考虑到同居期间的贡献、照顾以及其未来的生活保障利益，非婚同居伴侣在部分情况下可以作为“对被继承人扶养较多的人”或“依靠被继承人扶养的人”来请求酌分遗产。至于具体的遗产分割比例、方法，详见继承编。

案例：李老先生丧偶后，独自一人居住，十分孤单。偶然的一次机会，他与同样丧偶的吴老太太相识，两人经过一段时间的相处，均认为性格合拍，决定一起生活。李老先生试着向子女说明想法时，却遭到反对，子女们声称是为了避免老人一方走后产生财产纠纷才反对。后李老先生不顾子女反对，仍然选择同居。三年后的一天，李老先生与吴老太太因为一些家事产生争吵，李老先生突发心梗去世。而同居三年期间，李老先生的子女很少来看望李老先生，全是吴老太太进行照顾。但李老先生刚去世不久，李老先生的子女就把吴老太太赶出了家门。吴老太太越想越气，就把李老先生的子女起诉到法院，要求继承李老先生的财产。

解析：法院认为，李老先生和吴老太太以夫妻名义同居三年，已形成稳定的同居关系。同时，因为李老先生的子女很少前来探望，吴老太太照顾李老先生不易，结合《民法典》第1131条的规定，吴老太太属于继承人以外的对被继承人扶养较多的人，可以适当分得遗产，最终判决吴老太太分得李老先生遗产中的30万元。

本章实务热点问答

一、恋爱之间双方是否有相互的救助义务?

恋爱或者同居中的男女，未建立具有法律约束力的身份关系，任何一方均有权随时提出结束恋爱和同居关系，但是并不意味着可以像陌生人一样，不负任何法律责任。基于先前的恋爱或同居生活以及公序良俗原则，一方对另一方具有一定的照顾和救助义务。比如，一方因恋爱分手而自杀，另一方明知而不采取合理的救助措施或照顾义务，需要承担相应的损害赔偿责任。

二、不想和对方同居下去了，可以向法院起诉要求解除同居关系吗?

我国法律目前未建立同居伴侣登记制度，因此未婚男女同居并不产生彼此之间的身份上的法律关系，也就是说同居关系本身并不产生双方身份上的拘束力，不需要通过司法途径解除。有配偶者与他人同居，有违法律明文与公序良俗，更无任何约束力，在《民法典》背景下，更是不受法律保护，无须解除。故《婚姻家庭编解释（一）》第3条第1款明确规定，当事人提起诉讼仅请求解除同居关系的，人民法院不予受理；已经受理的，裁定驳回起诉。但是，如果伴侣一方的诉讼请求中包含分割财产、子女抚养的，法院应当受理。

三、恋爱、同居期间，红包被定性为一般赠与还是彩礼?

恋爱期间，给付的红包，根据红包大小及场合，以及是否互为给付等予以定性。如果是价值较小，以见面礼形式给付的，男女或男女家庭互有往来的，一般认定为一般赠与。如果价值较大，一般认定为以结婚为目的而给予的彩礼。是否系价值较大，需要根据当地的习俗以及男女双方各自的家庭经济条件等因素予以考量。

四、给付彩礼后，未办理结婚登记，需要全数返还吗？

给付彩礼后，双方未办理结婚登记，但确已共同生活，彩礼是否返还，争议较大。对此，参照《全国民事审判工作会议纪要》（法办〔2011〕442号），给付彩礼方请求返还彩礼，人民法院以双方共同生活的时间、彩礼给付的数额并结合当地的风俗习惯等因素，确定是否返还及具体返还的数额的精神处理。在实务中，法官在考察彩礼返还时，还需要考虑双方过错、彩礼的正常消耗、有无用于共同生活以及彩礼的形式等确定返还的形式或金钱的数量。按照当地习俗办理了婚宴，同居时间长，或生育子女的，有法官认为实现了彩礼部分功能，仅返还少数部分彩礼，甚至不返还。还有双方之间办理婚宴或筹备婚礼过程消耗了部分彩礼，考察过错并确定返还数额。

五、恋爱同居期间意外怀孕，女方可以要求男方赔偿或补偿吗？

随着社会日益开放，男女双方恋爱、同居，发生性行为的频率变高、时间日益增长，难免会出现怀孕、堕胎的情形。鉴于女性的生理特征，怀孕、堕胎不仅会造成财产损失，还会造成身体及精神损害。民事主体从事民事活动，应当遵循自愿原则，按照自己的意思设立、变更、终止民事法律关系。通过事先的协商方式确定各方的权利义务，按约定处理。在没有协议的情况下，根据公平原则、双方的过错程度，在照顾妇女的情况下合理分担损失。

六、同居双方分手后，经济困难方有权要求另一方提供经济帮助吗？

最高人民法院《关于审理未办结婚登记而以夫妻名义同居生活案件的若干意见》第12条规定，解除同居关系时，一方在共同生活期间患有严重疾病未治愈的，分割财产时，应予以适当照顾，或者由另一方给予一次性的经济帮助。虽然该条已被废止，但其精神仍值得参考。在实务中，对该问题也存在观点争议，如部分法院认为，同居分手后的经济帮助义务应当以双方以夫妻名义共同生活为基础，亦有法院认为，同居男女之间没有法定的身份关系，对要求另一方给予经济帮助不予支持。

七、恋爱同居分手，可以要求对方赔偿青春损失吗？

恋爱或同居分手后，既存在财产的分割和返还，还存在各种形式的补偿，甚至是赔偿。在当前的社会生活中，在恋爱关系或同居关系解除时，经常发生“青春损失费”的纠纷。“青春损失费”并非法律术语，需要区别对待。

男女两性恋爱同居，既有情感的交流，也有共同的扶助，双方也在共同生活中同等流逝青春，现代社会及法律建立在两性平等的地位之上，并不存在谁的青春宝贵，谁的青春低贱之说，因此在双方分手后，索要仅因时间和陪伴等情感因素，不具有对价关系的“青春损失费”的主张不能得到法律的支持。在日常生活中，有男女在同居期间约定“精神损失费”协议，其往往系为了维护同居关系，约定在同居关系破裂时，一方给予另一方一定金钱或财产作为惩罚的协议，或由提出分手的一方承担，又俗称同居保证协议。如“甲乙同居，若一方提出解除同居关系，需赔偿对方 10 万元精神损失费”，这样的约定，相当于限制同居关系强制的人身效力，限制一方与他人的交往自由，与《民法典》第 5 条确定的自愿原则相违背，也侵害了人身自由权，该约定原则上作无效处理。

如果“青春损失费”是具有对价的补偿性质的，如因一方同居期间付出较多，使另一方资产增加等，或者约定的“青春损失费”包含因人流或堕胎而导致的精神损害的补偿，在实务中也有可能得到支持。此种情形下，如“青春损失费”已经实际支付，法院一般不会支持另一方的返还请求。

第五章　结　　婚

第一节　概　　说

一、结婚的概念与特征

（一）结婚的概念

结婚，亦称婚姻的成立，是指男女双方按照法律规定的条件和程序，确立夫妻关系的法律行为。结婚有广义和狭义之分，狭义的结婚仅指夫妻关系的确立；广义的结婚包括婚姻的成立和订立婚约（俗称订婚）两个方面。近现代各国的亲属立法，大多将婚姻的成立作狭义上的规定，订婚已不再是结婚的必经程序。

（二）结婚的特征

第一，结婚行为的主体是男女双方。婚姻关系的产生，是以男女两性的生理差别为前提的，人类性的本能和自身的繁衍为婚姻的自然属性，这是婚姻区别于其他社会关系最重要的特征。

第二，结婚行为是民事法律行为。当事人必须遵守法律的规定，包括法律规定的结婚条件和结婚程序两个方面。与一般的民事法律行为不同，法律对结婚行为的条件和程序作了特别的规定，婚姻必须依法成立，否则不具有婚姻的法律效力。

第三，结婚行为的后果是确立夫妻关系。男女双方因结婚形成互为配偶的夫妻身份，相互享有和承担法律规定的权利和义务。

二、结婚的要件

（一）结婚的实质要件

结婚的实质要件，是指婚姻当事人以及双方之间的关系，必须符合法律规定的结婚条件，包括结婚必须具备的条件和结婚禁止的条件。我国《民法典》对结婚要件的规定，将国家、社会和个人三者的利益统一起来，形成一个完整的体系，不仅保护了国家、社会和民族的整体利益，也切实地保护了婚姻当事人的个人利益。

（二）结婚的形式要件

结婚的形式要件，是指婚姻成立的方式或程序必须符合法律规定的条件。对于婚姻成立的方式，有事实婚和形式婚两种。所谓事实婚，是指当事人双方只要具有共同生活的意愿和以夫妻名义共同生活的事实，婚姻即成立，法律承认其婚姻的效力。所谓形式婚，是指结婚必须履行一定的程序，符合一定的方式，履行法定的结婚程序是婚姻成立的必要条件。在我国，办理结婚登记是婚姻成立的形式要件，1994 年 2 月 1 日之后同居的男女，凡未补办结婚登记的，均属同居关系，不具有婚姻的法律效力。

三、婚　　约

（一）婚约的概念

婚约，是指男女双方以结婚为目的而作的事先约定。成立婚约的行为称为订婚。订婚后的男女双方具有未婚夫妻的身份。

在结婚前，男女双方为保证婚姻的缔结，可以事先达成一个协议。协议的目的是明确的，即双方承诺建立未来的婚姻。婚约成立后，双方当事人负有按约定缔结婚姻的义务。但是，这并不意味着当事人将来必须结婚。婚约虽然是缔结婚姻的预约，但由于婚约具有身份属性，以及人类赋予婚姻的基本精神是婚姻自由，因而婚约与民法中严格意义上的预约不同，法律不要求婚约必须履行，当事人任何一方在不履行婚约时，另一方不得请求法院强制其履行，附加在婚约上的任何违约条款，也都不具有法律上的效力。

（二）婚约的解除

在我国，法律上没有婚约的规定，对婚约采取既不提倡，也不禁止的态度。婚约不是法律所调整的对象，当事人自愿订立的婚约没有法律上的约束力。婚约有解除的自由，可以双方合意解除，也可单方解除而不论其有无重大事由或有无重大过错。当一方要求解除婚约时，应通知对方，但无须征得对方的同意，也无须经过法定的诉讼或调解程序。婚约解除后，因婚约而产生的未婚夫妻的身份关系也随之解除，任何一方不得请求法院强制履行婚约。婚约期间双方同居生活的，不产生夫妻间的权利和义务关系，如生有子女的，该子女为非婚生子女。因婚约而产生的财产关系，也不同于其他民事上的一般财产关系，具有特殊性，应分别情况妥善处理：

（1）婚约期间，当事人双方由于资金的共用、财物的合并以及共同投资等产生的共同财产，因不具有夫妻身份关系，所以不应视为共同共有，各自财产的所有权归各人所有，具有独立性。婚约解除后，双方对共有财产有约定的，按约定处理；没有约定或约定的份额不明确的，则属于按份共有，按比例分割。

（2）婚约期间，当事人基于结婚的目的，一方或双方将自己的财产无偿给予对方而产生的单方赠与或双方赠与，与一般的赠与不同，完全是为了促使婚约的履行、保证结婚目的的实现。对于这种附条件的赠与，在目的不能实现时，赠与不发生法律效力，财产的所有权仍属于赠与人所有。这时的赠与人虽不能要求受赠人必须结婚，但赠与人有权要求受赠人返还财产。这种返还，不以有无过错为条件，而是基于赠与的目的不能实现而请求返还。《婚姻家庭编解释（一）》第5条规定："当事人请求返还按照习俗给付的彩礼的，如果查明属于以下情形，人民法院应当予以支持：（一）双方未办理结婚登记手续；（二）双方办理结婚登记手续但确未共同生活；（三）婚前给付并导致给付人生活困难。适用前款第二项、第三项的规定，应当以双方离婚为条件。”

（3）婚约期间，一方或双方支出的费用及负担的债务，以及在财产上、精神上受到的损害，在婚约解除后，能否要求对方给予赔偿，各国法律基于婚约为契约的理论，一般都要求过错方负一定的损害赔偿责任。我国法律对此没有规定。

案例：宜先生与方女士经媒人介绍相识，交往数月后二人订婚并办了酒席。订婚时宜先生给方女士彩礼6万元。后来二人发生争吵，方女士携带现金6万元及衣物回娘家，并拒绝与宜先生复合。宜先生诉至法院，请求判令方女士返还现金6万元及办酒席的费用。

解析：宜先生以结婚为目的支付给方女士彩礼6万元。婚约虽不受法律保护，但解除婚约而要求返还财产的诉讼请求应予支持。宜先生要求方女士赔偿办酒席的损失，因该部分财产已用于吃喝消费，法院不再审理。因此，方女士返还宜先生现金6万元。

第二节　结婚条件

一、结婚的必备条件

结婚的必备条件，又称结婚的积极条件，是指当事人结婚时必须具备的法定条件。根据我国《民法典》的规定，结婚必须具备以下三个条件：

（一）必须具备结婚合意

结婚合意，是指当事人双方确立夫妻关系的意思表示真实一致。我国《民法典》第1046条规定：“结婚应当男女双方完全自愿，禁止任何一方对另一方加以强迫，禁止任何组织或者个人加以干涉。”结婚合意是结婚的首要条件，是保障结婚自由的前提，是婚姻自由原则在结婚制度中的具体体现。

结婚是婚姻当事人双方的民事法律行为，双方自愿是婚姻结合的基础，法律排斥当事人一方对他方的强迫，排斥当事人父母或第三人的包办或干涉，排斥当事人非自愿的被迫同意。尽管法律并不排除当事人的父母或第三人给予当事人意见和建议，但是否缔结婚姻应由当事人自己决定。

（二）必须达到法定的结婚年龄

法定年龄，是指法律规定的准予结婚的最低年龄。我国《民法典》第1047条规定："结婚年龄，男不得早于二十二周岁，女不得早于二十周岁。"凡当事人双方或一方未达到法定婚龄的，婚姻登记机关不予登记。法定婚龄是男女双方结婚必须达到的年龄，具有强制性。

案例： 宜先生与方女士去当地民政部门领取结婚证，因方女士未达法定婚龄，二人便虚报了方女士的年龄。通过虚报年龄的手段，二人成功领取了结婚证。后来，方女士突然离家出走，宜先生一直苦苦寻找。再后来，宜先生亲戚在抖音上看到方女士与另一男子手持结婚证的小视频，随即转发给宜先生。宜先生这才得知自己的妻子竟成了别人的老婆。宜先生找到方女士并表示要告方女士重婚。方女士便以结婚时未达法定婚龄诉至法院，请求宣告婚姻无效。

解析： 无效婚姻的法定事由是相对的，在婚姻关系成立时存在婚姻无效的法定事由，而在申请宣告婚姻无效时已经不具有该事由的，该婚姻由无效婚姻转化为有效婚姻。本案中，尽管方女士在与宜先生登记结婚时未到法定婚龄，其申请确认婚姻无效时早已年满20周岁，法定的无效婚姻情形已消失，故宜方二人的婚姻有效。若方女士确与他人另行领取结婚证，属重婚情形，该重婚应为无效婚姻，不受法律保护。

（三）必须符合一夫一妻制

一夫一妻制是我国婚姻制度的基本原则，是结婚的必备条件，法律禁止重婚。根据我国《民法典》第1042条的规定，禁止重婚。第1051条规定，重婚的婚姻无效。《婚姻登记条例》第6条规定：办理结婚登记的当事人有下列情形之一的，婚姻登记机关不予登记：……（三）一方或者双方已有配偶的。"

二、结婚的禁止条件

结婚的禁止条件，又称结婚的消极要件，是指当事人结婚时不得具有法律规定的禁止结婚的婚姻障碍。根据我国《民法典》的规定，结婚的禁止条件主要是指禁止结婚的血亲。禁止结婚的血亲，是指法律规定的禁止结婚的亲属。我国《民法典》第1048条规定："直系血亲或者三代以内的旁系血亲禁止结婚。"

三代以内的旁系血亲包括：（1）兄弟姐妹，含同父同母的全血缘的兄弟姐妹、同父异母或同母异父的半血缘的兄弟姐妹。（2）伯、叔、姑与侄、侄女，舅、姨与甥、甥女。（3）堂兄弟姐妹、表兄弟姐妹。

对于拟制血亲能否结婚，我国《民法典》没有明确规定。但我国《民法典》规定：养父母与养子女、继父母与受其抚养教育的继子女之间的权利和义务，适用《民法典》对父母子女关系的有关规定。据此，《民法典》对直系血亲缔结婚姻的禁止，也适用于养父母子女和已形成抚养、教育关系的继父母子女。至于拟制旁系血亲间的通婚，只要没有血缘上的禁忌，在解除拟制关系后，应予准许。

此外，受伦理观念的影响，许多国家还禁止一定范围的姻亲结婚。我国《民法典》没有禁止姻亲结婚的规定，但直系姻亲通婚有悖伦理，所以一直是人类的一个婚姻禁忌。

案例：赵小某的父亲赵某某与母亲韩某某于2000年生下赵小某，2018年4月经法院判决赵某某与韩某某离婚。赵某某与葛某某是表兄妹，双方的外祖父母相同，具有三代以内的旁系血亲关系；2019年3月，两人对婚姻登记机关隐瞒真实情况，经民政部门登记结婚。2020年8月赵某某因病死亡。2020年9月赵小某到法院请求确认葛某某与赵某某的婚姻无效。

解析：赵某某与葛某某是表兄妹，双方具有三代以内的旁系血亲关系，属法律禁止结婚的情形，婚姻无效。赵小某作为赵某某的女儿请求确认婚姻无效，应予准许。葛某某与赵某某的配偶关系虽因赵某某的死亡而终止，但双方三代以内旁系血亲的亲属关系永远不会改变，故葛某某“法定的无效婚姻情形已经消失”的辩称不能成立。

第三节　结婚程序

一、结婚程序的概念及意义

结婚的程序，即结婚的形式要件，是指法律规定的缔结婚姻所必须履行的法定手续。我国结婚实行登记制，即结婚必须履行的程序是结婚登记。我国《民法典》第1049条规定：“要求结婚的男女双方应当亲自到婚姻登记机关申请结婚登记。符合本法规定的，予以登记，发给结婚证。完成结婚登记，即确立婚姻关系。未办理结婚登记的，应当补办登记。”由此可以看出，结婚登记是我国婚姻成立的法定程序，是合法婚姻成立的唯一形式要件。男女在登记结婚并取得结婚证后，无论是否同居生活，无论是否举行结婚仪式，都具有法律上的夫妻身份关系，其婚姻受到国家的承认和法律的保护。如一方或双方反悔，须按离婚程序办理离婚手续，才能解除婚姻关系。反之，如果男女双方仅举行结婚仪式或同居生活，但没有办理结婚登记的，则其婚姻不具有法律上的效力。

二、结婚登记的机关和程序

（一）结婚登记的机关

《婚姻登记条例》第2条第1款规定：“内地居民办理婚姻登记的机关是县级人民政府民政部门或者乡（镇）人民政府，省、自治区、直辖市人民政府可以按照便民原则确定农村居民办理婚姻登记的具体机关。”

婚姻登记机关的管辖范围，原则上以当事人的户籍为依据。《婚姻登记条例》第4条第1款规定：“内地居民结婚，男女双方应当共同到一方当事人常住户口所在地的婚姻登记机关办理结婚登记。”

（二）结婚登记的程序

1. 申　　请

要求结婚的当事人，应当向婚姻登记机关提出结婚申请。为了保障婚姻自由，便于婚姻登记机关进行审查，法律要求双方当事人必须亲自到一方户口所在地的婚姻登记机关申请结婚登记，不得由他人代理。《婚姻登记条例》第5条第1款规定："办理结婚登记的内地居民应当出具下列证件和证明材料：（一）本人的户口簿、身份证；（二）本人无配偶以及与对方当事人没有直系血亲和三代以内旁系血亲关系的签字声明。"

2. 审　　查

婚姻登记机关应当依法对当事人的结婚申请进行审核和查证。除查验当事人提交的证件和证明是否齐全、是否符合规定外，还应对当事人是否符合法律规定的结婚条件进行审核。审查是结婚登记程序的中心环节，审查应依法办事，不得草率或拖延。

3. 登　　记

婚姻登记机关对当事人的结婚申请进行审查，符合结婚条件的，应当即时予以登记，发给结婚证。《婚姻登记条例》第6条规定："办理结婚登记的当事人有下列情形之一的，婚姻登记机关不予登记：（一）未到法定结婚年龄的；（二）非双方自愿的；（三）一方或者双方已有配偶的；（四）属于直系血亲或者三代以内旁系血亲的；（五）患有医学上认为不应当结婚的疾病的。[1]"

《婚姻登记条例》第7条规定："婚姻登记机关应当对结婚登记当事人出具的证件、证明材料进行审查并询问相关情况。对当事人符合结婚条件的，应当当场予以登记，发给结婚证；对当事人不符合结婚条件不予登记的，应当向当事人说明理由。"

---

[1] 由于《民法典》将"患有医学上认为不应当结婚的疾病的"婚姻不再规定为无效婚姻，故《婚姻登记条例》应作相应修改。

结婚证是婚姻登记机关签发的证明婚姻关系成立的法律文书。当事人遗失或者损毁结婚证的，可以持户口簿、身份证向原办理婚姻登记的机关或者一方当事人常住户口所在地的婚姻登记机关申请补领。婚姻登记机关对当事人的婚姻登记档案进行查证，确认属实的，应当为当事人补发结婚证。

案例： 已恋爱一年多的王某与刘某准备办理结婚登记手续，双方均符合我国《民法典》所规定的结婚实质要件。由于刘某有事走不开，王某便带着两人的身份证、户口本、相片等有关材料，在民政部门找熟人办理了结婚登记手续，其中，本应由刘某签名的事项全由王某代签。登记后，双方举办了婚礼，在一起生活，还生育了子女。但由于性格不合，经常争吵。几年后，刘某以自己未亲自到民政部门办理结婚登记为由要求法院确认双方的婚姻关系无效。王某则提出刘某当时没空，刘某将有关证件交出表明其真实意思是愿意缔结婚姻关系，且双方事实上也以夫妻的身份在一起生活了，因此双方的婚姻关系有效。

解析：《婚姻家庭编解释（一）》第 17 条第 1 款规定："当事人以民法典第一千零五十一条规定的三种无效婚姻以外的情形请求确认婚姻无效的，人民法院应当判决驳回当事人的诉讼请求。"可见，婚姻无效的事由仅限于我国《民法典》第 1051 条规定的三种情形，以结婚登记时一方未亲自到场为由主张婚姻无效不能得到支持。结婚登记时一方未亲自到场虽然影响婚姻登记机关对双方结婚是否属于自愿的审查，但要求双方亲自到婚姻登记机关只能说是结婚登记的程序条件之一。如果双方当事人在结婚登记时不违反婚姻的实质要件，仅是一方未到场，随后双方还举行了结婚仪式，且共同生活生育子女，就不能认定双方系非自愿结婚。

《婚姻家庭编解释（一）》第 17 条第 2 款规定："当事人以结婚登记程序存在瑕疵为由提起民事诉讼，主张撤销结婚登记的，告知其可以依法申请行政复议或者提起行政诉讼。"所以，申请行政复议或者提起行政诉讼才是该问题的救济途径。

三、未办理结婚登记的“事实婚姻”

婚姻的成立是要式民事法律行为。当事人不仅要符合结婚的条件，而且要履行结婚的程序。我国以办理结婚登记为婚姻成立的法定方式，不能以包括举行仪式在内的其他方式代替。长期以来，在我国现实生活中，一直将未履行结婚登记程序，即以夫妻名义公开同居生活的两性结合称为事实婚姻。

《婚姻家庭编解释（一）》第 7 条规定，我国处理事实婚姻问题的态度是，未按《民法典》第 1049 条规定办理结婚登记而以夫妻名义共同生活的男女，提起诉讼要求离婚的，应当区别对待：（1）1994 年 2 月 1 日民政部《婚姻登记管理条例》公布实施以前，男女双方已经符合结婚实质要件的，按事实婚姻处理；（2）1994 年 2 月 1 日民政部《婚姻登记管理条例》公布实施以后，男女双方符合结婚实质要件的，人民法院应当告知其补办结婚登记。未补办结婚登记的，依据该解释第 3 条规定处理。

案例：1990 年，宜先生和方女士认识。1991 年 5 月 1 日，两人举行结婚仪式后即开始以夫妻名义共同生活，一直未进行结婚登记。1992 年 6 月 20 日，女儿宜小甲出生，1993 年 12 月 29 日，儿子宜小乙出生。宜先生和方女士两人初期感情尚好，后来因生活琐事产生矛盾，渐致矛盾激化，两人开始分居生活。方女士曾于 2018 年起诉与宜先生离婚，后又撤诉。2020 年 3 月 2 日，方女士再次起诉离婚，诉称：方女士认为其与宜先生之间的夫妻感情已彻底破裂，诉请法院判令双方解除婚姻关系；依法分割夫妻共同财产。宜先生同意离婚，要求依法分割夫妻共同财产。

解析：宜先生和方女士虽未进行结婚登记，但两人以夫妻名义开始共同生活的时间在 1994 年 2 月 1 日前，且两人已符合结婚的实质要件，应按事实婚姻处理。两人虽婚后初期感情尚好，但后双方因生活琐事产生矛盾，并致矛盾激化，双方夫妻感情已彻底破裂，且宜先生同意离婚，故应准予二人离婚。

第四节　无效婚姻和可撤销婚姻

一、无效婚姻和可撤销婚姻的概念

无效婚姻，是指男女两性的结合因违反了法律规定的结婚要件而不具有法律效力的违法结合。可撤销婚姻，是指已成立的婚姻关系，因欠缺婚姻合意，受胁迫的一方当事人可向人民法院申请撤销的违法结合。婚姻是男女两性以长久共同生活为目的的结合，但作为一种社会形式，只有在符合婚姻成立的实质要件和形式要件时，才能得到社会的承认，才是合法的婚姻，才具有婚姻的法律效力，受到法律的承认和保护。反之，则是违法婚姻，为法律所禁止和取缔。

二、设立无效婚姻和可撤销婚姻制度的必要性

在现实生活中，违法婚姻屡禁不止，《民法典》婚姻家庭编有关无效婚姻的规定是全面防治违法婚姻的客观要求。以婚姻为基础的家庭，是社会肌体上的细胞组织，担当着多方面的社会职能。婚姻状况如何，不仅关系到当事人的利益，而且关系到子女、家庭和社会的利益。因此，必须用法定的条件和程序来规范人们的结婚行为，以便保证婚姻关系走上健康发展的轨道。为了全面建立防治违法婚姻的法律机制，设立无效婚姻和可撤销婚姻制度是十分必要的，其必要性表现在以下几个方面：（1）无效婚姻和可撤销婚姻的规定，有利于坚持结婚条件和结婚程序，保障婚姻的合法成立。（2）无效婚姻和可撤销婚姻的规定，有利于预防和减少婚姻纠纷，保障公民的合法权益。（3）无效婚姻和可撤销婚姻的规定，有利于加强执法力度，制裁结婚问题上的违法行为。

三、无效婚姻

(一) 无效婚姻的原因

我国《民法典》第 1051 条规定:“有下列情形之一的,婚姻无效:(一)重婚;(二)有禁止结婚的亲属关系;(三)未到法定婚龄。”据此,具有以下情形的,均属于无效婚姻。

1. 重婚的无效婚姻

法律规定,任何人不得同时拥有两个或两个以上的配偶,有配偶者违反一夫一妻原则而再行结婚的,构成重婚,重婚属于无效婚姻。

重婚包括双方均有配偶的重婚,和一方无配偶与已有配偶者的重婚。无配偶一方的重婚,在主观上有善意和恶意的区分,按照刑法的规定,有配偶而重婚,或者明知他人有配偶而与之结婚的,应追究其刑事责任。不知对方已有配偶而与之结婚的,不是重婚的犯罪主体。但是,从婚姻法上讲,无论无配偶的一方是善意或者恶意,都破坏了一夫一妻的婚姻制度,对其婚姻无效的认定没有任何影响。

根据《民法典》总则编的规定,如果婚姻关系中的一方当事人被宣告死亡,另一方可以另行结婚。即使被宣告死亡的人再次出现,死亡宣告被撤销,另一方当事人的婚姻仍然受法律的保护,不能按重婚处理。前婚姻一方当事人撤销死亡的宣告,不是另一方当事人后婚姻无效的原因。

案例:方女士称,其与宜先生于 2014 年 9 月结婚,并生育了子女,夫妻感情一直不错。后宜先生去外地做生意,双方聚少离多,宜先生对其越来越冷淡,并于 2018 年 7 月到法院起诉离婚,法院于 2018 年 12 月最终判决解除了双方的婚姻关系。离婚后,方女士偶然得知宜先生竟然瞒着她于 2016 年 2 月在外地与赵女士登记结婚,方女士认为,宜先生的行为构成重婚,其与赵女士的婚姻应当无效。故方女士到法院请求确认赵女士与宜先生的婚姻无效。

解析:方女士到法院请求确认宜先生与赵女士的婚姻无效时,其已经与宜先生离婚,此时宜先生只有一个婚姻,并非同时存在两个或两个以上的婚姻。《婚姻家庭编解释（一）》第10条规定："当事人依据民法典第一千零五十一条规定向人民法院请求确认婚姻无效，法定的无效婚姻情形在提起诉讼时已经消失的，人民法院不予支持。"据此，方女士的诉讼请求没有得到支持。但如果方女士在其与宜先生的婚姻关系存续期间请求确认赵女士与宜先生的婚姻无效，则会得到支持。

2. 当事人为禁婚亲的无效婚姻

基于自然选择规律的要求，以及长期形成的伦理观念，禁止一定范围的亲属结婚，是各国亲属立法的通例。由于民族文化和传统习惯的不同，禁止结婚的亲属在范围上有广狭、宽严之别。从我国《民法典》的规定范围上看，凡直系血亲和三代以内的旁系血亲结婚的，都是无效婚姻。

案例：宜先生与方女士的儿子宜小甲在三岁时走失，找寻几年无果，又因身体原因无法生育二胎，思虑再三，夫妻两人领养了一个女儿小莉。小莉大学顺利毕业参加工作后，决定带恋爱几年的男友回家。无巧不成书，这位男友正是养父母多年前走失的儿子宜小甲。请问，如果小莉和宜小甲结婚，是否合法？

解析：在法律上，直系血亲或者三代以内旁系血亲要结婚是被明令禁止的，而养女和亲生儿子之间似乎不存在血缘关系，这是不是意味着他们可以自由结婚呢？答案是否定的。因为收养关系成立后，养子女和收养家庭已经建立起法律拟制的血亲关系。基于该关系之下的家庭成员，在法律上被认为具有血缘关系，不可以结婚。但解除收养关系后，拟制血亲关系随之消除，则可以办理结婚登记。也就是说，如果小莉仍然想要和宜小甲结婚，就要先解除和宜先生、方女士之间的养父母子女关系，这样才会得到法律的认可。

3. 未达法定婚龄的无效婚姻

法律规定男女双方必须均已达到法定婚龄始得结婚，一方或双方未达法定婚龄即行结婚的，是无效婚姻，法律不予承认。应当指出，一方或双方当事人在结婚时未达到法定婚龄，但在发生婚姻效力的争议时，当事人双方均已达到法定婚龄，并已办理结婚登记的，则不应对现存的婚姻做无效的认定。

这并不是对当事人过去行为的肯定，而是由于随着时间的推移和当事人年龄的增长，婚姻无效的原因已经不复存在，为了稳定婚姻关系，没有必要再去确认其婚姻无效。

在我国，婚姻无效的原因是由法律严格加以限定的。最高人民法院在《婚姻家庭编解释（一）》中指出：当事人以《民法典》第1051条规定的三种无效婚姻以外的情形请求确认婚姻无效的，人民法院应当判决驳回当事人的申请。

（二）确认婚姻无效的程序

我国《民法典》规定了婚姻无效的原因，但对于婚姻无效的程序和请求权等问题，未做明确的规定。最高人民法院在《婚姻家庭编解释（一）》中，对此作出了较为详细的解释。

无效婚姻，是指法律所不承认的婚姻关系不具有法律效力。但是，如果当事人之间、第三人与当事人之间就婚姻有无法律效力的问题发生争议，或者司法机关发现婚姻违法需否认其效力时，仍应按照法定程序予以认定和处理。因此，这方面的程序性规范，在无效婚姻规范体系中具有重要的地位和作用。

根据我国现行法律规定，对婚姻无效的确认应当按照诉讼程序进行，由主张婚姻无效的婚姻当事人及其利害关系人向人民法院提出确认婚姻无效之诉。该婚姻是否具有法律效力，由法院依法判决。这里，必须将确认婚姻无效之诉和离婚之诉加以区别，两者的性质是完全不同的。（1）就诉讼请求的种类而言，确认婚姻无效之诉是否定的确认之诉。原告要求法院确认当事人之间不存在合法的婚姻关系。离婚之诉则是形成变更之诉，原告要求法院变更当事人之间现存的法律关系及解除婚姻关系，而对该婚姻的合法性并没有异议。（2）就诉讼请求的根据而言，婚姻无效的原因在当事人违法结合时已经存在。离婚的原因则一般发生于当事人合法结合之后。（3）就请求权人的范围而言，离婚之诉仅限于当事人提出，当事人以外的任何人、任何单位均无此权利。婚姻无效之诉则不受此限制，请求权人可以是婚姻当事人，也可以是利害关系人。（4）就处理结果的效力而言，确认婚姻无效是溯及既往的，法院确认婚姻无效，该婚姻则自始无效，从当事人结合之日起即不具有婚姻的法律效力。离婚的效力则是指向未来的，即自离婚判决生效之日起解除当事人间的婚姻关系。

在依诉讼程序确认婚姻无效时，应当注意以下几个问题：（1）请求确认婚姻无效的诉讼，应当以判决的方式结案，不应以调解的方式结案。无论是支持原告的诉讼请求宣告婚姻无效，还是驳回原告的诉讼请求确认婚姻合法有效，都应采用判决而不能适用调解。因为法律规定的有关婚姻成立的要件是强行性规范，而不是任意性规范。当事人之间的结合是否具有婚姻的效力，只能根据客观事实依法认定，这是不能依诉讼双方当事人的意愿而改变的。（2）在处理有关婚姻效力的纠纷时，不能因双方当事人对本属无效的婚姻并无争议就不加追究。在利害关系人提起请求确认婚姻无效之诉时，当事人双方应均处于被告的诉讼地位。（3）人民法院在宣告婚姻无效时，应同时对子女和财产等问题一并处理。与婚姻效力的问题不同，子女和财产等问题的处理，既可以采用判决的方式，也可以采用调解的方式。（4）人民法院在审理有关案件的过程中发现无效婚姻时，应当依职权确认其无效，并在有关判决中予以宣告。即使有请求权人并未提出确认婚姻无效之诉，人民法院也可以根据客观事实，主动地否认违法婚姻的效力，在审判实践中有关抚养、继承等案件常常会涉及婚姻无效的问题，婚姻是否有效，是能否以配偶身份行使权利的基础。对此，正确认定婚姻是否有效，是处理相关案件的必要前提。

《婚姻家庭编解释（一）》第11条规定："人民法院受理请求确认婚姻无效案件后，原告申请撤诉的，不予准许。对婚姻效力的审理不适用调解，应当依法作出判决。涉及财产分割和子女抚养的，可以调解。调解达成协议的，另行制作调解书；未达成调解协议的，应当一并作出判决。"

2003年8月8日国务院颁布《婚姻登记条例》之前，我国曾实行过依行政程序确认婚姻无效的制度。现行的《婚姻登记条例》取消了依行政程序确认婚姻无效的制度。在我国，确认婚姻无效是依诉讼程序处理的。

（三）主张婚姻无效的请求权

1. 请求权人的范围

按照世界上许多国家的立法例，可以依法主张婚姻无效的请求权人包括当事人、利害关系人以及检察官等。有权主张婚姻无效的主体范围是婚姻无效制度的重要组成部分，应根据婚姻无效的原因确定请求权人的范围。《婚姻家庭编解释（一）》第9条规定："有权依据民法典第一千零五十一条规定向人民法院就已办理结婚登记的婚姻请求确认婚姻无效的主体，包括婚姻当事人及利害关系人。其中，利害关系人包括：（一）以重婚为由的，为当事人的近亲属及基层组织；（二）以未到法定婚龄为由的，为未到法定婚龄者的近亲属；（三）以有禁止结婚的亲属关系为由的，为当事人的近亲属。"

案例：王某18周岁，自幼父母双亡，与其姐姐共同生活。为达到与刘某提前结婚的目的，王某伪造身份证件，将自己的年龄改大，与刘某到该县某镇办理了结婚登记手续。婚后第三天，王某与刘某因琐事发生争吵，王某被刘某殴打致重伤。刘某怕被追究责任，随即潜逃并留下字据发誓以后永不回家。王某的姐姐见状十分气愤，便以自己的名义向该县法院起诉，请求确认其妹王某与刘某的婚姻无效。请问，王某的姐姐是否有权请求确认妹妹婚姻无效？

解析：王某的姐姐可以请求确认妹妹婚姻无效。首先，未到法定婚龄登记结婚的属无效婚姻。本案中，王某在办理结婚登记时只有18周岁，未满20周岁，未到法定结婚年龄，故王某与刘某的婚姻属无效婚姻。其次，兄姐可以成为请求确认未到法定婚龄之妹婚姻无效的主体。根据《婚姻家庭编解释（一）》第9条的规定，以未到法定婚龄为由的，有权向人民法院就已办理结婚登记的婚姻请求确认婚姻无效的主体，包括婚姻当事人及利害关系人。其中，利害关系人是指未到法定婚龄者的近亲属。根据我国《民法典》的规定，近亲属包括配偶、父母、子女、兄弟姐妹、祖父母、外祖父母、孙子女和外孙子女。故本案中，王某的姐姐有权请求确认其妹妹王某与刘某的婚姻无效。

2. 请求权的行使期限

为了防止违法婚姻，保障主张婚姻无效请求权的正常行使，维护婚姻关系的稳定，保护有关各方的权益和社会利益，法律需对此项请求权的行使期限作出明确规定，以促使权利尽快行使，以免婚姻关系长期处于不确定的状态。关于请求权的期限，应当以不同的婚姻无效的原因为根据分别规定，不应采取一刀切的方法处理：（1）未达法定婚龄的，主张婚姻无效的请求权应于达到法定婚龄前行使；（2）重婚的，主张婚姻无效的请求权应于重婚者的合法配偶死亡或双方离婚以前行使；（3）当事人为禁止结婚的拟制血亲的，主张婚姻无效的请求权应于依法解除拟制关系以前行使；（4）当事人为禁止结婚的自然血亲的，请求权的行使应不受时间限制。

四、可撤销婚姻

（一）婚姻撤销的原因

我国《民法典》第1052条规定："因胁迫结婚的，受胁迫的一方可以向人民法院请求撤销婚姻。请求撤销婚姻的，应当自胁迫行为终止之日起一年内提出。被非法限制人身自由的当事人请求撤销婚姻的，应当自恢复人身自由之日起一年内提出。"如果当事人因本人或其亲友受到胁迫而产生恐惧，不得不违心地同意结婚，鉴于其本人并不具有结婚的真实意愿，法律赋予其请求撤销该婚姻的权利。

何为胁迫？《婚姻家庭编解释（一）》第18条规定："行为人以给另一方当事人或者其近亲属的生命、身体、健康、名誉、财产等方面造成损害为要挟，迫使另一方当事人违背真实意愿结婚的，可以认定为《民法典》第1052条所称的'胁迫'。因受胁迫而请求撤销婚姻的，只能是受胁迫一方的婚姻关系当事人本人。"

案例：王某与刘某经人介绍相识，在交往过程中，刘某发现王某性格十分暴戾，而且有吸毒恶习，遂多次提出与王某解除恋爱关系，但王某坚决不同意，并扬言如果刘某不与其结婚，就要对刘某实施毁容并杀害其全家，还要把双方发生关系的细节写出来，张贴到刘某所在单位和所居住的小区周围，刘某因此感到恐惧。某天，王某手持硫酸来到刘某家，逼迫刘某与其去办理了结婚登记手续。当晚王某强行将刘某带到家中，随后将刘某锁在家里，不准她出门和上班，并多次强行与刘某发生关系。刘某家人因多日找不到刘某，遂向公安机关报案。一个月后，公安机关终于将刘某从王某家中解救出来，并依法对王某实施了拘留，王某最终因非法拘禁和强奸罪被判刑。刘某住院治疗两个月后，向当地人民法院提起诉讼，请求撤销其与王某的婚姻。

解析：可撤销婚姻在本质上违反了婚姻自由的原则，属于一方或者双方受胁迫，一方或双方当事人并无成立婚姻的合意，而是受到他方逼迫而成立的婚姻。本案中，刘某本欲和王某分手，受到男方王某胁迫才登记结婚的，双方并无感情，结婚亦并非出自刘某本人的意愿，双方的婚姻关系是在王某胁迫下建立的，属可撤销婚姻。故法院判决支持刘某关于撤销婚姻的诉讼请求。

除“胁迫婚”可撤销外，还有一种情形，即“重疾婚”也可撤销。我国《民法典》第 1053 条规定：“一方患有重大疾病的，应当在结婚登记前如实告知另一方；不如实告知的，另一方可以向人民法院请求撤销婚姻。请求撤销婚姻的，应当自知道或者应当知道撤销事由之日起一年内提出。”

（二）婚姻撤销的程序

撤销婚姻必须有撤销行为，仅有撤销的事由而无撤销行为的，其婚姻的效力并不消灭。撤销权人行使撤销权的意思表示需向人民法院作出，而非向相对人作出。

（三）主张婚姻撤销的请求权

根据《婚姻家庭编解释（一）》第 18 条的规定，因受胁迫而请求撤销婚姻的，只能是受胁迫一方的婚姻关系当事人本人。尽管胁迫行为本身具有违法性，但考虑到社会生活的复杂性和多样性，以及当事人的内心意识和心理活动，是否提出撤销婚姻的请求，应由当事人自己做出判断。尤其是如果结婚时欠缺结婚的合意，但结合后随着时间的推移，本人感情已发生变化，双方结合后均有继续保持婚姻关系的意思，那么，婚姻撤销的原因已经消除，此类婚姻没有必要由有关部门主动地予以撤销。请求权人只限于受胁迫的当事人，当事人以外的任何人都不能越俎代庖地主张撤销该婚姻。撤销权是当事人依法享有的权利，法律在赋予当事人这项权利的同时，也允许当事人放弃该权利。

为了促使请求权人尽快地行使权利，避免婚姻关系长期处于不稳定状态，我国法律还对当事人行使这种权利规定了除斥期间，即行使请求权的法定期间。根据《民法典》规定，撤销请求权应自结婚登记之日起一年内行使。被非法限制人身自由的当事人请求撤销婚姻的，应当自恢复人身自由之日起一年内提出。该项请求权可因法定期间的经过后而归于消灭，逾期不行使可视为默示地放弃。根据《婚姻家庭编解释（一）》第 19 条的规定，该“一年”除斥期间，不适用诉讼时效中止、中断或者延长的规定。

案例：小美因年幼不慎被人贩子诱骗，被卖给李某。小美多次反抗并试图逃跑，均遭到李某的毒打，李某还威胁她，如果不与他结婚，就让小美变残废。小美害怕变残废，于是与李某领取了结婚证。一年后，小美生下一个儿子，李某才对其放松了看守，小美趁机逃了出来，并向当地法院提起撤销与李某的婚姻登记。李某辩称，其与小美已育有一子，早已建立夫妻感情，不属于胁迫。

解析：小美当初被胁迫结婚，现虽育有一子，但在恢复人身自由之日起一年内提出了撤销婚姻的请求，考虑到小美与李某结婚时并非自愿，故法院判决撤销小美与李某的婚姻。

五、婚姻无效或被撤销的法律后果

根据我国《民法典》第 1054 条的规定，无效的或者被撤销的婚姻自始没有法律约束力，当事人不具有夫妻的权利和义务。同居期间所得的财产，由当事人协议处理；协议不成的，由人民法院根据照顾无过错方的原则判决。对重婚导致的无效婚姻的财产处理，不得侵害合法婚姻当事人的财产权益。

当事人所生的子女，适用《民法典》关于父母子女的规定。而且，婚姻无效或者被撤销的，无过错方有权请求损害赔偿。

确认婚姻无效和撤销婚姻是法律对当事人配偶身份的否定，它使以婚姻为名的违法结合不具有合法婚姻的法律效力，使从事违法婚姻的当事人无法达到其预期的目的。此外，对违法婚姻的责任主体来说，除婚姻无效或被撤销外，还会因其违法行为导致的其他后果，依法承担法律责任。

（一）对当事人的法律后果

由于当事人的配偶身份为法律所否定，无效或被撤销婚姻的当事人双方之间不具有基于婚姻的效力而发生的夫妻权利和义务。因此，当事人间的人身关系和财产关系与合法婚姻中的相应关系是根本不同的。这主要表现在以下方面。

1. 人身关系方面

（1）在姓名权与从事生产、工作、学习和社会活动的自由权等问题上，不适用《民法典》关于夫妻姓名权和人身自由权的规定，应按其他法律的有关规定处理。（2）双方如果生有子女，在性质上属于非婚生育，应按有关规定予以处理。（3）由于无效婚姻或被撤销婚姻中的男女不是合法配偶，一方与另一方的血亲及其配偶之间不发生姻亲关系。（4）在监护、代理、收养以及告诉才处理的犯罪等问题上，不适用以夫妻身份为基础法律关系的各项规定。

2. 财产关系方面

（1）对于无效或被撤销婚姻中的当事人，不适用《民法典》有关夫妻财产制的规定。《婚姻家庭编解释（一）》第22条规定："被确认无效或者被撤销的婚姻，当事人同居期间所得的财产，除有证据证明为当事人一方所有的以外，按共同共有处理。"夫妻财产制所调整的财产关系，是以特定的身份关系为前提的，无效或被撤销婚姻当事人同居期间并非婚姻关系存续期间，在此期间所得的财产，不能按照夫妻财产制的规定处理。

（2）无效或被撤销婚姻的当事人，相互之间没有法定的扶养义务。因而，也不适用《民法典》有关一方不履行扶养义务时，需要扶养的一方有要求对方给付扶养费的权利的规定。一方出于自愿扶养另一方，与履行法定的扶养义务，在性质上是有着严格区别的。在无效或被撤销婚姻的当事人终止同居关系时，如因同居期间的生活费负担问题发生争议，应根据具体情况妥善处理。一方在同居期间已花去的费用，在终止同居关系时要求另一方返还的，一般应不予支持。

（3）无效或被撤销婚姻的当事人不能以配偶的身份互为第一顺序的法定继承人。在一方死亡后，另一方对其父或母尽了主要赡养义务的，不适用《民法典》中关于丧偶儿媳对公婆、丧偶女婿对岳父母尽了主要赡养义务的，作为第一顺序法定继承人的规定。无效或被撤销婚姻中的一方在遗嘱中以另一方为受遗赠人的，是遗嘱人依法对其财产的处分，应予以准许。在一定情况下，一方死亡时，另一方可以根据《民法典》第1131条的规定，作为继承人以外的依靠被继承人扶养的人，或者以对被继承人扶养较多的人为由，分得适当的遗产。但是，这同法定的配偶继承权有着严格的区别。

这里需要注意的是，因重婚而导致婚姻无效的法律后果，在处理上与其他婚姻无效或婚姻被撤销的法律后果有所不同。《婚姻家庭编解释（一）》第16条特别指出："人民法院审理重婚导致的无效婚姻案件时，涉及财产处理的，应当准许合法婚姻当事人作为有独立请求权的第三人参加诉讼。"

案例：有妇之夫甘某，认识了年轻漂亮的卢某，两人一见钟情，很快就在一起同居生活。为了维系两人感情，甘某出资以卢某的名义购买了一套商品房，共计花费50万元。后来，甘某与卢某反目，甘某以购房款为其所出，要求卢某退回该房，遭到卢某的拒绝。再后来，甘某与妻子罗某以购房款为夫妻共同财产，所购房屋为其夫妻共同财产为由，向法院提出诉讼，请求法院确认讼争房屋产权，要求卢某归还房屋或返还购房款50万元。

解析：法院认为，甘某出资为卢某购买的房子，从其行为的内容和形式上看，均符合赠与关系的法律特征。讼争房屋的购房款来源于甘某，但该房初始登记为卢某所有。因此，应认定甘某赠与卢某50万元，而非赠与房屋。

甘某擅自将夫妻共同财产赠与他人，侵犯了财产共有人罗某的合法权益，应认定该赠与行为无效。最后，法院判决卢某返还甘某、罗某50万元。

（二）对子女的法律后果

对婚姻无效或被撤销的宣告具有溯及既往的效力，无效婚姻或被撤销的婚姻是自始无效的。因此，在无效婚姻或被撤销的婚姻中，受胎而出生的子女，应为非婚生子女。我国《民法典》规定，非婚生子女享有同婚生子女同等的权利，任何人不得加以危害和歧视。非婚生子女的生父，应负担子女必要的生活费和教育费的一部或全部，直到子女成年或能独立生活为止。这里需要注意两个问题：（1）子女于无效婚姻或被撤销婚姻中受胎，但在出生时其父母已具有合法的配偶身份时，该子女则应视同婚生子女。（2）无效婚姻或被撤销婚姻中受胎、出生的子女与父母间的权利和义务，不受其父母婚姻无效或被撤销的影响。父母与亲生子女之间存在天然的血缘联系，《民法典》中有关父母子女关系的规定，同样适用于无效婚姻和被撤销婚姻中受胎、出生的子女。具体而言：第一，父母对子女有抚养教育的义务，对未成年子女有保护和教育的权利义务。第二，子女对父母负有赡养扶助的义务。第三，父母与子女之间有相互继承遗产的权利。

此外，在监护、代理、收养等涉及父母子女关系的事项中，父母子女间的权利和义务，也不受父母婚姻无效和被撤销的影响。在无效婚姻或被撤销婚姻当事人终止同居关系时，有关子女的抚养归属、抚养费的负担等问题，应与婚生子女同等对待，按我国《民法典》的有关规定处理，这对保护违法婚姻中的子女权益是十分必要的。

本章实务热点问答

一、年满22周岁的限制民事行为能力人可以结婚吗？如果当事人办理了结婚登记，其婚姻效力如何？

根据我国《民法典》第22条的规定，限制民事行为能力人可以独立实施与其智力、精神健康状况相适应的民事法律行为。《民法典》第1046条还规定："结婚应当男女双方完全自愿，禁止任何一方对另一方加以强迫，禁止任何组织或者个人加以干涉。"由此可知，结婚的一大重要因素便是"自愿"，自愿又是基于能否正确认识结婚行为所产生的。限制民事行为能力人是否能办理结婚登记，主要判断其能否辨认结婚登记行为，是否能达到足够的婚姻认知程度。如该限制民事行为能力人能够辨认，则婚姻登记机关可以为其办理结婚登记；如不能，则不予办理。

如果当事人已经办理结婚登记，而通过诉讼来确认该婚姻的效力，则需要查明该限制民事行为能力人在办理结婚登记时，是否能够辨认结婚登记行为，对婚姻是否能够达到足够的认知程度而作出相应的判断。

二、妹妹冒充姐姐的身份登记结婚，姐姐可以寻求哪种救济程序？程序当事人如何确定？

妹妹冒充姐姐的身份登记结婚，对于妹妹来说，并没有成立合法的婚姻关系；对于姐姐来说，婚姻关系却已成立。《婚姻家庭编解释（一）》第17条第1款规定："当事人以民法典第一千零五十一条规定的三种无效婚姻以外的情形请求确认婚姻无效的，人民法院应当判决驳回当事人的诉讼请求。"可见，婚姻无效的事由仅限于我国《民法典》第1051条规定的三种情形，以结婚登记时一方未亲自到场为由主张婚姻无效不能得到支持。《婚姻家庭编解释（一）》第17条第2款规定："当事人以结婚登记程序存在瑕疵为由提起民事诉讼，主张撤销结婚登记的，告知其可以依法申请行政复议或者提起行政诉讼。"故申请行政复议或者提起行政诉讼才是该问题的救济程序。申请行政复议时，姐姐应以婚姻登记机关所在地民政部门为被申请人；提起行政诉讼时，姐姐应以婚姻登记机关所在的民政部门为被告。

三、隐瞒哪些疾病，会导致婚姻可被撤销？

对于"重大疾病"的具体范围，我国《民法典》未作明确规定。根据我国《母婴保健法》《传染病防治法》，卫生部门印发的《异常情况的分类指导标准（试行）》及《婚前保健工作规范》等规定，重大疾病包含：严重的遗传性疾病、传染病、精神疾病、智力低下、脏器疾病和生殖系统疾病六大类。判断是否属于可撤销婚姻中的“重大疾病”可比照上述疾病的标准予以认定，据此婚姻一方在办理结婚登记前若知晓自身患有上述疾病，无论上述遗传性疾病、传染病及精神疾病的发病程度是否严重，均视为重大疾病，患病一方均应将患病信息告知另一方。

四、一方隐瞒重大疾病结婚，婚后该疾病被治愈，另一方是否仍有权要求撤销婚姻？

虽然《婚姻家庭编解释（一）》第 10 条规定：“当事人依据民法典第一千零五十一条规定向人民法院请求确认婚姻无效，法定的无效婚姻情形在提起诉讼时已经消失的，人民法院不予支持。”但该规定针对的是无效婚姻，并不针对可撤销婚姻。故根据《民法典》第 1053 条的规定，一方隐瞒重大疾病结婚，即使婚后该疾病被治愈，另一方仍有权要求撤销婚姻。

五、男女双方数年前在国外结婚，男方后来又与第三人在国内登记结婚，并于数月后解除了国外的婚姻。该男方是否构成重婚？

该男方构成重婚。男女双方在国外的婚姻是合法有效的，为我国法律所承认。男方后来又与第三人在国内登记结婚，则同时具有了两个婚姻，故构成重婚。但根据《婚姻家庭编解释（一）》第 10 条的规定，由于该男方已解除了国外的婚姻，故不能确认男方与第三人在国内登记的婚姻无效。

六、表兄妹隐瞒相互关系办理了登记结婚，婚姻存续期间一方取得的工资收入以及购入并登记在个人名下的房屋，系一方财产还是共同财产？

根据规定，表兄妹属于三代以内旁系血亲，他们的婚姻属于无效婚姻情形之一。《婚姻家庭编解释（一）》第 22 条规定：“被确认无效或者被撤销的婚姻，当事人同居期间所得的财产，除有证据证明为当事人一方所有的以外，按共同共有处理。”婚姻存续期间一方取得的工资收入以及购入并登记在个人名下的房屋，系“有证据证明为当事人一方所有”的财产，故属于一方的财产。

七、国外的同性婚姻，在我国能否得到承认？

我国对于在国外领取的结婚证的要求是，只要不违背我国《民法典》婚姻家庭编的基本原则和社会公共利益，则其婚姻关系在我国境内就有效。由于我国法律不承认同性婚姻，故国外的同性婚姻在我国不能得到承认。

八、对请求确认婚姻无效的案件应适用什么程序？

请求确认婚姻无效属非讼案件，人民法院可适用特别诉讼程序的规定予以裁判。将财产问题、子女抚养问题与婚姻无效问题分开处理。人民法院受理请求确认婚姻无效案件后，经审查确属无效婚姻的，应当依法作出确认婚姻无效的判决。判决一经作出，即发生法律效力，当事人不得再就婚姻效力问题提出上诉。

九、我国《民法典》为什么将“患有医学上认为不应当结婚的疾病禁止结婚”修改为“重疾婚”可撤销？

我国《婚姻法》颁布后，患有医学上认为不应当结婚之疾病禁止结婚的规定一直存在很大的争议。哪些疾病是禁止结婚的疾病呢？医学的进步是否会对这些疾病的认定造成影响？该条规定是否会对婚姻自由过度干预呢？《民法典》婚姻家庭篇将该条中“患有医学上认为不应当结婚的疾病禁止结婚”的规定删除，并新增第1053条，规定了重大疾病婚前告知义务的规定，一方婚前不如实告知重大疾病的，另一方可以申请撤销。这一修订将婚姻的自主权交给了本人。

十、因受胁迫而请求撤销婚姻的，为什么只能是受胁迫一方的婚姻关系当事人本人？

因受胁迫而成立的民事法律关系，利益受损的主要是受胁迫人。尽管受胁迫者包括婚姻当事人本人和其近亲属，但因胁迫而结婚的，主要违背的是受胁迫的婚姻关系当事人的意愿，损害的是婚姻关系当事人的个人利益，与无效婚姻在程度上和范围上对其亲友和社会各方面的影响有所不同。因此，根据《民法典》第1052条的规定，因受胁迫而请求撤销婚姻的，只能是受胁迫一方的婚姻当事人本人提出，其近亲属及其他组织和个人均无权提出。

该规定充分体现了婚姻自由原则，尊重当事人对婚姻关系的自由意愿，有利于保护婚姻关系当事人的合法权益。在现实生活中，有些受胁迫而结婚的当事人与对方当事人在婚后的共同生活期间建立了感情，或已生育子女，家庭也较为和睦，愿意继续共同生活，此时如果法律强行规定对此类婚姻一律予以确认无效或撤销解除，不利于保护婚姻当事人和子女的利益，不利于婚姻家庭关系的稳定，甚至可能造成家庭妻离子散，一方或者双方当事人自杀等严重后果。

十一、《民法典》为什么删除《婚姻法》规定的受胁迫的一方可以向婚姻登记机关申请撤销婚姻，改为统一由人民法院行使撤销权？

《民法典》规定，因胁迫结婚的，受胁迫的一方只能向人民法院申请，请求人民法院撤销婚姻，不能再向婚姻登记机关申请撤销婚姻。这是因为受胁迫结婚的情况很复杂，不仅涉及婚姻效力问题，往往还涉及子女抚养、财产分割以及债务等问题，婚姻登记机关作为对婚姻事项监督和管理的行政机关，没有像人民法院一样的审判权，在审查这些材料时显得力不从心。而人民法院有能力对该类争议进行审理，故《民法典》将撤销婚姻的权力统一交由人民法院行使。

十二、无效婚姻和被撤销婚姻有什么法律后果？它们之间有什么区别？

无效婚姻和被撤销婚姻，自始没有法律约束力。此处的“自始没有法律约束力”，是指无效婚姻或者可撤销婚姻在依法被确认无效或者被撤销时，才确定该婚姻自始不受法律保护。

虽然它们在法律后果上是一致的，但还是存在不同点：（1）无效婚姻是违反禁止结婚条件缔结的婚姻，当事人或是已有配偶，或是有不能结婚的亲属关系，或是不到法定结婚年龄。可撤销婚姻是因为胁迫，本不自愿，或者因为隐瞒重大疾病使认识错误，如果知道就不会结婚。（2）对于无效婚姻，当事人、利害关系人和相关组织都可以申请无效，人民法院可依法宣告无效。

受胁迫和受隐瞒重大疾病的两类可撤销婚姻，只有当事人可以申请撤销，人民法院必须依当事人的申请撤销。（3）无效婚姻的宣告没有时间上的限制，人民法院根据实际情况裁判是否宣告无效。可撤销婚姻必须由当事人在规定的时间内提出，超出规定的时间则不能再提出撤销申请，如要解除婚姻关系只能走离婚程序。

第六章　夫妻关系

第一节　夫妻关系及特征

一、夫妻关系的概述

（一）夫妻关系的概念

男女因缔结婚姻而互称夫妻。自婚姻制度诞生以来，家庭关系中的夫妻关系就被看作最重要的家庭关系，也是社会关系的基石。唐代女诗人李冶曾作《八至诗》描述夫妻关系："至近至远东西，至深至浅清溪。至高至明日月，至亲至疏夫妻。"该诗从侧面反映了古人对夫妻关系的一种思考。

现今社会的夫妻关系是经法定程序缔结的一种身份关系，夫妻关系是家庭关系的基础。我国《民法典》第 112 条规定，"自然人因婚姻家庭关系等产生的人身权利受法律保护"。

夫妻关系依法建立，因一方死亡（包括宣告死亡）或者离婚而终结。

（二）夫妻关系的实质

我国现行《民法典》未明确提出配偶权的概念，但是从法律规定来看，夫妻关系的实质实际上就是配偶权的相关内容。

配偶，是指男女双方因结婚而产生的亲属关系，即具有合法婚姻关系的夫妻相互间的同一称谓和地位。在婚姻关系存续期间，妻是夫的配偶，夫是妻的配偶，双方互为配偶。[1] 夫妻双方基于配偶这种身份关系依法享有的相互之间的专属的身份性权利，这种权利具有排他性，其他人不得侵犯。

二、夫妻关系的基本原则

根据我国现行法律规定，夫妻关系应当遵循以下基本原则。

（一）平等原则

历史上长期存在男尊女卑和性别歧视，这种思想至今也没有完全消失，是封建思想意识的残余，与我国社会主义法治社会严重不适应，应该予以摒弃。男女平等原则是近代民主法治社会的基本原则，女性在社会中的解放程度或者说男女平等的程度是社会文明与进步的一种标志。

在我国男女平等首先是一项宪法原则。我国《宪法》第 33 条第 2 款规定，“中华人民共和国公民在法律面前一律平等”。《宪法》第 48 条第 1 款规定，“中华人民共和国妇女在政治的、经济的、文化的、社会的和家庭的生活等各方面享有同男子平等的权利”。《宪法》以根本大法确立了人人平等、男女平等的社会制度。在此基础上，在婚姻家庭法领域，《民法典》第 1041 条第 2 款规定“实行婚姻自由、一夫一妻、男女平等的婚姻制度”，第 1055 条规定“夫妻在婚姻家庭中地位平等”。可见，夫妻关系中平等原则是最基本的原则，是理解夫妻关系的基础。当夫妻在婚姻生活中发生争执时，应以夫妻法律地位平等原则作为解决争议的基准。

案例：小王与小敏是未婚夫妻，双方在商议婚事时，小王的父母一定要求双方婚后在小王家里和父母一起居住，小王父母的理由是自古以来女方都要居住在男方家里。小敏认为一来和公婆居住容易发生矛盾，二来婆家离单位太远，她希望和丈夫一起租房子住，等小两口有能力后自己再在外面买房子住。小敏的父母也同意小敏的想法。小敏家认为现代社会，女方并不一定要居住在男方家里。既然男女平等，那么肯定也可以共同商议婚后的住所。

[1] 王利明，杨立新，王轶，等. 民法学［M］. 6 版. 北京：法律出版社，2020：957.

解析：平等原则意味着在婚姻生活中夫妻之间拥有平等的权利，夫妻在婚姻家庭中地位平等应体现在各个方面，夫妻居所的决定权属于地位平等的一个表现。在封建社会，妻子随丈夫居住被视为天经地义，甚至在资本主义早期的立法仍然将居所决定权赋予丈夫一方，随着妇女解放运动的发展，丈夫单方面的居所决定权被废止。

要着重指出的是，夫妻平等，不是指夫妻权利义务一一对等。平等不是平均，夫妻在生活中的是分工协作的。对于家庭义务应该合理地分工和承担。对于家庭中的大小事务应协商解决。另外，在夫妻权益保护方面，要注意保护实质的平等而不是表面的平等，平等不仅仅是形式上的平等。当夫妻利益发生冲突时，要更注重保护妇女权益。

案例：王某与前夫有个孩子，和李某再婚后不想再生育。后王某意外怀孕，就自己去做了人工流产手术。李某不能接受，认为妻子侵犯了自己的生育权，导致双方感情破裂，起诉离婚，并要求王某赔偿自己精神损失 15 万元。王某同意离婚，但认为自己也享有不生孩子的权利。最终人民法院判决双方离婚，并驳回了李某要求精神赔偿的诉讼请求。

解析：夫妻双方均享有平等的生育权，但当夫妻之间因谁享有生育权而发生冲突时，应特别考虑妇女的合法权益。因为男女双方生理性差异导致双方在生育后代这件事中所承担的责任是有很大差别的。女性的生理和心理要承担更多的风险，故而应以保护女性权益为先。如果一对夫妻，妻子未经丈夫允许就擅自中止妊娠，该行为从法律上来说并不是侵权行为，并未侵犯丈夫的生育权，而是夫妻双方在生育权的行使上产生了严重分歧的表现。有的人民法院认为妻子享有的生育权是基于人身权中的一种生命健康权，丈夫享有的生育权是基于人身权中的一种配偶权，当两者发生冲突时，法律是关注生命健康权，而不是配偶权。对此问题专门的法律规定有《婚姻家庭编的解释（一）》第 32 条。

（二）自愿原则

男女双方成为夫妻，应该以自愿为前提，不得干涉、强迫。《民法典》

第1046条规定，“结婚应当男女双方完全自愿，禁止任何一方对另一方加以强迫，禁止任何组织或者个人加以干涉”。在实践中，考察是否自愿结婚除了登记机关工作人员对于双方进行询问之外，还应审查申请结婚登记的男女双方是否为完全民事行为能力人。

如在缔结婚姻过程中出现胁迫的，根据《民法典》第1052条之规定，受胁迫方可在胁迫行为终止之日起一年内向人民法院申请撤销婚姻。婚姻一经撤销，自始无效，双方即不存在夫妻关系。

（三）一夫一妻原则

我国实行一夫一妻制度，没有配偶的一男一女结为夫妻。即结为夫妻的二人必须为异性，我国法律不承认同性婚姻，[1] 必须是一男一女的结合，任何人，无论何种身份、何种地位，都不得超出法律规定之外，拥有两个或者两个以上的配偶，否则将触犯刑法，受到法律的严厉制裁。任何人在结婚以后再另行结婚，无论是公开的还是隐蔽的，后面的婚姻皆是无效的。

一夫一妻制度是男女平等原则在婚姻制度中的一种具体体现。

案例：洪某与徐某系夫妻，二人婚后感情不和，后徐某离家出门打工一直未归，洪某联系不上徐某，就未与徐某办理离婚手续。后洪某认识李某某，相处后与李某某在镇上领取了结婚证。之后徐某归家，李某某得知洪某与徐某并未离婚，遂起诉至人民法院要求确认他与洪某的婚姻无效，人民法院经审理认为李某某诉请成立，准予宣告李某某与洪某婚姻无效。[2]

解析：洪某在未与合法配偶徐某解除婚姻关系的情况下，又与李某某登记结婚属于重婚，违反了我国一夫一妻的婚姻制度，其后面与李某某的婚姻即便经民政局登记领取了结婚证也属于无效婚姻。洪某的行为已经构成重婚罪。

---

[1] 随着社会的发展和婚姻家庭观念的变化，同性婚姻合法化在许多国家和地区予以确认。如阿根廷、澳大利亚、巴西、美国、加拿大、英国、丹麦、荷兰、比利时、瑞典、挪威、法国、德国、匈牙利、西班牙、葡萄牙、奥地利、意大利以及我国台湾地区均不同程度承认同性婚姻。

[2] 怀集县人民法院（2022）粤1224民初420号案件。

在实践中，在农村一方外出打工不知所踪的情况较多，此种情况下可向人民法院起诉判决离婚。

第二节 夫妻人身关系

夫妻之间基于配偶这种特殊的、排他性的亲密的人身关系，夫妻人身关系是夫妻双方在家庭中的身份、地位等方面的权利义务关系。

一、同居义务和忠实义务

同居义务是夫妻间的基本义务。同居是基于夫妻关系自然派生出来的一项义务。同时，作为夫妻的任意一方，在履行同居义务的同时也拥有要求对方履行同居义务的权利。同居义务包括以夫妻名义共同生活并满足相互之间合理性生活的权利义务。夫妻间的同居义务是具有排他性的，不允许有配偶者与其他人形成类夫妻的同居关系。《民法典》规定与他人同居是导致夫妻感情破裂的重要原因之一，且如果因此导致离婚，无过错方可以在离婚时要求赔偿。同居义务与忠实义务是紧密相连的。

忠实义务，有广义和狭义之分。广义的忠实义务不仅包括夫妻间性生活的专一，也包含夫妻间的情感交流和彼此尊重，以及夫妻不得恶意遗弃对方，不得为第三人利益牺牲、损害配偶一方的利益。[1] 狭义的忠实义务也叫贞操义务，指的是男女双方结为夫妻后，均负以对方为唯一性伴侣、不得与其他人有婚外性生活的义务。[2] 可见，忠实义务是为了保持爱情忠诚和感情、肉体专一的义务，还包含不得因与其有不正当关系的第三方的利益而侵害配偶利益。违背忠实义务的行为呈现多样性，如通奸、与他人同居、卖淫嫖娼、

---

[1] 最高人民法院民法典贯彻实施工作领导小组．中华人民共和国民法典婚姻家庭编继承编理解与适用［M］．北京：人民法院出版社，2020：35.

[2] 《民法典》第 1043 条：家庭应当树立优良家风，弘扬家庭美德，重视家庭文明建设。夫妻应当互相忠实，互相尊重，互相关爱；家庭成员应当敬老爱幼，互相帮助，维护平等、和睦、文明的婚姻家庭关系。

重婚等。这些行为不仅严重地伤害了夫妻之间的感情，而且挑战了一夫一妻的法律尊严。最严重的后果为刑事处罚，如重婚罪。

忠实义务往往是夫妻关系中双方最看重的义务，是维系夫妻关系的感情基础，甚至涉及下一代血缘关系的排他性。对于双方来说，对配偶忠实既是义务同样也是权利，双方均负有忠实的义务同时也拥有要求对方忠实的权利。但是，从民法的立法精神来说，对于夫妻忠实义务的规定是道德规范的法律条文化。《民法典》关于夫妻忠实义务的规定基本上属于倡导性、宣誓性条款。《婚姻家庭编解释（一）》第 4 条规定，“当事人仅以民法典第一千零四十三条为依据提起诉讼的，人民法院不予受理；已经受理的，裁定驳回起诉”。

在实践中，夫妻双方为了保证双方尽到忠实义务，往往会签订“忠实协议”，书面约定双方应遵守忠实义务，不得有背叛另一方的不道德行为，有部分“忠实协议”会约定违约责任，如出现背叛行为，背叛的一方应放弃财产所有权等。但是在实践中，对于有关忠实协议问题，法院均倾向于不予受理。虽然有个别个案判决，但不代表人民法院的倾向。最高人民法院的裁判倾向就体现在司法解释中。之所以出现这样的裁判倾向，是有着多方面的考虑。从微观来看，个案中主张忠实协议赔偿的一方要保证忠实协议的签订没有欺诈、胁迫等可能导致协议无效的情形，更重要的是还要证明对方有违反忠实义务的行为，为了证明对方有违反忠实义务的行为，可能导致侵害他人合法权益的情况，如侵犯配偶和第三人的隐私权、健康权等，引发更激烈冲突，甚至触犯刑法。从整体社会效果来看，如果支持忠实协议，将带来更多的社会问题，违法取证、设计陷害等情况都有可能发生。基于以上原因，对于忠诚协议仍以当事人自觉自愿履行为宗旨，法律并不干涉，也不禁止。当然，也因为对忠诚义务缺乏强有力的法律保障，实践中，对于违反忠实义务的行为确实出现约束无力的情况。当然，我们也并不排除随着法治建设的完善，人民法院针对违反忠诚义务会有新的更有利于维护夫妻间忠诚义务的审判倾向。

但是，并不是说违反忠实义务就不用承担不利后果。从民事上说，违背忠实义务是导致婚姻破裂的法定理由。从刑事上来说，设置重婚罪，对于严重违反忠实义务且影响违反一夫一妻制度的给予刑事处罚。

二、尊重配偶隐私的义务

隐私，是自然人的私人生活安宁和不愿为他人知晓的私密空间、私密活动、私密信息。[1] 隐私权是一种对世权，具有绝对性和排他性。《民法典》第110条明确了隐私权属于自然人享有的人格权范畴。隐私权受法律保护。但是，因为夫妻关系过于亲密，一部分个人隐私在夫妻间不成为隐私，或者为了夫妻关系的正常维系，双方必须共享部分隐私，如与身体相关的隐私、个人收入的相关信息等。可见，夫妻间的隐私权具有特殊性。但承认这种特殊性不是说夫妻间就毫无个人隐私，必须完全共享隐私。即使在夫妻之间，隐私权也受到保护，我国立法并未规定对夫妻关系的一方有法律上获得配偶隐私权的授权。

第一，根据《民法典》第110条第1款，自然人享有生命权、身体权、健康权、姓名权、肖像权、名誉权、荣誉权、隐私权、婚姻自主权等权利。法律并未规定，自然人缔结婚姻后，隐私权将不再受到保护，故而，即便是夫妻关系，隐私权仍然为其人格权重要组成部分受到法律保护。

第二，因夫妻关系而获得的配偶的隐私，应以共同维持夫妻、家庭关系为目标，为配偶所允许而获得，并不得滥用或者未经配偶允许而大肆宣扬。《民法典》第1032条规定，“自然人享有隐私权。任何组织或者个人不得以刺探、侵扰、泄露、公开等方式侵害他人的隐私权”。配偶显然包括在“任何人”之内。

第三，不得侵害配偶的隐私权。《民法典》第991条规定，“民事主体的人格权受法律保护，任何组织或者个人不得侵害”。可见，隐私权作为人格

[1] 《民法典》第1032条第2款。

权的组成部分，任何组织或者个人不得侵害。比如，丈夫外遇，为了验证怀疑，就可能采取侵犯对方隐私如偷偷翻阅对方手机通信录、微信记录、转账记录，或者更有甚者对丈夫进行跟踪等，已经侵害丈夫的隐私权。因侵害个人隐私权的行为违法，故而，即使妻子以此方式获得了丈夫出轨的证据，也会因证据获得方式不合法而不能采用。

第四，侵害配偶隐私权要承担法律责任。侵犯配偶隐私权同样是一种侵权行为，应依据法律承担相应的法律责任。

案例：方女士与宜先生经人介绍结婚，因双方皆年纪较大，着急结婚，故而婚前并未做过多了解。婚后方女士发现宜先生并无稳定职业，一直游手好闲。但因很快怀孕，方女士寄希望于有孩子后宜先生能够改变。但是，方女士生下女儿后，宜先生不但仍然不找工作，而且对方女士经常无端猜测，并未经方女士允许，在方女士车辆上安装定位装置，偷偷跟踪方女士，一旦发现方女士与异性说话，就污蔑方女士出轨，继而实施家庭暴力。方女士只能带着女儿搬出住所。宜先生不断骚扰，且把方女士的个人隐私信息通过某短视频网站公开发布在网上进行传播。方女士报警，并起诉离婚。后警察警告宜先生，令其删除发布信息，并告知其不删除的法律后果。法院认定宜先生存在家庭暴力和侵害方女士个人信息情节，判令离婚并判令宜先生对方女士精神损害赔偿。

解析：即使是在夫妻之间，也应该尊重配偶隐私，不得随意侵害配偶的隐私权，否则应承担损害赔偿责任。

三、抚养、教育、保护子女的义务

根据《民法典》的相关规定，子女包括亲生子女（含依法采用人工辅助生殖技术生育的子女）、养子女和继子女。父母是未成年子女的监护人。

子女是重要的家庭成员，对于夫妻关系有非常重要的影响。即使是亲生子女，对于夫妻关系也不仅仅起到促进的作用，实务中，因为抚养、教育、保护子女而引起的夫妻矛盾并不在少数。实践中夫妻双方经常会因为教养理念不同、教育方式差异而发生冲突，很多时候甚至会发生夫妻两个人原生家庭的冲突。有养子女、继子女的家庭因子女发生的夫妻矛盾更加多样、复杂。

夫妻对于未成年子女的抚养、教育、保护不仅仅是权利，更主要的是义务。夫妻行使对未成年子女的抚养、教育、保护的权利义务最基本的原则是“坚持最有利于未成年人的原则。”❶ 该原则源于《联合国儿童公约》，在之前的司法实践中虽然贯彻了该原则，但是国内法首次明确规定此原则是在《未成年人保护法》中，基于特别法优于一般法、后法优于前法的原则，夫妻在处理未成年人子女的问题时，应一以贯之地遵循。

此外，基于夫妻平等原则，《民法典》第1058条规定，“夫妻双方平等享有对未成年子女抚养、教育和保护的权利，共同承担对未成年子女抚养、教育和保护的义务”。此条内容为《民法典》新增加的内容。此条强调的是抚养、教育和保护未成年子女是夫妻双方共同的责任。夫妻双方在对于未成年子女的抚养、教育和保护的权利义务平等，不存在高下之分。本条虽然表述为权利，但从子女的角度来看，也可以理解为义务。首先，关于抚养的权利和义务。父母对于子女的抚养是无条件的，是必须为未成年子女提供基本的生活所需和教育所需。该义务始于子女出生，终于子女成年或独立生活。夫妻双方均对子女有此权利和义务，故而，当其中一方不履行抚养义务时，子女有权要求其履行，履行的方式可以是支付抚养费。其次，关于教育的权利和义务。教育分为两个内容，一个是指夫妻双方对子女的家庭教育，另一个是夫妻双方要为子女提供接受学校教育的条件，尤其是要遵守国家义务教育的规定，不得使义务教育阶段的子女辍学。《家庭教育促进法》已于2022

❶ 《未成年人保护法》第4条　保护未成年人，应当坚持最有利于未成年人的原则。处理涉及未成年人事项，应当符合下列要求：

（一）给予未成年人特殊、优先保护；

（二）尊重未成年人人格尊严；

（三）保护未成年人隐私权和个人信息；

（四）适应未成年人身心健康发展的规律和特点；

（五）听取未成年人的意见；

（六）保护与教育相结合。

年1月1日正式实施，对于未成年人的家庭教育正式进入有法可依的时代。根据《家庭教育促进法》第2条的规定，所谓“家庭教育”，是指父母或者其他监护人为促进未成年人全面健康成长，对其实施的道德品质、身体素质、生活技能、文化修养、行为习惯等方面的培育、引导和影响。可见，夫妻对于未成年人的家庭教育包括道德品质、身体素质、生活技能、文化修养、行为习惯等多方面的培养、引导和影响。从内容上看，需要夫妻共同协助才能完成。最后，关于保护的权利和义务。夫妻双方对于子女的保护主要包括对于子女人身的保护和财产保护两个方面。人身保护包括保护子女安全，不因故意或者疏忽大意致使未成年子女处于危险之中；决定未成年子女的居所；行使法定代理权；关注子女的社会交往等。对未成年子女的财产保护主要是对子女财产以及收益的管理，非为子女利益，不得随意处分。

但是要注意，夫妻应共同承担对未成年子女的抚养、教育和保护的义务，这并不是说在实践中应该机械地双方对半承担，而是说在决定如何对未成年子女抚养、教育和保护采取具体措施时，夫妻双方具有平等的话语权，应该在未成年人利益最大化的原则下，双方协商，共同决定，避免一人一言堂或者反过来将未成年人的抚养、教育和保护的责任完全推到其中一个人身上。

一般情况下，无正当理由，父母不得委托他人照料未成年子女。如果因外出务工等原因在一定期限内不能完全履行监护职责的，应当委托具有照护能力的完全民事行为能力人代为照护；确需委托他人照顾的，根据《未成年人保护法》第22条规定，应当综合考虑其道德品质、家庭状况、身心健康状况、与未成年人生活情感上的联系等情况，并听取有表达意愿能力未成年人的意见。并且，法律禁止有以下行为者担任被委托人：（1）曾实施性侵害、虐待、遗弃、拐卖、暴力伤害等违法犯罪行为；（2）有吸毒、酗酒、赌博等恶习；（3）曾拒不履行或者长期怠于履行监护、照料职责；（4）其他不适宜担任被委托人的情形。

故而，夫妻在对未成年子女的家庭教育、照料生活以及有正当理由需要委托他人代为照料时，应依法履行为人父母之义务，相互合作，共同承担责任，共同履行义务。

案例：原告吕某某、张某某为夫妻，因长期外出务工，将2周岁的女儿吕小某委托给吕某某母亲罗某照料。2021年某日早晨，罗某趁吕小某睡觉未醒之时，外出买菜。吕小某在罗某外出时醒来，爬窗户从卧室防盗网破洞处（铁质防盗网，右角处已锈烂）坠落到一楼，后被120送往医院进行抢救治疗，医院诊断为颅脑出血、脑干损伤、顶枕骨骨折等症状，次日经抢救无效死亡。吕某某、张某某认为罗某和吕小某租住的房屋防盗网锈烂有一破洞，导致吕小某坠落，遂向人民法院起诉房东刘某。后经人民法院审理，驳回了吕某某、张某某的诉讼请求。

解析：吕某某、张某某因长期外出务工等原因委托罗某代为照料符合法律规定，但罗某在照料未成年人时理应为2岁多一点的幼童吕小某提供一个安全的家庭生活环境，及时排除引发触电、烫伤、跌落等伤害的安全隐患，并不得使未满8周岁的未成年人处于无人看护状态，以避免意外伤害的发生。罗某长期租住刘某的房子，对客厅窗户防盗网处有破洞处于明知状态，但未采取合理措施消除该安全隐患，在明知吕小某醒来后无人照看很有可能发生各种危及健康甚至生命的情况下，仍留吕小某一人独自在家，使其处于无人看护状态，由于罗某的疏忽大意未尽职尽责地履行好照护义务，最终酿成吕小某坠楼后不治身亡事件的发生，其行为是此次事故发生的直接原因，故而人民法院驳回了吕某某、张某某夫妇的诉讼请求。[1]

四、人身自由的权利

（一）姓名自由的权利

男女平等的基本国策，体现在夫妻间不存在任何人身依附关系，我国在《民法典》中规定“夫妻双方都有各自使用自己姓名的权利”。[2]

---

[1] （2021）湘1202民初4656号。

[2] 《民法典》第1056条。

夫妻姓名权也叫作夫妻称姓，[1] 是指夫妻缔结婚姻关系后，妻子或者赘婿是否拥有独立的姓氏权。姓名权是人格权的重要内容，包括姓名的决定权、使用权和变更权。姓名权自主，是人格尊严和人格平等的重要体现。本条的规定是《民法典》总则编和人格权编关于姓名权问题在婚姻家庭领域的具体化。

新中国自1950年第一部《婚姻法》开始，就明确规定了“夫妻有各用自己姓名的权利”。该规定一直延续至今，体现了新中国一直致力于男女平等，女性地位的切实提升。《民法典》的规定表明，在我国，夫或妻均不需要在结婚后更改自己的姓氏，也无须在自己姓名前冠以配偶的姓氏。这个规定意味着真正的人格平等。夫妻中的任何一方在结婚后仍然有权以自己的姓名从事相关的法律行为。我国在姓名权方面的改革比许多西方发达国家还要彻底，目前在实践中与此条相关的纠纷基本不复存在。

夫妻姓名权体现的仍然是双方在婚姻关系中的平等地位，故而，本条法律规定并不排斥夫妻双方在平等协商的基础上一方自愿地修改姓氏或者冠以配偶姓氏。对于夫妻双方经过协商对于姓氏的更改，法律也尊重当事人自己的意志。

（二）参加生产、工作、学习和社会活动的权利

婚姻是两个独立的人的结合，结婚后，双方仍然是自由的。所谓自由，是指自然人依法享有的自主支配其人身和行为不受任何组织和个人非法限制或者侵害的权利。[2] 自由是最基本的人权，受《宪法》保护。《宪法》第35条规定，“中华人民共和国公民有言论、出版、集会、结社、游行、示威的自由”。第37条第1款规定，“中华人民共和国公民的人身自由不受侵犯”。第42条第1款规定，“中华人民共和国公民有劳动的权利和义务”。第46条第1款规定，“中华人民共和国公民有受教育的权利和义务”。第48条第1款

[1] 林秀熊．婚姻家庭法之研究［M］．北京：中国政法大学出版社，2001：265.

[2] 最高人民法院民法典贯彻实施工作领导小组．中华人民共和国民法典婚姻家庭编继承编理解与适用［M］．北京：人民法院出版社，2020：120.

规定，“中华人民共和国妇女在政治的、经济的、文化的、社会的和家庭的生活等各方面享有同男子平等的权利”。基于上述《宪法》的规定，民法保护夫妻双方都有参加生产、工作、学习和社会活动的自由，一方不得对另一方加以限制或者干涉。[1] 这是宪法自由在婚姻家庭领域的具体表现。夫妻双方即便在结婚以后，其个人人权仍然受法律保护，都有权以自己独立的名义参加生产、工作、学习和社会活动。从历史发展的角度看，该规定主要是确认和保护妻子的工作权、受教育权和参加各种社会交往、文化活动的自由，强调妻子有权决定自身从事生产、工作、学习及社会交往，并禁止丈夫或者其他人限制、干涉。

这个权利分为三个方面：一是生产、工作。任何一方婚后，仍然有权利选择自己要从事的工作，获得报酬，有职业选择的自由。经济独立，是人格独立的物质基础。封建社会妇女地位低下的一个重要原因就是经济上对丈夫的依附性。从事生产、工作，能够使妇女获得经济报酬，拥有人格独立的资本。二是结婚后仍然有继续学习深造的自由。女性获得经济报酬的能力在很大程度上取决于其受教育水平。封建社会限制女性接受教育，致使女性没有一技之长，缺乏独立的能力。故而，提升女性受教育的水平，增强女性独立、自强的技能是真正做到男女平等、保障女性自由的重要因素。三是有参加社会活动包括参政议政、参加社会团体、群众组织、公益活动等的自由。对于这些自由，另外一方不得干涉。

在典型的家庭暴力案件中，因家庭暴力是典型的控制型暴力，故而，多出现暴力一方严重干涉被家暴方自由，控制其活动的情况，应该引起注意。

要强调的是，在家庭生活中，一方的生产、工作、学习和社会活动的安排也要考虑到整个家庭的情况。在行使权利的同时，要注意与对方协商。婚姻家庭毕竟承载着养老育幼的职能，为了家庭成员共同的利益，夫妻双方必然要有所分工，而不是片面地强调个人自由。如果不顾家庭整体利益，仅仅

[1] 《民法典》第 1057 条。

强调个人工作、学习的自由，必然会严重影响家庭和睦，导致纷争。只有在双方将维护家庭整体利益作为前提，在此基础上安排夫妻双方的工作、学习等自由，分工协作，相互尊重，才既能维护家庭稳定，又能增进夫妻感情。当然，对于整体家庭分工安排的考虑应该在平等的基础上充分协商、共同承担，不能理所当然地认为女性就应该多承担家务，男性就应该工作打拼等，不能道德绑架。如果一方严重限制另一方工作，在具体案例中可视为一种“导致夫妻感情破裂”的情形。[1]

案例：方女士在结婚后工作中发现自己仍然需要进一步学习深造，就提出要继续攻读博士学位，但其丈夫宜先生非常反对。后方女士通过导师给丈夫做工作，丈夫转变态度，用行动支持了方女士攻读博士学位。方女士在攻读博士学位的过程中，经常介绍新的同学跟丈夫交流，在其拿到博士学位后，成功地说服丈夫举家搬迁到大城市以谋求更好发展。

解析：根据我国《民法典》规定，已婚女性仍然享有工作、学习等自由。方女士有权决定自己攻读博士学位。同时她也注意方式方法，并没有一味地强行蛮干，而是通过各种方式与丈夫达成一致，避免了家庭冲突。

（三）互为家庭成员的权利

《民法典》第1050条规定：“登记结婚后，按照男女双方约定，女方可以成为男方家庭的成员，男方可以成为女方家庭的成员。”

本条看似平常，但是在性别价值导向上具有重大意义。在思想领域扭转了数千年封建社会遗留下来的思维定式。其意义不仅在于规定了夫妻双方有选择住所的权利，更在于移风易俗。不得因一方加入另外一方家庭就加以歧视，如不得歧视入赘到女方家的男性。夫妻拥有决定生活住所的权利。无论是一起到男方生活，还是一起到女方生活，以及现在出现的“两头婚”即轮流到男方和女方家生活都是一种婚姻方式的选择，没有优劣之分。

---

[1] 例如周某诉史某离婚纠纷案，见：奚晓明，杜万华．中华人民共和国婚姻法案典［M］．北京：人民法院出版社，2014：88.

在实践中，与此条规定相关的纠纷多见于侵害集体组织成员权益纠纷。农村外嫁女权益的保护问题尤为突出。如在村集体经济组织分配征地补偿款时，其一般分配的依据是看是否具有该村户籍身份，但是一些本集体的外嫁女，虽然嫁给集体以外的人，该外嫁女并未将户籍迁出，仍留原籍，按照规定应该享受征地补偿款，遗憾的是，很多村集体会剥夺这些外嫁女享受征地补偿款的资格。这种做法是对《民法典》第 1050 条的违反。

双方互为家庭成员还隐含了一层意思，就是双方有选择住所的权利。住所的选择权在前文已经有所陈述，住所的选择权既体现了夫妻的平等，也体现了双方的自由。

五、日常家事代理权

日常家事代理制度，是指夫妻中的一方处理日常家庭事务与第三人民事交往时夫妻双方互相为代理人，互享代理权，共同负担债务清偿责任的制度。该制度是基于夫妻配偶关系，以及我国夫妻共有财产制度，为了体现夫妻平等，维护家庭和谐以及保护交易的安全和稳定而制定。日常家事代理权是夫妻双方的相互代理，是大陆法系亲属编的重要制度。在日常家事范围内，夫妻一方在与第三人为民事法律行为时，可以直接以自己名义、双方名义或者对方名义，而不必明示夫妻间的代理权，此类行为的后果由夫妻双方共同承担。但是，法律亦遵循意思自治原则，如果第三人与夫妻一方已经明确约定第三人与一方的法律行为为夫妻一方的个人行为，对另一方不发生法律效力，该约定有效。

在《民法典》之前，《最高人民法院关于适用〈中华人民共和国婚姻法〉若干问题的解释（一）》第 17 条从夫妻对共同财产平等处理权的角度引入日常家事代理权的概念，但一直未系统建立家事代理制度。《民法典》首次将夫妻日常家事代理权明确写进法律。

《民法典》第 1060 条规定，“夫妻一方因家庭日常生活需要而实施的民事法律行为，对夫妻双方发生效力，但是夫妻一方与相对人另有约定的除外。夫妻之间对一方可以实施的民事法律行为范围的限制，不得对抗善意相对人”。

日常家事代理权的范围确定影响重大，特别在确定夫妻个人债务和共同债务中，是重要依据。对于日常家事代理权应以普通大众的理解为基础，结合个案确定。一般来说，家庭建设、家庭成员的衣食住行、教育、医疗、休闲娱乐、体育锻炼、赡养老人、社交馈赠等花销应属于家事代理权的范围。

夫妻之间如果有关于日常家事代理权的约定，不得对抗善意相对人，也就是说对外，如果相对人善意，这些约定不对第三人产生约束。但是，对内来说，夫妻间的约定仍为有效，一方违反了约定，另外一方仍然按照约定享有相关的追偿等权利。而对于一方违反日常家事代理权，相对人又非善意的，那么作出行为的一方就为无权代理，行为对另外一方不发生约束。

日常家事代理权的设置是为了日常生活的便捷，维护正常的生活秩序，夫妻一方非因日常生活需要实施的法律行为，不能当然对另一方具有法律约束力。对于家庭重大事项或者重大财产的处分，双方应当取得一致意见。

案例：蒯某某与易某为夫妻关系。在双方婚姻关系存续期间，易某与老同学黄某重逢，因生意上多有往来，易某在得知黄某离婚后，对黄某展开追求，并发展为不正当的情人关系。在双方交往的过程中，易某通过微信转账给黄某十几万元。后蒯某某察觉了丈夫易某与黄某的不正当关系，并得到转账证据。蒯某某遂起诉至人民法院，要求黄某与易某归还全部款项。人民法院经过审理，部分支持了蒯某某的诉讼请求。

解析：《民法典》第 1060 条规定的日常家事代理权保护善意相对人的权益。本案中，因易某与黄某的不正当关系，易某违反了夫妻间的忠实义务，双方的关系违反公序良俗，易某向黄某转账的情况，不属于家事代理的范畴，且明显地侵害了妻子蒯某某共同财产权。但是结合本案，黄某、易某从认识到在一起已达六年之久，双方生活花销在一起，且根据前述双方在情人关系中的作用，足额返还对黄某不公平，若判决易某不承担任何责任，易助长已婚男人婚外情的现象，社会效果不好，故而部分支持了蒯某某的返还请求。[1]

实践中经常会出现夫妻一方超越家事代理权与第三人从事各种民事行为的情形，在这种情况下对于第三人来说该行为效力如何要考虑第三人是否善意。

相对的第三人非为善意，该超越家事代理权行为无效。利益受损方可寻求司法救济，人民法院应予支持。实践中常见情形为夫妻一方与第三人串通，转让房屋、股权等情况，或者串通虚构债务；也出现夫或妻一方将夫妻共同财产赠与情人的情况。

相对第三人为善意，该行为对外有效，对内应承担责任。比如一方擅自出卖共同房产，第三人善意购买、支付合理对价并已办理不动产登记，另一方主张追回该房屋的，人民法院不予支持。这是说对外这个代理行为是有效的，但是对内来说，这个行为是需要承担责任的。所以，即便房屋无法追回，但是擅自处分共同所有的房屋的一方造成另一方损失，离婚时另一方请求赔偿损失的，人民法院应予支持。

六、配偶优先监护权

配偶是最为亲密的身份关系，如遇到配偶一方为无民事行为能力人或者限制民事行为能力人，配偶为第一顺位的监护人。根据《民法典》第 28 条规定，无民事行为能力或者限制民事行为能力的成年人，由下列有监护能力的人按顺序担任监护人：（1）配偶；（2）父母、子女；（3）其他近亲属；（4）其他愿意担任监护人的个人或者组织，但是须经被监护人住所地的居民委员会、村民委员会或者民政部门同意。

根据此条规定，无民事行为能力人或者限制民事行为能力人的配偶是其法定监护人，只有当有配偶担任监护人危害了被监护者的利益或者配偶的利益与被监护人的利益发生冲突时，相关利害关系人可以依照法定程序确认新

---

[1] （2022）湘 06 民终 467 号。

的监护人。例如，无民事行为能力人或者限制民事行为能力人的配偶担任其监护人，但作为监护人的配偶要求离婚，就必须先给无民事行为能力人或者限制民事行为能力人先行指定其他的监护人，才能处理离婚问题。

第三节 夫妻财产关系

我国婚姻财产制度，采取的是夫妻共同财产制和约定财产制并行。如果夫妻之间有财产约定，约定优先；如果没有约定，则默认为在婚姻关系存续期间所得的财产为夫妻共同共有。

一、法定共同财产制

（一）财产范围

对于法定共同财产制，《民法典》采用列举加概括相结合的方式规定了夫妻共同财产的范围。《民法典》第1062条规定："夫妻在婚姻关系存续期间所得的下列财产，为夫妻的共同财产，归夫妻共同所有：（一）工资、奖金、劳务报酬；（二）生产、经营、投资的收益；（三）知识产权的收益；（四）继承或者受赠的财产，但是本法第一千零六十三条第三项规定的除外；（五）其他应当归共同所有的财产。夫妻对于共同财产，有平等的处理权。"

要正确理解夫妻共同财产的范围，首先，时间要素，必须是"婚姻关系存续期间所得"。其次，要理解法律条文中"所得财产"中"所得"的具体含义。《民法典》第1062条的法律条文中"所得"是夫妻所得，既包括夫妻双方共同所得，也包括夫或妻一方所得。另外，"所得"指的是财产权利，而不是实际对财产的占有。比如，双方婚姻期间签署合同购买的房屋，即使离婚时，房屋未交付，也属于夫妻共同财产。同样地，如果一方的父母在双方婚前去世，但是在双方结婚后才取得遗产，根据法律规定，继承是从被继承人死亡时开始，那么这个继承就发生在婚前，故而，这笔遗产属于一方的婚前财产。

1. 劳务报酬的范围

“劳务报酬”是《民法典》在原《婚姻法》基础上增加的内容。鉴于当前社会多元化，新兴业态不断出现，个人收入也日趋多元化。夫妻一方在获取固定工资、奖金等劳动报酬外，夫妻一方还可能通过非固定工作获得的报酬，如咨询费、讲课费、稿费等。此次《民法典》修订，将此部分收入囊括进来。这种非固定工作获取的报酬也属于夫妻共同财产。

另外，根据《婚姻家庭编解释（一）》第25条之规定，基于劳动报酬男女双方在婚姻关系存续期间所取得的住房补贴、住房公积金以及基本养老金、破产安置补偿费也属于夫妻共同财产。

2. 投资收益的范围

随着经济生活的日趋活跃，财产投资形式日趋多元化，股票、证券、期货、公司股权等投资产生的收益很多并不能纳入到生产、经营收益中。为了更好地回应社会现状，《民法典》在原《婚姻法》的基础上增加了“投资收益”，指在婚姻关系存续期间通过资产投资所获得的收益为夫妻共同财产。需要注意的是，根据《婚姻家庭编解释（一）》第25条，一方以个人财产投资取得的收益属于《民法典》第1062条所规定的“其他应当归共同所有的财产”，《婚姻家庭编解释（一）》第26条规定，“夫妻一方个人财产在婚后产生的收益，除孳息和自然增值外，应认定为夫妻共同财产”。故而，即使是婚前个人财产，如果当事人没有约定，那么婚前财产在婚后的投资收益也为夫妻共有。

3. 知识产权收益

《婚姻家庭编解释（一）》第24条：《民法典》第1062条第1款第3项规定的“知识产权的收益”，是指婚姻关系存续期间，实际取得或者依据明确可以取得的财产性收益。

注意，知识产权收益中，仅财产收益是属于夫妻双方共同共有，其他的人身性权利，如署名权为个人所有。

4. 继承或者受赠的财产

继承或者受赠的财产指的是在夫妻关系存续期间，夫妻任何一方因继承或者接受赠与所获得的财产，为夫妻共同财产。但是，如果被继承人的遗嘱指定夫或妻一方单独继承，则为被指定继承一方的个人财产。同样地，赠与合同中指定赠与夫或妻一方个人，则被指定的一方接受赠与的财产为个人财产。

法定继承，没有遗嘱，自然也就不可能指定夫或妻一人继承，故而继承的财产是夫妻共同财产。

从以上可以看出，如果在婚姻关系存续期间，需要夫妻一方或者双方投入劳动、精力、物资或者进行管理行为而获得的财产，均属于夫妻共同财产。此源于夫妻之间的人身关系，所谓“夫妻一体”，那么在夫妻关系存续的时间内，不仅是物质上，包括双方的劳动、精力等非物质因素都属于双方共有。这是把握夫妻共有财产的关键，也是在法律没有特别明确规定下，判断是否为夫妻共有财产的方法。例如，一方婚前名下就有商铺，在婚后，商铺出租的收益，一方或者双方对商铺进行管理，如维修、寻找承租人等，投入了劳动、精力等，那么这个租金就是夫妻共同财产。

5. 不动产

房产往往是夫妻共同财产的重要组成部分。但因为房产相关问题众多，又涉及不动产登记制度与夫妻共同财产制相交叉的情况，问题较为复杂。在确定房屋所有权归属以及房产分割时，要同时考虑房产购买时间、不动产登记情况、购房款项来源、不动产历史等综合考虑。

第一，毋庸置疑，婚姻关系存续期间、用夫妻共同财产购买的房产，即便登记在夫或妻一个人名下，只要另一方未书面声明放弃共有权，那么房产就属于夫妻共同财产。

第二，一方婚前承租，婚后用共同财产购买的房产，如果双方没有其他约定，那么对于婚前由一方承租，婚后用共同财产购买的房产，即便登记在一方名下，因为系婚后用共同财产购买，所以也应当认定为夫妻共同财产。

这种情况，房改房的情况比较多见。❶

第三，个人婚前购买并支付首付款，登记在支付首付款一方名下用夫妻共同财产还贷的房产，在这种情况下，双方离婚的话，如果协商不成，该房产归产权登记一方所有，相应的，未偿还的贷款由产权登记一方归还。但是，因为用夫妻共同财产还贷，这部分如果都归产权方，又会引起不公平。特别是在房价快速增长的背景下，故而，对于婚姻关系存续期间用共同财产还贷部分以及相应的增值部分，应该给予另一方相应的补偿。共同还贷部分根据银行的记录，很容易计算。对于相应增值部分，我们认为应该计算从婚姻登记之日起至离婚之日止的不动产升值率，然后进一步计算升值的金额再进行分割。之所以从婚姻登记之日开始计算，而不是以购房时的价格进行计算，是因为实践中买房的时间往往与婚姻登记的时间不相同。而根据共有财产制，仅在夫妻关系存续期间才属于共同财产，结婚前的升值不属于共同财产的部分。

值得注意的是，司法解释对于房屋贬值如何分割没有明确规定。❷ 但不排除今后房屋出现贬值的情况。笔者认为，房屋贬值，即表明不动产升值率为负数，依然是可以以同样方法计算的。

第四，关于父母出资购房的问题，按约定处理，没有约定的，也应区分是婚前还是婚后。如果是婚前父母出资购买，如父母没有明确表示赠与双方，应当视为对自己子女的赠与；如果是婚后父母出资购买，按照《民法典》家庭婚姻编的夫妻共同财产的相关规定处理。

第五，一方如超越家事代理权，未经另一方同意，出售夫妻共同所有的房屋，第三人善意购买，支付合理对价并已办理不动产登记，另一方是无权要求第三人返还房屋的，但是如果离婚，可以要求对方赔偿损失。❸

案例：陈晓某与乔某于 2014 年 11 月 29 日结婚，2021 年 11 月 16 日离

---

❶ 《婚姻家庭编解释（一）》第 27 条。

❷ 《婚姻家庭编解释（一）》第 78 条。

❸ 《婚姻家庭编解释（一）》第 28 条。

婚。在婚姻关系存续期间，购买了北京通州的房产。购买该套房产时，陈晓某的父母陈某某、肖某某通过银行向陈晓某汇款156万元，后该笔款项陈晓某直接用于购买北京通州的房产。在陈晓某和乔某的离婚诉讼期间，陈晓某单方面向父母出具了借条。但是，在陈晓某和乔某的离婚诉讼中，双方未将该笔款项作为共同债务分割。后陈晓某的父母陈某某、肖某某以民间借贷案由起诉陈晓某和乔某，要求其归还156万元借款及利息。

一审中，人民法院认为陈晓某在离婚诉讼期间单方面出具的借条并非陈晓某与乔某的意思表示，陈某某与肖某某未能证明双方有借贷的合意，且陈某某作为陈晓某离婚诉讼的代理人，也未在该案件中提出债务的问题，故而认定该笔款项为赠与。二审中，陈某某与肖某某补充了陈晓某与乔某在购房期间签订的《委托竞买协议》《个人购房借款合同》《借款合同》、银行转账记录一份、谈话录音，用以证明双方存在借贷合意。银行转账记录显示陈某某、肖某某在汇款时备注“借款”，陈晓某的收款账户明细也载明“借款”。后经二审人民法院认定，该笔款项系陈晓某、乔某的夫妻共同债务，应共同偿还。❶

解析：对于婚后父母出资买房的，房屋登记在双方名下的款项性质认定。如果父母一方不能举证证明确系借款，那么按照相关司法解释，系对夫妻双方的赠与。但因为存在父母子女这样亲密的血缘关系，对于借贷合意的认定又稍微有别于其他的民间借贷，因为血缘关系，双方往往没有借条，故而需要通过其他证据以及实际情况加以判断。本案中，二审法院通过二审中新增的证据，款项转款时的备注“借款”，结合陈晓某和乔某购买该套房屋并非刚需住房，而是用于出租获益，以及当时的录音情况，判断借贷为真实的。

通过本案可见，对于父母出资购房的问题，认定是赠与还是借贷的关键还在于证据是否能够证明借贷合意的存在。

（二）共同债务

夫妻共同债务可以看作夫妻负财产，夫妻债务制度是夫妻财产制度的重

---

❶ （2022）鲁02民终12310号。

要组成部分。夫妻共同债务是备受关注的一个问题。夫妻债务问题的处理不仅涉及夫妻双方，而且涉及第三方债权人，在法律规定上，既要平等地保护债权人利益和夫妻双方利益，又要兼顾婚姻家庭稳定和维护交易安全。夫妻共同债务，夫妻以全部共同财产对该类债务承担连带责任。即使夫或妻一方死亡，生存一方也应当对婚姻关系存续期间的夫妻共同债务承担清偿责任。[1]

对于夫妻共同债务的认定，依据《民法典》，应依据以下三个方面考虑：

（1）债务基于夫妻共同意思表示。共同意思表示的表现形式既可以是借贷前的共同签字，也可以是借贷后未签字一方的追认。该规定符合民法意思自治和合同相对性的原理。在实践中来看，此标准也容易推行。在债务形成时，债权人往往是处于优势地位，由债权人向债务人提出“共债共签”的要求，并未明显加重债权人的负担。同时，也保证了夫妻另外一方的知情权和同意权。从纠纷处理上来说，也大大降低了发生纠纷时的处理难度。

相对于共同签字而言，事后追认比较难以证明。实践中，事后追认不限于书面形式，可以通过电话录音、短信、微信、邮件等方式进行判断。

（2）为日常家庭生活所需负债。《民法典》首次明确规定了家事代理权。家事代理权是认定夫妻因日常家庭生活所需负债为共同债务的根据。夫妻在日常生活中产生的，以婚姻关系为基础的，包括正常的衣食住行、子女的抚养教育经费、老人赡养费、家庭成员的医疗费等。因上述情形负债，是典型的夫妻债务，夫妻双方应当共同承担连带的还款责任。

“为婚后共同生活所需”是判断夫妻共同债务的一个重要依据，即使是婚前债务，如果债权人能够证明所负债务用于婚后共同生活，债务人配偶也承担共同还款责任。

（3）债务虽然超出家庭日常生活，但债权人有证据证明该债务用于夫妻共同生活、共同生产经营或者基于夫妻双方共同意思表示。婚姻关系具有长期性和稳定性。在婚姻生活中除去因日常生活负债外，往往还会与第三人形

---

[1] 《婚姻家庭编解释（一）》第36条。

成其他的债权债务关系。《民法典》出于保护未举债一方的利益，明确规定超出日常生活需要所形成的债务原则上不属于夫妻共同债务，除非第三人能够证明债务用于夫妻共同生活、共同生产或者基于双方共同意思表示，此规定将举证责任赋予第三人，是倒逼债权人建立债权债务关系时尽到审慎的注意义务。

案例：陈某与包某、吴某、张某于2020年8月，共同开办公司，四人作为公司股东，陈某为法定代表人。2021年6月15日，公司召开股东会议，根据股东会议纪要，为支付公司的各项支出，陈某应于2021年7月1日前向公司转入资金100万元，8月9日前再转入85万元，如陈某未按时转入款项造成公司经营困难，因此造成的一切损失和费用由陈某承担。2021年8月15日，公司及四位股东又共同签订协议。根据该协议，若陈某因未能及时向公司转款，该笔185万元将转为支付给包某，该笔款项分三次支付，在2021年8月30日前支付30万元，2021年9月20日前支付65万元，2021年10月31日前支付剩余90万元，如果任何一期未按期支付，那么则视为全款到期，陈某应支付全部款项并按照年化15%的利率支付利息，并承担包某实现债权的律师费、诉讼费和担保费等费用。

后因陈某未按时支付款项，包某将陈某与其前妻余某起诉至人民法院。陈某与前妻余某于2002年12月18日登记结婚，2021年12月1日登记离婚，包某认为诉争的债权债务发生在陈某与余某夫妻关系存续期间，系共同债务。

后人民法院经审理认为，陈某对其债务负有还款责任，但是，认为不属于夫妻共同债务，驳回了包某对余某的起诉。

解析：人民法院认为案涉款项虽发生于陈某与余某夫妻关系存续期间，但系包某与陈某及另两位案外人股东共同经营公司所产生的款项，数额巨大，包某未能举证证明该债务系用于夫妻双方共同生活、共同生产经营或者基于夫妻双方共同意思表示，故无法认定为夫妻共同债务。[1]

---

[1] （2022）浙02民终4371号。

（三）婚内财产分割

鉴于夫妻法定的共同财产制，故而，为了维护家庭稳定，原则上来说，除非夫妻达成一致，否则在夫妻双方不解除婚姻关系时，人民法院不支持婚内财产分割。然而凡事总有例外，虽然夫妻关系是亲密关系，对于共同财产享有平等的处理权，但是毕竟夫妻是两个自然人个体，导致其意见必然有分歧的时候。夫妻除了共同的利益之外，还有各自的个人利益，某些情况下，会发生一方侵害另外一方财产利益的情况。故而，《民法典》也为了特殊情形下需要救济的夫妻一方设置了婚内财产分割的相关规定。

《民法典》第1066条规定："婚姻关系存续期间，有下列情形之一的，夫妻一方可以向人民法院请求分割共同财产：（一）一方有隐藏、转移、变卖、毁损、挥霍夫妻共同财产或者伪造夫妻共同债务等严重损害夫妻共同财产利益的行为；（二）一方负有法定扶养义务的人患重大疾病需要医治，另一方不同意支付相关医疗费用。"

该条规定来自原来的司法解释。之所以有此规定，仍然是考虑到家庭稳定。上述法律规定要严格掌握，不允许扩大解释，仅限定在法律规定的两种情形内。其中，"隐藏"是指故意将夫妻共同财产隐匿，使得对方无法知悉；"转移"是指在对方不知情的情况下将夫妻共同财产转移至第三人名下，造成该财产不属于夫妻共同财产的表明假象，如实践中的各种代持行为；"变卖"指的是在对方不知情的情况下，擅自出卖共同财产且所得价款未用于夫妻共同生活；"毁损"是指故意迫害、损害夫妻共同财产，致使夫妻共同财产贬值；"挥霍"是指将夫妻共同财产用于不必要的消费；"伪造夫妻共同债务"是指虚构夫妻共同债务，用夫妻共同财产偿还，往往与第三人串通。上述行为要达到"严重损害"的程度方可适用本条规定。

对于"负有法定扶养义务的人"的理解包括抚养义务、扶养义务和赡养义务。对于"重大疾病"的理解一般是指需长期治疗、花费较高或者直接威胁生命的疾病。

当前社会与以往社会相比发生了很大的变化，数代人共同居住的大家庭逐渐被以核心家庭模式为主流的家庭模式所取代，在这种情况下，夫妻共同财产成为家庭生活得以正常运行的必要物质保障、夫妻双方权利义务得以顺利实现的物质基础，故而财产的稳定对于家庭来说殊为重要，不宜分割。但是，在特殊情况下，因夫妻中一方有侵害共同财产的行为，继而威胁到家庭，侵害了另一方的合法权益，阻碍了另一方权利义务的实现，只有分割共有财产才能够更好地保护另一方财产安全，实现夫妻平等，使家庭保障功能不因一方的不适宜行为而受到影响。在这种情况下，分割共同财产成为实现实质平等的必要途径。

案例：朱某与陈某结婚数十年，现双方早已经退休。双方婚内生育一子朱小某，早已成年。2021 年 6 月朱某起诉称自己退休后因为多种老年病经常吃药，没有多少积蓄。最近又患上了急性白血病，需要巨额医药费，陈某和朱小某都不同意出资治疗，想雇用保姆他们也不同意。朱某称他和陈某有一套共有的房屋，要求婚内分割。而陈某和朱小某称朱某的陈述不符合事实。朱某每次住院都是陈某操办，朱小某也一直承担赡养义务。朱某年事已高，经常受骗损失钱财。朱某有退休金，夫妻两人有积蓄，朱小某也一直在赡养，并不需要卖房子看病。陈某同时提交了相关证据。法院经过审理，驳回了朱某的起诉。

解析：在婚内分割共同财产是一种非常态，除非确有必要，否则不予支持。本案经过审理，查明虽然朱某的确患有严重疾病，但是其治疗并没有被耽误，配偶也没有拒绝支付医药费。且其夫妻仅有的大额财产就是目前共同居住的房屋，并无特别紧迫的需要出卖房屋，出卖房屋后老两口将居无定所。故而，本案不符合婚内分割夫妻共同财产的条件。

（四）夫妻法定的个人财产

虽然我国的婚姻财产制度是以共同财产制为主，但是夫妻仍然保有自己的个人财产。根据《民法典》第 1063 条规定："下列财产为夫妻一方的个人财产：（一）一方的婚前财产；（二）一方因受到人身损害获得的赔偿或者补偿；（三）遗嘱或者赠与合同中确定只归一方的财产；（四）一方专用的生活用品；（五）其他应当归一方的财产。”

对于婚前财产，虽然按照司法解释规定，不因婚姻关系的延续而变成共同财产，但有两点应该注意：（1）婚前财产婚后产生的收益，除自然增值和孳息外，属于夫妻共同财产；（2）但是在实践中，因为婚姻生活的延续，婚前财产不做好隔离，就容易产生“混同”的情况。因为婚姻生活是一个动态的过程，而不是一个静态的存在，婚姻存续时间越长，婚前财产就越容易与夫妻共同财产交织、掺杂在一起难以分清楚。如现金类财产，金钱是种类物，如婚前婚后同一账户进进出出，很难分清楚婚前和婚后的现金。不动产在某些情况下因为买卖，也可能发生混同。

案例：宜先生在婚前，由父母资助购置了两套房屋。2006 年，宜先生与方女士登记结婚。结婚后，因生活区域发生改变，宜先生和方女士协商后，将婚前的两套房屋出卖，后又重新购置了两套房屋，新购置的房屋登记在宜先生一个人名下。2016 年开始，因种种原因，双方关系开始恶化。2019 年宜先生起诉离婚，方女士不同意离婚，法院驳回了宜先生离婚的请求。但之后双方的夫妻关系并未改善。2020 年，宜先生再次起诉离婚。方女士同意离婚，但要求分割婚内购买的两套房产。宜先生认为，该两套房产系他出卖婚前房屋后购置的，属于婚前财产的转化，且登记在他一个人名下，应属于个人财产。

方女士认为，虽然房屋登记在宜先生一人名下，但购买于夫妻关系存续期间，方女士没有书面放弃所有权，那么应该属于夫妻共同财产。在法庭审理过程中，方女士提交的相关证据显示，宜先生在出卖婚前房屋后，并没有直接用于购买新房屋，而是用于理财。并且在出卖婚前第二套房屋时，还曾经转款数十万元给方女士用于其他用途。后购置房屋，方女士在宜先生之前转给她的数额基础上添附数万元，转回给宜先生用于交付房款。基于这些证据显示的事实，可以看出宜先生的婚前财产与婚后共同财产发生了混同。宜先生无法证明婚后购置的房屋购房款来源全部是个人财产。因此，经过法庭审理和法官释法，最后宜先生作出让步，同意补偿方女士一百多万元，双方调解结案。

解析：因为婚前房屋的出卖，房款进入夫妻共同财产账户，并且在购买新的房屋时混入了夫妻共同财产，本身就很难区分，又随着时间的推移，房屋升值，故而双方在离婚时，诉争的房产已经不属于宜先生个人婚前财产。

军人的伤亡保险金、伤残补助金、医药生活补助费属于个人财产。

二、约定财产制

夫妻约定财产制是指夫妻或者即将成为夫妻的人，以契约的方式对相互之间的财产关系进行约定。该约定排除了法定财产制度的适用。

《民法典》第1065条规定："男女双方可以约定婚姻关系存续期间所得的财产以及婚前财产归各自所有、共同所有或者部分各自所有、部分共同所有。约定应当采取书面形式。没有约定或者约定不明确的，适用本法第一千零六十二条、第一千零六十三条的规定。夫妻对婚姻关系存续期间所得的财产以及婚前财产的约定，对双方具有法律约束力。夫妻对婚姻关系存续期间所得的财产约定归各自所有，夫或者妻一方对外所负的债务，相对人知道该约定的，以夫或者妻一方的个人财产清偿。"

民事领域以当事人约定优先，约定财产制优先于法定财产制适用，只有在没有约定财产制的情况下，才适用法定财产制。如果夫妻认为法定财产制不符合双方对于财产所有制的预期，应采取书面形式进行约定。

根据《民法典》的规定，对于夫妻双方何时做出财产约定没有限制，既可以在婚前作出约定，也可以在结婚时或者结婚后做出财产约定。需要注意的是，如果在婚前进行约定，那么此时双方还不是夫妻，故而在称呼上应避免使用"夫妻"来称呼。

对于可以约定的财产范围，根据法律的规定，不仅包括婚后所得财产，也可以包括婚前的财产。可以约定婚前财产、婚后财产归各自所有、共同所有或者部分共同所有、部分各自所有。需要注意的是，约定财产制，除对财产的所有权进行约定外，男女双方还可以就财产的使用权、管理权、收益权、处分权等进行约定，同时也可以约定家庭生活费用如何负担、债务的清偿以及离婚时财产的清算和分割等。

约定必须符合以下的构成要件：

（1）约定必须是当事人真实的意思表示。约定应该是男女双方经过自愿协商，一致同意的产物，一方不得以欺诈、胁迫或者乘人之危致使另一方违背真实意愿签订契约。

（2）在契约签订时，男女双方必须均具有完全民事行为能力。

（3）约定内容必须合法，不得违反法律以及公序良俗，不得规避养老育幼、偿还债务、国家税收等义务。

（4）约定内容不得超出男女双方的财产范围，比如，不得涉及家庭中其他成员的财产。

夫妻间的财产约定对于夫妻双方具有法律约束力，但是不得对抗善意相对人。

三、夫妻相互的扶养义务

中国有句俗话，“一日夫妻百日恩”。这个“恩”指夫妻不但相爱相守，而且在需要的时候，夫妻间要相互扶养，一方是另一方的依靠。夫妻间的扶养义务是配偶身份权的重要内容。从法律上表达就是《民法典》第 1059 条规定的“夫妻有相互扶养的义务”。

需要扶养的一方，在另一方不履行扶养义务时，有要求其给付扶养费的权利。

夫妻间的扶养义务，包括物质上的相互帮助、相互供养，危难时的相互支持、相互援助以及精神层面的相互温暖。此为夫妻间的法定义务。比如一方遇到重病需要医治等情况，另一方负有为其就医提供必要保障的义务。另外一方不履行相应的义务，在不解除婚姻关系的情况下，需要救助的一方可以通过要求对方给付扶养费的方式要求对方履行夫妻间的扶养义务。更为严重的是，如果义务方拒不履行义务，有可能构成刑法上的遗弃罪。

案例：朱某菊和李某友系多年夫妻，目前双方的婚生子也已经成年。虽然结婚多年，但双方夫妻感情并不和睦。随着年纪的增长，朱某菊身患多种疾病。2016 年 12 月朱某菊因病住院，作为丈夫的李某友对其不闻不问，拒不支付医疗费和生活费。朱某菊因自身没有收入，身患疾病，万般无奈之下起诉丈夫李某友，要求其支付扶养费用。人民法院经过审理，判决李某友每月向朱某菊支付扶养费 700 元。

解析：朱某菊与李某友系夫妻关系，根据《民法典》第 1059 条的规定，夫妻有相互扶养的义务，故而，李某友对妻子朱某菊有扶养义务。但是鉴于双方年事已高，其儿子也已经成年，也有赡养父母之义务。同时参照 2020 年度全省居民人均消费支出（农村居民）计算，李某友每月支付朱某菊 700 元扶养费为适宜。[1]

需要注意的是，夫妻间的扶养义务是法定的，即使夫妻之间根据双方的约定实行分别财产制，也不影响夫妻之间相互扶养义务的履行。如前所述，夫妻间扶养义务的基础是双方的配偶身份，包含的内容也包括物质和精神等多方面内容。而分别财产制，仅仅是夫妻间对于财产这一个方面的约定。这是两个概念。夫妻的扶养义务作为法定义务，随着婚姻的缔结而产生，并随着婚姻关系的结束而终结。不受夫妻分别财产制的影响。

四、夫妻相互继承权

我国法律规定，夫妻互为第一顺位的法定继承人。[2]《民法典》第 1061 条规定，“夫妻有相互继承遗产的权利”。从法律规定也可以看出，相互有继承关系的必须是合法婚姻关系的配偶，有婚约的男女之间、长期姘居的男女之间并无继承权。另外，与其他继承一样，夫妻之间继承的遗产也必须是死亡一方的个人财产，而不及于所有夫妻财产。应区分夫妻共同财产中生存一方的个人财产，其不能作为遗产继承。

---

[1] （2021）皖 0225 民初 2255 号。

[2] 《民法典》第 1127 条：“遗产按照下列顺序继承：（一）第一顺序：配偶、子女、父母。”

夫妻任何一方，均可以用遗嘱的方式安排自己的遗产，可以在遗嘱中排除配偶对于自己遗产的继承，但是如果遗产的来源有夫妻共同财产，那么在继承时，同样应首先进行析产，将配偶应得财产与遗产作出区分，以确定遗产的范围。

案例：李先生与章女士双方均系再婚。再婚时双方各自的子女均已经成年。二人相携二十载，感情甚笃。在婚姻关系存续期间，购买了李先生单位的房改房。2022年李先生去世。房改房被李先生儿子占据，李先生儿子拿出一份李先生的公证遗嘱，遗嘱中李先生将房屋留给自己的儿子。章女士认为虽然是李先生单位的房改房，登记了李先生一个人的名字，但是购房款为夫妻共同财产，该房产是夫妻共同财产，李先生的遗嘱只能处理他自己的部分，不能处置全部房产。应先将自己的份额给自己，然后才由李先生儿子继承。后经过人民法院审理，考虑到李先生工龄的贡献，人民法院酌情判决李先生对房屋占55%的份额，章女士占45%的份额。[1]

本章实务热点问答

一、夫妻间的忠诚协议是否有效？

在实践中，经常有夫妻签订这样一份协议“若一方过错行为（婚外情等）造成离婚，过错方放弃夫妻名下所有财产，并补偿无过错方人民币100万元”。这种协议被称为忠诚协议。签订忠诚协议后，如果一方出轨，另一方是否能够依据这样一份忠诚协议向法院起诉要求对方履行？虽然《民法典》第1043条确实规定了夫妻间的忠实义务，但此条为倡导性条款。最高人民法院在《民法典婚姻家庭编继承编理解与适用》中明确表述：夫妻之间签订忠诚协议，应由当事人本着诚信原则自觉自愿履行，法律并不禁止夫妻之间签订此类协议，但也不赋予此类协议强制执行力，从整体社会效

[1] （2022）浙01民终5126号。

果考虑，法院对夫妻之间的忠诚协议纠纷以不受理为宜。因此，夫妻间的忠诚协议应由当事人自觉履行，不具有法院强制力，若诉至法院，法院一般不予受理。

婚内如果对于财产有区分个人所有和共同所有的情况，建议签订《婚内财产协议》。

二、婚前的个人财产为什么离婚的时候会被分割？

排除双方另外有约定的情况外，所谓的婚前财产离婚时分割仅仅是当事人的感觉和表述，而不是法律上的认定。因为根据相关法律规定，婚前个人财产不会随着结婚时间的增长而变成夫妻共同财产。被分割的情形必定是婚前个人财产的所有形式有所改变。如现金类产品发生了“混同”，婚前婚后一个账户，有进有出，经过若干年，很难区分哪些是婚前、哪些是婚后的财产。还有一种比较常见的是婚前房产婚后置换，置换后登记在双方名下，特别是经过多次的买卖。或者婚前房屋在婚后变更登记，给另一方加名。

另外就是婚前财产发生的增值和收益部分的处理。《婚姻家庭编解释（一）》第26条规定，夫妻一方个人财产在婚后产生的收益，除孳息和自然增值外，应认定为夫妻共同财产。因此，一方婚前取得的股权属于一方的个人财产，但是婚后有增值的，增值部分会被认定为夫妻共同财产，在离婚的时候进行分割。还有一种情况就是一方婚前购房，但是婚后用夫妻共同财产还贷的，离婚时需要对还贷部分及增值部分进行分割。根据《婚姻家庭编解释（一）》第78条规定，夫妻一方婚前签订不动产买卖合同，以个人财产支付首付款并在银行贷款，婚后用夫妻共同财产还贷，不动产登记于首付款支付方名下的，离婚时该不动产由双方协议处理。依前款规定不能达成协议的，人民法院可以判决该不动产归登记一方，尚未归还的贷款为不动产登记一方的个人债务。双方婚后共同还贷支付的款项及其相对财产增值部分，离婚时应根据《民法典》第1087条第1款规定的原则，由不动产登记一方对另一方进行补偿。因此，法院在处理该类案件时，一般都会将共同还贷部分及相对应的增值部分平均分割。

三、农村房屋，在离婚前拆迁，能不能在离婚诉讼中一起分割？

农村房屋拆迁安置一般都是以户为单位进行的，如果拆迁安置房不涉及其他共有人，只有夫妻双方作为安置对象的话，可以按照夫妻共同财产在离婚诉讼中进行分割，不过分割的前提是已经具备分割的条件。但若是拆迁安置对象还涉及其他共有人，法院则会告知权利人应当以"分享新产"案由另案处理。

四、一方生病，另外一方拒绝支付医药费，能不能要求支付？能不能要求分割财产？

夫妻之间有相互扶养的义务，包括为对方提供经济和生活上的扶助，这是法律规定的强制性义务。《民法典》第1059条规定，夫妻有相互扶养的义务。需要扶养的一方，在另一方不履行扶养义务时，有要求其给付扶养费的权利。因此，夫妻一方生病时，另一方有义务照顾并为其支付医药费，若拒绝支付的，可以起诉要求支付扶养费。但是否可以起诉要求分割财产，《民法典》第1066条明确规定在两种情况下可以在夫妻关系存续期间要求分割夫妻共同财产：一是一方有隐藏、转移、变卖、损毁、挥霍夫妻共同财产或者伪造夫妻共同债务等严重损害夫妻共同财产利益的行为；二是一方负有法定扶养义务的人，患有重大疾病需要医治，另一方不同意支付相关的医疗费用。有的法院认为，若是一方负有法定扶养义务的人如父母身患重大疾病，另一方拒绝支付医药费的情形，可以起诉要求分割夫妻共同财产，那么举轻以明重，若是夫妻一方身患重大疾病，而另一方拒绝支付医药费，也应当可以适用上述规定要求分割夫妻共同财产。而有的法院则认为上述条款不能类推适用也不能扩大解释，无权要求分割夫妻共同财产。目前，前者为主流观点。

五、夫妻一方作为继承人，宣布放弃继承，另一方能否请求撤销？

在继承时，如果夫妻一方作为继承人，宣布放弃继承，则另一方不能撤销对方放弃继承的意思表示。因为继承权系基于继承人与被继承人的身份关系而产生的，继承人在处分继承权时不受配偶约束。

第七章　登记离婚与诉讼离婚

第一节　离婚概述

一、离婚的概念与特征

（一）离婚的概念

离婚是指夫妻双方通过协议或诉讼的方式解除婚姻关系，终止夫妻间权利和义务的法律行为。我国离婚制度主要规定在《民法典》婚姻家庭编及其司法解释中。离婚制度的发展主要经历了从禁止离婚主义到许可离婚主义、从限制离婚主义到自由离婚主义、从过错离婚主义到无过错离婚主义三个阶段。保障离婚自由和反对轻率离婚是我国婚姻法的一贯指导原则。

（二）离婚的特征

第一，离婚以合法的婚姻关系存在为前提。离婚为合法有效婚姻关系的解除，婚姻当事人双方必须符合结婚的实质要件和程序要件。不符合结婚要件的男女结合后请求“离婚”的，不按离婚处理。

第二，离婚的主体是婚姻当事人。解除婚姻关系体现的是夫妻双方的意愿，只能由本人进行。但如果无民事行为能力人的配偶有虐待、遗弃等严重损害无民事行为能力一方的人身权利或者财产权益的行为的，其他有监护资格的人可以依照特别程序要求变更监护关系，变更后的监护人代理无民事行为能力一方提起离婚诉讼的，人民法院应予受理。

第三，离婚应当符合法定的离婚条件和程序。夫妻双方需要按照法定程序办理离婚手续。自行达成的离婚协议，或者夫妻双方所在单位、群众团体、居民（村民）委员会、基层调解组织等有关部门主持下达成的离婚协议，都不产生离婚的法律效力。

第四，离婚将产生一系列法律后果。离婚是夫妻双方的法律行为，获得法律的许可或认可后，会导致夫妻之间的人身关系和财产关系解除，也会对相关利害关系人产生影响，如子女抚养方式变更、共同债务清偿等。

案例：李某和冯某于2010年举办婚礼仪式后共同生活，并育有一子，但至今未办理结婚登记。现二人感情破裂，李某向法院提起诉讼请求解除婚姻关系。

解析：李某和冯某虽按照民间仪式举行婚礼但并未进行结婚登记，未形成法律承认的婚姻关系，不享有请求法院解除婚姻关系的诉权。

二、离婚的方式

离婚属重要的身份法律行为，必须经过法定的程序才可发生解除婚姻关系的法律后果。基于离婚程序的不同，可将离婚分为登记离婚和诉讼离婚。

（一）登记离婚

登记离婚包括户籍登记离婚和行政登记离婚。户籍登记离婚是指在达成离婚协议后，由法律规定的特定身份的见证人见证，户籍机关按照户籍法的规定对协议离婚进行登记，即发生离婚的法律效果。例如日本采用此种方式。[1] 行政登记离婚是婚姻双方当事人达成离婚合意后，离婚协议经过行政程序获得批准即发生离婚的法律效果，我国属于此种登记离婚模式，现行协议离婚必须经行政登记程序。

（二）诉讼离婚

有的国家登记离婚和诉讼离婚程序并用，如我国。当事人一方向法院

[1] 杨立新．婚姻家庭与继承法［M］．北京：法律出版社，2021：64.

提出离婚请求，由法院依照审判程序审理，依法作出裁决。对于具有离婚合意、在子女抚养的财产分方面有争议的，也应经过司法裁决程序确定。有的国家只有诉讼离婚而无登记离婚程序，如美国。苏联在 1944 年以前，只有登记离婚而无诉讼离婚。没有行政登记离婚程序的国家，双方自愿离婚，并对子女抚养、财产处理达成协议的，须向法院申请，经审查裁决即发生离婚效力。一方要求离婚的，经法院调解达成离婚协议的调解离婚也属于此。

三、离婚的法律效力

（一）离婚对当事人身份上的效力

1. 夫妻的身份关系消灭

夫妻的身份关系以结婚为发生的法定事由，双方互为配偶，具有配偶的固定称谓和身份。离婚后关于夫妻之间的权利义务都随着配偶身份的终止而终止。例如，夫妻之间不再存在同居义务，不再受忠实义务约束。

2. 双方获得再婚的权利

在婚姻关系当事人离婚、解除配偶身份关系时，双方各自重新成为无配偶者，即行恢复结婚自由权，取得再婚的权利。该当事人不再负有不得与他人结婚的义务，成为可以结婚的“自由人”。

3. 夫妻之间的继承权消灭

根据《民法典》第 1061 条，夫妻之间有相互继承遗产的权利。夫妻互为对方的法定继承人，夫妻之间的继承权以婚姻关系的存在为前提，一旦离婚发生法律效力，则互为法定继承人的资格自然丧失。

4. 夫妻的日常家事代理权终止

在婚姻关系存续期间，夫妻间基于特定的人身和财产关系，在日常家事的范围内互为代理人，并承担由此产生的法律后果。婚姻关系解除后，建立在配偶身份之上的日常家事代理权终止。

（二）离婚对当事人财产上的效力

1. 夫妻共同财产的分割

（1）夫妻共同财产的范围。根据《民法典》第1062条、第1065条的规定，我国实行法定财产制和约定财产制两种制度。夫妻在婚姻关系存续期间所得的下列财产，为夫妻的共同财产，归夫妻共同所有：①工资、奖金、劳务报酬；②生产、经营、投资的收益；③知识产权的收益；④继承或者受赠的财产，但是《民法典》第1063条第3项规定的除外；⑤其他应当归共同所有的财产。

（2）分割夫妻共同财产的原则：①男女平等原则；②照顾子女和女方权益的原则；③有利于生产、生活的原则；④照顾无过错方权益的原则。

（3）分割夫妻共同财产的方法。根据《民法典》第1087条的规定，离婚时，夫妻的共同财产由双方协议处理；协议不成的，由人民法院根据财产的具体情况，按照照顾子女、女方和无过错方权益的原则判决。因此，分割夫妻共同财产的方式包括协议分割和判决分割两种。

2. 夫妻共同债务的清偿

（1）夫妻共同债务的范围。根据《民法典》第1064条，婚姻存续期间的夫妻共同债务包括：①夫妻双方共同签名或者夫妻一方事后追认等共同意思表示所负的债务；②夫妻一方在婚姻关系存续期间以个人名义为家庭日常生活需要所负的债务，属于夫妻共同债务；③夫妻一方在婚姻关系存续期间以个人名义超出家庭日常生活需要所负的债务，债权人能够证明该债务用于夫妻共同生活、共同生产经营或者基于夫妻双方共同意思表示。

（2）夫妻共同债务的清偿。对于夫妻共同债务，应以夫妻共同财产清偿，且夫妻就其共同债务承担连带清偿责任。夫妻共同财产不足以清偿夫妻共同债务或者夫妻之间实行分别财产制的，共同债务由双方协议清偿。双方无法达成协议时，由人民法院判决当事人各方清偿的份额。

3. 一方对他方的经济补偿

根据《民法典》第1088条，夫妻一方因抚育子女、照料老年人、协助另一方工作等负担较多义务的，离婚时有权向另一方请求补偿，另一方应当给予补偿。具体办法由双方协议；协议不成的，由人民法院判决。此规定体现了对家务劳动价值的承认，对夫妻之间婚姻期间所得财产的分配更加公平合理。享有经济补偿请求权的一方是承担义务较多的一方，请求时限限于离婚之时。

4. 一方对他方适当的经济帮助

根据《民法典》第 1090 条的规定，离婚时，如果一方生活困难，有负担能力的另一方应当给予适当帮助。具体办法由双方协议；协议不成的，由人民法院判决。确定经济帮助义务的条件是：（1）要求适当经济帮助的一方确有困难；（2）提供经济帮助的一方应有经济负担能力；（3）须离婚时已发生经济困难；（4）须在离婚时行使请求权。

（三）离婚对父母子女的法律后果

1. 离婚不消除父母子女关系

离婚只消除夫妻关系，不能消除父母子女关系。根据《民法典》第 1084 条第 1 款，父母与子女的关系，不因父母离婚而消除。离婚后，子女无论由父或者母直接抚养，仍是父母双方的子女。

2. 子女随一方父母生活

离婚后，父母对于子女仍有抚养、教育、保护的权利和义务。根据《民法典》第 1084 条，离婚后子女抚养的规则如下：①不满两周岁的子女，以由母亲直接抚养为原则；②已满两周岁的子女，父母双方对抚养问题协议不成的，由人民法院根据双方的具体情况，按照最有利于未成年子女的原则判决；③子女已满八周岁的，应当尊重其真实意愿；④在有利于保护子女利益的前提下，父母双方协议轮流抚养子女的，人民法院应予支持。

3. 子女抚养费的分担和变更

抚养费包括子女生活费、教育费、医疗费等费用。根据《民法典》第 1085 条，离婚后，子女由一方直接抚养的，另一方应当负担部分或者全部抚养费。负担费用的多少和期限的长短，由双方协议；协议不成的，由人民法院判决。前款规定的协议或者判决，不妨碍子女在必要时向父母任何一方提出超过协议或者判决原定数额的合理要求。

4. 父母对子女享有探望权

根据《民法典》第 1086 条的规定，离婚后，不直接抚养子女的父或者母，有探望子女的权利，另一方有协助的义务。行使探望权利的方式、时间由当事人协议；协议不成的，由人民法院判决。父或者母探望子女，不利于子女身心健康的，由人民法院依法中止探望；中止的事由消失后，应当恢复探望。

第二节　登记离婚

一、登记离婚的概念

登记离婚，亦称协议离婚，指婚姻双方当事人达成离婚合意，并通过婚姻登记程序解除婚姻关系的离婚制度。广义的登记离婚包括诉讼外的登记离婚和诉讼内的登记离婚，狭义的登记离婚仅指诉讼外的登记离婚。

根据我国《民法典》第 1076 条、第 1078 条，夫妻双方自愿离婚的，双方须亲自到婚姻登记机关申请离婚登记，经婚姻登记机关审查后，查明双方确属自愿离婚，并对子女和家庭财产等问题已有适当处理，准予离婚登记，发给离婚证，作为婚姻关系已合法解除的凭证。如不符合离婚条件的，不予登记，并向当事人说明原因。

二、登记离婚的条件

（一）双方当事人须为合法夫妻

申请登记离婚的当事人双方必须具有合法的夫妻身份，且其结婚登记是在中国内地办理的。没有登记结婚的当事人不能通过达成协议进行行政登记的方式离婚：如果将其认定为事实婚姻，则需按照诉讼离婚的方式解除婚姻关系；如果将其认定为同居关系，则面临解除同居关系的问题。

（二）双方当事人均具有完全民事行为能力

无民事行为能力或限制民事行为能力人，不适用离婚的行政程序，而应当通过诉讼程序离婚并要求其法定代理人参加诉讼。

（三）双方当事人须有离婚的合意

双方当事人自愿是登记离婚的基本条件，要求双方当事人对离婚的意思表示真实一致，而非单方自愿或第三人自愿，对于仅有一方当事人申请离婚的，婚姻登记机关不予受理。

（四）双方当事人须对子女抚养达成合意

双方当事人离婚会给子女的生活带来重大变化，离婚后子女由何方抚养、父母如何分担抚养费等问题，都需要有明确可行的安排。

（五）双方当事人须对财产及债务处理等事项协商一致

根据《民法典》第1076条第2款的规定，离婚协议应当载明双方自愿离婚的意思表示和对子女抚养、财产以及债务处理等事项协商一致的意见。

案例：张先生和李女士在一次争吵后来到民政局，递交了结婚证、离婚申请书，申请书写明房子归男方所有，小轿车归女方所有，孩子由女方抚养。但李女士表明，关于孩子的抚养权分配自己并不认同，为张先生私自更改，自己没有工作无法抚养孩子。

解析：张先生和李女士虽然对离婚达成了合意，但并未对孩子抚养归属问题达成一致意见，所以婚姻登记机关对其离婚申请应不予登记，并由工作人员告知后达成一致意见，达不成一致意见的可进行离婚诉讼。

三、登记离婚的机关

（一）级别管辖

根据《婚姻登记条例》第2条，内地居民办理婚姻登记的机关是县级人民政府民政部门或者乡（镇）人民政府，省、自治区、直辖市人民政府可以按照便民原则确定农村居民办理婚姻登记的具体机关。中国公民同外国人，内地居民同香港特别行政区居民、澳门特别行政区居民、我国台湾地区居民、华侨办理婚姻登记的机关是省、自治区、直辖市人民政府民政部门或者省、自治区、直辖市人民政府民政部门确定的机关。此规定确立了离婚登记的级别管辖。

（二）户籍地管辖

内地居民自愿离婚的，男女双方应当共同到一方当事人常住户口所在地的婚姻登记机关办理离婚登记。中国公民同外国人在中国内地自愿离婚的，内地居民同香港特别行政区居民、澳门特别行政区居民、我国台湾地区居民、华侨在中国内地自愿离婚的，男女双方应当共同到内地居民常住户口所在地的婚姻登记机关办理离婚登记。

此外，中华人民共和国驻外使（领）馆可以依照《婚姻登记条例》的有关规定，为男女双方均居住于驻在国的中国公民办理婚姻登记。

四、登记离婚的程序

（一）申　　请

夫妻双方自愿离婚的，应当签订书面离婚协议，共同到有管辖权的婚姻登记机关提出申请，并提供相关证件和证明材料。

案例：李女士与我国香港特别行政区男子张先生相识，于2005年3月在广东省深圳市的婚姻登记中心办理结婚登记，并随张先生移居香港。后李女士取得香港永久居民身份。婚后一直在家相夫教子。现因张先生与婚外一女子长期保持不正当关系，李女士心力交瘁，欲与张先生解除婚姻关系。

解析：现行法律对“非内地居民是否可以在内地办理离婚登记手续”事宜未作明确规定，但是根据实践中常见的做法，如果内地居民与香港同胞在内地结婚后，已经取得香港身份证，经双方当事人申请，并且已就离婚问题达成一致，仍然可以在原婚姻登记机关办理离婚登记手续。若李女士未取得香港永居身份证，那么两人在协商一致后，仍应当到内地居民常住户口所在地的婚姻登记机关办理离婚登记。

（二）冷静期

《民法典》第1077条规定，自婚姻登记机关收到离婚登记申请之日起30日内，任何一方不愿意离婚的，可以向婚姻登记机关撤回离婚登记申请。前款规定期限届满后30日内，双方应当亲自到婚姻登记机关申请发给离婚证；未申请的，视为撤回离婚登记申请。该条文是离婚登记程序中引入冷静期制度的法律依据。

自婚姻登记机关收到离婚登记申请并向当事人发放《离婚登记申请受理回执单》之日起30日内，任何一方不愿意离婚的，可以持本人有效身份证件和《离婚登记申请受理回执单》（遗失的可不提供，但需书面说明情况），向受理离婚登记申请的婚姻登记机关撤回离婚登记申请，并亲自填写《撤回离婚登记申请书》。经婚姻登记机关核实无误后，发给《撤回离婚登记申请确认单》，并将《离婚登记申请书》《撤回离婚登记申请书》与《撤回离婚登记申请确认单（存根联）》一并存档。

自离婚冷静期届满后30日内，双方未共同到婚姻登记机关申请发给离婚证的，视为撤回离婚登记申请。

案例：王先生与刘女士办理离婚手续后，在工作人员告知二人于冷静期后来登记领取离婚证时王先生就表示要立刻离婚，一分钟也不愿意让双方的婚姻关系继续存续，甚至要求工作人员取消冷静期以便于让二人立即离婚。

解析：工作人员不得为二人办理离婚。即使一方离婚态度坚决，也不可以拒绝执行冷静期。但是，如果冷静期届满后，双方无法就离婚协商一致，坚决离婚的一方可以通过诉讼途径解除婚姻关系。

（三）审　查

婚姻登记员按照《婚姻登记工作规范》有关规定对当事人提交的材料进行初审，对当事人提交的证件和证明材料初审无误后，发给《离婚登记申请受理回执单》。不符合离婚登记申请条件的，不予受理。当事人要求出具《不予受理离婚登记申请告知书》的，应当出具。

自离婚冷静期届满后30日内（期限届满的最后一日是节假日的，以节假日后的第一日为期限届满的日期），双方当事人应当持《婚姻登记工作规范》第55条第4—7项规定的证件和材料，共同到婚姻登记机关申请发给离婚证。

案例：2010年7月19日，原告王某与第三人秦某向被告某区民政局提出自愿离婚申请。被告某区民政局经审查，认为原告王某与第三人秦某系自愿离婚，且出具的证件材料符合相关法律规定，遂向二人颁发了离婚证。2011年9月27日，原告王某以被告某区民政局颁发的离婚证违法为由，向法院提起行政诉讼。原告王某诉称，2007年5月8日因刑事案件其头部重伤受损后进行了二次开颅手术，该重伤造成其癫痫等多种病症，其与第三人秦某于2010年7月19日签署的离婚协议应属无效，因为原告当时已为无民事行为能力人；另外，原告认为被告在庭审中未能提供相关的告知、调查、询问笔录及送达手续，不能有效证明婚姻登记员曾经履行了上述释明义务及调查过程，因而被诉离婚登记行为程序违法，应予撤销。

解析：婚姻登记员在办理离婚登记的过程中已经根据法律规定其应具备的业务素质和能力观察询问原告王某，判定其不属于无民事行为能力人或限制民事行为能力人。另外，婚姻登记员通过审查离婚协议书发现原告与第三人对子女抚养、财产及债务处理等事项的意见协商一致，可以判定双方自愿离婚的意思表示明确。因此，可以判定婚姻登记员已经履行"审慎合理"的审查义务。

（四）登　记

婚姻登记机关经过审查，对符合法律规定的离婚申请应准予离婚。根据《民法典》第1078条，婚姻登记机关查明双方确实是自愿离婚，并已经对子女抚养、财产以及债务处理等事项协商一致的，予以登记，发给离婚证。

第三节　诉讼离婚*

一、诉讼离婚的概念

诉讼离婚是指夫妻双方就是否离婚或者财产的分割、债务的分担、子女的抚养等问题无法达成一致意见，而向人民法院起诉，人民法院经审理后，通过调解或判决解除婚姻关系的一种离婚制度。调解不适用于婚姻关系、身份关系确认案件；但涉及财产分割和子女抚养的，可以进行调解，调解达成协议的，另行制作调解书。

二、诉讼离婚的事由

根据《民法典》第1079条的规定，诉讼离婚的法定事由有以下五种。

（一）重婚或者与他人同居

重婚是指男女双方在民政局领取结婚证之后，其中一方又与他人结婚的违法行为。主要表现为两种方式：一是法律上的重婚，即一个人和两个异性在民政局办理两次及以上的结婚证事宜；二是事实上的重婚，指已经领取结婚证的夫妻双方中的一方又与他人以夫妻名义生活在一起，对外表现出夫妻的关系。有配偶者与他人同居是指已经领取结婚证的夫妻双方中的一方又与他人隐蔽地生活在一起，但是不是以夫妻名义，也没有长久生活在一起的意愿。

（二）实施家庭暴力或者虐待、遗弃家庭成员

实施家庭暴力是指家庭成员之间，使用殴打、残害身体、冻饿、性暴力、精神恐吓、人格侮辱等方式对家庭成员进行肉体上和精神上的伤害行为。虐待、遗弃家庭成员是指有抚养义务的家庭成员拒绝抚养需要抚养的家庭成员，

* 诉讼离婚民事起诉状文书样式详见附录4，民事上诉状文书样式详见附录5。

导致需要抚养的家庭成员不能维持正常的生活，出现身体健康无法得到维护，甚至出现生命危险的情况。

（三）有赌博、吸毒等恶习屡教不改的

在生活中，夫妻一方有赌博、吸毒等行为的配偶，往往不务正业，消耗家庭财富，使得家庭正常生活难以维持。人民法院在审理此类案件时主要是查明夫妻一方的赌博行为、吸毒行为是否是经常性发生，如果是一贯表现的话，法院经调解无效后，应当判决准予离婚。

（四）因感情不和分居满二年

分居满二年是指在两年的时间里，夫妻双方不再共同生活，也不再履行夫妻义务，即停止夫妻性生活。分居的理由只能是夫妻感情不和，而不是因为工作或者外出求学等原因而导致分居，同时夫妻的感情已无再和好的可能，此时，法院应当判决准予离婚。当然，如果夫妻双方的感情确已破裂，即使没有分居满二年，人民法院也可以判决准予离婚。

（五）其他导致夫妻感情破裂的情形

夫妻双方中因一方的刑法罪刑，如强奸罪、侮辱妇女等，严重影响夫妻感情，导致夫妻感情破裂的，人民法院应当准予判决离婚。

一方被宣告失踪，另一方提起离婚诉讼的，应当准予离婚。

经人民法院判决不准离婚后，双方又分居满一年，一方再次提起离婚诉讼的，应当准予离婚。

三、诉讼离婚的种类

（一）调解离婚

根据《民法典》第1079条第2款的规定，人民法院审理离婚案件，应当进行调解。基于此，人民法院在审理案件的整个过程中，均应在坚持自愿和合法原则下主持调解工作。经过调解，由一方要求离婚变成双方自愿离婚，并就子女抚养和财产分割达成协议的，由法院制作离婚调解书，经双方当事人签收后，发生法律效力，双方夫妻身份关系结束，权利义务终止。

（二）判决离婚

对于调解无效的离婚案件，一方仍坚持离婚，另一方不同意离婚的案件，或者双方虽然同意离婚但就子女抚养或者财产分割达不成一致协议，法院应当作出判决。对于调解书送达前一方反悔的，法院也应当及时作出判决。

四、诉讼离婚的程序

（一）管辖与受理

1. 管　辖

离婚案件以基层法院管辖为原则，即使离婚案件中涉及的夫妻共同财产数额超出基层法院一审民商事案件标准，仍应由基层法院管辖。但例外情形是，根据《最高人民法院关于中国公民申请承认外国法院离婚判决程序问题的规定》第 5 条，中国公民申请承认外国法院离婚判决的，申请由申请人住所地中级人民法院受理。申请人住所地与经常居住地不一致的，由经常居住地中级人民法院受理。申请人不在国内的，由申请人原国内住所地中级人民法院受理。

离婚诉讼的地域管辖遵循原告就被告的一般规则。离婚案件一般应由被告住所地人民法院管辖。一方离开住所地超过一年，另一方起诉离婚时，根据《民事诉讼法解释》第 12 条，可以由原告住所地人民法院管辖。夫妻双方离开住所地超过一年，一方起诉离婚的案件，由被告经常居住地人民法院管辖；没有经常居住地的，由原告起诉时被告居住地人民法院管辖。

案例：新南市东区居民小朱与 A 市西县小刘结婚，婚后双方居住在新南市东区。一年后，公司安排小刘赴新南市南县分公司工作。三年之后，因感情不和，小朱欲起诉离婚。此时小朱应向哪个法院提起诉讼？

解析：东区和南县所在地基层法院。

如果当事人双方都是军人，一般应由被告住所地或被告所在部队团以上机关所在地人民法院管辖。如果当事人双方都被监禁或劳动教养一般由被告原住所地人民法院管辖，被告被监禁或劳动教养满一年以上的，由被告被监禁地或劳动教养地人民法院管辖。

对下落不明或者宣告失踪的人提起的有关身份关系的民事诉讼，由原告住所地人民法院管辖；原告住所地与经常居住地不一致的，由原告经常居住地人民法院管辖。

案例：小马和小王居住在某市A区，系夫妻。多年前，丈夫小王离家出走，此后再也没有回家，失去联系后下落不明。此后小马一直居住在某市A区，现在妻子小马欲向法院起诉离婚，此案件应由哪个法院管辖？

解析：应由原告妻子小马住所地A区人民法院管辖。

在国内结婚后定居国外的华侨离婚，根据属地管辖原则，在国内结婚后，定居国外的，如定居国法院以离婚诉讼须由婚姻缔结地法院管辖为由不予受理，当事人向人民法院提出离婚诉讼的，由婚姻缔结地或者一方在国内的最后居住地人民法院管辖。

案例：妻子小赵和丈夫小王在国内某市X区结婚后，长期居住在某市A区。后二人移居在R国，并取得R国长期居留权。多年后，两人夫妻感情渐淡，妻子小赵想起诉离婚，而R国以两人系在中国结婚，离婚诉讼应由中国法院管辖，故不予受理。此时妻子小赵可以向哪个法院起诉离婚？

解析：妻子小赵可以向某市X区或某市A区法院起诉离婚。

在国外结婚后定居国外的华侨离婚，根据属人管辖原则，在国外结婚并定居国外的华侨，如定居国法院以离婚诉讼须由国籍所属国法院管辖为由不予受理，当事人向人民法院提出离婚诉讼的，由一方原住所地或者在国内的最后居住地人民法院管辖。

案例：小马和小王户籍地在某市A区，二人出国前均长期居住在某市B区。后二人在T国工作学习时相识相爱，在T国登记结婚并定居，此后两人均获得了T国的永久居留权。多年后，妻子小马发现丈夫小王外遇出轨，故向T国法院起诉离婚。但T国法院表示，两人系中国国籍，应当回国诉讼，故不予受理离婚诉讼。此时小马可以向哪个法院提起诉讼？

解析：妻子小马可以选择向某市A区、B区人民法院起诉。

中国公民一方居住在国外，一方居住在国内，无论哪一方向人民法院提起离婚诉讼，国内一方住所地人民法院都有权管辖。国外一方在居住国法院起诉，国内一方向人民法院起诉的，受诉人民法院有权管辖。若中国公民双方在国外但未定居，一方向人民法院起诉离婚的，应由原告或者被告原住所地人民法院管辖。

案例：妻子小叶户籍在某市B区，丈夫小苏户籍在某市A区。小叶和小苏在某市C区结婚并居住数年后，妻子小叶赴E国留学，放假时偶尔回A区居住。丈夫小苏不堪分居之苦，向A区法院起诉离婚。第一次法院判决不同意离婚后，小苏为挽回婚姻，此后也赴E国工作。半年后，小苏仍觉得感情已无法挽回，再次向法院起诉。此时小苏可向哪个法院起诉离婚？

解析：小苏可以向某市A区和B区人民法院起诉离婚。

2．离婚诉权的限制

（1）对现役军人配偶离婚诉权的限制。

根据《民法典》第1081条，现役军人的配偶要求离婚，应当征得军人同意，但是军人一方有重大过错的除外。

根据《婚姻家庭编解释（一）》第64条，《民法典》第1081条所称的“军人一方有重大过错”，可以依据《民法典》第1079条第3款前3项规定及军人有其他重大过错导致夫妻感情破裂的情形予以判断。

（2）法定期间内对男方离婚诉权的限制。

根据《民法典》第1082条，女方在怀孕期间、分娩后一年内或者中止妊娠后六个月内，男方不得提出离婚。但是女方提出离婚或者人民法院认为确有必要受理男方离婚请求的除外。

（3）对原告再次起诉权的限制。

根据《民事诉讼法》第127条第7项规定，判决不准离婚和调解和好的离婚案件，判决、调解维持收养关系的案件，没有新情况、新理由，原告在六个月内又起诉的，不予受理。

案例：李先生是现役军人，1994 年与王女士结婚。婚后长期分居两地，李先生与驻地一女子同居，后被王女士知悉，遂向人民法院提出离婚，法院应怎样处理？

解析：李先生出轨属于重大过错，双方调解无效的，应准予离婚。

（二）调　　解

1. 调解是人民法院审理离婚案件的必经程序

由于其发生在诉讼过程中，所以也称诉讼内调解。在诉讼过程中进行调解，有利于对当事人进行法制宣传教育和思想指导工作，妥善、慎重地处理离婚案件；而且对调解所达成的协议，当事人一般愿意执行，这不仅有效预防了纠纷的进一步恶化，也减少了法院的执行工作。

2. 人民法院在调解时必须坚持自愿、合法的原则

一方面，必须是当事人自愿接受调解。调解是离婚案件审理的必经程序，但并不意味着当事人必须接受调解，法院不能强迫当事人。另一方面，当事人在调解过程中达成的离婚协议也必须是自愿的，是当事人双方自愿协商的结果。

3. 调解的三种结果

（1）调解后双方当事人和好，原告撤诉，诉讼结束；

（2）双方当事人达成离婚协议，人民法院按协议制作离婚调解书，调解书送达后，即发生法律效力，婚姻关系自此解除；

（3）调解无效，应立即进入下一诉讼程序，法院作出判决。

（三）审理和判决

人民法院审理离婚案件要求当事人本人必须出庭，除非当事人本人不能进行意思表示，如因特殊情况当事人无法出庭，则应向人民法院提交书面意见和委托代理书。对于离婚案件，当事人可以申请不公开审理。对于不公开审理的离婚案件，仍一律公开宣告判决。

判决离婚以感情确已破裂为标准。对于符合夫妻感情确已破裂、符合法律规定的准予离婚的条件的，法院应当判决离婚，并对子女抚养、财产分割等一并作出判决。对于感情尚未真正破裂，不符合法律规定的准予离婚条件的，应当判决不准离婚。

离婚诉讼遵循两审终审制，二审人民法院作出的判决是终审判决。一审判决不准离婚的案件，上诉后，第二审人民法院认为应当判决离婚的，可以根据当事人自愿的原则，与子女抚养、财产问题一并调解；调解不成的，发回重审。双方当事人同意由第二审人民法院一并审理的，第二审人民法院可以一并裁判。对生效的离婚判决不服的，当事人不能申请再审，只能就有关的财产分割和子女抚育问题申请再审。离婚诉讼进行过程中一方当事人死亡的，法院终结诉讼程序。

本章实务热点问答

一、一方离家多年杳无音讯如何离婚？

一是申请宣告失踪后提起离婚诉讼。根据《民法典》第1079条第4款的规定，一方被宣告失踪，另一方提起离婚诉讼的，应当准予离婚。因此，当事人可以首先根据《民事诉讼法》第190条的规定，公民下落不明满二年，利害关系人申请宣告其失踪的，向下落不明人住所地基层人民法院提出宣告失踪申请。在宣告失踪的判决生效后，申请宣告失踪人可以向人民法院提起离婚诉讼，法院依据宣告失踪的判决应当准予离婚。

二是申请宣告死亡后婚姻关系自动解除。根据《民事诉讼法》第191条，公民下落不明满四年，或者因意外事件下落不明满二年，或者因意外事件下落不明，经有关机关证明该公民不可能生存，利害关系人申请宣告其死亡的，向下落不明人住所地基层人民法院提出。因此，一方经有关机关证明不可能生存，另一方可以作为利害关系人向人民法院申请宣告死亡。被宣告死亡的人的婚姻关系，自死亡宣告之日起消除。在宣告死亡的判决生效后，双方的婚姻关系自动解除。

三是直接提起离婚诉讼。根据《最高人民法院关于适用〈中华人民共和国民事诉讼法〉的解释》第 217 条，夫妻一方下落不明，另一方诉至人民法院，只要求离婚，不申请宣告下落不明人失踪或者死亡的案件，人民法院应当受理，对下落不明人公告送达诉讼文书。

二、配偶有同性恋行为能否离婚？

可以。夫妻双方可以采取协议离婚和诉讼离婚两种方式。若采取诉讼离婚，需要具备“感情确已破裂”这一法定理由。以“配偶为同性恋”提起离婚诉讼，判决是否离婚的核心争议点是“同性恋行为”能否作为感情确已破裂的条件。在司法实践中，对于“一方是同性恋”的举证较为复杂，仅以配偶为同性恋为由提起离婚诉讼，原告往往会因为证据不足而被驳回诉讼。判决离婚案件的核心是“双方感情确已破裂”，因此，即使配偶有同性恋行为，也需要有充足的证据证明双方感情确已破裂法院才会判决离婚。

三、离婚登记能否委托他人办理？

离婚登记不可以委托他人办理。依据《民法典》第 1076 条，夫妻双方自愿离婚的，应当签订书面离婚协议，并亲自到婚姻登记机关申请离婚登记。由于离婚是与身份相联系的严格的法律行为，有强烈的人身性，只能由具有完全民事行为能力的夫妻双方到婚姻登记处办理离婚登记手续，而不能委托他人代为办理协议离婚。

四、申请离婚登记的当事人结婚证丢失的，能否办理离婚登记？

申请办理离婚登记的当事人结婚证遗失，可直接办理离婚手续而不再补领结婚证。如果申请办理离婚登记的当事人有一本结婚证丢失的，婚姻登记机关可以根据另一本结婚证办理离婚登记；如果申请办理离婚登记的当事人两本结婚证都丢失的，婚姻登记机关可以根据结婚登记档案或当事人提供的结婚登记记录证明等证明材料办理离婚登记。当事人应对结婚证丢失情况作出书面说明，该说明由婚姻登记机关存档。

五、哪些婚姻登记可以跨区域办理?

根据《国务院关于同意在部分地区开展内地居民婚姻登记“跨省通办”试点的批复》(国函〔2023〕34号),在北京、天津、河北、内蒙古、辽宁、上海、江苏、浙江、安徽、福建、江西、山东、河南、湖北、广东、广西、海南、重庆、四川、陕西、宁夏等21个省(自治区、直辖市)实施结婚登记和离婚登记“跨省通办”试点。在试点地区,相应暂时调整实施《婚姻登记条例》第4条第1款、第10条第1款的有关规定。调整后,双方均非本地户籍的婚姻登记当事人可以凭一方居住证和双方户口簿、身份证,在居住证发放地婚姻登记机关申请办理婚姻登记,或者自行选择在一方常住户口所在地办理婚姻登记。试点期为自批复之日起2年。

六、一方在离婚冷静期内对于离婚协议的内容反悔而不同意离婚,另一方是否可以在冷静期内提起离婚诉讼?

可以。离婚冷静期是协议离婚的程序性要件之一,是办理离婚登记的前置性程序。婚姻双方当事人在离婚冷静期内因离婚协议产生分歧不愿离婚,可以向婚姻登记机关撤回离婚登记申请,向人民法院提起诉讼,或直接向人民法院提起离婚诉讼,若未提起诉讼也未向婚姻登记机关撤回离婚登记申请则在离婚冷静期届满后,视为撤回离婚登记申请。

七、登记离婚后,一方不履行离婚协议应如何处理?

《婚姻家庭编解释(一)》第69条规定,当事人达成的以协议离婚或者到人民法院调解离婚为条件的财产以及债务处理协议,如果双方离婚未成,一方在离婚诉讼中反悔的,人民法院应当认定该财产以及债务处理协议没有生效,并根据实际情况依照《民法典》第1087条和第1089条的规定判决。当事人依照《民法典》第1076条签订的离婚协议中关于财产以及债务处理的条款,对男女双方具有法律约束力。登记离婚后当事人因履行上述协议发生纠纷提起诉讼的,人民法院应当受理。

八、一方进行言语威胁能否认定为“家庭暴力”?

家庭暴力包括身体暴力、性暴力、精神暴力和经济控制四种类型。威胁、辱骂对方就是典型的精神暴力。施暴者通常以辱骂、威胁、跟踪、限制人身自由，或者不理不睬、拒绝性生活、拒绝离婚等手段对受害人进行精神折磨，使受害人产生屈辱、恐惧、无助、自卑、极度痛苦的心理反应。根据《反家庭暴力法》第2条，家庭暴力是指家庭成员之间以殴打、捆绑、残害、限制人身自由以及经常性谩骂、恐吓等方式实施的身体、精神等侵害行为。明确冻饿以及经常性侮辱、诽谤、威胁、跟踪、骚扰等均属于家庭暴力。

九、离婚一方当事人没有被认定为丧失民事行为能力的，能否由父母代为出庭？

根据《民事诉讼法解释》第148条第2款的规定，无民事行为能力人的离婚案件，由其法定代理人进行诉讼。对于没有被认定为无民事行为能力的当事人，根据《民事诉讼法》第65条，离婚案件有诉讼代理人的，本人除不能表达意思的以外，仍应出庭；确因特殊情况无法出庭的，必须向人民法院提交书面意见。

十、一方能否以对方对自己近亲属有暴力行为起诉离婚？

可以。对方对自己近亲属有暴力行为可能构成家庭暴力，如果夫妻单独生活，可能无法认定为家庭暴力。如果夫妻双方和该亲属共同生活居住，若满足家庭暴力认定的一系列条件，可以家庭暴力为理由起诉离婚。如果无法认定为家庭暴力，也可以以该行为造成夫妻感情确已破裂为由，提起离婚诉讼。

十一、哪些证据可以作为一方婚内与他人同居的证据？

婚内与他人同居指有配偶者与婚外异性不以夫妻名义持续稳定地共同居住。在实务中操作中下列证据可作为一方婚内与他人同居的证据：（1）配偶与第三人的开房记录，以及公安派出所出警后的出警记录、调解笔录等；（2）配偶与第三人持续性的亲热照片和视频、聊天记录和通话记录等；（3）配偶婚外生子的出生医学证明、医院病历等材料；（4）配偶承认与他人同居的婚内协议或者保证书。

十二、一方侵害对方“生育权”能否得以判处离婚？

一方当事人以对方侵害其生育权为由提起离婚诉讼的，人民法院应当以夫妻感情是否确已破裂作为判断应否准予离婚的标准进行裁判，并不以侵害生育权为审判标准。根据《婚姻家庭编的解释（一）》第23条，夫以妻擅自中止妊娠侵犯其生育权为由请求损害赔偿的，人民法院不予支持；夫妻双方因是否生育发生纠纷，致使感情确已破裂，一方请求离婚的，人民法院经调解无效，应依照《民法典》第1079条第3款第5项的规定处理。

十三、在离婚诉讼中，对于当事人协商后达成的一致意见，法院是否全部写进调解书？

司法实践中，法院往往只同意将当事人部分协商意见写进调解协议或调解书。如对于涉及境外资产、无证财产、与其他案件一并处理的协商意见，一般不写进调解协议或调解书，只记入笔录。

十四、离婚诉讼程序如涉及第三人（如涉及第三人的财产、涉及其他股东、子女系他人亲生子女），程序上应如何处理？

司法实践中离婚诉讼中一般不允许有第三人。离婚时如果涉案财产涉及第三人，若夫妻共同财产可以与第三人财产进行析产，则可以先进行析产再进行离婚诉讼；若诉争财产所有权在第三人名下，且离婚诉讼在进行中时，此时该财产已经合法转移，形式上合法的所有权人是第三人，此时应当另案处理。若涉及股权分割，其他股东不同意的，一般另案处理。若子女系他人亲生子女，须证明该子女身份，一般另案处理。

十五、当事人仅对部分判项提起上诉，如仅对子女抚养判决不服提起上诉，离婚等其他未提起上诉的一审判决事项何时生效？

法院判决准予离婚的案件，双方也均可提起上诉。二审法院审理后可以改判不准离婚，也可以仍判决准予离婚，并对子女抚养、财产问题一并作出判决。根据当事人仅对部分判项提起上诉的，其他未提起上诉的事项亦不生效，待二审判决作出后生效。

第八章　离婚子女抚养

第一节　抚养概述

一、抚养的概念

根据我国《民法典》第 1067 条规定，父母不履行抚养义务的，未成年子女或者不能独立生活的成年子女，有要求父母给付抚养费的权利。由此，对我国现行法中的抚养可作如下界定："抚养"，是指父母从物质上、经济上、生活上对子女的养育，包括子女的生活费、教育费、医疗费的负担和日常生活的照料，这是子女健康成长的物质基础，父母必须自觉履行这一义务。父母对未成年子女的抚养教育是无条件的，任何时候都不能免除；而对成年子女的抚养是基于其成年子女没有劳动能力或因某种原因不能维持生活，父母根据具体情况对其承担一定的抚养义务。父母不履行抚养教育义务时，未成年或不能独立生活的子女，有要求父母付给抚养费的权利。抚养义务是父母双方的义务，一方是否和子女共同生活、父母之间是否离婚等，均不应影响该法定义务的承担。

二、抚养的特征

与一般民事法律关系相比，抚养具有以下特征：

第一，抚养义务的无条件性。父母对未成年子女的抚养义务是无条件的。无论父母经济条件及负担能力如何，也不论其是否愿意，均必须依法承担抚养义务。

第二，抚养内容的复合性。父母对未成年子女的抚养涉及子女身心成长、发展的全过程，是全方位的抚养，所以抚养内容既包括提供子女必需的一切生活费用，为子女健康成长和发展提供经济保障；又包括提供子女教育、学习费用、保证子女充分享受接受义务教育的权利，为培养和提高子女的文化素质和生活技能创造条件。

第三，抚养义务的长期性与持续性。从子女出生时开始，到子女成年乃至具有独立生活能力为止，父母均应承担抚养义务。

第二节　抚养权

一、抚养权的归属

（一）离婚时父母约定子女抚养权归属

父母与子女间的关系，不因父母离婚而消除。离婚后，子女无论由父或者母直接抚养，仍是父母双方的子女。如果父母对子女抚养权没有争议，可以通过协议的形式约定子女抚养权。如协议不成，可以通过向法院提出诉讼，由法院组织原被告双方进行调解，如果可以达成一致意见，由法院出具调解书确定子女的抚养权。如无法达成一致意见，则需法院根据双方提交的证据材料审理后予以判决确定。

（二）离婚诉讼中，法院按照“最有利于未成年子女的原则”确定子女抚养权归属

所谓抚养权只是与孩子一起生活的权利，不直接抚养孩子的一方并没有失去监护权，不管孩子归哪一方抚养，父母子女之间的权利义务都没有改变。具体来说，不直接抚养孩子的一方有权探视孩子、关心孩子的成长。如果抚养孩子的一方作出侵犯孩子合法权益的行为，另一方也有权替孩子维权，甚至要求变更抚养权。不直接抚养孩子的一方，有义务支付抚养费。夫妻离婚

诉讼时，如果能自行对孩子抚养权协商一致，不管归哪一方抚养，或者由双方轮流抚养、共同抚养，法院一般都不会干涉。但如果对抚养权问题协商不成，就产生一个问题，法院判断孩子由哪一方抚养的主要依据和规则是什么。目前，《民法典》所确定的儿童最大利益原则是解决抚养纠纷的基本价值取向，当然，这个总原则在判决时是要通过很多具体情况来衡量的，而不是简单地由其中一两个因素决定。根据《民法典》的规定，对于父母离婚未成年子女的抚养问题应当作出如下认定。

1. 不满两周岁的子女

在离婚诉讼中，大多数的案件存在父母争夺子女的抚养权的问题，根据我国《民法典》的规定，两周岁之内的子女一般归女方抚养。父母双方协议不满两周岁子女由父亲直接抚养，并对子女健康成长无不利影响的，人民法院应予支持。

离婚案件涉及未成年子女抚养的，对不满两周岁的子女，按照《民法典》第 1084 条第 3 款规定的原则处理。母亲有下列情形之一，父亲请求直接抚养的，人民法院应予支持：第一，患有久治不愈的传染性疾病或者其他严重疾病，子女不宜与其共同生活；第二，有抚养条件不尽抚养义务，而父亲要求子女随其生活；第三，因其他原因，子女确不宜随母亲生活。

案例：江苏省南京市江宁区人民法院审理的一起涉及非婚生子女抚养权纠纷民事案件中，法院判决不满两周岁的孩子由父亲抚养，母亲每月给付抚养费 1000 元，至孩子 18 周岁止。

解析：非婚生子女享有与婚生子女同等的权利，原被告作为生父母对其均有抚养、教育、保护的权利和义务，虽孩子不满两周岁，但在满月后不久，母亲即要求父亲将孩子带走，原告作为生母有抚养条件而不尽抚养义务，孩子由被告抚养对其健康成长无不利影响。法院最终根据《民法典》第 1071 条和第 1084 条，判决不满两周岁的孩子由父亲抚养。

2. 满两周岁不满八周岁的子女

在离婚案件中或者抚养权纠纷案件中，法院首先要审查的是父母双方的条件，从维护未成年人利益的角度，考量孩子随谁生活更加有利于其身心健康地成长。如果两人的条件悬殊的情况下，一般可以直接作出判定，确定抚养权归属。法院会遵循对孩子成长最为有利原则确定抚养权。对父方和母方均要求子女随其生活，一方有下列情形之一的，可优先考虑：（1）已做绝育手术或因其他原因丧失生育能力的；（2）子女随其生活时间较长，改变生活环境对子女健康成长明显不利的；（3）无其他子女，而另一方有其他子女的；（4）子女随其生活，对子女成长有利，而另一方患有久治不愈的传染性疾病或其他严重疾病，或者有其他不利于子女身心健康的情形，不宜与子女共同生活的。

两周岁到八周岁通常是子女的在幼儿期。如果孩子是女孩子，法院判归女方抚养的可能性更大，因为女方对于指导女孩子未来度过青春期更有经验。男女双方应收集孩子跟着自己生活有利于孩子成长的证据，才可能争取到孩子的抚养权。可以通过收集双方的工作性质、居住条件、收入差距、文化程度、性格修养、身体状况（如不孕不育）等多方面的证据主张争取抚养权。司法实践中，如果离婚后一方居住地距离学校较近，生活设施完备，便于孩子入学和生活；或者孩子一直住在男女某方的某套房屋中，上学也在该房屋周边等，这些都是法官考虑孩子抚养权归属的因素。另外，鉴于现在许多家庭是老人在帮助照顾子女，子女长期由谁的父母抚养照顾、双方父母是否退休、身体状况，是否愿意在子女离婚后帮助照顾孙辈等，也对抚养权争取有一定影响，可以请父母出具愿意帮照顾子女的书面声明。因此在诉讼中，如果父方与母方抚养子女的条件基本相同，双方均要求子女与其共同生活，但子女单独随祖父母或外祖父母共同生活多年，且祖父母或外祖父母要求并且有能力帮助子女照顾孙子女或外孙子女的，可作为子女随父或母生活的优先条件予以考虑。

案例：济南市历下区人民法院审理的一起离婚案件中，父亲张某和母亲王某双方抚养子女条件基本相同，双方均要求子女抚养权。孩子张小某七岁，对母亲比较依赖。但张小某随祖父母生活时间较长，且祖父母有能力有意愿帮助抚养，一审判决准予双方离婚，张小某随其父张某生活，王某每周探望张小某一次。

解析： 确定抚养权应当根据“最有利于未成年子女利益”原则，综合考虑父母双方的抚养能力、抚养条件及子女生活模式、受教育环境等具体情况，兼顾父母双方的诉求及客观实际妥善解决。本案中张小某与祖父母生活已久，已形成较为稳定的生活模式及学习环境，随意改变势必影响其生活及学习，因此法院张小某由张某抚养为宜，母亲王某可充分行使探望权。

3. 八周岁以上未成年子女

八周岁以上的未成年子女，应尊重孩子的个人意见。法院通常会单独询问八周岁以上孩子的个人意见，并制作询问笔录。但是，有下列情形之一的，未成年子女的意见只能作为参考因素：（1）未成年子女属于限制行为能力的人，其认知水平的发展还不成熟，不能正确判断什么对自己最有利。（2）未成年子女害怕、怨恨但同时又依恋加害人。家庭暴力中的未成年子女可能在害怕、怨恨加害人对家庭成员施暴的同时，又需要加害人的关爱，因此存在较强的感情依恋。这种依恋之所以产生，是因为受害人的人身安全取决于施暴人的好恶，不违背施暴人的意愿，符合其最大利益。这种状况被心理学家称为“斯德哥尔摩综合征”或者“心理创伤导致的感情纽带”。（3）强者（权威）崇拜。人类对强者或权威的崇拜，使尚不能明辨是非的未成年子女可能对家庭中的强者（施暴人）怀有崇拜的心理，误认为自己与受害人一起生活没有安全感，因而选择与加害人一起生活。法官应当在综合考虑其他因素的基础上，作出真正最有利于未成年子女的判决。

如果决定离婚，在离婚前或离婚过程中，要充分与子女进行沟通，使孩子内心愿意跟随你一起生活，尽量减少因父母离婚对他们造成的伤害。如果是已经或者将要进入青春期的子女，法院也会根据孩子的性别考虑抚养权的归属。

案例： 江门市蓬江区人民法院审理的一起离婚案件中，男子刘某与女子翟某于2010年认识，婚后分别于2011年、2018年共同生育两个女儿。女儿出生后，女子翟某认为李某重男轻女思想严重，双方常因家庭琐事产生矛盾。分居一年后，刘某以夫妻感情破裂为由向法院提起离婚诉讼，为争夺女儿抚养权，双方各执一词。法院在征求大女儿意愿时，大女儿称："我、妹妹现在和妈妈、外婆一起生活，她们都很细心照顾我和妹妹。我很爱爸爸，但是我更愿意选择和妈妈、妹妹一起生活，像现在这样！"法院经审理判决由女方翟某抚养两个女儿，由男方刘某支付抚养费。

解析： 法院在征求已满八周岁的大女儿意愿的基础上，根据有利于子女身心健康成长，保护未成年人合法权益的原则，在最大限度不改变两女儿生活环境现状的情形下，最终判定由女方翟某抚养两个女儿。

（三）特殊情形下子女抚养权归属

1. 未成年非婚生子

未成年非婚子女的父母可以通过协商方式以书面协议形式确定抚养权，前提是亲子关系明确。如父母无法达成一致意见，任何一方均可向法院提出抚养权纠纷诉讼方式争取抚养权。如果亲子关系不明确，未成年人的法定代理人（父或者母）以及成年子女起诉请求确认亲子关系，并提供必要证据予以证明，另一方没有相反证据又拒绝做亲子鉴定的，人民法院可以认定确认亲子关系一方的主张成立。确定抚养权后，未成年子女可以向其父亲或母亲主张抚养费用。

2. 人工技术生育子女

随着科技的发展，人工技术生育子女越来越多，给父母子女之间的关系带来新的变化。人工生育子女包括人工授精子女和代孕子女。

人工授精子女，是指一切非通过自然的性行为而受孕的婚生子女，包括采用丈夫供精或者非丈夫的他人供精而人工授精，也可通过体外授精等方式来生育子女。在婚姻关系存续期间，夫妻双方一致同意进行人工授精，所生子女应视为婚生子女，父母子女间的权利义务关系适用《民法典》的有关规定。

代孕，是指将受精卵通过人类辅助生殖技术植入代孕母亲的子宫，由孕母替代无法生育或不愿生育的女性完成怀孕分娩的过程。代孕主要有以下几种：（1）精子卵子来自夫妻双方，由代孕母亲怀孕生育；（2）精子来自丈夫，卵子由第三方提供，由代孕母亲怀孕生育；（3）精子卵子均来自第三方，由代孕母亲怀孕生育；（4）精子由第三方提供，卵子来自妻子，由代孕母亲怀孕生育。在国家卫生健康委员会禁止医疗机构和医务人员从事代孕行为的前提下，应当坚持儿童最大利益原则，结合社会道德和伦理认定代孕子女的亲子关系，一般以“分娩者为母”原则认定分娩母亲为生母，在分娩母亲不认领的情况下，应认定抚养母亲为母亲；法律上的生父，可考虑具有血缘关系的父亲为其生父，在具有血缘关系的父亲不认领的情况下，则应认定抚养父亲为父亲。即在分娩母亲和有血缘关系的父亲不认领的情况下，抚养父母应当承担抚养子女的义务。

3. 继子女

生父与继母离婚或者生母与继父离婚时，对曾受其抚养教育的继子女，继父或者继母不同意继续抚养的，仍应由生父或者生母抚养。如果继父或继母不愿意继续抚养的，可不再负担继子女的抚养费。如果离婚后继父母愿意负担子女一部分或全部抚养费的，应当允许。此种给付行为不是法定义务，应出于继父母的自愿。

4. 养子女

养父母与养子女是拟制血亲关系，根据法律规定，他们的权利义务与生父母子女之间权利义务一致。收养关系一旦成立，养子女与生父母之间的权利义务关系消灭。因此，养父母子女之间的权利义务关系与生父母子女一样，不因为养父母离婚而消除。养父母离婚后，子女无论由养父或养母抚养，仍是养父母双方的子女，养父母均要承担对养子女的抚养义务。不直接抚养子女的一方也应继续负担养子女的抚养费。夫或妻一方收养的子女，对方始终反对的，离婚后，应由收养方抚养该子女。

（四）经济条件并非确定子女抚养的决定性因素

诚然，一个殷实的家庭环境可以给子女创造一个更好的成长空间，也可以为其搭建一个更好的成长平台。然而，穷人家也能培养出出类拔萃的人才，富人家不乏坐吃山空的败家子。这说明，对于儿童来说，成长所需要的不仅是物质上的满足，更需要精神上的教育与关爱，故经济条件并非确定子女抚养的决定因素。其原因在于：（1）一个人的工资收入既不能等同于对孩子生活学习的投入，也不等同于对孩子精神上的付出。（2）社会上男方的工资收入普遍要高于女方，如果以经济条件决定子女的抚养，这无疑是变相剥夺女性直接抚养子女的权利。（3）法律上规定，父母离婚后，对子女的抚养义务并未就此解除，经济收入较好的一方可以通过支付抚养费的形式，给孩子创造更好的生活环境，故不会对孩子的成长造成不利影响。在审判实践中，法院在确定子女抚养问题上，也会从精神层面进行充分的对比和考虑。比如，父母双方是否有家庭观念，是否有作为父母的责任心，是否能给子女以关爱，是否有家庭暴力行为，社会关系的情况如何，是否有不利于子女身心健康的因素等。

当然，经济条件也是法院考量子女抚养问题归属的重要因素，若双方经济条件相差较为悬殊或者一方生活特别困难，无法满足子女的基本需要时，法院会考虑子女的客观需要，从而作出有利于子女成长的判决。

二、抚养权的变更

根据相关法律、司法解释规定，离婚时一旦确定了抚养权，如果没有特殊情况，要求变更抚养权不会得到法院的支持。所谓特殊情况，主要是指以下几种：一是双方自行协商变更，法律通常不干涉；二是抚养孩子一方有对孩子成长不利的行为、严重侵犯孩子合法权益的行为等，另一方可主张变更抚养权；三是由于其他原因，随原抚养人生活确实对孩子成长不利，另一方可主张变更抚养权。

（一）协议变更抚养关系

父母离婚后，双方可以通过协议变更子女抚养关系，人民法院应予支持。

但无论父母之前是通过民政局协议离婚，还是经法院诉讼离婚，双方协商一致，尽量通过公证处公证变更抚养关系，这样便于未来孩子入学或出国时确认抚养权。

（二）诉讼变更抚养关系

夫妻离婚后，如一方或双方的情况或抚养能力发生较大变化，均可向法院提出变更子女抚养权的诉讼。有下列情形之一的，人民法院应予支持：（1）与子女共同生活的一方因患严重疾病或因伤残无力继续抚养子女的；（2）与子女共同生活的一方不尽抚养义务或有虐待子女行为，或其与子女共同生活对子女身心健康确有不利影响的；（3）八周岁以上未成年子女，愿随另一方生活，该方又有抚养能力的；（4）有其他正当理由需要变更的。

案例： 熊某与黄某办理离婚登记后，双方协议约定女儿黄某某由黄某抚养，抚养费也由黄某一人承担。离婚之后，黄某将女儿黄某某送至自己的父母家，由父母照顾；熊某则时常接女儿回家小住。其间，熊某认为黄某未能尽到做父亲的责任，为了女儿黄某某的成长，熊某与黄某协商变更抚养权未果，随即起诉要求变更抚养权。熊某的律师提出：（1）熊某有固定的住处和稳定的收入，其父母也表示愿意与女儿一起照顾外孙女的生活，熊某能够给孩子提供稳定的生活和良好的家庭环境；（2）黄某没有固定工作和稳定收入，自离婚之后就将女儿交给父母，常常几个月没有任何音讯，没有尽到做父亲的责任，让黄某某成了留守儿童；（3）庭审时黄某没有出庭，更是不负责任的一种表现；（4）黄某具有吸毒的恶习，一直未能戒掉，让女儿与其共同生活，将对女儿的身心健康造成不利的影响。最终法院采纳了律师的意见，判决将黄某某变更为由熊某抚养至成年。

解析： 本案涉及离婚后子女抚养权变更的问题，本案中黄某符合“与子女一同生活的一方不尽抚养义务或有虐待行为的或有与子女共同生活对子女身心健康有不利影响的”的情形。由熊某抚养黄某某，更有利于黄某某的成长，判决将黄某某变更为由熊某抚养至成年。

第三节　抚养费

一、抚养费请求权

（一）子女对父母享有法定的抚养费请求权

不同于大部分民事法律关系，父母和子女之间的关系基于法律的直接规定，因子女的出生事实或收养行为而产生。《民法典》第 1084 条第 1 款和第 2 款规定，父母与子女间的关系，不因父母离婚而消除。离婚后，父母对于子女仍有抚养、教育、保护的权利和义务。即父母对子女负有基于法律的直接规定而产生的法定义务，这种义务既有人身属性，又有经济属性，且不附加任何条件，不因夫妻双方之间婚姻存续状态的变化而变化，故父母子女关系才是抚养费请求权的基础。

抚养费请求权是作为被抚养对象的子女依法享有的权利，它与夫妻双方的婚姻关系状态、夫妻之间对于抚养费的分担约定等因素并无必然联系，父母对子女的抚养义务不能因离婚而得以免除。即使在父母协议约定由一方承担子女的全部抚养费的情形下，另一方虽不承担支付抚养费的义务，但对子女仍负有抚养的责任，子女依旧得以向其主张抚养费请求权。之所以对离婚后父母对子女的抚养费分担予以特别规定，是因为一般情况下，在夫妻双方婚姻关系存续期间，对子女的抚养由夫妻双方共同进行，尤其在夫妻共同财产制之下，抚养费的分担并无明显区分。离婚后，直接对子女进行抚养、教育、保护的义务由父母中的一方承担，另一方对子女的抚养义务多直接表现为抚养费的支付，此时，在已不存在共同财产的情况下，父母对子女抚养费明确分担义务，一方面事关父母双方是否对子女尽到抚养义务，另一方面对保障未成年子女的健康成长或不能独立生活子女的生存权亦具有重要意义。

（二）抚养费请求权的主体

有权请求父母给付抚养费的主体为未成年子女或者不能独立生活的成年

子女。

父母对未成年子女的抚养是无条件的。未成年人是一个法律概念。《未成年人保护法》第2条规定："本法所称未成年人是指未满十八周岁的公民。"《民法典》第17条规定"不满十八周岁的自然人为未成年人"，同时在第18条第2款规定"十六周岁以上的未成年人，以自己的劳动收入为主要生活来源的，视为完全民事行为能力人"。考虑到上述规定，实践中对于"以其劳动收入为主要生活来源，并能维持当地一般生活水平的十六周岁以上不满十八周岁"的子女，一般排除在抚养费请求权主体之外，但是不能绝对化。如果其劳动收入虽为主要生活来源，但不能满足接受教育、医疗等需要时，仍然不能免除其父母的抚养义务。

父母对成年子女的抚养是有条件的，只有当成年子女没有劳动能力或其他特殊原因导致不能独立生活时，父母才有抚养义务。对于"不能独立生活的成年子女"，《婚姻家庭编解释（一）》第41条将之确定为"尚在校接受高中及其以下学历教育，或者丧失、部分丧失劳动能力等非因主观原因而无法维持正常生活的成年子女"，实践中可据此适用。

（三）成年子女能否追索之前未付的抚养费

《民法典》所规定的抚养费权利主体为未成年子女和不能独立生活的成年子女。如果在子女未成年期间，父母双方或者一方未尽抚养义务，子女成年后可否再向父母追索?

抚养费的拖欠并不能够简单地认定为是一种债权债务关系。从抚养费立法目的和功能来看，抚养费的主要功能是保障未成年子女的健康成长，当子女成年且能独立生活后，抚养费的功能已经丧失，不再具有保护利益，故不能对其未成年期间父母应承担的抚养费进行追偿。

此外，夫妻对于子女均负有抚养义务，虽然成年子女不再具有抚养费的请求权，但是支付子女抚养费的原配偶一方在子女成长的过程中不仅承担了自己的义务，还承担了对方支付抚养费的义务。所以，配偶一方就自己多承担的抚养费，还是具有返还请求权的，该请求权应适用诉讼时效的规定。

二、抚养费的支付

（一）抚养费的范围

《婚姻家庭编解释（一）》第 42 条将抚养费定义为“包括子女生活费、教育费、医疗费等费用”。从文字表述上看，该规定系开放性规定，采用列举加概括的方式，对抚养费的范围规定较为灵活，明确了生活费、教育费、医疗费是父母支付的抚养费应有的内容。

立法设置抚养费制度，究其目的是保障子女的健康成长。《未成年人保护法》第 3 条第 2 款规定，未成年人享有受教育权，国家、社会、学校和家庭尊重和保障未成年人的受教育权。《义务教育法》第 5 条第 2 款规定，适龄儿童、少年的父母或者其他法定监护人应当依法保证其按时入学接受并完成义务教育。受教育权是未成年子女的法定权利，让未成年子女接受教育也是父母的法定义务。生活费、教育费、医疗费作为保障子女基本生活和智能、身体均衡发展的基本条件，必须涵盖在抚养费的范围之内。但是，子女的抚养费请求权并不限于以上三种，当产生对子女的健康成长合理必要的其他费用时，父母同样应当承担支付义务。本条在条文表述上未对抚养费的种类范围予以具体限制，给予父母双方或人民法院在协商自愿或需求合理的情况下扩大给付范围的空间，既有利于子女权利的保护，也更符合社会生活不断变化的实际要求。

（二）抚养费的支付标准

夫妻双方可以自行协商确定子女抚养费的分担。但笼统地约定抚养费数额，对抚养方和子女往往有失公平。因为教育费和医疗费的多少，是离婚时无法准确预计的，要实际发生才能明确，且生活费随着物价上涨而不断攀升。建议双方约定每月支付一定金额的生活费，且逐年递增（约定具体的比例），教育费、医疗费和大笔开支（如子女须对外承担责任）则按照实际发生金额，由双方平均分担。

当夫妻双方无法通过自行协商确定子女抚养费的分担，需要借助司法权确定抚养费的给付时，人民法院对抚养费分担的裁判，应当从保护未成年人利益的角度，结合子女的实际需要、父母双方的负担能力和当地的实际生活水平确定。尽可能使抚养费既能满足子女的实际需要，又不至给父母双方造成过重负担或使抚养费成为变相的财产分割手段。子女可在必要时向父母任何一方提出超过协议或者判决原定数额的合理要求，但并不意味着抚养费的变更请求只能由子女本人提出，直接抚养子女的一方亦可提出该种请求。

子女抚养费的数额，可根据子女的实际需要、父母双方的负担能力和当地的实际生活水平确定。有固定收入的，抚养费一般可按其月总收入的20%～30%的比例给付。负担两个以上子女抚育费的，比例可适当提高，但一般不得超过月总收入的50%。无固定收入的，抚育费的数额可依据当年总收入或同行业平均收入，参照上述比例确定。有特殊情况的，可适当提高或降低上述比例。

（三）抚养费的支付期间

一般情况下，父母抚养子女的义务截止到子女18周岁。超出18周岁，父母没有法定抚养义务，包括子女上大学期间的抚养费。16周岁以上不满18周岁，以其劳动收入为主要生活来源，并能维持当地一般生活水平的，父母可停止给付抚养费。尚在校接受高中及其以下学历教育，或者丧失或未完全丧失劳动能力等非因主观原因而无法维持正常生活的成年子女，如父母具备给付能力，仍应当支付抚养费。

父母不履行抚养义务时，未成年的或不能独立生活的成年子女，有要求父母付给抚养费的权利。

（四）抚养费的支付方式

抚养费的支付方式一般是按月支付，按月打入孩子抚养费的专用账户或在探望孩子时支付，司法实践中，很多当事人都要求对方一次性支付抚养费，因为这样一来省去要钱的麻烦，二来可以折抵给付对方的共同财产折价款。一次性给付或以物折抵一般是以18周岁为底线，即具体数目是按月或年的抚养费的数额乘以将子女抚养至18周岁为止，计算总数一次性给付完毕。但是，如果不直接抚养子女的一方不同意一次性支付的，法院不会判令其一次性支付。对一方无经济收入或者下落不明的，可用其财物折抵子女抚育费。父母双方可以协议由一方直接抚养子女并由直接抚养方负担子女全部抚养费。但是，直接抚养方的抚养能力明显不能保障子女所需费用，影响子女健康成长的，人民法院不予支持。

三、抚养费的变更

离婚后子女抚养费的负担方案是基于当时的社会经济水平、父母的负担能力、子女的需求等因素而作出的，随着社会经济的发展、物价水平的变化、子女个体情况的度化、父母收入水平等的变化，原抚养费数额给付方式、给付期限等均有可能发生不再适应子女的需求或父母的负担能力的情况。尤其是当直接抚养子女一方的经济水平不足以维持子女的基本生活、教育、医疗等方面的需求时，必须允许子女向不直接抚养的一方提出超过原协议或判决的抚养费请求，这也是父母共同对子女承担抚养责任的要求，与该方原来负担抚养费的多寡、是否实际负担支付抚养费义务均没有关系。但是，子女提出的抚养费请求必须合理，如果其请求的数额已经明显超出必要、合理的范围，人民法院依法不予支持。子女要求增加抚养费的事由，具有下列情形之一，子女要求有负担能力的父或者母增加抚养费的，人民法院应予支持：（1）原定抚养费数额不足以维持当地实际生活水平；（2）因子女患病、上学，实际需要已超过原定数额；（3）有其他正当理由应当增加。

抚养费具有保障被抚养子女正常生活和成长的属性，关涉子女的合法权益，在子女本人之外，允许直接承担对子女的抚养、教育、保护义务的一方代子女请求，并不会改变抚养费的权利主体，从实践上看，更利于对子女合法权益的保护。

案例：王女士与赵先生结婚后生育一女赵小某，七年后，因夫妻感情破裂，两人协议离婚，并约定赵小某由王女士抚养，由赵先生按月支付抚养费。离婚一年后，赵先生并未按照约定给付抚养费。其女儿赵小某作为原告，向法院提起了诉讼。经审理，法院判决赵先生按照离婚协议的约定按月向其婚生女儿赵小某支付抚养费。法院判决生效七年后，赵小某升入了初中，学业加重的同时，其补课费的负担亦日益加大，赵先生之前给付的抚养费标准已无法满足赵小某的实际成长需求，故赵小某再次向法院提起了诉讼，请求赵先生增加抚养费的给付标准。法院经过审理后，在赵先生的能力范围内判决赵小某的抚养费在原有标准的基础上每月增加500元。

解析：孩子的成长和教育是一个长期的过程，法院判决书七年前确定的抚养费数额难以和社会经济的发展、人们生活和消费水平的增长速度相适应，无法满足被抚养子女的实际需求，导致被抚养子女生活水平下降，生活、教育受到影响。因此，按照夫妻对子女抚养法定义务的本质含义，应当允许子女在父母承担的抚养费不能保障其实际成长或生活需要时，请求变更抚养费。

第四节 探望权

一、探望权的概念

探望权是父母基于对子女的亲权而享有的法定权利，事实上，直接抚养子女一方的抚养权和不直接抚养子女一方的探望权，共同构成离婚后父母对子女亲权的主要内容。探望权的行使应当以子女利益为中心，尊重子女本人意愿，适当考虑父母行使探望权的便利性，在尽量满足以上三个条件的基础上，灵活确定探望权的行使。需要注意的是，虽然探望权的行使是通过探望行为来实现，但探望行为不能与探望权画等号。作为一项权利，探望权是亲权的一项重要内容，虽然我国法律条文并没有正式采用“亲权”的表达方式，但其与父母子女之间相互的权利义务关系并无本质不同。探望权主体必然不能突破亲权的主体范围，即祖父母、外祖父母或兄弟姐妹等其他近亲属不是探望权主体。

二、探望权的行使

探望权的行使以子女利益为中心。根据《民法典》第 1086 条规定，离婚后，不直接抚养子女的父或者母，有探望子女的权利，另一方有协助的义务。行使探望权利的方式、时间由当事人协议；协议不成的，由人民法院判决。对于拒不协助另一方行使探望权的有关个人或者组织，可以申请人民法院依法采取拘留、罚款等强制措施，但是不能对子女的人身、探望行为进行强制执行。

探望权如何行使，包括行使的时间、地点、方式，首先由父母双方通过协商的方式确定，并从有利于子女成长的角度出发，对探望的时间、方式等具体问题达成一致。一般而言，离婚后，每月探望孩子的次数不宜过多，若探望过度频繁，会给父母双方带来很多不便，并影响孩子的正常生活和学习。孩子 10 周岁以上，具体探望的时间及方式，可以听取孩子的意见，以孩子的独立意志为转移。

当发生父母双方不能就探望权的行使通过协商达成一致意见，需由法院以裁判的方式确定探望权如何行使时，依然必须遵循子女利益最大化的基本原则，以子女本位为出发点进行裁判，并注意以下三点：

（1）由于日常生活的繁杂，各种因素都有可能发生不能预见的变化，人民法院在判决时，对探望权的行使不宜判决得过细，明确双方必须遵守的原则或规则即可，给日后探望权的具体行使预留调整空间。

（2）探望权的行使与子女利益息息相关，人民法院在确定探望权行使的方式、时间等事项时，应当征求、尊重子女本人的意见。尤其在当子女年龄或认知能力已经足以使其清晰、真实表达自己的意愿时，征求子女意愿更有必要。全然抛开子女本人的意愿，反而可能会导致子女对探望行为的抵触，导致违背子女最大利益原则的后果。

（3）人民法院还应当适当考虑父母行使探望权的便利性。探望权的行使虽以子女利益为首要考虑因素，但也不能因此忽视对父母行使探望权便利性的考虑。如果单方面考虑子女利益，而对父母行使探望权时的利益缺乏关注，可能会导致判决确定的探望权无法顺利行使，反而对子女利益并无好处。

人民法院应当结合个案当事人各方面的实际情况，在尽量满足以上三个条件的基础上，灵活确定探望权的行使。另外，在判决离婚的情况下，如原法院生效判决中未对探望权作出处理的，当事人仍然得以就探望权问题单独向法院提起诉讼，法院应当受理。

三、探望的中止

父或者母探望子女，不利于子女身心健康的，由人民法院依法中止探望；中止的事由消失后，应当恢复探望。不直接抚养子女的父母一方的探望权，只有在特殊的情况下才能被加以限制。

（一）中止探望的主体

1. 中止探望的决定主体

对于谁有权力决定中止探望，法律规定已经十分明确，即必须由人民法院依法决定是否中止探望，除人民法院之外，其他任何机关、组织和个人均无权决定中止非直接抚养子女一方的探望。需要明确的是，人民法院不能主动作出中止或恢复探望的决定，必须经当事人申请，才能对是否中止或恢复探望作出决定。中止探望包括中止情形消失后的恢复探望，都必须经过两个步骤：第一，当事人申请中止或恢复探望；第二，人民法院依当事人的申请，就是否中止或恢复探望作出结论。

2. 提请中止探望权的主体

父母双方离婚，已使子女不能在一个健全的家庭环境中生活，如果不与其共同生活一方的探望权再受到限制，将很有可能给子女的感情造成更大伤害，不利于其健康成长。由此可见，探望权不仅对不与子女共同生活的父或母十分重要，对子女而言同样也具有十分重大的意义。因此，只有那些与子女关系最为密切，最了解子女的生活、心理状况，并能够作出最有利于子女健康成长决定的人才能成为向人民法院提出中止探望权请求的适格主体。

这些适格主体包括：未成年子女、直接抚养子女的父或母及其他对未成年子女负担抚养、教育、保护义务的法定监护人。

（二）应当中止探望的情形

实践中，可以申请中止探望权通常有以下几种情形：（1）父母对子女具有侵害或者犯罪倾向行为；（2）父母有可能劫持、胁迫子女；（3）父母有恶习或者有不良道德倾向；（4）父母有严重传染病；（5）父母是无行为能力人或者限制行为能力人。

需要注意的是，探望权和抚养费支付没有必然的联系，不论父母是否享有探望权，其均负有支付抚养费的义务。不论父母是否支付抚养费，其均享有探望子女的权利。

（三）探望的恢复

恢复探望，即对探望权的限制解除，探望权恢复行使。当不直接抚养子女一方的不利于子女身心健康的情况消失后，人民法院应当根据当事人的申请，依法恢复探望权人对探望权的行使。

四、对拒不执行探望子女等裁判的强制执行

在权利人行使探望权的过程中，与子女共同生活的父或母，或者对子女承担抚养义务的其他个人和单位，有义务协助权利人行使其权利，不应对权利人探望其子女设置障碍。若义务人拒不协助权利人行使其探望权，阻止权利人对其子女进行探望，则权利人可向法院申请强制执行。而在处理该类案件中，法院应注意以下两个问题：

（1）在判断与子女共同生活的一方当事人是否履行了协助义务时，应结合权利人行使其探望权的具体形式，并本着最有利于子女身心健康的原则。例如，某些义务人虽然不禁止探望权人与其子女会面，但严格控制会见时间，时间到后，完全不考虑子女自身的情绪和要求，强制将权利人赶走。此种情

况，就应认定其并未完全履行其协助义务。但是，不让子女与探望权人会面，并不一定就等于违反了协助义务。如果不与探望权人会面，是子女自己的要求，或者有合理理由证明会面会对子女的身心健康产生不利影响，此时义务人拒绝权利人行使探望权的行为，并不构成对其协助义务的违反。总之，在决定是否有必要对行使探望权采取强制措施之前，首先应结合案件具体情况，判断义务人是否已经履行了协助义务。

案例：南京市玄武区人民法院审理的案件判决生效后，母亲赵某曾于2021年12月4日上午将孩子交予父亲王某探视，但王某将孩子扣留、藏匿，拒不依约准时将王小某交还赵某，赵某于2021年12月13日向法院申请执行，申请法院帮其找回孩子。经该案承办人耐心细致地执行，先后采取了罚款、拘留、公安临控、移送公安侦查拒执罪线索等措施，并前往王某父母家中释法说理、反复规劝，直至2022年4月22日王某才不得已将孩子交还给赵某。

解析：夫妻离异后，如果一方不当行使探望权，甚至扣留、藏匿、拒不交还孩子的，其探望孩子的权利将依法受到限制，有可能会面临罚款、拘留、公安临控、移送公安侦查拒执罪等法律后果。

（2）在采取强制措施时，只可根据案件的具体情况，依据《民事诉讼法》的有关规定，对负有协助义务的一方当事人采取拘留、罚款等强制措施，切不可对子女的人身采取强制措施，强迫其与探望权人见面。因为设立探望权的本意是为了未成年子女的身心得以健康发展，不考虑子女的意愿甚至强行将子女带至某处由其父或母行使探望的权利，与立法初衷相背离。

本章实务热点问答

一、两个子女抚养权怎么分配？

对于有两个子女的父母，双方可以先协商决定子女抚养权的归属，协商不定时，可以选择通过诉讼的方式争取子女的抚养权。如果两个子女都过了哺乳期，法院一般会判决一方抚养一个子女，这是法院出于经济责任分摊、孩子成长、家长精力这些角度考虑的；对于还在哺乳期的子女，原则上判由母亲抚养。

二、离婚诉讼中，父母双方均拒绝抚养子女怎么办?

在离婚诉讼期间，如果父母双方均拒绝抚养子女的，人民法院可以先行裁定暂由一方抚养。但是在此类离婚诉讼中，法院基于对未成年人的保护，很少下发裁定，通常不会判决准予离婚。

三、正在服刑的人坚持抚养子女，如何处理?

如果离婚案件中父母一方正在监狱服刑，没有抚养条件，在这种情况下，法院判决由服刑人员抚养的情况会非常少。如服刑一方坚持抚养子女，且其父母愿意代养，另一方也同意的，可以准许，但该子女为 8 周岁以上的未成年人的，应当征求该子女的意见。

四、离婚时父母亲请求轮流抚养子女可否支持?

在离婚案件中，如果父母双方协商一致，法院会审核这种抚养方式是否有利于保护子女利益，父母双方协议轮流直接抚养子女的，人民法院应予支持。

五、离婚诉讼中，子女抚养权如何强制执行?

若子女抚养权系通过法院生效诉讼文书（判决书、裁定书或调解书）确认的，对拒不履行或者妨害他人履行生效判决、裁定、调解书中有关子女抚养义务的当事人或者其他人，人民法院可依照民事诉讼法对负有协助义务的一方当事人采取拘留、罚款等强制措施。

第九章　离婚财产分割

离婚财产分割是我们在婚姻家事实务中，最常遇到的一个难点问题。本章将以实务的视角，从夫妻共同财产的种类、夫妻共同财产的查明、离婚财产的分割等方面来进行阐述。

第一节　夫妻财产制度与共同财产的种类

我国的夫妻财产制度是以共同共有为基础的共同所有制度。《民法典》第1062条规定："夫妻在婚姻关系存续期间所得的下列财产，为夫妻的共同财产，归夫妻共同所有：（一）工资、奖金、劳务报酬；（二）生产、经营、投资的收益；（三）知识产权的收益；（四）继承或者受赠的财产，但是本法第一千零六十三条第三项规定的除外；（五）其他应当归共同所有的财产。夫妻对共同财产，有平等的处理权。"

依照这一条的规定，我国的夫妻财产制度是法定共同财产制度，即在没有夫妻财产约定的情况下，婚姻存续期间内，双方获得的财产，除专属于个人的财产外，均属于夫妻共同财产。根据实务中经常遇到的案件，一般地，离婚案件中分割的夫妻共同财产主要有：房产、存款、公司股份、商业保险、知识产权及相关收益、继承所得财产、受赠所得财产、军人的复员费或自主择业费等一次性费用、车辆、其他动产、养老保险个人缴纳部分、对外债权、股票、债务、投资基金等其他理财产品等（见图1）。

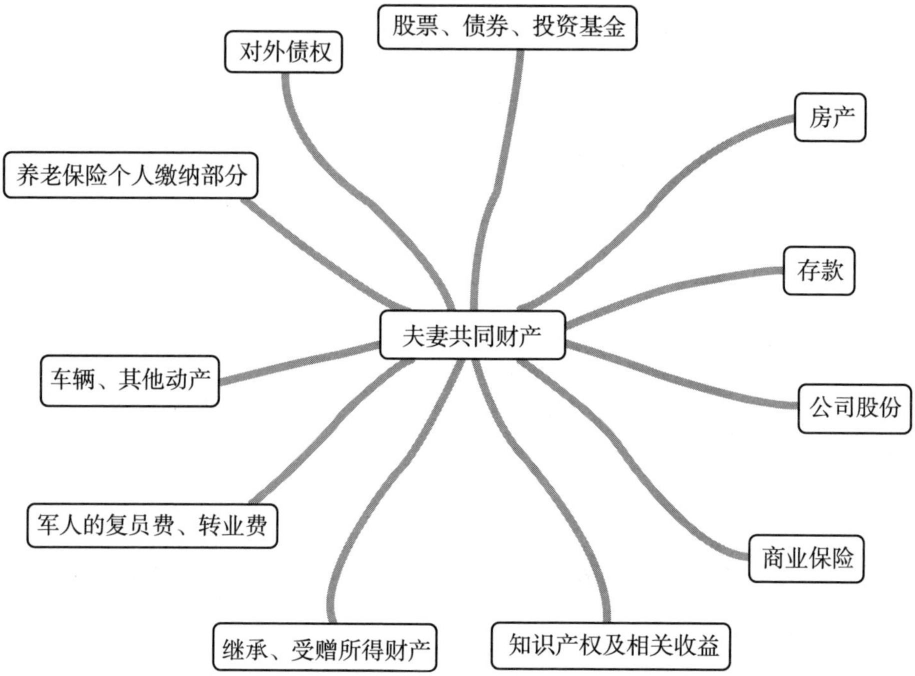

图 1　夫妻共同财产构成

互联网的革新带来了支付方式的巨大变化。以微信和支付宝为代表的第三方平台，不仅是一种支付的渠道，同时还具有存储货币的类银行功能，分割财产时，第三方平台账户里的款项也可划入存款这个分类中来。因为无论它以哪种形式存在，它都是货币的一种表现形态。实务中还有一种财产类型，如游戏道具、皮肤等虚拟财产，这类财产的衡量标准多以购入时的花费金额来认定。

随着区块链技术的发展，自 2016 年以来，国际上出现了类似于比特币、以太币等虚拟货币，我们也常遇到离婚时，一方或者双方持有比特币等虚拟货币的情况，但因比特币不属于我国法律规定认可的货币类型，在合同纠纷类案件中，涉及比特币投资的，一般都会以认定合同无效为原则。在离婚诉讼中，目前，国内对比特币性质的认定决定了它的分割难度，因此，本章暂不涉及对虚拟货币的处理。实务中遇到此类问题，可考虑是否需要根据加密货币交易所或者其他连接点所在国/地的相关法律规定确定该部分财产如何进行认定及分割。

第二节　离婚案件中夫妻共同财产的查明

实践中，夫妻共同财产的查明，是实践性强也较为复杂的过程。民事诉讼讲究“谁主张谁举证”，要想分割夫妻共同财产，需要提供夫妻共同财产的线索和信息。但是在实务中，当事人并不能穷尽自己和对方所掌握的所有财产。最常见的情形是：无法确认夫妻共同存款的数量；无法确定双方在全国，甚至全世界的房产实际所有情况；对于由他人代持的夫妻共同财产没有证据证明；对于对方转移、隐匿的夫妻共同财产无法完全查证。尤其是一些资产规模较大、资产全球配置的家庭，财产查证将可能不仅涉及国内，还会牵涉域外，此时财产的几个法域查证涉及国际司法协作，较为复杂，在本章中不作赘述。本章仅就国内资产的查证进行说明。

能证明双方财产情况的证据一般有：存款单据、不动产所有权登记证书、购房合同、理财产品合同（包括电子版和纸质版）、保险单、短信、机动车所有权登记证书等。此外，为了便于在诉讼中查证财产，当事人的银行账户信息、刷卡小票、物业费交费凭据等资料也可以作为辅助材料，与其他证据形成证据链，来进行财产查证。

以下分别就财产申报制度之前的财产查明和财产申报制度实施之后的财产查明进行说明。

（一）实行夫妻财产申报制度之前的财产查明

在实行夫妻财产申报制度之前，夫妻共同财产的查明主要依据当事人双方的举证和法院调查取证来确认。我们先来了解一下财产申报制度实行前的夫妻共同财产的查证方法。

1. 查证存款

对于存款金额，一般可向法院申请律师调查令进行查询，对于银行不认可调查令效力的情况，可申请法院调查取证。以陕西为例，其调查令申请格式详见附录6。

随着电子商务和支付方式的发展，各种电子货币也成为资产持有中最常见的一种，以微信钱包和支付宝账户最为常见。目前实务中，调查微信账户和支付宝账户有两种方式：一种是由法院直接向财付通公司和支付宝公司发函调取；另一种是由律师持调查令前往财付通公司和支付宝公司申请调取。

支付宝公司对律师持法院调查令或者法院直接发函调取当事人流水均较为配合，财付通公司则因各地发布的关于调查令的规定有所不同。目前，除陕西、河北、辽宁三省外，其他地区的律师均可持法院出具的调查令向财付通公司调取当事人的账户信息和流水，律师调查令调证指引详见附录7。

除支付宝和微信账户外，我们还经常会发现，当事人会通过支付宝购买基金或者其他理财产品，因此，在获取交易流水后，应当对流水进行细致的分析，确认对方真实的财产情况。

2. 查证房产

房产目前是中国老百姓家庭资产配置中最为重要的部分。我国不动产的物权，以登记为准，故查证房产信息，最重要的途径是前往不动产所在地的房屋产权登记中心进行查询。因为目前国内没有实现不动产登记信息的全国联网查询，所以，如果要查证双方名下的不动产登记情况，需要到各不动产所在地查询。

当事人可持身份证、结婚证等前往不动产所在地房屋产权登记中心查询双方婚姻关系存续期间，双方名下所登记的不动产信息。

各地查询文本有所不同。以陕西和海南为例，其法律文本详见附录8。

除房管局查询得来的证明表之外，还有一些其他的材料也能证明房产信息，如不动产所有权登记证书、商品房买卖合同/购房合同、物业交费票据等。

需要注意的是，除去居住的房产外，部分地区的车库也是有所有权的，车库也是重要的夫妻共同财产，在离婚时也应当进行分割。

3. 查证车辆

车辆的查证除所有权登记证书、行驶证等证明文件外，也可通过向法院申请调查令的方式，至车辆管理中心调查。管理中心会将调查结果书面告知给当事人。除此之外，当事人可以向车辆投保的保险公司进行查询，确认车辆的所有权形态。

4. 查证股票交易账户信息

股票交易账户信息一般可通过法院开具的调查令到中国证券交易中心查询，或者通过当事人股票账户绑定的银行卡流水进行确认。

5. 查证持有非上市公司股份信息

（1）显名股东持有股份的查证。

显名股东持有股份可通过国家市场监督管理总局网站进行查询，一般“天眼查”“企查查”亦可进行查询。需要注意的是，无论是国家市场监督管理总局网站，还是天眼查、企查查，都只能查到工商登记的基础信息，若要获取更详细的信息，需要到企业工商登记地的市场监督管理局查询。不仅要查询到工商登记详档，而且应当对股权结构进行梳理，确定股份的价值。

案例：黄女士与郭先生感情不和，欲离婚。黄女士同时持有丐帮清洁能源有限公司60%的股份和桃花岛旅游有限公司100%的股份，丐帮清洁能源有限公司又对外投资设立了新丐帮新能源技术有限责任公司，其中，桃花岛旅游有限责任公司的股份系黄女士在婚前获得，丐帮清洁能源有限公司60%的股份系黄女士在与郭先生婚姻存续期间购入，而郭先生在婚姻存续期间投资设立了郭氏安保管理有限公司，持股45%，并获赠周先生的周氏武馆公司100%的股份。二人在婚姻存续期间，又通过桃花岛旅游有限责任公司与郭氏安保管理有限公司共同成立子公司，收购了降龙矿业公司67%的股份（见图2）。

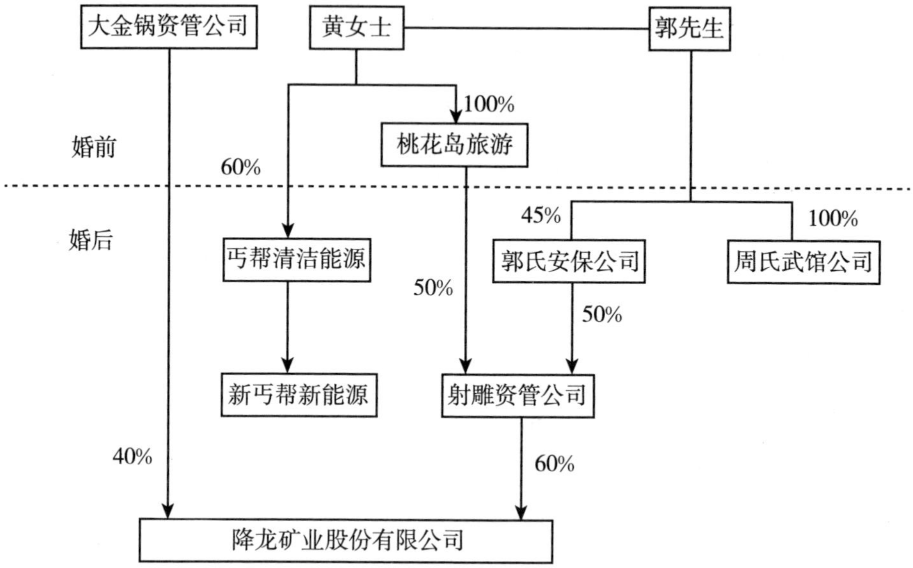

图 2　案件中夫妻财产构成示意

解析：在本案中，要厘清夫妻共同财产的情况，除应当查询工商详档外，还应当将公司股份取得情况进行查证，并对婚前股份在婚后的增值进行计算。

（2）员工配股企业的股份查证。

某些规模较大的非上市企业，为了激励员工，会推行员工持股计划，授予一定工作年限的员工，以较低价格购买公司股份的机会，员工通过公司配股，享受公司的分红。此时，这些员工的姓名不会出现在工商登记上，但可通过法院向其所在公司发送协查函来确认该员工的持股情况和股权对应的价值及其他财产性收益。以华为公司为例，人民法院出具的协查函详见附录 9。

（3）隐名股东的持股情况查证。

实践中，还有一些当事人可能会通过找人代持等方式来持股，此时，要查证夫妻共同财产中持有的股份数量，可能无法通过工商登记来确定。此时，需要当事人出资证明、持股证书、公司的股东名册等相关材料对当事人的股东身份进行确认，方可确认双方在婚姻关系存续期间的真实持股数量，进而作为分割财产的依据。

6. 关于隐匿、转移的财产的查证

在家事案件实务中，有很多当事人为了达到己方可以占有更多财产的目的，常常在离婚前、离婚期间将共有财产通过各种途径转移、隐匿。最常见的方式，是将自己名下的财产转移至自己父母或者其他亲朋好友名下，认为只要不在自己名下就不会被分割。实际上，另一方往往可以通过银行流水走向、资产的实际控制和掌握情况来确认财产的真实控制人和所有者，从而以未经夫妻双方同意的大额赠与、与第三人串通损害当事人利益等理由提起诉讼，将夫妻共同财产追回，从而达到重新分割的目的。

此时，要掌握被隐匿的财产线索和信息，最直接的方式是通过银行流水寻找线索，再向法院申请调查令或者申请法院调查取证。

（二）实行夫妻共同财产申报制度后的夫妻财产查明

2017 年《关于建立家事审判方式和工作机制改革联席会议制度的意见》首次提出要在家事审判工作中，实施家庭财产申报制度。2019 年 3 月 14 日，深圳市发布《深圳市中级人民法院关于实行离婚案件财产申报制度的工作指引》，对离婚案件双方当事人的财产申报义务进行了具体的规定和说明。2022 年修订、2023 年 1 月 1 日起正式生效的《中华人民共和国妇女权益保障法》第 67 条首次以部门法的形式规定了离婚案件的财产申报制度："离婚诉讼期间，夫妻一方申请查询登记在对方名下财产状况且确因客观原因不能自行收集的，人民法院应当进行调查取证，有关部门和单位应当予以协助。离婚诉讼期间，夫妻双方均有向人民法院申报全部夫妻共同财产的义务。一方隐藏、转移、变卖、毁损、挥霍夫妻共同财产，或者伪造夫妻共同债务企图侵占另一方财产的，在离婚分割夫妻共同财产时，对该方可以少分或者不分财产。"

可以说，财产申报制度减少了离婚案件财产查证中的很多困难，也再次确认了隐藏、转移、变卖、毁损、挥霍夫妻共同财产，或者伪造夫妻共同债务的法律后果。目前部分法院已经开始实施，但是各地因经济发展不均衡，在实务中的探索还是有所不同。下面以深圳市离婚财产申报告知书[1]为例，来了解一下一般财产申报的流程和内容。

在双方申报过程中，没有申报的财产，可申请法院出具调查令进行查询。此时，如果一方没有如实申报财产，将有可能承担隐匿、转移财产的不良后果。因此，当事人申报财产时，应当如实申报。

同时，当事人在申报存款时，一般要提供近几年来的银行流水。具体附多久的银行流水，依照当地法院的要求来提供。

第三节　离婚财产的分割

在实务中，通常离婚有两种方式：协议离婚和诉讼离婚。协议离婚是由双方当事人协商一致后，到民政局办理离婚登记完成，双方办理完离婚登记手续，双方离婚协议中的相关内容正式生效。相较而言，诉讼离婚更为复杂。本节重点讲述在诉讼离婚中的调解离婚和判决离婚的相关财产分割工作。

一、离婚案件财产分割的调解工作流程

离婚案件的庭审通常与其他案件有一个显著区别，即调解贯穿始终。《民法典》第 1079 条第 2 款规定：人民法院审理离婚案件，应当进行调解；如果感情确已破裂，调解无效的，应当准予离婚。

可见，调解是离婚案件的一个必经程序。一般地，按照时间顺序，调解可以分为诉前调解和诉中调解。早期离婚案件的调解工作大量分布在诉讼程序中，随着时代的变化和司法体系对调解工作的重视，很多法院已经将调解程序前置于诉讼程序之前，以最大限度地发挥调解工作的效能。

诉前调解程序是指在法院正式立案前，法院先安排有经验的调解人员对双方当事人进行调解，调解不成，正式进入诉讼程序。离婚案件中，如果调

---

[1] 深圳市财产申报告知书详见附录 10。

解和好，可以不出具调解书；如果调解离婚，法院会根据当事人就婚姻关系解除、子女抚养、财产分割等内容达成的一致意见制作调解书。调解以双方当事人自愿为原则，调解书一经送达，即发生法律效力。

基于离婚案件的特殊性，即使双方当事人在诉前调解阶段调解不成，进入诉讼程序后，法院仍会将调解工作贯穿始终。

一般的庭审步骤如图 3 所示。

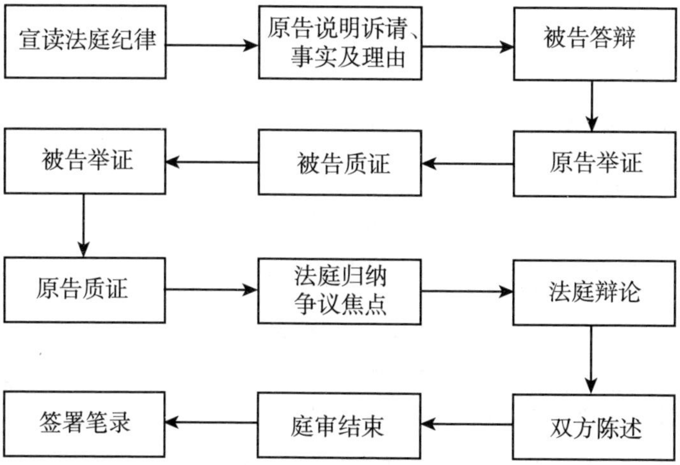

图 3　离婚案件庭审步骤

图 3 所示就是一般庭审的程序。有些法院会在开庭前组织调解，也有些法院会在庭审结束前进行调解。调解的优点是能最大限度地降低双方的矛盾，促成双方在案件处理中达成一致意见，便于后期执行，且调解书一经送达即生效，极大地降低了当事人的诉讼成本。

二、判决离婚的案件中财产的分割处理

分割原则：有约定，依照约定，无约定，由法院根据婚姻关系存续期间的过错情况、子女抚养情况进行分割。

根据夫妻共同财产的形态及实践中最常见的离婚案件的财产种类，以下主要从房产、股份、军人的复员费或自主择业费等一次性费用、保险等财产

来讲述财产分割的方法。

（一）房产分割

实务中最常见的纠纷来自离婚时房产的分割。家庭的资产配置目前以重资产配置形式居多，即房产配置是家庭财产配置中最重要的一环。大量家庭的财产，房产占比最大。因此，在离婚案件的财产分割中，房产分割是普通百姓离婚诉讼中涉及财产分割中最为重要的、也是争议最大的一个部分。

涉及房产分割的问题，首先必须厘清房产的几种形态。

1. 商品房

商品房分割主要考虑到房屋的商品属性，相较于其他类型的房产形态，商品房具有使用权、所有权、收益权等相关物权，是权利形态更为丰富的一种家庭财产。随着城镇化的发展，商品房分割产生的纠纷最为常见。表1是对目前法律明确规定的分割情况所进行的总结。

表1　法律对商品房分割的规定

购房时间	出资情况	是否贷款	房产归属
婚前	一方出资	无贷款	归登记一方所有
	一方出资	按揭贷款	归登记一方所有，婚后还贷与房产在婚后的增值为夫妻共同财产，应当分割
婚后	一方婚前财产购买	无贷款	登记在出资方名下的，归出资方所有
	婚后财产购买	有贷款/无贷款	夫妻双方共有
	婚后双方父母出资	有贷款	如无明确表示赠与子女个人，视为对夫妻双方的赠与

相较于表1所示，实务中，房产纠纷的类型更为多元。加之《民法典》出台后，司法解释的规定与原《婚姻法》司法解释的规定有所不同，导致在具体适用时，因时间的问题，可能产生完全不同的后果。

对于婚前个人买房，婚后以夫妻共同财产还贷，离婚时如何计算产权方对非产权方的补偿额，目前实践中多采用北京市高级人民法院的计算方式。《北京市高级人民法院民一庭关于明确离婚时房屋补偿计算标准的通知》规定：人民法院在审理离婚案件中，根据《婚姻法司法解释（三）》第10条的规定，判决由产权登记一方对另一方进行补偿时，应当查明婚前签订合同支付首付款、银行贷款及还贷、产权登记、夫妻共同支付款项、财产增值、尚未归还贷款情况。产权登记一方对另一方进行房屋补偿的计算公式为：房屋补偿款＝夫妻共同支付款项（包括本息）÷（房屋购买价＋全部应付利息）×房屋评估现值（或夫妻认可房屋现值）×50%。

值得注意的是，鉴于《民法典》及相关司法解释的新规定与原《婚姻法》的司法解释规定不一致的状况，在判决父母出资为子女购房时，部分法院可能会综合考虑出资来源、父母的意愿，对婚后还贷及房屋增值部分按比例进行分割。

2. 农村自建房

农村土地属于集体土地，宅基地划给个人，仅是将使用权交付给宅基地申请人，而土地的所有权仍属于村集体。因此，在此类案件中，农村自建房处分，主要是以房屋的使用权为主。原则上是房随地走，宅基地使用权人是谁，房屋就归谁所有，但可能就房屋的出资情况进行审查，对其他出资者进行补偿，或者判决房屋的部分归其他出资者使用。

案例：小明在婚前从村里申请了一块宅基地。小明与小红结婚后，一起出资10万元修建起一层平房。后双方矛盾频发，婚姻无法维系，双方诉至法院离婚。

解析：宅基地的所有权属于村集体，小明在婚前仅获得了宅基地的使用权，根据房随地走的原则，双方共同修建的房屋判决由小明所有和使用，因此小明应向小红补偿修房款的一半5万元。

3. 拆迁安置房

由于城市化的发展，拆迁安置类案件层出不穷。体现在婚姻家事案件中，我们常常会发现，有些地方，只要听说要拆迁，村里的结婚率就会大幅度上涨，结婚、生孩子的速度非常快。因为一般地方拆迁，都是政府制定拆迁政策，通常拆迁安置补偿都是按照每户人头及建筑面积来确定补偿方案和金额。有些当事人在离婚时，虽然所在家庭已经以户为单位签署安置补偿协议，但因为动迁是一个周期较长的过程，可能发生离婚时，动迁工作仍未完成的情况，当事人既可能在离婚后以离婚后财产纠纷为由，或以分家析产为由向法院提起诉讼要求确认属于自己的拆迁安置权益。

在办理拆迁安置房的相关案件时，应当关注拆迁政策，必要时可向法院申请调查令向拆迁项目所在地拆迁办调取相关政策和拆迁安置补偿协议，以确认真实的拆迁权益。

案例：小梅与小涛结婚后，户口也迁入小涛家里，二人与小涛的父母共同居住在小涛父母的房里。后小涛家里拆迁，小涛父亲与拆迁办签署了拆迁安置补偿协议，并选择安置方案是按人口安置，协议也载明“享受村民待遇4人”。未等到完成回迁，小梅与小涛感情破裂，诉至法院。

解析：根据拆迁安置补偿协议的约定，小梅为约定“享受村民待遇4人”中的一人，小梅依法应当享受安置协议中每人享有的60平方米安置房屋权益。

（二）股份分割

公司股份目前是比较多见的财产存在形态，公司股份根据公司的性质，可以分为非上市公司的股份、上市公司的股票，在实务中，存在一种特殊形式的企业：一人有限公司，下文会对这种类型公司的分割进行说明。

1. 非上市公司的股份

《婚姻家庭编解释（一）》第73条规定：“人民法院审理离婚案件，涉及分割夫妻共同财产中以一方名义在有限责任公司的出资额，另一方不是该公司股东的，按以下情形分别处理：（一）夫妻双方协商一致将出资额部分或者全部转让给该股东的配偶，其他股东过半数同意，并且其他股东均明确表示放弃优先购买权的，该股东的配偶可以成为该公司股东；（二）夫妻双方就出资额转让份额和转让价格等事项协商一致后，其他股东半数以上不同意转让，但愿意以同等条件购买该出资额的，人民法院可以对转让出资所得财产进行分割。其他股东半数以上不同意转让，也不愿意以同等条件购买该出资额的，视为其同意转让，该股东的配偶可以成为该公司股东。用于证明前款规定的股东同意的证据，可以是股东会议材料，也可以是当事人通过其他合法途径取得的股东的书面声明材料。”

因为有限责任公司具有人合性和资合性的双重性质，故在离婚案件中，分割公司股份，首先要考虑公司其他股东是否同意，公司章程是否有限制性要求。配偶因离婚分割婚姻关系存续期间的股权，非股东一方配偶能否获得股东资格，首先要看其他股东是否要行使优先购买权。对于其他股东放弃优先购买权的，非股东一方配偶即有可能通过分割股东一方的股份成为有限责任公司的股东；如果其他股东要求行使优先购买权，那么非股东一方仅能就该被出让股份的价款受偿。

案例：小峰为某公司股东，持股60%，妻子小芳全职照顾家庭。后双方感情破裂，诉至法院要求离婚，小芳要求分割小峰持有的公司股份的一半归自己所有，公司的另一名股东表示放弃行使优先购买权。

解析：根据《公司法》的相关规定，有限责任公司具有人合性的特征，公司股东要转让股份首先要征求其他股东的意见，在同等条件下，其他股东有优先购买权，该公司另一名股东表示放弃优先购买权，小峰持有的某公司60%的股份为夫妻共同财产，此时小芳依法可获得小峰持有的该公司股份的一半，即某公司30%的股份。

并不是所有企业的股东都会同意其他股东的配偶在离婚时通过分割股份成为股东。此时，虽然配偶不能直接成为公司的股东，但是可以依照法律规定，分割股份所对应的价值。一般在诉讼中，要通过确认股权价值来计算可分割的夫妻共同财产，可通过审计的方式来进行。

例如，华为公司的员工持股情况，可通过法院向相关公司发送征询函，确认相关股权的对应价值。函件送至华为法务部，华为公司会根据查询结果回函至法院，详见附录11。在查明案涉的夫妻共同财产购买的股权的股值后，法院会根据法律规定作出裁判。

2. 上市公司的股票

《婚姻家庭编解释（一）》第72条规定："夫妻双方分割共同财产中的股票、债券、投资基金份额等有价证券以及未上市股份有限公司股份时，协商不成或者按市价分配有困难的，人民法院可以根据数量按比例分配。"

目前上市公司股票的分割相对比较透明，实践中，也多是依照该规定来处理的。即如果对于上市公司股份的价值可以依照市价进行分配，如果按市价分配有困难，法院可以依据数量按比例分配。

案例：周女士擅长理财，婚后炒股收益颇丰。她长期持有一家上市公司50万股的股票，目前市值200万元。周女士与丈夫陈先生感情不和，现要离婚。陈先生要求分割周女士持有的上市公司股票。

解析：周女士持有的上市公司股票价值200万元，陈先生可分得股票市价的一半，即100万元现金。

3. 特别的企业形式：婚姻存续期间经营的个人独资企业分割

个人独资企业是一种特殊类型的企业，因股东仅为配偶中的一方，无第三人参股，本身经营所得的财产也属于夫妻共同财产范畴，故在离婚的财产分割中，所依据的基础也不同于有限责任公司，处理相对较为灵活。《婚姻家庭编解释（一）》第75条规定："夫妻以一方名义投资设立个人独资企业的，人民法院分割夫妻在该个人独资企业中的共同财产时，应当按照以下情形分别处理：（一）一方主张经营该企业的，对企业资产进行评估后，由取得企业资产所有权一方给予另一方相应的补偿；（二）双方均主张经营该企业的，在双方竞价基础上，由取得企业资产所有权的一方给予另一方相应的补偿；（三）双方均不愿意经营该企业的，按照《中华人民共和国个人独资企业法》等有关规定办理。"

实践中，个人独资企业在离婚中的分割也主要是依照这一规定处理。

（三）军人的复员费或自主择业费等一次性费用的分割

军人在其复员、转业时，会获得一笔复员费、自主择业费等一次性费用，这些费用依照法律规定，只要是在婚姻期间形成的，均会被认定为夫妻共同财产进行分割。《婚姻家庭编解释（一）》第71条对这笔财产的分割作出了规定：

人民法院审理离婚案件，涉及分割发放到军人名下的复员费、自主择业费等一次性费用的，以夫妻婚姻关系存续年限乘以年平均值，所得数额为夫妻共同财产。

前款所称年平均值，是指将发放到军人名下的上述费用总额按具体年限均分得出的数额。其具体年限为人均寿命七十岁与军人入伍时实际年龄的差额。

根据这一规定，复员费、自主择业费并不必然全部都属于夫妻共同财产，而是与婚姻关系存续的时间密切相关。律师在办理业务时，应当注意对婚姻存续期间的核查。

案例：小军生于1981年，1999年入伍，2011年结婚，2020年退伍，获得转业费、住房补贴、公积金等28万元。退伍后小军与妻子小花感情破裂，双方诉至法院要求离婚。

解析：小军与小花婚姻关系存续9年，其可以认定的夫妻共同财产部分为280000元/（70－18）×9年＝48462元，因此小花可分割到24231元。

（四）对人寿保险类具有现金价值的保险产品的分割

在实务中，人们对人寿保险的理解，有一些实际上属于误解。比如，早些年一些理财师说的，买保险可以“离婚不分、欠债不还”，但实际情况并非如此。保险是一种具有理财功能的金融产品，它本身并非不可分割。

当事人在离婚前大额购买保险，一部分是以自己为投保人、被保险人，自己的父母或者子女为受益人的商业保险，另一部分是以子女为保险标的、己方为死亡受益人的商业保险。当事人在离婚前大额购买保险的初衷可能是为了规避风险，也可能是一定程度上利用子女是双方的婚生子女，离婚时保险标的为子女，另一方可能会不好意思要求分割的心理，来达到己方在离婚时能够获取更多利益的目的，但这是一种误解。因当事人投保人寿保险的保费也是夫妻共同财产，故人寿保险的现金价值也属于夫妻共同财产的范畴。

涉及人寿保险的分割，通常考虑分割的可能是已经交纳的保费、保单的现金价值。《保险法》第32条对投保人具有保单现金价值进行了确认："投保人申报的被保险人年龄不真实，并且其真实年龄不符合合同约定的年龄限制的，保险人可以解除合同，并按照合同约定退还保险单的现金价值。保险人行使合同解除权，适用本法第十六条第三款、第六款的规定。"

根据这一规定，投保人在持有保单期间，享有保单的现金价值，离婚时，该现金价值亦为夫妻共同财产，应当予以分割。

案例：小赵在婚内为自己投保了人寿保险，生存受益人是自己，死亡受益人为小赵父母。现小赵与妻子离婚，该保单现金价值为6万元。

解析：本案中，小赵的人寿保险投保人为其本人，故保单利益归小赵所有，保单的现金价值6万元为小赵和妻子的夫妻共同财产，故小赵离婚时，应当给妻子分割现金价值的一半，即3万元。

（五）婚内继承取得的财产的分割

根据《民法典》第1062条、第1063条的规定，婚姻关系存续期间夫妻一方继承所得的财产，应为夫妻共同财产，在夫妻离婚时，依法应当予以分割，但是遗嘱或赠与合同中明确只归一方财产的除外。此外，在实践中，我们常常会发现，有些当事人为了防止继承所得财产被他人分走，选择与其他继承人串通的方法，在离婚诉讼过程中放弃继承遗产损害另一方在离婚时的财产权利。此时，在办理涉及此类财产或财产性权利的离婚业务时，应当注意，放弃继承应当经过相关权利人同意。

第四节　婚姻存续期间的过错对财产分割的影响

严格意义上讲，法律并没有明确地给出"过错"的定义，仅在法条中有表述。目前《民法典》第 1091 条规定了婚姻存续期内的过错情况。该条规定如下：

有下列情形之一，导致离婚的，无过错方有权请求损害赔偿：

（一）重婚；

（二）与他人同居；

（三）实施家庭暴力；

（四）虐待、遗弃家庭成员；

（五）有其他重大过错。

上述规定，确认了几种典型的法律认定可要求损害赔偿的情况。但具体如何认定，通常由法官自由裁量。据笔者观察，经济发达地区，如东部沿海城市，对于过错的认定，以及发生以上法律规定的情形时，在财产判决上，可能更开明一些，而大部分地区，对于存在的过错的情况，法院判决相对保守。近些年，互联网上出现了大幅渲染“一方出轨，离婚时可以要求出轨方净身出户”的声音，对于此类声音，应当理性面对。

那么，在司法实践中，婚姻存续期间有过错，法院判决分割财产是什么标准？

《民法典》第 1087 条规定：“离婚时，夫妻的共同财产由双方协议处理；协议不成的，由人民法院根据财产的具体情况，按照照顾子女、女方和无过错方权益的原则判决。对夫或者妻在家庭土地承包经营中享有的权益等，应当依法予以保护。”

基于《民法典》第 1087 条、第 1091 条的规定，可以总结出离婚财产分割的照顾“无过错方”的原则，主要针对的是重婚、与他人同居、实施家庭暴力、虐待、遗弃家庭成员等情节。基于这一规定，许多当事人可能常常会陷入一个误区，即认为只要抓到对方有“过错”的证据，就可以在离婚过程中要求对方“净身出户”。

实际上，这些情况即使发生，在司法审判实践中，仍然可能因为当事人的证据达不到法庭认定事实的证据证明力要求，而无法实现目标；即使证据达到了证明力要求，在审判中，也基本上不会出现一方获得全部夫妻共同财产、另一方两手空空离婚的局面。法庭在审理此类案件时，会考虑双方的财产总体情况、婚姻中的过错程度、双方对家庭经济的贡献以及其他与婚姻关系密切相关的因素来确定分割的比例。目前，分割比例通常是在均分基础上做一定程度的调整，除双方达成一致意见以外，很少出现极端的分割比例。

第五节　一方在离婚前转移、隐藏、挥霍夫妻共同财产等情况的分割处理

目前在实务中比较常见的情况是，一方预感到自己的婚姻存续将非常困难，为了达到己方能多分财产、对方少分财产的目的，可能会在离婚之前的一段时间内，通过大额提现、转账给他人、以超出正常生活水平进行大额消费等方式来进行财产转移。

《民法典》第1092条规定："夫妻一方隐藏、转移、变卖、毁损、挥霍夫妻共同财产，或者伪造夫妻共同债务企图侵占另一方财产的，在离婚分割夫妻共同财产时，对该方可以少分或者不分。离婚后，另一方发现有上述行为的，可以向人民法院提起诉讼，请求再次分割夫妻共同财产。"但是，实践中，存在较多的争议，围绕这一问题，争议最多的是，到底是对全部夫妻共有财产，隐藏、转移、变卖、毁损一方可以少分或者不分，还是仅对隐藏、转移、变卖、毁损部分的夫妻共同财产少分或者不分？根据最高人民法院《民事审判指导与参考》总第82期2021年6月第1版的《〈民法典〉施行后婚姻家庭继承方面的4个实务问题解答》的内容，《民法典》的这一规定，是针对夫妻共同财产总额，而不是限于隐藏、转移、变卖、毁损的财产。

但是各地法院在审理案件时，并非完全依照上述规定来审判。法院在审理此类案件时，通常会综合双方的证据、双方收入情况及日常消费水平、支出财产的合理性、支出财产与距离离婚诉讼时间的远近等因素进行综合判断。对于符合转移、隐藏、挥霍夫妻共同财产构成要件的情况，部分法院会对转

移、隐藏、挥霍的这一部分夫妻共同财产确定相应的比例进行分割。

第六节　婚姻关系存续期间共同债务的处理

一直以来，夫妻共同债务是一个在司法实践中充满争议的话题。关于共同债务的认定，经历了多次反复。《民法典》第1064条最终以“共债共签”及“日常生活所需”作为认定的标准，对夫妻共同债务进行定性。

《民法典》第1064条规定：

夫妻双方共同签名或者夫妻一方事后追认等共同意思表示所负的债务，以及夫妻一方在婚姻关系存续期间以个人名义为家庭日常生活需要所负的债务，属于夫妻共同债务。

夫妻一方在婚姻关系存续期间以个人名义超出家庭日常生活需要所负的债务，不属于夫妻共同债务；但是，债权人能够证明该债务用于夫妻共同生活、共同生产经营或者基于夫妻双方共同意思表示的除外。

根据上述的法律规定，只要满足夫妻共同债务的认定条件，法院就可能会认定该债务属于夫妻共同债务，法官裁判时，通常会在判项中对债务的承担作出处理，一般会判决夫妻双方各自承担一半。

案例：小周在婚后离家打工，一去没有音讯，妻子小胡留在家里独自照顾孩子、侍奉老人。后因地质灾害家中房屋倒塌，小胡不得不四处借款修缮房屋，先后对外借款5万元。后小周回家要求离婚。

解析：小胡为了修缮房屋借款虽然没有经过小周同意，但是是为了共同生活的花费，属于夫妻共同债务，小周应当承担夫妻共同债务的一半，即2.5万元。

本章实务热点问答

一、离婚协议中，没有涉及的财产，在离婚后又发现的，还可以分割吗？

离婚时，一方隐藏、转移、变卖、毁损夫妻共同财产，或伪造债务企图侵占另一方财产的，分割夫妻共同财产时，对隐藏、转移、变卖、毁损夫妻共同财产或伪造债务的一方，可以少分或不分。离婚后，发现对方有上述行为的，可以向人民法院提起诉讼，请求再次分割夫妻共同财产。

二、婚姻存续期间，配偶一方通过向案外人大额转账来转移财产，使对方少分财产，应当如何处理？

婚姻存续期间，如果配偶一方采取向案外人大额转账的行为意图使另一方少分财产，此时该款项属于夫妻共同财产，在离婚分割财产时，对转移财产一方可以少分或不分财产。

三、婚姻关系存续期间，一方父母出资首付购买的房产登记在夫妻一方名下，夫妻双方婚内还贷，贷款二十年。后夫妻双方离婚，该房产如何分割？

婚姻关系存续期间，如果一方父母出资首付购买的房产登记于夫妻一方名下，但无明确的约定确认是对其子女个人的赠与，此时该房产属于夫妻共同财产，离婚时应当依照《民法典》及相关司法解释的规定进行分割。

四、离婚诉讼中，夫妻共同财产分割，遵循什么样的原则？

离婚时，夫妻的共同财产由双方协议处理；协议不成的，由人民法院根据财产的具体情况，按照照顾子女、女方和无过错方权益的原则判决。

五、离婚后，一方不履行离婚协议中对财产的分割约定应如何处理？

一方不按照离婚协议履行应尽的义务，另一方可以向人民法院起诉。如果诉讼请求得到法院支持，对方仍不履行生效司法文书确定的义务时，可以申请人民法院强制执行。

六、离婚后，一方发现另一方在婚内有转移、隐匿财产情况的，权益受损一方主张权益是否应当适用诉讼时效的相关规定？

应当适用诉讼时效的规定，离婚后财产纠纷的诉讼时效为三年。离婚后，发现一方有隐藏、转移、变卖、损毁、挥霍夫妻财产的行为，可以向人民法院提起诉讼，请求再次分割夫妻共同财产。诉讼时间的计算是从诉讼权利人知道或者应当知道权利受损害之日。

七、夫妻双方协议离婚后，反悔离婚协议中的财产分割，应该如何处理？

可以先与对方就财产分割问题进行再次协商，协商不成，可以向法院起诉请求撤销财产分割协议。法院审理后，如未发现订立财产分割协议时存在欺诈、胁迫情形的，应当驳回当事人诉讼请求。

八、住房公积金是否属于夫妻共同财产？离婚时应如何分割？

夫妻一方实际取得或者应当取得的住房补贴、住房公积金属于夫妻共同财产。但是应当注意夫妻离婚并不是提取公积金的法定理由，司法实践中存在两种做法，如果夫妻双方均有住房公积金，考虑到双方名下数额不均等以及提取需要满足一定的条件，判决由一方给予对方合理的差价补偿，使双方所得资金相当；如果仅一方持有公积金，判决持有者给予对方公积金一半的现金补偿款。

九、婚姻关系存续期间，一方发现另一方未经双方协商一致，擅自向第三人赠与大额财产，应当如何处理？

财产权益受损害一方可向法院提起诉讼，要求第三人返还另一方赠与的财产。值得注意的是，应当要求返还全部财产，而非一半。因为夫妻共同财产是共同共有，而不是按份共有，在夫妻共同财产分割前是一个完整的整体，双方对财产是不分彼此、不分份额的共同共有。

十、婚姻关系存续期间所形成的债务，在什么样的情况下属于夫妻共同债务？

夫妻共同债务的形成，有两个判断标准：（1）是否夫妻二人有共同举债的合意；（2）如果是一方举债，该方所借款项是否用于家庭日常生活。而对债权人，则有一个例外的情况：即使是以夫妻一方名义举债，所借款项超过家庭日常生活的需要，如果债权人能证明，该款项用于夫妻共同经营、夫妻共同生活或者该款项借款是双方的意思表示，此时，该笔债务仍有可能被认定为夫妻共同债务。

第十章　离婚救济

离婚救济制度包括离婚经济补偿制度、离婚过错损害赔偿制度、离婚经济帮助制度，该三项请求权均以婚姻关系的解除为前提。通过离婚救济制度，能够更好地贯彻婚姻自由原则。

第一节　离婚经济补偿

一、理解离婚经济补偿

根据《民法典》第1088条，离婚经济补偿指：“夫妻一方因抚育子女、照料老年人、协助另一方工作等负担较多义务的，离婚时有权向另一方请求补偿，另一方应当给予补偿”。夫妻双方均有抚育子女、照料老年人、协助另一方工作的义务，其中有观点认为抚育子女、照料老年人属于家务劳动，协助另一方工作不属于家务劳动，但实践中一般将离婚经济补偿统称为家务劳动补偿。

虽然当前市场化的家政服务一定程度能够将夫妻从家务劳动中解放出来，但其经济成本并非所有家庭都能承受，更为重要的是，“抚育子女、照料老年人、协助另一方工作等”并非家政服务能够完全或者有效替代。司法实践中，男女双方离婚的原因经常包括家务劳动分担不均。基于当前承担家务劳动的现实情况，离婚经济补偿制度的主要价值在于承认并尊重家务劳动的价值，实质推动性别平等，有效保障妇女合法权益，避免承担较多家务劳务的一方不至于因为将精力集中在对内贡献而缺乏独立谋生的能力。

二、离婚经济补偿的适用条件

第一，婚姻解除。婚姻关系存续期间，男女双方均有维系家庭的义务，故不得提出经济补偿。另外，根据最高人民法院的观点，“负担较多家庭义务一方的补偿请求，仅限在协议离婚或离婚案件诉讼过程中提出，协议或判决离婚后，一方提出经济补偿请求的，人民法院不予受理。”❶ 基于此，法院可以向当事人释明其经济补偿请求权，以免当事人因诉讼能力问题影响其实体权利。

第二，直接原则。必须是占用一方的时间和精力而直接实施的义务，如果是通过购买市场化的家政服务的方式承担家务劳动，或者是自己父母帮助承担家务劳动，则不属于可以请求经济补偿的范畴。

第三，负担失衡原则。与另一方相比，家务劳动占用一方较多的时间和精力，双方在家务劳动方面的付出明显失衡。如一方牺牲自己职业前途，全职在家，或者为了负担家务劳动而只能干一些兼职工作或夜班工作等。如双方负担家务劳动没有明显不均，则可在分割夫妻共同财产时适当考量多负担家务劳动一方的利益。

值得注意的是，(1) 虽然夫妻法定财产制已经体现了对具体承担较多家务劳动一方的补偿，但考虑到这一方因此牺牲的各种机会，所以相较《婚姻法》，《民法典》取消了离婚经济补偿只能在夫妻约定财产制下适用的规定，即无论夫妻之间是法定财产制还是约定财产制，均不影响一方依法主张经济补偿。(2) 家务劳动属于无形付出，不直接体现为经济产出，所以多承担家务劳动的一方主张经济补偿时，仅需举证其承担了较多家务劳动即可。(3) 离婚经济补偿应当以另一方的个人财产支付，而且即使多承担家务劳动的一方在分割夫妻共同财产时取得了较多财产，也有权利主

---

❶ 最高人民法院民法典贯彻实施工作领导小组．中国民法典适用大全：婚姻家庭卷［M］．北京：人民法院出版社，2022.

张经济补偿。

三、离婚经济补偿的方式和标准

（一）离婚经济补偿的方式

根据私法意思自治原则，离婚经济补偿金额原则上先由当事人协商，协商不成的情况下，再通过司法终局的方式定分止争。实践中发现，一般情况下，当事人协商的金额会高于法院判决的金额。

（二）离婚经济补偿的标准

离婚经济补偿没有明文量化公式，甚至也没有具体的数额区间，故主要由法官综合各种因素进行酌定。离婚经济补偿应当既能够体现对承担较多家务一方的贡献的认可，又避免补偿过高而变相将家务劳动价值凌驾于另一方的社会劳动。实践中考虑的因素包括以下几个方面：

（1）家务劳动类型。不同的家务劳动强度不同、繁简有别、挑战有异。如抚育不同年龄的子女、照料不同身体情况的老年人等所付出的精力明显不同。家务劳动的类型能够更直接反映家务劳动的价值。

案例： 宜先生与方女士于2000年登记结婚，双方均系再婚，婚后未生育子女。宜先生与前妻育有一女，随宜先生、方女士共同生活多年，由宜先生、方女士抚养成年。后双方产生矛盾，方女士起诉离婚，并主张经济补偿。

解析： 法院审理认为，宜先生与方女士再婚后未生育子女，方女士多年与宜先生共同抚育宜先生与前妻之女，负担了较多义务，有权请求经济补偿，根据双方实际情况，酌定由宜先生支付方女士经济补偿款5万元。

（2）家务劳动时间。家务劳动时间越长，属于自己的“社会时间”就越短。家务劳动时间主要反映在天数总量以及每天从事家务劳动的时长。在没有相反证据的情况下，婚龄可以反映天数总量。

（3）职业发展前景。包括离婚时双方的年龄、职业能力（包括既有职业能力以及实现未来发展所需的经济成本）等。离婚经济补偿应当合理保障负担较多家务劳动一方离婚后的个人发展。

(4) 经济情况。包括：离婚时夫妻共同财产的多寡以及共同财产的分割情况；另一方婚前个人财产或者婚姻关系存续期间取得的个人财产的情况；当前工资收入情况；法定义务负担情况等。

案例：宜先生与方女士于2018年登记结婚，同年生育一子，双方婚后常因生活琐事产生矛盾，最终于2021年开始分居。方女士起诉离婚，并提出其全职在家抚育孩子、操持家务，要求宜先生支付其家务补偿款2万元。

解析：法院经审理，结合双方婚姻关系存续、分居的时间及宜先生的收入等情况，判决宜先生支付方女士1万元家务劳动补偿。

(5) 当地一般生活水平。包括：居民人均可支配收入、居民人均生活消费支出、消费水平和消费结构、物价情况等。当地一般生活水平高的地区，经济补偿标准也相应提高。

实践中应当注意，考量前述因素时应当有所侧重，如果负担较多义务的一方通过共同财产分割等已经就其家务付出取得了一定的补偿，则在确定离婚经济补偿时，应当着重考量恢复其必要职业能力所需要付出的成本。

第二节　离婚过错损害赔偿

一、理解离婚过错损害赔偿

根据《民法典》第1091条，离婚过错损害赔偿指：因夫妻一方实施了法定重大过错导致夫妻感情破裂而离婚，过错方应当对无过错方的损失予以赔偿。

离婚经济补偿与离婚过错损害赔偿虽然系不同的制度，但二者可以同时适用，其区别在于：(1) 制度价值不同。离婚经济补偿的制度价值前已述及。离婚过错损害赔偿的制度价值在于保障无过错方的合法权益，促进平等、和睦、文明的婚姻家庭关系，维护社会公共利益。(2) 适用前提不同。离婚过错损害赔偿以夫妻一方存在法定重大过错，并因此给另一方造成物质或者精神损害为前提。而离婚经济补偿不考虑过错问题，只要存在一方负担较多家务劳动的事实即可主张。

二、离婚过错损害赔偿的适用条件

（一）起因条件：法定重大过错导致离婚

离婚过错损害赔偿实际适用的是侵权责任的法理，故也强调侵权行为、侵权后果、主观过错与因果关系。导致离婚的情形纷繁复杂，但并非所有过错原因都可以主张离婚损害赔偿，《民法典》对可以主张损害赔偿的重大过错通过“列举+概括”的方式进行明确，包括以下几种。

1. 重　　婚

重婚指夫妻一方在婚姻关系存续期间，通过欺骗的方式与他人登记结婚，或者虽未登记结婚，但以夫妻名义共同生活。重婚行为还受刑法上的重婚罪的规制。

案例：宜先生以夫妻感情不和、长期分居为由，起诉要求与方女士离婚，方女士不同意离婚。在一审判决准予离婚后，方女士不服上诉。在上诉期间，宜先生误以为一审判决已经生效，遂与江女士登记结婚。

解析：上诉期间，宜先生、方女士仍然属于婚姻关系存续期间，宜先生与江女士登记结婚构成重婚，但该重婚事由并非导致其与方女士离婚的原因，故即使最终二审还是准予双方离婚，方女士也无权另行主张离婚过错损害赔偿请求。

2. 与他人同居

与他人同居指夫妻一方与婚外异性，不以夫妻名义，持续、稳定地共同居住。与婚外同性持续、稳定地共同居住的，不属于本情形规制的对象，但可以根据具体情况，在兜底条款中考量是否构成导致离婚的重大过错。另外，如果没有同居，仅是偶尔的不正当两性关系亦不属于本情形规制对象，依然应当在兜底条款中综合情形、后果等进行考量。

案例一：李女士与方先生于 2004 年相识，2006 年 4 月登记结婚，婚后未生育子女。结婚后不久李女士婚内出轨，与他人同居，2006 年 8 月双方开始分居生活。2007 年李女士向北京某区人民法院起诉要求与方先生离婚，李女士认可其曾在 2006 年 6 月以后与他人同居，方先生主张精神损害赔偿 10 万元。

解析：法院认为，夫妻应相互忠实，李女士与他人同居并导致离婚，方先生有权请求损害赔偿，法院最终根据李女士过错程度及给方先生造成精神损害程度等情节，酌情判令李女士给付精神损害赔偿 8 万元。

案例二：黄先生与李女士于 2012 年登记结婚，2019 年黄先生以夫妻感情破裂为由向北京某区人民法院起诉要求离婚。李女士称离婚的原因是黄先生出轨成瘾，其主张黄先生支付其过错损害赔偿 10 万元。

解析：法院经审理，根据黄先生在不同社交平台发布的图文、视频以及手机中留存的照片、视频等证据，认定黄先生在婚内出轨次数较多，给李女士造成严重伤害，属于重大过错。法院结合黄先生的过错程度、实际收入等因素，酌定黄先生赔偿李女士 6 万元精神损害赔偿金。

3. 实施家庭暴力

家庭暴力，是指家庭成员之间以殴打、捆绑、残害、限制人身自由以及经常性谩骂、恐吓等方式实施的身体、精神等侵害行为；以及家庭成员之间以冻饿或者经常性侮辱、诽谤、威胁、跟踪、骚扰等方式实施的身体或者精神侵害行为。家庭暴力通常是偶发性、间断性的。

4. 虐待、遗弃家庭成员

虐待是指持续性、经常性的家庭暴力。虐待家庭成员，情节恶劣的，构成虐待罪。遗弃是指对于年老、年幼、患病或者其他没有独立生活能力的人，负有扶养义务而拒绝扶养。有遗弃行为，情节恶劣的，构成遗弃罪。

5. 其他重大过错

本项是《民法典》新增的兜底条款。实践中，婚姻过错行为远不止前四项所规定的情形，还可能包括如赌博、吸毒、犯罪等，实践中一般要根据具体过错内容、产生的损害后果，结合一般公众的认识予以评判。重大过错具有惩罚性质，从法律条文逻辑自洽角度，原则上“其他重大过错”应当在情节或者后果上与前述具体的重大过错相当。

案例：周某在与郑女士婚姻关系存续期间，因强奸郑女士妹妹而被判刑。郑女士以周某该行为导致夫妻感情破裂为由起诉离婚，并主张离婚过错损害赔偿。

解析：周某的犯罪行为不仅严重违背夫妻忠实义务，且其犯罪对象系郑女士的妹妹，该行为明显给郑女士及其家庭造成重大精神创伤，故周某应当承担过错损害赔偿责任。

值得注意的是，根据《民法典》第1087条第1款的规定：“离婚时，夫妻的共同财产由双方协议处理；协议不成的，由人民法院根据财产的具体情况，按照照顾子女、女方和无过错方权益的原则判决。”该条款规定了离婚时财产分割应照顾“无过错方权益”的原则，该条款所涉及的“过错”包括重大过错和一般过错，而离婚过错损害赔偿针对的只能是重大过错。这就意味着，离婚时，存在法定重大过错的一方在经济方面会承受“双重不利益”，即分割财产时被倾斜对待，并且还要另外支付损害赔偿，这充分体现了对无过错方的保护和对过错方的惩罚。

（二）主体条件：离婚诉讼当事人中的无过错方

有权主张离婚损害赔偿的只能是离婚诉讼当事人中的无过错方，这就意味着，夫妻双方均有过错情形，一方或者双方向对方提出离婚损害赔偿请求的，人民法院不予支持，即不能存在混合过错。

案例：吴某与朱女士婚姻关系存续期间生育一子，其间吴某对婚生子长期实施家庭暴力，朱女士屡次劝阻无效，造成巨大精神痛苦，最终决定起诉离婚，并在诉讼中要求吴某向其及双方婚生子支付离婚过错损害赔偿。

解析：吴某虽然没有直接对朱女士实施家庭暴力，但朱女士作为共同生活的家庭成员，必然耳闻目睹吴某的家庭暴力行为，且其伤害婚生子的行为客观上给母亲朱女士造成巨大精神创伤，故朱女士客观上也属于受害人，其有权主张离婚过错损害赔偿，但婚生子应当另行基于一般侵权损害赔偿请求权主张权利。

（三）时间条件：离婚时或离婚后提出

离婚过错损害赔偿请求只有在离婚的情况下提出才会被审理。在婚姻关系存续期间，当事人不起诉离婚而单独提起离婚过错损害赔偿请求的，人民法院不予受理。但根据最高人民法院的观点，如果无过错方基于《民法典》侵权责任编的规定主张损害赔偿的，应当受理。

人民法院受理离婚案件时，应当书面告知当事人离婚过错损害赔偿制度的相关规定。基于此，无过错方作为原告向人民法院提起损害赔偿请求的，必须在离婚诉讼的同时提出；无过错方作为被告的离婚诉讼案件，如果被告不同意离婚也不基于该条规定提起损害赔偿请求的，可以就此单独提起诉讼；无过错方作为被告的离婚诉讼案件，一审时被告未提出损害赔偿请求，二审期间提出的，人民法院应当进行调解；调解不成的，告知当事人另行起诉。双方当事人同意由二审人民法院一并审理的，二审人民法院可以一并裁判。值得注意的是，《民法典》施行后，无过错方在离婚后提起离婚损害赔偿诉讼请求的，已不受一年除斥期间的限制。

当事人在婚姻登记机关办理离婚登记手续后，向人民法院提出离婚损害赔偿请求的，人民法院应当受理。但当事人在协议离婚时已经明确表示放弃该项请求的，人民法院不予支持。

案例：陆某与刘女士原系夫妻关系，后陆某隐瞒其婚内与他人同居并生子的情况，与刘女士协议离婚。刘女士在不知情的情况下，与陆某签订离婚协议书并办理离婚登记手续。离婚协议书约定陆某支付刘女士经济帮助款7万元，该款已实际履行。离婚后陆某即与婚外情对象结婚。不久，刘女士得知陆某存在重大过错，故起诉至法院，要求陆某支付精神损害抚慰金5万元。

解析：法院经审理认为，陆某违反夫妻忠实义务，给刘女士造成精神压力和痛苦，依法应予赔偿。根据陆某的过错程度、损害的后果、当地平均生活水平等因素，结合双方离婚协议约定的帮助款，酌定由陆某支付刘女士赔偿款1万元。

三、离婚过错损害赔偿的范围

离婚过错损害赔偿范围包括物质损害赔偿和精神损害赔偿。物质损害赔偿的范围是无过错方的实际经济损失，包括财产损害、医疗费、营养费、误工费、交通费、残疾赔偿金等。精神损害赔偿，包括无过错方因受到人身伤害甚至导致残疾而存在精神痛苦，以及仅是因对方的重大过错行为导致精神创伤等。因重大过错是发生在夫妻之间，故一般情况下无论是否出现人身损害，都会给无过错方造成较大的精神痛苦。涉及精神损害赔偿的，适用《精神损害赔偿解释》的有关规定。该解释规定了确定精神损害赔偿数额的因素包括：侵权人的过错程度；侵害的手段、场合、行为方式等具体情节；侵权行为所造成的后果；侵权人的获利情况；侵权人承担责任的经济能力；受诉法院所在地平均生活水平。其中关于过错程度，基于离婚过错损害赔偿的特殊性，侵权人的过错程度可以通过双方婚龄、过错的次数和时间等反映。

第三节　离婚经济帮助

一、理解离婚经济帮助

根据《民法典》第1090条，离婚经济帮助指：离婚时，如果一方生活困难，有负担能力的另一方应当给予适当帮助。

离婚经济帮助制度与离婚经济补偿制度、离婚过错损害赔偿制度相比，离婚经济补偿重在劳务牺牲补偿，离婚过错损害赔偿重在侵权损害填补，离婚经济帮助则重在生存保障，即其制度价值在于保障离婚时生活困难一方的基本生存利益，因此有观点认为离婚经济帮助是离婚救济体系中的兜底制度。一般情况下，该三项制度依法可以由同一主体同时请求适用，但如果当事人因离婚经济补偿、离婚损害赔偿而使得其不存在生存问题，则一般就无须再对其进行离婚经济帮助。

离婚经济帮助义务与夫妻扶养义务均是法定义务，虽然是同样的男女双方，但双方关系因离婚而不再是家庭成员，基于此，前者重在通过帮助实现受助一方生存无忧，后者重在通过扶养实现夫妻同甘共苦；离婚经济帮助仅限于经济上的供养，而夫妻扶养义务包括经济上供养、生活上照料和精神上慰藉；不履行离婚经济帮助义务，在有生效判决的情况下，可能构成拒不履行生效判决罪，而不履行夫妻扶养义务可能构成遗弃罪。

二、离婚经济帮助的适用条件

适用离婚经济帮助的条件包括以下三个。

1. 绝对困难

离婚经济帮助是为了实现受助方能够维持当地一般生活水平，保障其生存权益，故困难的程度应当属于绝对困难，即该方通过个人财产、离婚时分得的财产以及当前的收入情况，仍然入不敷出、难以为继，以致生存堪忧。如果仅是因离婚导致原有良好的生活水平下降，但仍然能够维持当地一般生活水平，即所谓的相对困难，则无权主张经济帮助。值得注意的是，一方陷入绝对困难应当是因为客观原因导致的，如果一方有较强的工作能力，仅因为个人原因而拒绝参加工作以获取收入，如好吃懒做等，则即使其当前并无任何财产也无收入，也不属于需要经济帮助的对象。

案例：宜先生与方女士原系夫妻关系，宜先生婚前以个人财产投资了一家公司，每年能够取得不菲的分红，其将该款项用于与方女士的共同生活开支。后双方因性格问题导致离婚，方女士在离婚诉讼中主张因离婚导致其不能够再维持原有生活水平，要求宜先生给付经济帮助。

解析：离婚经济帮助所基于的“生活困难”是指依靠个人财产和离婚时分得的财产无法维持当地基本生活水平。方女士仅是因离婚而导致原有生活水平降低，不符合主张离婚经济帮助的条件。

2. 在离婚时存在困难

离婚经济帮助关于困难的认定时间节点应当是离婚之时，即离婚时一方存在经济困难的情形，如果是离婚后发生了无法维持当地基本生活水平的经济困难，则无权再向前夫或前妻主张经济帮助。且离婚经济帮助一般应在离婚时提出请求，故离婚案件当事人原则上应当到庭参加诉讼，以充分保障自己的实体权利。

案例：方女士与宜先生于2007年登记结婚，方女士生育一子后即患有精神分裂症，经残联确认为精神残疾二级。宜先生于2014年起诉离婚，因方女士下落不明，该案依法公告后缺席审理，于2015年判决解除了双方的婚姻关系。2016年方女士得知法院判决离婚后，向法院起诉要求宜先生履行经济帮助义务。宜先生辩称，双方已经离婚一年多，方女士无权再主张经济帮助。

解析：法院经审理认为，双方于2015年经判决离婚时，方女士未到庭，客观上无法主张经济帮助，方女士仍有资格主张经济帮助。考虑离婚时双方无共同财产分割，宜先生主要靠在外打工维持生活，尚有幼子需要抚养，经济能力有限，方女士精神分裂症一直未治愈，无固定收入来源，最终酌定宜先生一次性支付方女士经济帮助款2万元。

3. 经济不同等

如果双方都存在难以维持当地基本生活水平的情况，或者一方相较另一方虽然经济条件尚可，但提供经济帮助后也会导致自己经济状况恶化并陷入同样的困境，则没有适用离婚经济帮助的余地，否则就相当于“拆东墙补西墙”，无法实质保障双方当事人的合法权益。值得注意的是，离婚时需要对夫妻共同财产进行分割，在分割完共同财产后，如果一方仍然存在难以维持当地基本生活水平的情况，在不考虑财产分割存在倾斜的情况下，则有负担能力的一方所资助的财产一般是其婚前个人财产或者婚姻关系存续期间受赠归个人所有的财产。当然，有负担能力也不限制于帮助方既有的财产，也包括其相较于受助方，是否具有稳定的、较高的工资收入，在这种情况下，即使当前双方均无大额财产，但该方仍属于有负担能力。

三、离婚经济帮助的方式、标准及期限

离婚经济帮助应当适当，否则有可能产生道德风险，给有负担能力的一

方造成过重的经济、心理负担，并且有违离婚彻底破裂原则，导致产生新的矛盾。具体而言：

离婚经济帮助的方式包括：定期或一次性给付困难一方款项；安排住房供困难一方占有使用，包括提供自有住房或为困难一方承租房屋等。其中，提供的住房可以是整套住房，也可以是住房里的一间房屋；确定房屋租金时，原则上应根据当地保障性住房的地段及租赁情况进行判断。离婚经济帮助应当在确定方式时予以一次性明确，即所谓的一次终局，不得再就帮助的方式、数额等另行主张调整。此举有利于督促受助方依靠自己的努力，尽快摆脱经济困难。

离婚经济帮助标准涉及帮助程度问题。确定离婚经济帮助标准的因素包括：导致受助方陷入生存危机的原因以及预期可以摆脱经济困难的成本及前景；有负担能力一方的工作、经济情况；共同财产分割情况；双方年龄、婚龄；感情破裂原因；负担的法定义务情况以及享有的法定权利情况（如离婚的老年人可能存在赡养义务人）；是否有其他法定义务人；当地的实际生活水平等。

离婚经济帮助的期限原则上以受助方可以维持当地基本生活水平为标准，故需要通过附期限或附条件的方式予以限制，前者是以将来客观确定到来的事实决定民事法律行为效力，后者是以未来客观上不确定发生的事实决定民事法律行为效力，具体如何限制应结合受助方所需要的帮助的方式以及帮助的程度进行判断。如果在所附期限或条件前，受助方已经可以维持当地基本生活水平，则帮助方可以以新的事实为由主张终止离婚经济帮助，故不宜过于从严认定离婚经济帮助的期限，适当放宽离婚经济帮助的期限能够充分保障受助方的生存权益。

案例：宜先生与方女士于 1992 年登记结婚，1993 年生育一子。宜先生婚前个人房屋被拆迁，取得安置房 1 套，另有 1 套安置房待分配。双方长期分居，其间婚生子由方女士独自抚养。双方婚姻关系存续期间没有购买房屋，方女士无属于自己的房屋，也无固定工作。宜先生起诉离婚，方女士主张经济帮助。

解析：法院考虑到方女士没有固定工作，也无属于自己的住房，还在独自承担婚生子各项求学费用，故判决双方离婚后，方女士可在宜先生名下的安置房中居住至再婚时止。

本章实务热点问答

一、祖父母、外祖父母帮助抚育孙子女、外孙子女以及操持家务，能否由祖父母、外祖父母主张离婚经济补偿？

实践中，因经济压力等原因，夫妻双方均需要参与社会工作，故多由祖父母、外祖父母隔代帮助抚育孙子女、外孙子女以及操持家务。祖父母、外祖父母在父母有抚养能力的情况下，对孙女子、外孙子女没有抚养义务，司法实践中，曾有法院对外祖父母基于与夫妻双方签订劳务补偿协议主张的“帮助带娃费”予以支持，但是祖父母、外祖父母无权主张离婚经济补偿。

二、调查婚外情支出的费用是否属于离婚损害赔偿范围？

最高人民法院民一庭观点倾向性意见［《民事审判指导与参考》（总第36集），法律出版社2009版］离婚损害赔偿中经济损失和精神损害赔偿的内容均是基于配偶一方导致离婚的过错行为，强调的是对因受配偶侵权行为损害的无过错配偶提供经济和精神上的救济，为婚外情调查合同支出的费用不属于“损害赔偿”范畴。该观点也考虑到调查婚外情会存在侵犯另一方隐私，以获取非法证据的情况。

三、夫妻一方仅以法院发出的人身安全保护令，主张其配偶实施家庭暴力并请求离婚损害赔偿的，能否支持？

2022年8月1日起施行的《最高人民法院关于办理人身安全保护令案件适用法律若干问题的规定》第6条第1款规定：“人身安全保护令案件中，人民法院根据相关证据，认为申请人遭受家庭暴力或者面临家庭暴力现实危险的事实存在较大可能性的，可以依法作出人身安全保护令。”第9条规定：

“离婚等案件中，当事人仅以人民法院曾作出人身安全保护令为由，主张存在家庭暴力事实的，人民法院应当根据《最高人民法院关于适用〈中华人民共和国民事诉讼法〉的解释》第一百零八条的规定，综合认定是否存在该事实。”可见，发出人身安全保护令的证明标准为“较大可能性”，而主张存在家庭暴力并要求离婚过错损害赔偿的证明标准为“高度可能性”。故发出人身安全保护令并不能证明客观上存在家庭暴力事实，仅以法院发出的人身安全保护令主张离婚损害赔偿的，不予支持。

四、可以证明存在家庭暴力的证据包括哪些？

根据“谁主张谁举证”的证据规则，无过错方主张对方实施家庭暴力等法定重大过错行为的，应当提交相关证据。根据《反家庭暴力法》第20条的规定：“人民法院审理涉及家庭暴力的案件，可以根据公安机关出警记录、告诫书、伤情鉴定意见等证据，认定家庭暴力事实。”《最高人民法院关于办理人身安全保护令案件适用法律若干问题的规定》第6条规定：“人身安全保护令案件中，人民法院根据相关证据，认为申请人遭受家庭暴力或者面临家庭暴力现实危险的事实存在较大可能性的，可以依法作出人身安全保护令。前款所称‘相关证据’包括：（一）当事人的陈述；（二）公安机关出具的家庭暴力告诫书、行政处罚决定书；（三）公安机关的出警记录、讯问笔录、询问笔录、接警记录、报警回执等；（四）被申请人曾出具的悔过书或者保证书等；（五）记录家庭暴力发生或者解决过程等的视听资料；（六）被申请人与申请人或者其近亲属之间的电话录音、短信、即时通讯信息、电子邮件等；（七）医疗机构的诊疗记录；（八）申请人或者被申请人所在单位、民政部门、居民委员会、村民委员会、妇女联合会、残疾人联合会、未成年人保护组织、依法设立的老年人组织、救助管理机构、反家暴社会公益机构等单位收到投诉、反映或者求助的记录；（九）未成年子女提供的与其年龄、智力相适应的证言或者亲友、邻居等其他证人证言；（十）伤情鉴定意见；（十一）其他能够证明申请人遭受家庭暴力或者面临家庭暴力现实危险的证据。”

实践中，当事人可能难以取得前述部分证据，根据《最高人民法院关于办理人身安全保护令案件适用法律若干问题的规定》第 5 条的规定："当事人及其代理人对因客观原因不能自行收集的证据，申请人民法院调查收集，符合《最高人民法院关于适用〈中华人民共和国民事诉讼法〉的解释》第九十四条第一款规定情形的，人民法院应当调查收集。人民法院经审查，认为办理案件需要的证据符合《最高人民法院关于适用〈中华人民共和国民事诉讼法〉的解释》第九十六条规定的，应当调查收集。"

值得注意的是，因各种主客观原因，家事纠纷中经常存在一方难以提交证据以证明自己主张的情况，尤其是由国家有关部门保存以及涉及个人隐私的证据，故前述规定对于补强该方的举证能力尤其重要。

五、能否以生育权被侵犯请求损害赔偿？

根据《婚姻家庭编解释（一）》第 23 条的规定："夫以妻擅自中止妊娠侵犯其生育权为由请求损害赔偿的，人民法院不予支持；夫妻双方因是否生育发生纠纷，致使感情确已破裂，一方请求离婚的，人民法院经调解无效，应依照民法典第一千零七十九条第三款第五项的规定处理。"

六、经济帮助确定了期限或条件，当受助方足以维持当地基本生活水平的，提供经济帮助的一方可否停止经济帮助？

经济帮助是为了保障困难一方的生存权益，如果该方通过再婚或者出现其他情形，足以维持当地基本生活水平，则经济帮助的基础已经丧失，再要求提供经济帮助的一方按照生效协议或法律文书履行，有违公平，故其可以停止履行。

七、如何证明属于可以主张离婚经济帮助的"绝对困难"？

可以参考《诉讼费用交纳办法》第六章"司法救助"中相关条款的相应内容。该章第 45 条规定："当事人申请司法救助，符合下列情形之一的，人民法院应当准予免交诉讼费用：（一）残疾人无固定生活来源的；（二）追索赡养费、扶养费、抚育费、抚恤金的；（三）最低生活保障对象、农村特困定期救济对象、农村五保供养对象或者领取失业保险金人员，无其他收入的；（四）因见义勇为或者为保护社会公共利益致使自身合法权益受到损害，本人或者其近亲属请求赔偿或者补偿的；（五）确实需要免交的其他情形。”第46条规定：“当事人申请司法救助，符合下列情形之一的，人民法院应当准予减交诉讼费用：（一）因自然灾害等不可抗力造成生活困难，正在接受社会救济，或者家庭生产经营难以为继的；（二）属于国家规定的优抚、安置对象的；（三）社会福利机构和救助管理站；（四）确实需要减交的其他情形。人民法院准予减交诉讼费用的，减交比例不得低于30%。”第48条第2款：“因生活困难或者追索基本生活费用申请免交、减交诉讼费用的，还应当提供本人及其家庭经济状况符合当地民政、劳动保障等部门规定的公民经济困难标准的证明。”

《最高人民法院关于对经济确有困难的当事人提供司法救助的规定》第3条规定：“当事人符合本规定第二条并具有下列情形之一的，可以向人民法院申请司法救助：（一）追索赡养费、扶养费、抚育费、抚恤金的；（二）孤寡老人、孤儿和农村‘五保户’；（三）没有固定生活来源的残疾人、患有严重疾病的人；（四）国家规定的优抚、安置对象；（五）追索社会保险金、劳动报酬和经济补偿金的；（六）交通事故、医疗事故、工伤事故、产品质量事故或者其他人身伤害事故的受害人，请求赔偿的；（七）因见义勇为或为保护社会公共利益致使自己合法权益受到损害，本人或者近亲属请求赔偿或经济补偿的；（八）进城务工人员追索劳动报酬或其他合法权益受到侵害而请求赔偿的；（九）正在享受城市居民最低生活保障、农村特困户救济或者领取失业保险金，无其他收入的；（十）因自然灾害等不可抗力造成生活困难，正在接受社会救济，或者家庭生产经营难以为继的；（十一）起诉行政机关违法要求农民履行义务的；（十二）正在接受有关部门法律援助的；（十三）当事人为社会福利机构、敬老院、优抚医院、精神病院、SOS儿童村、社会救助站、特殊教育机构等社会公共福利单位的；（十四）其他情形确实需要司法救助的。”

第三编

血亲编

第十一章　父母子女关系

第一节　父母子女关系的定义和种类

一、父母子女关系的定义

父母子女关系又称亲子关系，指父母子女间权利义务关系的总和。父母子女关系是一类基本的亲属身份关系，是家事法的重要内容之一。

二、父母子女关系的种类

（一）自然血亲的父母子女关系

自然血亲关系的父母子女关系，是指基于子女出生事实而产生的父母子女关系，除子女或父母一方死亡的原因而终止之外，自然血亲关系的父母子女关系不得因其他原因解除。

自然血亲关系的父母子女关系具体包含婚生的父母子女关系和非婚生的父母子女关系。婚生子女是指在父母婚姻存续期间受胎的子女。非婚生子女是指无婚姻关系的男女所生的子女。婚生子女与非婚生子女合称亲生子女。

（二）法律拟制的父母子女关系

法律拟制的父母子女关系，是指基于再婚后事实上的抚养关系或收养法律行为产生的父母子女关系，即父母子女之间无血缘关系，是一种拟制的血亲关系，并由法律认可而形成。拟制血亲的父母子女关系可因死亡自然终止，也可人为解除。

法律拟制的父母子女关系具体包含继父母与受其抚养教育的继子女的关系和养父母与养子女的关系，是得到法律的规定与认可、基于抚养教育事实或收养事实发生的。继子女是指妻子对丈夫与前妻所生子女或丈夫对妻子与前夫所生子女的称谓，继子女与继父母是一对相对应的概念。养子女是指被他人收养的人，与收养人、送养人等主体在收养关系中对应存在。

第二节　父母子女的权利和义务

一、父母对子女的抚养义务

（一）子女的范畴

《婚姻家庭编解释（一）》第41条规定，父母对未成年子女和不能独立生活的成年子女具有抚养的法定义务。未成年子女既包括婚生子女、非婚生子女，也包括没有解除收养关系的养子女。尚在校接受高中及其以下学历教育，或者丧失、部分丧失劳动能力等非因主观原因而无法维持正常生活的成年子女，可以认定为不能独立生活的成年子女。

（二）抚养义务

《婚姻家庭编解释（一）》第42条规定，抚养是指父母为子女的成长、学习、生活等提供一定的物质和精神条件，其中包括支付抚养费。抚养费具体形式包括子女生活费、教育费、医疗费等费用。

父母对未成年子女的抚养是无条件的。父母对成年子女的抚养要分情况看待，对于丧失劳动能力或不能独立生活的成年子女，父母应负担基本的生活开销。对于可以独立生活的成年子女，法律没有强制规定，父母自愿安排。

婚姻关系存续期间，父母双方或一方拒不履行抚养子女义务，未成年子女或者不能独立生活的成年子女请求支付抚养费的，人民法院应予支持。❶因此婚姻关系存续期间，主张父母未尽抚养义务的主体是未成年子女或者不能独立生活的成年子女。离婚后，父母仍应依法履行抚养义务，但主张支付抚养费的主体既可以是未成年子女或者不能独立生活的成年子女，也可以是依据《离婚协议书》《调解书》《判决书》等内容的夫或妻一方。

案例：汤某母亲在汤某出生后因家庭矛盾离家出走，没有尽到母亲的责任。20 年后，汤某得知母亲回归原籍，重新组建了家庭，经济条件较好，于是请求法院判令其母亲支付 18 年的抚养费 9 万元。其母亲辩称现以打工为生，没有能力支付抚养费。

解析：父母不得以没有抚养能力为由拒绝履行抚养义务，汤某母亲应当支付汤某未成年时或不能独立生活期间的抚养费。

（三）父母离异后对子女的抚养义务

父母对未成年子女的抚养义务是无条件的，在任何情况下都不得免除，且父母具有同等责任。即使父母已经解除婚姻关系，仍应对未成年子女依法履行抚养义务。父母离异后，未成年子女的抚养，坚持有利于保护子女利益的原则，结合父母的抚养意愿、抚养能力和抚养条件进行决定。抚养费的数额，可以根据子女的实际需要，父母双方的负担和当地的实际生活水平确定。❷

父母拒不履行抚养义务或未履行到位的，可由有关部门调解或者向人民法院提起诉讼；拒绝抚养且情节恶劣的，可以遗弃罪追究刑事责任。

案例：汤某父母离异后，汤某跟随母亲生活。母亲带着汤某再婚，汤某和继父形成具有抚养教育的继父母子女关系，但两人相处并不融洽。后母亲和继父离婚，继父不愿意再抚养教育汤某。

解析：汤某继父与其生母离婚后，汤某继父不同意抚养，则应由其生父

---

❶ 《婚姻家庭编解释（一）》第 43 条。

❷ 《婚姻家庭编解释（一）》第 49 条。

或生母继续抚养。[1] 即继父母子女关系不以继父与生母，或继母与生父离婚自然解除，而是以继父或继母是否同意继续抚养教育为前提。如继父或继母不同意继续抚养继子女的，则仍应由生父或生母抚养。

二、父母对子女教育的权利和义务

父母对未成年子女的教育和保护既是权利也是义务。教育是指父母按照法律和道德要求，采取正确的方法，对其未成年子女进行教导，并对其行为进行必要的约束，以保障其身心健康。[2] 父母是子女人生中的第一任老师，有义务在德、智、体、美、劳等方面教育未成年子女使其全面发展，成为有能力自己追求美好生活的人；父母同时也有权利根据子女身心发展特点，选择合适的方法进行教育和管束，使用适当的惩戒手段。当然，不可以使用暴力进行虐待。

父母的教育，不仅是为了保障未成年子女的身心健康，同时也是为了防止未成年子女从事违法犯罪行为而损害他人和社会的利益。根据《中华人民共和国预防未成年人犯罪法》第 16 条、第 38 条、第 39 条的规定，未成年人的父母对未成年人的预防犯罪教育负有直接责任。未成年人的父母发现有人教唆、胁迫、引诱未成年人实施下列严重不良行为的，应当立即向公安机关报告：（1）结伙斗殴，追逐、拦截他人，强拿硬要或者任意损毁、占用公私财物等寻衅滋事行为；（2）非法携带枪支、弹药或者弩、匕首等国家规定的管制器具；（3）殴打、辱骂、恐吓，或者故意伤害他人身体；（4）盗窃、哄抢、抢夺或者故意损毁公私财物；（5）传播淫秽的读物、音像制品或者信息等；（6）卖淫、嫖娼，或者进行淫秽表演；（7）吸食、注射毒品，或者向他人提供毒品；（8）参与赌博赌资较大；（9）其他严重危害社会的行为。

---

[1] 《婚姻家庭编解释（一）》第 54 条。

[2] 黄薇．中华人民共和国民法典婚姻家庭编释义［M］．北京：法律出版社，2020：110.

三、父母对子女保护的权利和义务

保护是指父母保护其未成年子女的人身安全和合法权益，预防和排除来自外界的危害，使其未成年子女的身心处于安全状态。[1] 父母对子女的保护，主要包括人身保护和财产保护。其中，人身保护主要包含保护身体健康、保护人身不受威胁和伤害等，财产保护主要包含妥善保管未成年子女的财富、不擅自处置其财产等。此外，父母还是子女的法定代理人，当子女的合法权益受到侵害时，父母可以法定代理人身份提起诉讼。

父母对子女应承担监护责任。《民法典》第34条与第1188条规定，未成年子女造成他人损害的，父母作为未成年子女的法定监护人，由其承担侵权责任。父母尽到监护职责的，可以减轻其责任。如未成年子女有财产的，可从本人财产中支付赔偿费用，不足部分，由父母赔偿。父母不是未成年子女的监护人的，有明确监护人时，由监护人的按照上述原则承担赔偿责任；监护人不明确的，由顺序在前的有监护能力的人承担赔偿责任。

案例：受害人正独自为一家门店安装广告灯箱。未成年姐弟汤小甲与汤小乙在附近玩“鬼抓人”游戏，相互追赶，在一旁的父亲老汤没有制止。汤小甲在奔跑时撞到受害人使用的人字梯，导致受害人摔成重伤。

解析：汤小甲、汤小乙作为未成年人，在人行道上嬉戏奔跑，本就存在一定风险，可能导致自身或他人受伤。父母有教育、保护未成年子女的权利和义务。未成年子女造成他人损害的，父母应当依法承担民事责任。作为他们监护人的老汤，没有予以制止或引导，应当承担民事责任。

四、子女对父母的赡养义务

成年子女对父母具有赡养义务。赡养是指子女为父母的生活提供必要的经济和物质条件。子女应当履行对老年人经济上供养、生活上照料和精神上

---

[1] 黄薇．中华人民共和国民法典婚姻家庭编释义［M］．北京：法律出版社，2020：111.

慰藉的义务，照顾老年人的特殊需要[1]，这是对家庭和社会应尽的责任。根据《民法典》第1067条第2款规定，成年子女不履行赡养义务的，缺乏劳动能力或者生活困难的父母，有要求成年子女给付赡养费的权利。赡养绝不仅仅是满足物质需要，精神需求同样重要。子女不得冷落、忽视老年人，不与父母共同生活的，应当“常回家看看”，给予老年人应有的陪伴。赡养义务中的父母子女关系包括婚生父母子女、非婚生父母子女、构成抚养教育关系的继父母子女以及养父母子女关系。

赡养义务源于父母子女的血亲关系，以及先前父母对子女的抚养。子女的赡养义务，不因父母的婚姻关系变化而解除。父或母再婚、父或母一方不直接抚养子女的情形，都不能免除子女的赡养义务。如果子女出生后被他人收养，或者父母具有抚养能力而拒不履行抚养义务，或者父母对子女实施虐待、遗弃、故意杀害等行为，情节严重的，可以免除子女的赡养义务。

如果子女不履行赡养义务或履行不到位，父母可以寻求有关部门调解或者提起诉讼，要求履行赡养义务并给予赡养费。情节严重的，轻者给予治安处罚，重者构成遗弃罪追究刑事责任。

案例：汤某与丈夫结婚后，育有一儿一女。现汤某身患多种疾病，需要花费大量的医药费与护工费，除儿子尽赡养义务外，女儿对汤某不闻不问，未尽到赡养义务。女儿辩称，汤某有两处房产，将其中的一套赠给了儿子。儿子将房产卖掉，就可以支付汤某的医疗费用。

解析：赡养父母是法定义务，不附加任何条件。子女不得以父母偏心为由拒绝履行赡养义务。赡养费包含基本医疗支出，女儿应当承担一部分的医疗费用。

五、子女尊重父母的婚姻权利

子女尊重父母的婚姻权利是贯彻婚姻自由原则的体现。婚姻自由包含两

[1] 法律出版社法规中心．中华人民共和国民法典婚姻家庭编注释本［M］．北京：法律出版社，2020：46.

层含义：一是结婚自由，即公民可以按照自己的意愿，在法律规定的范围内决定是否结婚、和谁结婚、何时结婚，以及采取什么样的方式结婚；二是离婚自由，即夫妻双方都可以基于夫妻感情完全破裂等原因，依照法律规定办理离婚手续，或提起离婚诉讼，他人不得阻止或干涉。

婚姻自由受阻更多体现在老年人婚姻问题上。世俗偏见、老人自身固有观念的束缚、子女对父母婚姻的干涉等都是阻止父母婚姻自由的障碍。而子女反对的理由主要在于财产的继承问题、房产居住问题以及老人生活照料问题。这些问题固然很重要，但可以通过友好协商的方法妥善处理，不能因此剥夺父母再婚的权利。“老有所养”只是基本要求，同时也要达到“老有所伴”。除了子女的陪伴，得到伴侣的陪伴是每个人的权利。老年人再婚是正常现象，不应受到歧视与干涉，需要得到社会的关注和认可以及子女的理解与支持。

子女对父母的赡养义务，不因父母离婚后再婚而终止。因为作为赡养义务来源的血亲关系与抚养教育是既定事实，之后父母法律关系的变化不会影响到子女的赡养义务。如果子女拒不履行赡养义务或履行不到位，父母可如前述规定，请求追究子女的民事或刑事责任。

如子女采取暴力、威胁、言语侮辱、拘禁、伤害、虐待、遗弃或其他方法干涉父母婚姻自由以及婚后生活的，情节严重或恶劣构成犯罪的，应当依法承担刑事责任。

案例：汤某年近八十，独居在地下室，基本生活来源于拾荒及领取低保金，现年老多病、无经济来源。其子女以父母离婚，且母亲汤某有再嫁意愿为由拒绝支付赡养费。

解析：子女应当尊重父母的婚姻权利，不得干涉父母离婚、再婚以及婚后的生活，子女对父母的赡养义务，不因父母的婚姻关系变化而终止。汤某子女应当支付汤某足够的赡养费。

六、父母子女相互继承权

父母和子女之间有相互继承遗产的法定权利。因为父母子女互为最亲近的直系血亲，这种权利是以血缘和亲属关系为基础的，是父母子女关系的重要内容之一。[1] 父母子女相互继承权的平等性，体现在同一继承顺序中，无论是儿或女，无论是父或母，均享有同等的继承权。本条规定与《民法典》继承编的规定相互呼应，共同为父母子女的相互继承权奠定了基础。

父母子女相互继承权源于自然的或法律拟制的血亲关系。享有继承权的父母包括生父母、养父母、有抚养关系的继父母和人工生育子女的父母；享有继承权的子女包括亲生子女、养子女、有扶养关系的继子女。成年子女有赡养能力但未尽赡养义务的，在遗产分配时应当不分或少分。同时根据权利义务相一致原则，如父母离婚后，有抚养能力和抚养条件的父母未尽抚养子女义务的，则在分配子女遗产时，应当不分或少分。

父母子女相互继承权的各方权利主体享有平等的继承权利。父和母继承其死亡子女财产的权利是平等的，子和女继承其死亡父母财产的权利是平等的。不得因为性别、婚嫁等原因，随意剥夺继承权。

案例：汤某为被继承人母亲，年近七十。被继承人新婚2个月后，于所在单位组织的体育活动中突发疾病去世，继承人只有其妻子和汤某。

解析：本案继承人无遗嘱，应按照法定继承进行遗产分配。对被继承人尽了主要抚养义务或者与被继承人共同生活的继承人，分配遗产时，可以多分。结合对子女抚养的付出及被继承人与妻子结婚、共同生活的时间、家庭日常贡献等因素，酌定遗产分配的比例，应当给汤某多分。

第三节　婚生子女和非婚生子女

一、婚生子女

（一）婚生子女的定义

婚生子女是指具有合法婚姻关系的父母在婚姻存续期间受胎的子女。存

[1] 薛宁兰．中华人民共和国婚姻法评注：家庭关系［M］．厦门：厦门大学出版社，2018：110.

在三种情况：（1）结婚前受胎，结婚后出生；（2）婚内受胎，婚内出生；（3）婚内受胎，离婚后出生。这三种情况对应的期间以外受胎或出生的子女，一般不认为是婚生子女。司法实践中，对于生母的认定遵循“分娩者为母”原则，对于生父的认定则根据血缘关系而做确定。

（二）婚生子女的推定

婚生子女的推定是指借助婚姻关系推定子女的父亲和确定婚生子女的身份，并不是严格依照血缘关系确定，母亲与子女之间有天然的血缘关系，婚生子女推定的实质是法律对未予证实的子女与生母之夫之间的血缘关系强制性的推定为婚生，即推定与生母结婚的男子为生父，婚内所生子女为婚生子女。

我国未明文规定婚生子女的推定及其规则。

（三）婚生子女的否定

生活中婚生子女实际并非生母丈夫的子女是现实存在的，这一客观事实，可以作为相反事实推翻已被推定的婚生子女。否认亲子关系的实质是对婚生子女的否认，《民法典》对亲子关系的否认作出了相应规定，一般称为亲子关系异议之诉。

《民法典》第1073条规定：对亲子关系有异议且有正当理由的，父或者母可以向人民法院提起诉讼，请求确认或否认亲子关系。该内容对有权提起亲子关系异议之诉的主体、前提予以明确。父亲认为婚生子女不是自己亲生，或者母亲提出丈夫非子女亲生父亲时，父亲或母亲可提起否认亲子关系之诉。否认亲子关系的主体仅限于父亲或母亲，且要有正当理由才能提起。成年子女不可提起否认亲子关系之诉。

亲子关系的否定产生两个相应的法律后果。一是亲子身份关系被否定的法律后果，另外一个是如生母明知孩子并非丈夫的亲生子女而加以隐瞒，致使丈夫对孩子承担了抚养义务，则亲子关系被否定后，丈夫有权要求生母承担相应的损害赔偿。

案例：汤某与林某于2003年登记结婚，2007年林某生育汤小某。2013年汤某与林某经法院调解离婚。2021年汤某提起否认亲子关系之诉，请求法院确认其和汤小某之间不存在亲子关系，并在审理过程中，向法院提交了DNA鉴定意见书，鉴定结论为："依据现有资料和DNA分析结果，排除汤某为汤小某的生物学父亲。"鉴定的样本系汤某自行采集。另外，汤某向法院提交了一份在其起诉后委托浙江某公司出具的咨询报告，报告结论为："依据现有资料和DNA分析结果，排除汤某是'汤小某'的生物学父亲。"法庭上，林某以"做亲子鉴定会损害孩子身心健康"为由拒绝再做亲子鉴定。

解析：本案中，汤某提交的证据均为汤某单方委托，且证据的采集、送交程序存有诸多疑问，因此证据无法被采信，且无其他证据予以佐证，没有达到"必要证据"的要求。而亲子鉴定过程需要当事人配合，现林某拒绝再做亲子鉴定，如一方不配合，则不宜强制进行鉴定，同时根据未成年人利益最大化原则，鉴定申请也无法得到准许。故汤某的主张不能成立。[1]

二、非婚生子女

（一）非婚生子女的定义

非婚生子女指没有婚姻关系的男女所生的子女。对于无效婚姻或撤销婚姻中出生的子女，目前，大多数国家认定其为婚生子女。[2]

根据《民法典》第1071条的规定，非婚生子女享有与婚生子女同等的权利，任何组织或者个人不得加以危害和歧视。此外，不直接抚养非婚生子女的生父或者生母，即没有和子女固定生活在一起的生父或生母，应当负担未成年子女或者不能独立生活的成年子女的抚养费，承担抚养义务。父母与非婚生子女的权利义务内容与本章第二节内容一致。

案例：汤某与周某登记结婚，双方均为再婚。婚后，汤某与周某通过购买他人卵子，并由汤某提供精子，通过体外授精联合胚胎转移技术，出资委托其他女性代孕，生育了小汤。小汤出生后跟随汤某、周某共同生活。小汤

[1] （2021）京民终16579号民事判决书。

[2] 薛宁兰．中华人民共和国婚姻法评注：家庭关系［M］．厦门：厦门大学出版社，2018：132.

是否为婚生子女？

解析： 在夫妻关系存续期间，双方一致同意进行人工授精，所生子女应视为夫妻双方的婚生子女，父母子女之间的权利义务关系适用婚姻法的有关规定。[1] 此处所指向的受孕方式为合法的人工授精，孕母为婚姻关系存续期间的妻子本人。我国法律规定严禁以任何形式买卖配子、合子和胚胎；医疗机构和医务人员不得实施任何形式的代孕技术等。[2] 因此，本案中周某既非卵子提供者而形成生物学上的母亲，又非分娩之孕母，小汤是已婚的汤某和婚外第三人所生之子女，故小汤系非婚生子女。

（二）非婚生子女亲子关系的确认

非婚生子女与生母的亲子关系因出生事实得以确认。为明确身份关系，保护未成年人的利益，并进一步厘清财产关系，非婚生子女与生父的亲子关系确认尤为重要。《民法典》第1073条规定：对亲子关系有异议且有正当理由的，父或者母可以向人民法院提起诉讼，请求确认或否认亲子关系。对亲子关系有异议且有正当理由的，成年子女可以向人民法院提起诉讼，请求确认亲子关系。

亲子关系确认主体为：父或者母，以及成年子女。未成年子女要确认亲子关系，可以以父或母作为原告提出，未成年子女不能作为原告。此处的子女仅指亲生子女，不包括继子女或养子女。[3]

亲子关系确认的主要情形包括：父亲提起亲子关系确认之诉，即生父自愿认可亲子关系的情形；母亲提起亲子关系确认之诉，即生父不愿意认可亲子关系，生母以生父为被告提起确认子女与生父之间存在亲子关系的诉讼；成年子女提起亲子关系确认之诉，即以生父为被告，请求确认亲子关系的情形。此外，实践中还包括孩子被抱错，或者被社会福利院领养，或者父母离

[1] 薛宁兰．中华人民共和国婚姻法评注：家庭关系［M］．厦门：厦门大学出版社，2018：132.

[2] 薛宁兰．中华人民共和国婚姻法评注：家庭关系［M］．厦门：厦门大学出版社，2018：132.

[3] 最高人民法院民法典贯彻实施工作领导小组．中华人民共和国民法典婚姻家庭编继承编理解与适用［M］．北京：人民法院出版社，2020：222.

散、父母请求确认自己和孩子之间存在亲子关系的情形。

案例：宜先生与方女士于1981年登记结婚，婚后育有一女小宜。2021年宜先生病故。小林的母亲陈某作为小林的法定代理人，以小林的名义诉至法院称小林系宜先生的亲生儿子且与宜先生以父子名义共同生活，小林应继承宜先生40%的遗产。陈某提供了DNA检验报告书，该报告书载明送检的标记为“大”的毛发供者的基因型符合作为标记为“小”的毛发供者亲生父亲的遗传基因条件，陈某称“大”和“小”毛发供者分别为宜先生和小林。陈某另提供其与宜先生的照片及宜先生亲友等人的谈话录音等证据，以证明宜先生与小林系父子关系。为了进一步确认其与宜先生的亲子关系，小林向法院申请就其与小宜之间是否具有血缘关系进行鉴定。小宜明确表示不同意进行DNA比对检验。

解析：亲子关系推定规则建立在主张方提供初步必要证据的前提之下，且存在严格的适用边界，即限定在父母子女之间，而并不适用于兄弟姐妹之间。身份关系具有鲜明的道德性和伦理性，又与财产关系紧密相连，随意扩大亲子关系推定规则适用主体的范围不符合法律及司法解释的精神。婚生子女并无配合非婚生子女进行亲子鉴定的义务，更不适用亲子关系推定规则。[1]

第四节 继父母与继子女

一、继子女的定义

继子女是指夫妻一方对另一方与前配偶所生的子女的称谓。子女对生母或生父的再婚配偶称为继父（母）。

为防止继父母和继子女之间因社会观念等问题导致虐待和歧视的现象发生，《民法典》第1072条规定，继父母与继子女间不得虐待或者歧视。该规

[1] 江苏省高级人民法院2020年3月10日发布《2019年度江苏法院婚姻家庭十大典型案例》之六。

定强调双向良性互动，弘扬尊老爱幼的中华美德。

二、继父母子女关系的种类

继子女与继父母之间的亲属关系类型，因是否受其抚养而不同。具体而言，受继父母抚养教育的继子女，与继父母之间形成法律拟制的直系血亲关系，准用《民法典》关于父母子女关系的规定，即本章第二节的内容，具体包括：继父母对继子女有抚养、教育、保护的权利和义务，继子女对继父母有赡养扶助的义务，以及继父母和继子女之间有相互继承遗产的权利。未受继父母抚养教育的继子女，与继父母形成直系姻亲关系，不取得继承权，也不承担赡养义务。

案例：20 世纪 50 年代，汤某的丈夫去世，汤某带着八周岁的儿子小汤与周某登记结婚。婚后，小汤一直跟随汤某的父母居住生活，汤某和周某作为知识青年下放到乡村。之后汤某与周某生育了三个子女，一直与汤某和周某共同生活。汤某先于周某去世，周某生前和小汤居住在一个市区，两人常有来往。周某去世后，就周某的遗产继承问题，小汤主张其对周某的遗产享有继承权，汤某和周某的其他子女持反对意见。

解析：汤某的丈夫去世，汤某带着小汤再婚时，小汤年仅八周岁，无独立生活能力，而小汤并未由其生父一方的家庭（即小汤的祖父母或叔伯等）直接抚养，可以表明汤某家庭是主要承担抚养义务的一方。由于特殊历史时期原因，小汤不能跟随汤某共同生活是社会客观因素决定的，不能单纯以居住情况否定汤某和周某履行的抚养教育义务。即使在汤某去世以后，小汤对周某仍然进行着生活上的照料，足以说明小汤对周某履行了一定的赡养义务。故小汤系周某的法定继承人有事实和法律依据，其对周某的遗产享有法定继承权。

三、继父母子女关系的形成与终止

继父母和继子女的关系是因子女的生父或生母再婚而形成的，即生父母一方死亡、另一方再婚，或者生父母离婚后与他人再婚。

继父母子女关系终止的情况相对复杂。可以解除继父母子女关系的情形包括以下几种：

第一，没有形成长期共同生活和抚养教育关系的继父母子女间仅存在姻亲关系，在生父与继母或生母与继父的婚姻关系终止时，继父母子女关系自然解除。

第二，已经形成抚养教育关系的继父母子女，在生父与继母或生母与继父离婚后，如果继父母不同意继续抚养未成年继子女的，继父母子女的关系解除，该子女由其生父母抚养。

第三，与继父或继母共同生活的生母或生父死亡或离婚后，生父母中的另一方将未成年子女领回的，该继子女与继父或继母的关系解除。

第四，有长期共同生活或抚养教育关系的继父母子女关系恶化，双方或继父母一方向人民法院提出解除继父母子女关系的，可准许解除。但解除关系后，对年老体弱、生活困难的继父母，成年的原继子女仍应承担赡养扶助的义务。

除以上四种情形外，即使继父与生母或继母与生父的婚姻关系终止，或者继子女成年后另组家庭，因长期共同生活而形成抚养教育关系的继父母子女的关系已被法律拟制为血亲关系，故都不能自然解除。如一方要求解除关系，必须通过诉讼的途径，由人民法院视具体情况作出是否解除的调解或判决。

四、再婚后的子女姓氏

《婚姻家庭编解释（一）》第 59 条规定，父或母擅自改变子女姓氏，或改为继母或继父姓氏而引起纠纷的，应责令恢复原姓氏。再婚后子女姓氏的修改需要双方达成合意，一方不得擅自决定。而子女一旦成为完全民事行为能力人（年满 18 周岁，或年满 16 周岁且以自己劳动收入为主要生活来源），就拥有决定、使用和依法改变自己姓名的权利，以及禁止他人干涉、盗用、假冒自己的姓氏的权利。此时父母双方不得强迫子女更改或不更改姓氏，干涉子女的姓名权。

案例： 汤某与周某登记结婚，双方均为再婚，婚后未生育子女。汤某在前次婚姻中育有一子小汤，周某在前次婚姻中育有一女小周，由周某前妻抚育。结婚后，二人口头约定互不抚养对方子女，但小汤与双方共同生活。周某退休后，患有众多疾病，医疗费入不敷出，而小汤主张与周某并未形成抚养关系，且周某道德败坏并没有抚育自己。

解析： 小汤与周某共同生活多年，且道德评价与未成年时抚育无直接关联。继父或者继母和受其抚养教育的继子女间的权利义务关系，适用父母子女关系的规定。成年子女对父母负有赡养、扶助和保护的义务。成年子女不履行赡养义务的，缺乏劳动能力或者生活困难的父母，有要求成年子女给付赡养费的权利。

第五节　人工辅助生育问题

一、人工辅助生育的定义

人工辅助生育是根据生物遗传理论，采用人工的方法取出精子或卵子，再用人工方法将精子或受孕胚胎注入女性子宫内，使女性受孕的一种方式。其形式包括人工授精和体外受精并移植胚胎两种。

目前与人工辅助生育有关的还有“代孕”问题。代孕是指代理委托方怀孕的女性，自愿同意借助现代医疗技术，将精子注入体内授精，或将人工授精培育成功的受精卵或胚胎移植入体内怀孕，为委托方完成妊娠、分娩的行为。完成妊娠、分娩行为的女性为代孕母亲，所生子女为代孕子女。

二、人工辅助生育下的亲子关系法律关系

《民法典》对人工辅助生育子女的法律地位未作出规定，最高人民法院(91)民他字第12号函指出，“在夫妻关系存续期间，双方一致同意进行人工授精，所生子女应视为夫妻双方的婚生子女”。根据该函的规定，在夫妻

关系存续期间，双方一致同意进行人工授精是前提，而人工授精的方式下怀孕的人应当是妻子，而不是其他女子，因此在此前提下出生的子女仍然是自然血亲，其与父母之间系自然血亲的父母子女关系，且是婚生子女。

案例：汤某与周某登记结婚，婚后双方共同与医院签订人工授精协议书，对周某实施了人工授精，后周某怀孕。周某怀孕期间汤某身患绝症，汤某表示不要这个孩子，但周某不同意，并最终坚持生下孩子。汤某生前立下自书遗嘱，在遗嘱中声明他不要人工授精生下的孩子，并将自己名下房产赠与自己父母。后汤某病故，周某与汤某父母就遗产继承问题发生分歧。

解析：汤某因无生育能力，签字同意医院施行人工授精手术，该行为表明汤某具有通过人工授精方法获得其与周某共同子女的意思表示。只要在夫妻关系存续期间，夫妻双方同意通过人工授精生育子女，所生子女均应视为夫妻双方的婚生子女，汤某在遗嘱中否认其与周某所怀胎儿的亲子关系，是无效民事行为，应当认定汤小某是汤某和周某的婚生子女。汤某在立遗嘱时，明知其妻子腹中的胎儿而没有在遗嘱中为胎儿保留必要的遗产份额，该部分遗嘱内容无效。因此，在分割遗产时，应当为该胎儿保留继承份额。❶

关于代孕所生子女法律地位的认定，各国立法各有不同。目前我国和代孕相关的规定只有两部，分别是原卫生部2001年《人类辅助生殖技术管理办法》和2003年《人类辅助生殖技术与人类精子库伦理原则》。两部部门规章规定的内容已表明国家对代孕持否定立场。但由于潜在的社会需求以及人工生殖技术的发展，代孕情况屡禁不止。而孩子出生后当然不可能“恢复原状”，无论代孕行为是否合法，代孕子女的法律地位如何认定是关键性问题，法律地位的认定首先涉及的就是亲子关系的认定原则。代孕亲子关系的认定法律没有直接的规定，原则上存在血缘说、分娩说、契约说（或称人工生殖学说）、子女利益最佳说四种学说。

代孕过程中，主要有以下四方主体：委托方中的丈夫、委托方中的妻子、

---

❶ 《最高人民法院公报》2015年第10期（总第228期）。

代孕母亲和代孕子女。但如果精子、卵细胞的提供者为上述主体以外的人，则代孕亲子关系的认定则更为复杂。

代孕亲子关系的认定是进一步解决代孕子女的监护、抚养、财产、继承等问题的基础，最终目的是切实保障代孕子女合法权益。在立法机关一锤定音之前，代孕纠纷的立场争锋与“同案不同判”现象仍会延续下去。相关问题难有定论，留有空间待读者探索与思考。

案例：汤某与周某登记结婚，双方均为再婚。婚后，汤某与周某通过购买他人卵子，并由汤某提供精子，通过体外授精联合胚胎转移技术，出资委托其他女性代孕，生育了小汤。小汤出生后跟随汤某、周某共同生活。7 年后，汤某生病去世。汤某的父亲主张，小汤和周某系非婚生子女关系，应当由其担任小汤的监护人。

解析：有抚养关系的继父母子女关系的成立应具备两个条件：一是主观意愿，即非生父母一方具有将配偶一方的未成年子女视为自己子女的主观意愿，双方以父母子女身份相待；二是事实行为，即非生父母一方对配偶一方的未成年子女有抚养教育之事实行为。至于子女的出生时间在缔结婚姻之前还是之后，并非认定形成有抚养关系的继父母子女关系的实质要件。

本案中小汤虽为汤某和周某缔结婚姻之后汤某的非婚生子女，但作为非生母周某完全知晓并接受小汤为其子女，同时与小汤共同生活已有 7 年，其间，周某已完全履行了作为一名母亲对孩子的抚养、保护、教育、照顾等诸项义务，具备了上述主观意愿和事实行为两个条件，故应认定双方之间已形成有抚养关系的继父母子女关系，其权利义务关系应当适用父母子女关系的有关规定。

该拟制血亲的继父母子女关系一旦形成，并不因夫妻中生父母一方的死亡而解除，亦不容继父母随意放弃监护权，仅在生父母与继父母离婚时，继父母不同意抚养的，方仍由生父母抚养，故汤某的死亡并不能使周某与小汤之间已存在的有抚养关系的继父母子女关系自然终止，故应由周某作为小汤的法定监护人。

本章实务热点问答

一、父母可以处置未成年人的财产吗？

《未成年人保护法》规定，国家保障未成年人的人身、财产和其他合法权益不受侵犯。除父母有义务防止和排除外界对未成年子女人身安全和合法权益的侵害外，也包括父母本身不得危害子女的人身安全和财产安全。因此，父母除为未成年子女利益外，不得处置未成年子女的财产。

二、母亲死亡后父亲想要再婚，子女有权要求父亲签订协议，约定子女不再赡养父亲吗？

结婚自由包括再婚，子女赡养老人的义务不因老人婚姻关系变化而终止。《老年人权益保障法》明确规定，子女不得涉老年人婚姻自由，对老年人负有赡养义务、扶养义务而拒绝赡养、扶养，虐待老年人或者对老年人实施家庭暴力的，依法承担相应的责任，构成犯罪的，依法追究刑事责任。因此子女无权要求父母签订该协议，并以此为由来免除赡养义务，即使签订也无效。

三、母亲和父亲离婚，婚生子跟随母亲生活，婚生子成年意外身亡，问父亲能否继承儿子的遗产？

亲生父母的继承权基于直系血亲关系。父母对亲生子女的继承权不受父母婚姻关系的影响，即便父母离婚，父母仍对亲生子女的遗产享有法定继承权。但根据权利义务相一致原则，如父母离婚后，有抚养能力和抚养条件的父亲未尽抚养儿子的义务的，则在分配儿子遗产时，应当不分或少分。

四、夫妻二人婚后共同办理了收养登记手续，收养了一个女孩。后夫妻二人离婚，女孩和养母一起生活。女孩成年后意外身亡，女孩的养父有无继承权？

养父母和养子女之间负有法定的抚养和赡养义务，只要收养关系合法成立并有效，无论养父母的离婚、再婚，双方仍应对养子女履行抚养义务并有权继承养子女的遗产，除非变更或解除收养关系。

五、夫妻二人婚后共同办理了收养登记手续，收养了一个女孩，女孩在成年后意外身亡，问女孩的生父母能否主张继承其遗产？

收养关系合法成立并有效后，被收养人与被收养人之间享有父母子女权利义务，被收养人与生父母之间的权利义务关系随之消灭，因此女孩的生父母无权主张继承其遗产。

六、父母离异时儿子已成年，母亲再婚后，儿子一直跟随外公外婆生活。问继父对继子的遗产有无继承权？

生父或生母与继母或继父再婚时，继子女已经独立生活，或者继子女虽未成年但是由其生父母抚养，继父母没有尽抚养的义务，继子女也没有对继父母尽到赡养义务。这种情况下，继父母与继子女之间是纯粹的直系姻亲关系，没有父母子女的权利义务关系。[1] 因此继父与继子之间没有形成实际抚养关系，继父对继子的遗产不享有继承权。

七、父母离异时儿子未成年，儿子跟随母亲生活。母亲再婚十年后又离婚，继子仍跟随母亲生活。问继父对继子的遗产有无继承权？

若母亲与继父离婚时，继子仍未成年，继父不再履行抚养继子的义务的，则继父与继子关系自然解除，继父不再享有对继子遗产的继承权；反之继子已成年的，则继父与继子关系不能因继父和生母离婚而解除，继父享有对继子遗产的继承权。

八、夫妻在其婚姻关系存续期间通过人工授精方式生育一子，问该子对父亲的遗产是否具有继承权？

生子女对父母享有继承权，生子女包括婚生子女、非婚生子女。同时根据《婚姻家庭编解释（一）》第 40 条的规定，“婚姻关系存续期间，夫妻双方一致同意进行人工授精的子女，该所生子女应视为婚生子女，父母子女间的权利义务关系适用民法典的有关规定。”该子视为婚生子，即其对父亲的遗产具有继承权。

---

[1] 法律出版社法规中心．中华人民共和国民法典婚姻家庭编注释本［M］．北京：法律出版社，2020：53.

九、继父与生母，或继母与生父离婚后，继子女还能继承继父或继母的遗产吗？

继父与生母，或继母与生父离婚后，继父或继母愿意继续教育、抚养继子女，成年继子女对继父或继母承担赡养、扶养义务的，则该继子女属于《民法典》第1127条规定的“有扶养关系的继子女”，其有权继父或继母的遗产；反之则无权继承继父或继母的遗产。

十、继子女有权继承生父母的遗产吗？

继子女与继父母之间形成拟制血亲之后，其和生父母之间的父母子女关系仍然存在，并不解除。因此继子女继承继父母的遗产并不影响其对生父母的遗产继承权。[1]

十一、非婚生子女跟随生母的父母共同生活，其有权向谁主张支付抚养费？

父母都应当负担非婚生子女的抚养费。和非婚生子共同生活的一方是直接抚养，非共同生活的为间接抚养，间接抚养的形式主要为支付抚养费。非婚生子跟随生母的父母共同生活，即父母都没有直接抚养孩子，因此非婚生子有权向父或母任何一方，或同时向父母双方主张抚养费。

十二、同居期间生下的非婚生子女在父母分手后由谁抚养？

非婚生子女享有与婚生子女同等权利，应当有同样的对待。同居关系不受法律保护，但同居期间所生子女的合法权益仍应当受到法律的保护。参考离婚后子女抚养的相关规定，应坚持最有利于子女的身心健康为首要原则，综合考虑非婚生子女的年龄、双方的经济状况、生活环境等因素决定非婚生子女跟随谁生活。

十三、继父母和继子女之间因抚养教育关系成立拟制血亲，该拟制血亲可以解除吗？

继父母和继子女之间因抚养教育关系成立拟制血亲，其本质为姻亲关系，

---

[1] 最高人民法院民法典贯彻实施工作领导小组．中华人民共和国民法典婚姻家庭编继承编理解与适用［M］．北京：人民法院出版社，2020：205.

原则上不能解除。在姻亲关系因为离婚或一方死亡而解除的情况下，对已经转化为拟制血亲的继父母与继子女间的关系，应该允许基于一定的特殊原因解除。[1] 比如，离婚时继子女尚未成年，继父女拒绝继续抚养且生父母至少有一方在世的，或离婚时，继子女已成年，但继父母与继子女关系恶化，双方可协议或诉讼解除。但解除的同时，继父母有权向继子女主张返还抚养教育费用。

十四、继父与生母，或继母与生父离婚后，继子女有权要求继父或继母继续承担抚养责任吗？

继父与生母或继母与生父离婚后，拟制血亲关系原则上不能自然解除。如继子女的生父或生母仍在世，继父或继母拒绝继续抚养继子女的，则应认为继父母子女之间的拟制血亲自然解除。继子女无权要求继父或继母继续承担抚养责任。如继父或继母仍自愿承担抚养费的，法律并不禁止该行为，且该拟制血亲关系仍然存续。

十五、继父与生母，或继母与生父离婚后，继父或继母有权要求继子女继续承担赡养义务吗？

继父与生母，或继母与生父离婚时，继子女仍未成年或未独立生活，继父母继续承担抚养责任，拟制血亲存续的；或继父与生母，或继母与生父离婚时，已将继子女抚养成人，拟制血亲未协商或诉讼解除的，则继父或继母有权要求继子女承担赡养责任。即使在继子女成年后，继父母子女关系的拟制血亲解除，对于晚年生活困难、无劳动能力的继父或继母，继子女仍然应当承担一定的生活费。

十六、父亲对于婚姻关系存续期间妻子所生的子女，可否提起确认亲子关系之诉？

父亲婚姻关系存续期间出生的子女，直接推定为婚生子女，即父亲自然是子女推定的父亲，无须确认。因此，该父亲的诉讼不属于法院可受理案件

---

[1] 最高人民法院民法典贯彻实施工作领导小组．中华人民共和国民法典婚姻家庭编继承编理解与适用［M］．北京：人民法院出版社，2020：218.

的范围，也无法得到支持。

十七、父母经常吵架，父亲怀疑儿子不是其亲生，父亲可否提起否认亲子关系之诉？

提起确认或否认亲子关系之诉的前提是有异议且有正当理由。有“正当理由”，是指有符合公序良俗、家庭伦理和社会价值取向的理由，如为了更好抚养未成年子女。[1] 提起确认或否认亲子关系的主体不能仅凭怀疑或猜测就提起诉讼，应当提供初步证据以证明其主张，如关于生育能力的证明、鉴定文书等。法院根据异议理由和初步证据受理案件后，在审理过程中通过举证责任的分配，进一步审理并最终作出确认或否认的判决。

十八、婚生子成年后，第三人上门认可婚生子为其亲生儿子。婚生子可否对父亲提起否认亲子关系之诉？

否认亲子关系之诉的主体只能为父或母。子女由其父母抚养成人，虽然与抚养其长大的父母没有血缘关系，但对付出心血的父母而言，赋予成年子女以否认权有失公允，限制成年子女提起亲子关系否认之诉不仅有利于防止子女借诉讼逃避赡养义务，还有助于维护当事人之间权利义务的公平和对等。[2] 因此，婚生子无权对父亲提起否认亲子关系之诉。

十九、第三人上门认可他人的婚生子为其亲生儿子，第三人或生母可否对婚生子提起确认亲子关系之诉？

笔者认为，为维护已形成的亲子关系，以及当事人之间的权利义务公平和对等，无论妻子和丈夫是否离异，也无论该婚生子是否为代孕（卵细胞系妻子，精子系第三人的情形），在丈夫提出否定亲子关系之诉前，第三人或妻子都不能提起确认亲子关系之诉。

二十、精子、卵细胞分别来自委托方中的丈夫、妻子，代孕子女出生后与委托方共同生活，代孕母亲和代孕子女的法律关系？

代孕母亲和代孕子女无基因关联，如根据实务案例中对生母采取“分娩

---

[1] 黄薇．中华人民共和国民法典婚姻家庭编释义［M］．北京：法律出版社，2020：85.

[2] 中国审判理论研究会民事审判理论专业委员会．民法典婚姻家庭编条文理解与司法适用［M］．北京：法律出版社，2020：123.

者为母”原则[1]，则代孕子女系代孕母亲的亲生子女，代孕子女系委托方中的丈夫的非婚生子女，代孕子女与委托方中的妻子只能通过拟制血亲确定亲子关系。相反，如根据代孕子女与委托方都具有直接的基因关系，以“血缘说”来确定委托方中的妻子为生母，则代孕子女系委托方中的丈夫的婚生子女。该推断可能更符合生物特征，也符合子女利益最佳说，但弊端在于变相认可了“代孕协议”的效力。

二十一、代孕中精子来自委托方中的丈夫，卵细胞来自代孕母亲，代孕子女出生后与委托方共同生活，代孕母亲和代孕子女的法律关系？

在此情形下，无论按照“分娩说”还是“血缘说”确定亲子关系，代孕子女均系代孕母亲的亲生子女，代孕子女系委托方中的丈夫的非婚生子女，代孕子女与委托方中的妻子只能通过拟制血亲确定亲子关系。

二十二、代孕中精子来自委托方中的丈夫，卵细胞来自代孕母亲和委托方中的妻子之外的第三人，代孕子女出生后与委托方共同生活，代孕母亲和代孕子女的法律关系？

如按照“分娩说”确定亲子关系，则代孕子女系代孕母亲的亲生子女。如按照“血缘说”确定亲子关系，则代孕子女系第三人亲生子女。无论按照哪种情形，代孕子女和委托代孕夫妻的法律地位均与上述问题情形相同。

二十三、代孕中卵细胞来自委托方中的妻子，精子来自委托方中的丈夫之外的第三人，代孕子女出生后与委托方共同生活，代孕母亲和代孕子女的法律关系？

如按照“分娩说”确定亲子关系，则代孕子女系代孕母亲的亲生子女，代孕子女与委托代孕夫妻只能通过拟制血亲中的领养确定亲子关系；如按照“血缘说”确定亲子关系，则代孕子女系委托方中的妻子的亲生子女，系委托方中的丈夫的婚生子女。

---

[1] 上海市第一中级人民法院民事判决书（2015）沪一中少民终字第56号。

第十二章　收　　养

第一节　收养的概述

一、收养的概念

收养是指依法领养他人子女，使收养人和被收养人之间建立拟制亲子关系的民事法律行为。领养他人子女的人为收养人，即养父母；被收养的人为被收养人，即养子女；孤儿的监护人、儿童福利机构、有特殊困难无力抚养子女的生父母可以作为送养人。

二、收养的特征

（1）收养是建立拟制亲子关系的民事法律行为。收养变更了亲属身份和权利义务关系。通过收养，收养人和被收养人之间产生父母子女之间的身份关系及权利义务关系，被收养人与其生父母之间的身份关系和权利义务关系随之消除。

（2）收养必须满足法定条件，经过法定程序。《民法典》第 1093 条规定了被收养人的范围，划定了收养制度的适用空间，即只有丧失父母的孤儿、查找不到生父母的未成年人、生父母有特殊困难无力抚养的子女才能被收养。因为被收养人应是需要却缺乏抚养、教育和监护的未成年人。《民法典》第 1098 条规定了收养人的条件："收养人应当同时具备下列条件：（一）无子女或者只有一名子女；（二）有抚养、教育和保护被收养人的能力；（三）未患有在医学上认为不应当收养子女的疾病；（四）无不利于被收养人健康成长的违法犯罪记录；（五）年满三十周岁。”

案例：宜先生家庭条件优越，婚后生有一子，夫妻二人现已满30周岁，欲收养一女，遂向当地儿童福利机构了解有关情况。当地民政部门了解到，宜先生因猥亵儿童被判处过刑罚。问宜先生是否满足收养人的条件？

解析：宜先生满足（一）、（二）、（五）等条件，但是不满足条件（四）。猥亵儿童的犯罪行为应当解释为不利于被收养人健康成长的违法犯罪记录。《民法典》制定时，有全国人大常委会组成人员、地方、部门和社会公众提出，为保障被收养人的健康成长，建议增加规定收养人无不利于被收养人健康成长的违法犯罪记录这一条件。[1]

收养需要经过法定程序。《民法典》第1105条规定，收养应当向县级以上人民政府民政部门登记。收养关系自登记之日起成立。收养查找不到生父母的未成年人的，办理登记的民政部门应当在登记前予以公告。民政部门应当依法进行收养评估。

收养形成拟制亲子关系，可以依法解除。收养使非直系血亲的收养人和被收养人之间建立拟制血亲，既可以依法设立，也可以依法解除。《民法典》第1114条、第1115条、第1116条分别对养子女成年前解除收养关系、养子女成年后解除收养关系、解除收养关系登记进行了规定。

第二节　收养制度的基本原则

收养制度的基本原则是收养关系成立的行为准则，是人民法院处理收养纠纷案件，正确适用《民法典》婚姻家庭编收养一章规定所应当遵循的准则。《收养法》第2条、第3条规定了四项基本原则，分别是有利于被收养的未成年人的抚养、成长原则，平等自愿原则，不得违背社会公德原则和不

[1] 参见2019年6月25日全国人民代表大会宪法和法律委员会向全国人民代表大会常务委员会所作《关于〈民法典婚姻家庭编（草案）修改情况的汇报〉》。

得违背计划生育法律、法规原则。[1] 2021 年 1 月 1 日，《民法典》实施，《收养法》同时废止。《民法典》将平等自愿原则、公序良俗原则规定在第一编总则中，将最有利于被收养人原则规定在第五编婚姻家庭中。

一、最有利于被收养人原则

最有利于被收养人原则是现代收养制度的逻辑起点和价值归宿。被收养人是未成年人，其身心未发育成熟，而收养制度将改变被收养人的亲属关系和生活环境。因此，收养制度的立法需要让未成年人得到家庭和社会的精心关怀，让未成年人在良好的家庭环境中健康成长。人民法院处理收养纠纷，也要以这一理念为裁判指引。因此，《民法典》在收养关系的成立及其效力和收养关系的解除方面，都贯彻了这一原则。如收养关系的成立，收养人必须有抚养、教育和保护被收养人的能力。收养八周岁以上未成年人的，应当征得被收养人的同意。自收养关系成立之日起，养父母与养子女间的权利义务关系，适用《民法典》关于父母子女关系的规定；养子女与养父母的近亲属间的权利义务关系，适用《民法典》关于子女与父母的近亲属关系的规定。收养人在被收养人成年以前，不得解除收养关系，但是收养人、送养人双方协议解除的除外。养子女八周岁以上的，应当征得本人同意。收养人不履行抚养义务，有虐待、遗弃等侵害未成年养子女合法权益行为的，送养人有权要求解除养父母与养子女间的收养关系。

二、平等自愿原则

由于《民法典》按潘德克顿体系编纂，《收养法》平等自愿原则被提取至《民法典》总则编。《民法典》第 2 条规定，民法调整平等主体之间的人身和财产关系。第 4 条规定，民事主体在民事活动中的法律地位一律平等。

[1] 参见《收养法》第 2 条、第 3 条。近几年中国人口出生政策有调整，《民法典》未规定计划生育义务，故本书不再涉及不得违背计划生育法律、法规原则。但《民法典》收养制度仍受计划生育政策的影响，如《民法典》第 1098 条规定收养人应当无子女或者只有一名子女。

第5条规定，民事主体从事民事活动，应当遵循自愿原则，按照自己的意思设立、变更、终止民事法律关系。

（一）平等原则

平等原则指民事活动中当事人法律地位平等，任何一方不能将自己的意志强加给对方。[1] 在收养关系中，平等原则表现为收养关系当事人（收养人、被收养人、年满八周岁的未成年人）在设立或者解除收养关系时法律地位平等，任何一方不得强迫对方为特定意思表示。

（二）自愿原则

自愿原则即意思自治原则，指当事人在法律允许的范围内享有完全的自由，按照自己的自由意思决定缔结民事法律关系，在收养制度中意思自治原则称为收养自由。[2] 《民法典》第1104条规定，收养人收养与送养人送养，应当双方自愿。收养八周岁以上未成年人的，应当征得被收养人的同意。设立或者解除收养关系应当由当事人自由决定，协商一致进行，任何一方不得通过欺诈、胁迫等手段，使对方在违背真实意思的情况下为意思表示。

案例：宜先生从儿童福利机构收养了7岁的小甲。一年后，小甲不幸患上一种疾病，治疗费用较高。宜先生从网上购买伪造的传染病诊断证明，与儿童福利机构协商解除收养关系。小甲看到该传染病诊断证明后也表示同意解除。

解析：宜先生为推脱对小甲的监护义务，利用伪造的传染病诊断证明，使儿童福利机构和小甲陷入错误认识而同意解除收养关系。该解除的合意是在违背真实意愿情况下作出的，应当认定无效。

三、公序良俗原则

《民法典》第8条规定了公序良俗原则。收养行为的内容及目的不得违

---

[1] 梁慧星．民法总论［M］．北京：法律出版社，2017：47.

[2] 梁慧星．民法总论［M］．北京：法律出版社，2017：47.

反公共秩序和善良风俗。

案例： 宜先生与女友生有一子，双方考虑年纪尚轻且无稳定工作，遂打算“送养”。老乡陈某在沿海一地打工，听闻后对宜先生说，可以联络到一个不错的家庭，对方愿意给20万元作为“肚痛钱”。宜先生与女友收下20万元，将儿子交对方收养。

解析： 宜先生及其女友与对方的收养行为不仅不符合收养条件和程序规定，同时违反公序良俗原则，是借送养之名出卖子女，故收养行为无效。宜先生及其女友与陈某构成拐卖儿童罪，对方构成收买被拐卖的儿童罪。

第三节　收养的成立

收养关系的成立指当事人依照《民法典》规定的条件和程序建立收养关系。收养关系成立须同时具备实质和形式两方面要件。实质要件指收养关系当事人应当具备一定的条件，形式要件指履行法定的收养程序。

一、收养成立的实质要件

（一）一般收养的实质要件

1. 被收养人的条件

依照《民法典》第1093条的规定，被收养人应当符合下列条件：

（1）应是未成年人。《民法典》第17条规定，不满18周岁的自然人为未成年人。《民法典》编纂过程中，有学者提出《收养法》第4条对被收养人范围限制过窄，法律在具体实施中存在适法困扰，建议将被收养人年龄放宽至不满18周岁。[1] 与《收养法》第4条相比，《民法典》将被收养人的年龄从原来的不满14周岁放宽至不满18周岁。

（2）应是丧失父母的孤儿，或者是查找不到生父母的未成年人，或者是

[1] 薛宁兰，谢鸿飞．民法典评注：婚姻家庭编［M］．北京：中国法制出版社，2020：470.

生父母有特殊困难无力抚养的子女。其中，孤儿指父母双双自然死亡或者被宣告死亡的未成年人。“查找不到生父母的未成年人”是《民法典》采用的新表述，源自《收养法》第4条的“查找不到生父母的弃婴和儿童”。将弃婴和儿童修改为未成年人，可以避免前一表述给法律适用带来的不必要困扰。此困扰主要来自两个方面：第一，证明被收养人是被遗弃的困难；第二，被遗弃的标签给被收养人带来的伤害和负面影响。[1]

兼具上述两个方面条件，方可成为被收养人。叠加在一起可以理解为子未成年，欲受养，而生父母因特定原因不能提供监护、教育。

2. 收养人的条件

依照《民法典》第1098条的规定，收养人应当符合下列条件：

（1）无子女或者只有一名子女。[2]《收养法》规定的是“无子女”。《民法典》修订的背景是我国计划生育政策的重大调整。这里子女的范围，自然包括亲生子女、养子女和形成抚养关系的继子女，但未形成抚养关系的继子女是否包括其中？从收养法律制度规定收养人的条件目的看，限制子女人数是为满足计划生育政策和保证收养人有足够的抚养资源。但是，未形成抚养关系的继子女不占用抚养资源。因此，此处子女的范围宜解释为不包括未形成抚养关系的继子女。

（2）有抚养、教育和保护被收养人的能力。抚养、教育和保护能力，包括民事行为能力，经济负担能力以及思想品德、健康状况方面的良好条件。

（3）未患有在医学上认为不应当收养子女的疾病。这是为了保障未成年人的身体健康，也是收养人抚养未成年人的前提。有学者指出，医学上认为不能收养子女的疾病主要指精神疾病和传染性疾病。[3]前者包括精神分裂症、偏执性精神病、双相（情感）障碍等疾病，后者指《传染病防治法》规定的甲类、乙类和丙类传染病，如鼠疫、霍乱、艾滋病、狂犬病等。

---

[1] 薛宁兰，谢鸿飞．民法典评注：婚姻家庭编［M］．北京：中国法制出版社，2020：473.

[2] 《民法典》第1099条第2款、第1100条第2款另有规定的从其规定。

[3] 雷明光．中华人民共和国收养法评注［M］．厦门：厦门大学出版社，2016：105.

（4）无不利于被收养人健康成长的违法犯罪记录。何为此处的“不利于被收养人健康成长的违法犯罪”尚无权威解释。《未成年人保护法》第22条第3款可以参照。该款规定委托监护的受托人不得具有下列情形：①曾实施性侵害、虐待、遗弃、拐卖、暴力伤害等违法犯罪行为；②有吸毒、酗酒、赌博等恶习；③曾拒不履行或者长期怠于履行监护、照护职责；④其他不适宜担任被委托人的情形。

（5）年满30周岁。

（6）其他条件。《民法典》第1101条规定，有配偶者收养子女，应当夫妻共同收养。养子女会与养父母双方共同生活，如果配偶在感情和物质上不接纳拟被收养的未成年人，不利于未成年人的成长，也会破坏家庭原本的和睦。

3. 送养人的条件

《民法典》第1094条规定：“下列个人、组织可以作送养人：（一）孤儿的监护人；（二）儿童福利机构；（三）有特殊困难无力抚养子女的生父母。”

第一，孤儿的监护人。《民法典》第27条第2款规定：“未成年人的父母已经死亡或者没有监护能力的，由下列有监护能力的人按顺序担任监护人：（一）祖父母、外祖父母；（二）兄、姐；（三）其他愿意担任监护人的个人或者组织，但是须经未成年人住所地的居民委员会、村民委员会或者民政部门同意。”监护人送养孤儿的，应当征得有抚养义务的人同意。有抚养义务的人不同意送养、监护人不愿意继续履行监护职责的，应当依照《民法典》第1096条的规定另行确定监护人。未成年人的父母均不具备完全民事行为能力且可能严重危害该未成年人的，该未成年人的监护人可以将其送养。可能严重危害未成年人，不要求此种严重危害成为现实。关于严重危害，可以比照性侵、出卖、遗弃、虐待、暴力伤害等违法犯罪行为的程度认定。

第二，儿童福利机构。《儿童福利机构管理办法》第9条规定：“儿童福利机构应当收留抚养下列儿童：（一）无法查明父母或者其他监护人的儿童；（二）父母死亡或者宣告失踪且没有其他依法具有监护资格的人的儿童；

（三）父母没有监护能力且没有其他依法具有监护资格的人的儿童；（四）人民法院指定由民政部门担任监护人的儿童；（五）法律规定应当由民政部门担任监护人的其他儿童。”因此，当收养人自愿收养孤儿、无法查明其父母或者其他监护人的以及其他生活无着的未成年人时，儿童福利机构为送养人。

第三，有特殊困难无力抚养子女的生父母。生父母送养子女，应当双方共同送养。生父母一方不明或者查找不到的，可以单方送养。配偶一方死亡，另一方送养未成年子女的，死亡一方的父母有优先抚养的权利。何为有特殊困难无力抚养？在收养实务中，可参照《民政部关于规范生父母有特殊困难无力抚养的子女和社会散居孤儿收养工作的意见》（民法〔2014〕206号）规定的四种情形加以判断：（1）生父母有重特大疾病；（2）生父母有重度残疾；（3）生父母被判处有期徒刑或无期徒刑、死刑；（4）生父母存在其他客观原因无力抚养子女，经乡镇人民政府、街道办事处证明的。

4. 必须有收养合意

收养协议[1]是建立拟制亲子关系的身份协议，需要当事人之间意思表示一致，这是收养关系成立的必要条件。《民法典》第1104条规定，收养人收养与送养人送养，应当双方自愿。收养八周岁以上未成年人的，应当征得被收养人的同意。需要指出的是，这里讲的收养协议不是《民法典》第1105条第3款规定的书面形式，而是当事人关于送养、收养意思表示的合意。

（二）特殊收养的实质要件

《民法典》在规定一般收养的实质要件时，针对一些特殊的收养关系，出于特定目的，规定了特殊收养的放宽条件和限制条件。

1. 无配偶者收养异性子女

《民法典》第1102条规定，无配偶者收养异性子女的，收养人与被收养人的年龄应当相差40周岁以上。《收养法》第9条规定，无配偶的男性收养女性的，收养人与被收养人的年龄应当相差40周岁以上。从范围看，《民法

[1] 收养协议文书样式详见附录12。

典》不再将特殊主体限制在无配偶的男性收养女性，而是扩展到无配偶者收养异性子女。这一规定旨在防止今后发生违反社会人伦的事情。上述限制有其例外，即属于收养三代以内旁系同辈血亲的子女，则不受40周岁年龄差的限制。[1]

2. 收养三代以内旁系同辈血亲的子女

收养三代以内旁系同辈血亲的子女，包括收养兄弟姐妹、堂兄弟姐妹和表兄弟姐妹的子女。《民法典》第1099条规定："收养三代以内旁系同辈血亲的子女，可以不受本法第一千零九十三条第三项、第一千零九十四条第三项和第一千一百零二条规定的限制。华侨收养三代以内旁系同辈血亲的子女，还可以不受本法第一千零九十八条第一项规定的限制。"按照《归侨侨眷权益保护法》第2条的规定，华侨是指定居在国外的中国公民。

这类收养建立在具有间接血缘关系的亲属之间，受到我国传统伦理观念的影响和制约，但又不等同于封建宗法的立嗣。《民法典》对这类收养的条件有所放宽，主要表现在以下三个方面：第一，可以不具有生父母有特殊困难无力抚养的情形；第二，无配偶者收养异性子女的，不受40周岁以上年龄差的限制；第三，华侨收养三代以内旁系同辈血亲的子女，还可以不受无子女或者只有一名子女的限制。注意条文用词"还可以"，故华侨收养三代以内旁系同辈血亲的子女，是在前款豁免基础上进一步放宽。

3. 对孤儿、残疾未成年人或者儿童福利机构抚养的查找不到生父母的未成年人的收养

《民法典》第1100条第2款规定，收养孤儿、残疾未成年人或者儿童福利机构抚养的查找不到生父母的未成年人，可以不受"无子女的收养人可以收养两名子女；有子女的收养人只能收养一名子女"和"收养人无子女或者只有一名子女"限制。收养孤儿、残疾未成年人或者儿童福利机构抚养的查找不到生父母的未成年人，体现人道主义，分担了社会和政府的负担，应当

[1] 《民法典》第1099条。

对收养条件进行相应放宽。

案例：宜先生和妻子是当地有名的企业家，生有一儿一女，平日热心慈善事业。在2021年5月参加一次慈善活动时，接触到了父母双亡的小颖。小颖天资聪慧。宜先生和妻子欲收养小颖，为其生活和学习提供帮助。在2022年6月参加扶贫活动时，宜先生和妻子在结对的县里遇到小昊。小昊因一次事故致双耳失聪。宜先生和妻子欲再收养积极向上的小昊。

解析：在满足其他收养条件下，宜先生和妻子可以收养小颖和小昊。小颖是孤儿，小昊是残疾的未成年人。因此，可以不受“收养人只有一名子女”“有子女的收养人只能收养一名子女”的限制。

4. 继父（母）收养继子女

《民法典》第1103条规定：“继父或者继母经继子女的生父母同意，可以收养继子女，并可以不受本法第一百零九十三条第三项、第一百零九十四条第三项、第一千零九十四条和第一千一百条第一款规定的限制。”《民法典》第1093条第3项、第1094条第3项、第1098条和第1100条第1款的规定，是对被收养人、送养人、收养人条件的限制。而继父（母）收养继子女，可以不受上述限制，豁免程度极大。此时说它是收养，不如说是让继子女完整融入再婚家庭的制度安排，其条件之宽松使其完全有别于一般意义上的收养。

血亲关系不会仅因生父母离婚、再婚发生改变。继父或者继母和受其抚养教育的继子女间的权利义务亦适用关于父母子女关系的规定。故受继父或者继母抚养教育的继子女会处于双重亲属关系之中。这种双重权利义务关系有时会产生消极作用。比如，生父（母）再婚后，生父（母）先于继母（父）死亡，继母（父）或者继子女不尽义务。继亲收养制度能在一定程度上减少此类纠纷发生，有利于再婚家庭的和睦、稳定。

继子女被继父（母）收养后，其身份由继子女转变为继父（母）的养子女，其与生父（母）之间的权利义务因收养而消除。既然收养会彻底消除子女与亲生父（母）一方法律上的关系，因此，继亲收养的核心条件是生父母的同意。

二、收养成立的形式要件

收养涉及亲子关系的重大变更，收养不仅需要符合实质条件，还需要符合法定形式要件，即履行收养的法定程序。

（一）登记是收养成立的必经程序

《民法典》第 1105 条规定，收养应当向县级以上人民政府民政部门登记。收养关系自登记之日起成立。收养查找不到生父母的未成年人的，办理登记的民政部门应当在登记前予以公告。

这里需要指出，上文讲的“登记是收养成立的必经程序”是针对 1998 年 11 月 4 日修正、1999 年 4 月 1 日生效的《收养法》和 2021 年 1 月 1 日生效的《民法典》而言的。确定收养关系建立的时间需结合我国收养制度的阶段变迁。第一阶段是 1992 年 4 月 1 日《收养法》施行前。我国《收养法》是 1991 年 12 月 29 日颁布、1992 年 4 月 1 日施行的。在此之前，我国并无关于收养条件和收养程序的制度规范。《最高人民法院关于贯彻执行民事政策法律若干问题的意见》（〔1984〕法办字第 112 号，失效）“四、收养问题”（28）规定，亲友、群众公认，或有关组织证明确以养父母与养子女关系长期共同生活的，虽未办理合法手续，也应按收养关系对待。表明当时认可事实收养。第二阶段是自《收养法》1992 年 4 月 1 日施行至 1999 年 4 月 1 日前。根据《收养法》（1992）第 15 条的规定，[1] 收养查找不到生父母的弃婴和儿童以及社会福利机构抚养的孤儿的，根据民政部门的收养登记确定收养成立时间；被收养人是生父母有特殊困难无力抚养的子女，根据收养协议或收养公证确定收养关系成立时间。第三阶段是自 1999 年 4 月 1 日始建立的收

[1] 《收养法》（1992）第 15 条：收养查找不到生父母的弃婴和儿童以及社会福利机构抚养的孤儿的，应当向民政部门登记。除前款规定外，收养应当由收养人、送养人依照本法规定的收养、送养条件订立书面协议，并可以办理收养公证；收养人或者送养人要求办理收养公证的，应当办理收养公证。

养关系，根据收养登记确定收养成立时间。

（二）登记机关的地域管辖

（1）收养社会福利机构抚养的查找不到生父母的弃婴、儿童和孤儿的，在社会福利机构所在地的收养登记机关办理登记。[1]

（2）收养非社会福利机构抚养的查找不到生父母的弃婴和儿童的，在弃婴和儿童发现地的收养登记机关办理登记。

（3）收养生父母有特殊困难无力抚养的子女或者由监护人监护的孤儿的，在被收养人生父母或者监护人常住户口所在地（组织作监护人的，在该组织所在地）的收养登记机关办理登记。

（4）收养三代以内同辈旁系血亲的子女，以及继父或者继母收养继子女的，在被收养人生父或者生母常住户口所在地的收养登记机关办理登记。

（三）办理登记的步骤

收养关系当事人应当亲自到民政部门办理收养关系的登记手续。夫妻共同收养子女的，应当共同到民政部门办理登记手续；一方因故不能亲自前往的，应当书面委托另一方办理登记手续，委托书应当经过村、居委会证明或者经过公证。具体步骤如下：

1. 申　　请

当事人应当提交有关证件、证明，如居民身份证、户籍证明、由收养人所在单位或者村、居委会出具的抚养教育被收养人能力的证明、收养人经常居住地计划生育部门出具的收养人子女情况证明、县级以上医疗卫生机构出具的身体健康证明等材料。

监护人为送养人的，应当提交孤儿生父母已经死亡（由县级以上医疗机构或者公安机关出具）、监护人实际承担监护责任的证明（本人所在单位或者村、居委会出具），以及其他有抚养义务的人同意被送养的书面意见，人

[1] 《民法典》中有关术语的表述不同于《收养法》。《收养法》已于2021年1月1日废止，但《中国公民收养子女登记办法》尚未修订。

民法院出具的被收养人生父母不具备完全民事行为能力并且对被收养人有严重危害的证明和本人有监护权的证明。

儿童福利机构为送养人的，应当提交儿童福利机构法人证明、法定代表人身份证、机构接收弃婴的登记表（含捡拾弃婴报案及查找不到生父母证明），或者孤儿生父母死亡或者宣告死亡的证明，捡拾弃婴公告（被送养儿童年满八周岁的，应提交儿童同意被送养的书面意见）。

生父母为送养人的，应当提交送养人有特殊困难无力抚养的证明（由所在单位或者村、居委会出具）和双方（包括已经离婚的）同意送养的书面意见，送养人居民身份证、户籍证明，被收养儿童户籍证明，由公安机关出具或公证部门出具的送养人与被收养人的亲属关系证明等材料。如果儿童的生父或者生母单方送养，还应当提交配偶死亡或者下落不明以及死亡或者下落不明的配偶的父母不行使优先抚养权的书面声明。

被收养人是残疾儿童，还应提交县级以上医疗机构出具的该儿童的残疾证明。

2. 审　　查

民政部门收到收养登记申请书及有关材料后，应当自次日起 30 日内进行审查。查明是否符合《民法典》规定的收养条件。收养查找不到生父母的未成年人，民政部门应当在登记前公告查找其生父母；自公告之日起满 60 日，未成年人的生父母或者其他监护人未认领的，视为查找不到生父母的未成年人。公告期间不计算在登记办理期限内。

3. 登　　记

对符合条件的，为当事人办理收养登记，发给收养登记证，收养关系自登记之日起成立；对不符合条件的，不予登记，并对当事人说明理由。

《民法典》第 1105 条第 3 款规定，收养关系当事人愿意签订收养协议的，可以签订收养协议。可见，签订收养协议不是收养的必经程序。收养登记本身是民政部门的行政行为，依据登记规范进行，有时难以满足收养关系当事人的特殊需求。为充分保障当事人意思自治的空间，将相关事项约定为具有法律拘束力的权利义务，以此保障各方权益，收养制度规定当事人可以签订收养协议固定协商的内容。第 4 款规定，收养关系当事人各方或者一方要求办理收养公证的，应当办理收养公证。同样，收养公证也不是收养的必经程序。

第四节　收养的效力

收养的效力，是因收养行为成立引起的法律效果。《民法典》第 1111 条、第 1112 条规定，收养关系的成立主要产生三方面的效力。

一、收养关系成立的效力

（一）产生拟制直系血亲关系

《民法典》第 1111 条规定："自收养关系成立之日起，养父母与养子女间的权利义务关系，适用本法关于父母子女关系的规定。"即养子女取得了与亲生子女完全相同的法律地位。双方的权利义务如下：第一，养父母有抚养教育保护管教养子女的权利义务。第二，成年养子女对养父母有赡养扶助义务。第三，互为第一顺位继承人。

此外，根据《民法典》第 1112 条，养子女可以随养父或者养母的姓氏，经当事人协商一致，也可以保留原姓氏。

案例：宜先生收养了小颖，成立收养关系。在一次旅途中，宜先生遇到山洪，不幸罹难。宜先生有一侄女。在处理遗产时，侄女主张，小颖不是宜先生亲生子女，不能继承遗产，而自己父亲（宜先生的哥哥）先于宜先生离世，根据《民法典》第 1128 条的规定，其可以代位继承，且宜先生无其他继承人，故其可以继承全部遗产。

解析：宜先生侄女的观点错误。因为收养关系成立，小颖取得了与亲生子女完全相同的法律地位。宜先生和小颖互为第一顺位继承人，宜先生遗产由小颖继承。

（二）与养父母的近亲属形成亲属关系

《民法典》第1111条规定："养子女与养父母的近亲属间的权利义务关系，适用本法关于子女与父母的近亲属关系的规定。"根据《民法典》第1045条第2款，配偶、父母、子女、兄弟姐妹、祖父母、外祖父母、孙子女、外孙子女为近亲属。

案例：宜先生收养了小颖，成立收养关系。宜先生因病去世后不久，其母亲因过度悲痛加疾病，也离开了人世。宜先生的哥哥认为，小颖不能继承奶奶的遗产。小颖诉至法院。

解析：养子女与养父母的近亲属间形成拟制直系血亲关系。养父母先于养祖父母死亡，在养祖父母死亡时，养孙子女可代位继承养祖父母的遗产。

（三）原亲属关系消除

养子女与生父母以及其他近亲属间的权利义务关系，因收养关系的成立而消除。收养关系成立后，养子女与生父母、（外）祖父母、亲兄弟姐妹等自然血亲之间的法律关系消除，相互间不再有任何法定权利义务。

二、无效的收养行为

收养行为是民事法律行为，故有效力瑕疵及其评价。《民法典》第1113条规定："有本法第一编关于民事法律行为无效规定情形或者违反本编规定的收养行为无效。无效的收养行为自始没有法律约束力。"

（一）无效的情形

一是收养行为有《民法典》总则编无效规定的情形。《民法典》第144条、第146条、第153条、第154条规定了五种民事法律行为无效情形：（1）无民事行为能力人实施的民事法律行为无效。（2）行为人与相对人以虚假的意思表示实施的民事法律行为无效。（3）违反法律、行政法规的强制性规定的民事法律行为无效。但是，该强制性规定不导致该民事法律行为无效的除外。（4）违背公序良俗的民事法律行为无效。（5）行为人与相对人恶意串通，损害他人合法权益的民事法律行为无效。

二是违反《民法典》婚姻家庭编尤其是“收养”章规定的收养实质要件或者形式要件。包括：被收养人不符合条件；送养人不符合条件；收养人不符合条件；违反自愿原则；违反“收养”章的其他规定。

（二）确认收养无效的机关

（1）司法确认。《民法典》第1113条未像《收养法》第25条一般，明确规定人民法院可以确认收养关系无效。[1] 但《民事案件案由规定》第25条“收养关系纠纷”案由包括“确认收养关系纠纷”子案由。可见，司法裁判是我国确认收养关系无效的重要途径。

（2）行政撤销。民政部根据《收养子女登记办法》第12条，在《收养登记工作规范》第四章规定撤销收养登记的具体程序。第30—34条就撤销收养登记的申请、受理、调查、撤销、不撤销救济等作了规定。因此，在我国否定收养关系效力的途径还有行政撤销。第34条规定，收养登记机关对不符合撤销收养条件的，应当告知当事人不予撤销的原因，并告知当事人可以向人民法院起诉。

（三）收养无效的法律后果

《收养子女登记办法》第12条规定，收养关系当事人弄虚作假骗取收养登记的，收养关系无效，由收养登记机关撤销登记，收缴收养登记证。

无效的收养行为自始没有法律约束力。这是指不发生当事人所期待的收养权利义务关系。但民事法律行为无效，并不意味着该行为不发生任何法律后果，相反，实务中，确认收养行为无效、当事人之间收养关系不成立的案件，后续会涉及共有财产分割、抚养费补偿等问题。

[1] 《收养法》第25条第2款规定，收养行为被人民法院确认无效的，从行为开始时起就没有法律效力。

第五节　收养关系的解除

收养关系可因收养人或者被收养人一方死亡而终止，也可以因收养关系当事人解除收养而终止。收养涉及当事人的人身和财产权利，合法的收养关系受法律保护。为维护收养关系当事人合法权益，尤其是未成年人的权益，当事人应当诚信履行收养协议。收养关系成立后只能因法定事由，经法定程序解除。

一、解除的条件

（一）收养人和送养人协议解除[1]

《民法典》第 1114 条第 1 款规定，收养人在被收养人成年以前，不得解除收养关系，但是收养人、送养人双方协议解除的除外。养子女八周岁以上的，应当征得本人同意。该款强调在被收养人成年以前，不得解除收养。这是保护未成年人利益的表现。收养本是为了让未成年人重新找到家的温暖，在其成年之前，无法定理由，不得解除收养，使其可能随意被抛弃。但是，送养人如果愿意接收被收养人，与收养人协议解除的例外。因经过一段时间的相处，养子女可能不愿意离开现在的家庭，故协议解除应当征得八周岁以上未成年人本人的同意。该款制度安排，承载了法律对被收养人利益强保护的价值。

（二）收养人不履行抚养义务，有虐待、遗弃等行为

《民法典》第 1114 条第 2 款规定，收养人不履行抚养义务，有虐待、遗弃等侵害未成年养子女合法权益行为的，送养人有权要求解除养父母与养子女间的收养关系。送养人、收养人不能达成解除收养关系协议的，可以向人民法院提起诉讼。该款规定类似合同法的法定解除，赋予送养人在特定情况

---

[1] 解除收养关系协议书文书样式详见附录 13。

下解除收养的权利。此时，若当事人还能协商，自然可以协议解除收养关系，若无法协商，送养人可以诉讼解除。

（三）养父母与成年养子女关系恶化、无法共同生活

《民法典》第 1115 条规定，养父母与成年养子女关系恶化、无法共同生活的，可以协议解除收养关系。不能达成协议的，可以向人民法院提起诉讼。人民法院审理解除收养关系纠纷，首先审查收养关系是否成立、有效，包括登记收养和历史上的事实收养。“关系恶化”和“无法共同生活”并无明确、细化的解释，可以结合生活阅历个案判断。

二、解除的程序

（一）协议解除与解除的登记手续

《民法典》第 1116 条规定，当事人协议解除收养关系的，应当到民政部门办理解除收养关系登记。在民政部门办理解除收养关系的登记之前提是协议解除收养关系。根据上文对有关条款的解析，这里总结梳理三种协议解除收养关系的情形：一是被收养人成年前，收养人、送养人双方协商，并经八周岁以上未成年人同意，可以协议解除收养关系；二是收养人不履行抚养义务，有虐待、遗弃等侵害未成年养子女的行为，送养人与收养人协商解除收养关系；三是成年养子女与养父母关系恶化、无法共同生活，双方协商解除收养关系。

根据《收养登记工作规范》第 24 条的规定，受理解除收养关系登记申请的机关为被收养人常住户口所在地的收养登记机关。材料有：收养人、送养人、被收养人身份证；收养人、送养人、被收养人户口簿；收养登记证原件或收养公证书；解除收养申请书、解除收养关系协议；当事人各提交 2 张 2 寸单人近期半身免冠照片；被收养人解除收养同意书（养子女八周岁以上的）。

（二）诉讼解除收养程序

诉讼解除收养，指收养当事人（收养人、送养人或者已经成年的被收养

人）通过向法院起诉，解除收养关系。其适用于两种情形：第一，无法达成解除收养关系的协议，即《民法典》第 1114 条第 2 款和第 1115 条规定的情形。第二，同意解除收养关系，但在财产等方面有争议。

三、解除的效力

（一）身份上的效力

解除收养关系在身份上有两方面效力：（1）消除效力。《民法典》第 1117 条规定，收养关系解除后，养子女与养父母以及其他近亲属间的权利义务关系即行消除。（2）恢复效力。上述条文同时规定，与生父母以及其他近亲属间的权利义务关系自行恢复。但是，成年养子女与生父母以及其他近亲属间的权利义务关系是否恢复，可以协商确定。

（二）财产上的效力

解除收养关系在财产上有两方面效力：

（1）生活费给付请求权。《民法典》第 1118 条第 1 款第一句规定，收养关系解除后，经养父母抚养的成年养子女，对缺乏劳动能力又缺乏生活来源的养父母，应当给付生活费。该请求权有两个条件，即养父母缺乏劳动能力又缺乏生活来源。收养关系解除，养父母与养子女之间不再是父母子女关系。故成年养子女不需要承担赡养义务。但是，对于已经尽到抚养、教育义务的养父母来说，最后老有所依的预期落空，为避免利益失衡，有必要通过给付生活费加以平衡。

（2）抚养费补偿请求权。《民法典》第 1118 条第 1 款第二句规定，因养子女成年后虐待、遗弃养父母而解除收养关系的，养父母可以要求养子女补偿收养期间支出的抚养费。养子女成年后虐待、遗弃养父母导致双方关系恶化、无法共同生活，最终协议或者诉讼解除收养关系。这种情形，养子女行为恶劣，养父母心血付之东流。故法律规定养子女应当补偿养父母在收养期间支出的抚养费。需要注意，抚养费补偿请求权与前文生活费给付请求权针对的目的不同，相互独立，可单独适用，也可能合并适用。《民法典》第

1118 条第 2 款规定，生父母要求解除收养关系的，养父母可以要求生父母适当补偿收养期间支出的抚养费；但是，因养父母虐待、遗弃养子女而解除收养关系的除外。

案例： 宜先生夫妇收养小颖为养子，抚养小颖至成年，并供养其大专毕业。小颖毕业后，进入南方一家代工厂上班。因养父母无法为其在大城市买房，小颖长时间未回家看望养父母。当地村委告知小颖，养父年迈常年卧病在床，养母无力照顾，劝其回家尽孝，但小颖始终不为所动。养母最终决定，将小颖告上法庭，要求解除收养关系。事件在媒体上报道，小颖的身世被生父母看到。法庭判决解除收养关系。半年后，宜先生去世。宜先生妻子缺乏劳动能力又缺乏生活来源，要求小颖支付生活费，并补偿收养期间支出的抚养费。小颖生父母决心不再认小颖。

解析： 小颖工作后未对养父母尽赡养义务，在养父病危需要照顾时，仍未尽子女孝道，存在遗弃的情形。法院判决支持解除收养关系的请求。判决生效后，小颖与宜先生夫妇的身份关系消除。宜先生半年后去世，小颖不能成为继承人。因宜先生妻子缺乏劳动能力又缺乏生活来源，可以要求小颖支付生活费，且小颖遗弃养父母，宜先生妻子还可以向小颖主张收养期间支出的抚养费。小颖已经成年，与生父母间的权利义务关系是否恢复，可以协商确定。而生父母决心不再认小颖，故权利义务关系不恢复。

本章实务热点问答

一、有特殊困难无力抚养子女的是否只能是生父母，养父母、继父母有特殊困难的子女可否被送养？

从《民法典》第 1093 条第 3 项文本看，仅指生父母，不包括养父母和继父母。有观点指出，该项将被收养人欠缺抚养条件的情形限定为“生父母”无力抚养，是我国实践中常见的情形，但在特殊情况下，被收养人也可能因其养父母、继父母存在特殊困难而欠缺抚养条件，在这些情况下，出于保护未成年人目的，应当认定其符合被收养的条件。[1] 从目前文件看，民政部办公厅在民办函〔2009〕177 号《关于收养人因生活困难不能继续抚养被收养人有关问题的复函》中认可养父母有特殊困难无力抚养的可以送养子女。至于继父母，有观点认为，须考量继父母是否有法定抚养义务，如无，则应溯及至有抚养义务的生父母；如有，则可在继父母与生父母之间协商、调解或裁判分担抚养义务。[2]

二、生父母一方不明或者查找不到，单方送养时，另一方的父母可否优先抚养？

《民法典》第 1108 条规定，配偶一方死亡，另一方送养未成年子女的，死亡一方的父母有优先抚养的权利。但第 1097 条规定“生父母一方不明或者查找不到，可以单方送养”时，并未提及另一方的父母可否优先抚养的问题。“不明”指身份不明还是下落不明，《收养子女登记办法》第 6 条和《民政部关于规范生父母有特殊困难无力抚养的子女和社会散居孤儿收养工作的意见》（民发〔2014〕206 号）将“不明”转化为“下落不明”。这与“查找不到”有重复之嫌。《婚姻家庭编（草案）》（二审稿）第 876 条规定为“身份不明”。但《民法典》最终文本删除了“身份”二字。为避免文义重复，将“不明”解释为身份不明似更适合。生父母一方身份不明，指男方不明。此时，无法弄清男方的父母身份。故讨论生父母一方不明或者查找不到，单方送养时，另一方的父母可否优先抚养问题，可以进一步理解为生父母一方查找不到，另一方的父母可否优先抚养。这一问题与《民法典》第 1108 条规定的情形类似。从最有利于被收养人原则出发，应当允许另一方的父母优先抚养。从前述《民政部关于规范生父母有特殊困难无力抚养的子女和社会散居孤儿收养工作的意见》（民发〔2014〕206 号）要求送养人提交下落不明一方的父母不行使优先抚养权的制式书面声明也可推出同样解释结论。

---

[1] 雷明光．中华人民共和国收养法评注［M］．厦门：厦门大学出版社，2016：74.

[2] 薛宁兰，谢鸿飞．民法典评注：婚姻家庭编［M］．北京：中国法制出版社，2020：474－475.

三、死亡一方的父母的优先抚养权效力如何?

民商法领域存在诸多优先性质的权利，如承租人优先购买权、优先租赁权，股东优先购买权。《民法典》第 1108 条规定了优先抚养权利，即配偶一方死亡，另一方送养未成年子女的，死亡一方的父母有优先抚养的权利。这条规定是为了照顾死亡一方的父母对孙子女、外孙子女的情感，毕竟是血脉联系。按照这条规定，正常情况下，死亡一方的父母优先抚养权利能够阻断生存一方的送养，使（外）孙子女不被送养至其他家庭。但非正常情况，比如死亡一方的父母不知道生存一方已经送养了（外）孙子女，如何救济。实务中有一则案例，[1] 孩子父亲死亡，母亲将子女送养他人并办理了收养登记。祖父母知道后，提起诉讼，认为送养未征询他们的意见，侵犯了他们优先抚养的权利，请求确认收养无效。一审支持，二审驳回。二审法院认为，祖父母的抚养能力不及收养人，其优先抚养的权利没有强制性，收养登记虽有瑕疵，但有利于被收养人成长，故维持登记效力。

死亡一方的父母的优先抚养权利效力如何，目前没有定论。围绕二审理由，可以分析以下问题：一是该权利的位阶。二审认为该权利没有强制性是否合理。二是适用该条款是否需要比较（外）祖父母与收养人的抚养能力。至少在文义上不存在类似表述。抚养能力囊括的内容较多，如财力、精力、学识，但（外）祖父母对晚辈的血缘亲情是这些内容无法涵盖的。该条款的目的就是保护这项亲属利益。三是最有利于被收养人原则如何适用。收养法规定优先抚养的权利也符合这一原则。个案适用法律原则裁判，排除同样符合原则精神之条款的适用，应该详细说明理由。

四、离婚后可否单方送养?

答案是否定的。《民法典》第 1084 条规定，父母与子女间的关系，不因父母离婚而消除。离婚后，子女无论由父或者母直接抚养，仍是父母双方的子女。离婚后，父母对于子女仍有抚养、教育、保护的权利和义务。从上述

---

[1] （2013）西行终字第 8 号判决书。

规定可以看出，离婚本身不会改变父母与子女间的关系。《民法典》第 1097 条规定，生父母送养子女，应当双方共同送养。因此，离婚后不能单方送养。但是，离婚后满足单方送养条件的，如一方查找不到，可以单方送养。

五、《出生医学证明》只有母亲一方的信息，母亲可以单方送养吗？

《民法典》第 1097 条规定，生父母送养子女，应当双方共同送养。生父母一方不明或者查找不到的，可以单方送养。本条规定共同送养是原则，单方送养是例外，而单方送养的前提是生父母一方不明或者查找不到。故回答《出生医学证明》只有母亲的信息，母亲可否单方送养的问题，还是要回归单方送养的条件本身。

以《浙江省〈出生医学证明〉管理办法》（浙卫发〔2019〕4 号）为例，其第 12 条规定，机构内首次申领时，应填写《出生医学证明》首次申领登记表（此表需填写父母双方信息），并提交新生儿父母双方有效身份证件。第 13 条第 1 款第 1 项规定，未能提供新生儿父亲身份信息和有效身份证件、申请办理母方单亲的，新生儿母亲还需提供相应的书面声明。该书面声明的模板是：

本人（姓名）________，于____年____月____日在________（医院）分娩新生儿，姓名________，性别____。现因____________（原因）不能提供新生儿父亲信息，特此声明。以上信息的真实性由本人负责，本人愿意承担一切法律责任。新生儿母亲：________（签名），联系方式：________________。

从上述办法的规定看，申领时填写父母双方信息是常态，但也可以申请办理母方单亲，故现实中存在《出生医学证明》只有母亲一方信息的情形。如果不能提供新生儿父亲信息的原因与《民法典》第 1097 条规定的"父亲不明或者查找不到"实质相同，则满足单方送养的条件。因此，《出生医学证明》只有母亲的信息，母亲可否单方送养，关键看单亲申领《出生医学证明》的原因，如果原因与"父亲不明或者查找不到"是同一回事，则可以单方送养，否则不能单方送养。

第十三章　祖孙关系及兄弟姐妹关系

第一节　祖孙关系

一、祖孙关系概述

祖父母、外祖父母与孙子女、外孙子女是隔代直系血亲，也是除了父母子女关系外最近的直系血亲。在一定条件下，祖孙之间也有法定的抚养、赡养、继承、监护等权利义务。这里的祖孙关系不仅包含自然血亲，还包含形成养父母子女关系的拟制血亲。我国《民法典》第 1045 条所规定的近亲属范围，包含父母、子女、祖父母、外祖父母、孙子女、外孙子女、兄弟姐妹等。同时，根据《民法典》第 1111 条规定，养子女与养父母的近亲属间的权利义务关系适用《民法典》关于子女与父母的近亲属关系的规定，即收养形成的法律效力及于养父母的近亲属，可以在养子女和养祖父母、养外祖父母之间形成与有自然血缘关系的祖父母、外祖父母、孙子女、外孙子女一般无二的祖父母子女关系。[1] 但值得注意的是，本部分的祖孙关系并不包含形成继父母子女拟制血亲关系，《民法典》第 1072 条仅就继父母与其形成抚养关系的继子女之间的权利义务关系适用《民法典》关于父母子女关系的规定，并未及于继父母的近亲属。

---

[1] 最高人民法院民事审判第一庭．最高人民法院民法典继承编司法解释（一）理解与适用［M］．北京：人民法院出版社，2022：154－156.

二、祖父母、外祖父母对孙子女、外孙子女的抚养义务

我国《民法典》第1074条第1款规定了祖父母、外祖父母对孙子女、外孙子女履行抚养义务的条件：

第一，孙子女、外孙子女是未成年人。被抚养的孙子女、外孙子女应当是未满18周岁、不能独立生活，需要被抚养的未成年人。如果孙子女、外孙子女有经济来源，完全能负担自己的日常生活、教育等所需则不能要求祖父母、外祖父母尽抚养义务。如果孙子女、外孙子女已满18周岁，但无独立生活能力，或者虽未满18周岁但已满16周岁并且以自己的劳动收入为主要生活来源的，祖父母、外祖父母对其也没有抚养义务。

第二，孙子女、外孙子女的父母死亡或者无力抚养。抚养子女本是父母的义务，只有当被抚养人的父母已死亡或虽尚存但无抚养子女的能力时，被抚养人的祖父母、外祖父母才产生抚养孙子女、外孙子女的义务。父母仅一方死亡，另一方仍应承担抚养子女的义务。父母无力抚养是指不能以自己的收入满足子女合理的生活、教育、医疗等需要。

第三，祖父母、外祖父母有一定的负担能力。这里的负担能力是指以自己的收入能够满足自己和第一顺位抚养人的合理生活、医疗等需求后仍有剩余。如果祖父母、外祖父不具备负担能力，也不能要求其承担对孙子女、外孙子女的抚养义务。

案例：成年女性杨女士为三级残疾人，被认定为无劳动能力，幼童杨小甲系杨女士未婚生育子女，其父亲不详。杨某系杨女士的父亲、杨小甲的外祖父，平日女儿及外孙子均依靠杨某生活。后杨某在一起交通事故中被撞身亡，保险公司就其应当赔偿的被抚养人生活费是否包括杨小甲而产生争议，诉至法院。法院最终认定杨小甲属于杨某的被抚养人范围。[1]

解析：是否应当认定本案被扶养人生活费应当从杨某是否具有劳动能力

[1] 参见（2021）豫03民终6108号“中国人民财产保险股份有限公司洛阳市分公司、王某某等机动车交通事故责任纠纷案”。

以及是否对杨女士、杨小甲具有扶养义务来看。杨某在事故发生前具有通过自身劳动获取收入的能力；而其女儿杨女士符合“无劳动能力”的情形，对于杨小甲而言，母亲杨女士并不具备抚养能力。法院根据《民法典》第1074条之规定“有负担能力的祖父母、外祖父母，对于父母已经死亡或者父母无力抚养的未成年孙子女、外孙子女，有抚养的义务”，认定具有劳动能力的杨某对外孙子杨小甲具有抚养义务。

三、孙子女、外孙子女对祖父母、外祖父母的赡养义务

我国《民法典》第1074条第2款就孙子女、外孙子女对祖父母、外祖父母履行赡养义务的条件作出了规定：

第一，祖父母、外祖父母需要被赡养。祖父母、外祖父母应当确有困难，需要被赡养。如果被赡养人有经济来源，完全能负担自己的日常生活所需则不能要求孙子女、外孙子女承担赡养义务。

第二，祖父母、外祖父母的子女已经死亡或子女无力赡养。祖父母、外祖父母的子女已死亡，或者祖父母、外祖父母的子女虽然尚生存，但因经济条件或身体原因无法履行赡养义务的，此时孙子女、外孙子女才产生对祖父母、外祖父母的赡养义务。但祖父母、外祖父母有多个子女的，即使其中有部分子女死亡，但尚有其他有赡养能力的子女存在，孙子女、外孙子女也无须承担对祖父母、外祖父母的赡养义务。

第三，孙子女、外孙子女有一定的负担能力。一般情况下，孙子女、外孙子女应当已成年、具有完全民事行为能力且有独立收入来源，如果孙子女、外孙子女不具备负担能力，也不能要求其对祖父母、外祖父母承担赡养义务。

案例：董老太太生有三个儿子，但均已去世，高某甲、高某乙等五人均系董老太太的孙子女。董老太太因病所需住院费、护理费等11万余元，遂诉请五位孙子女共同承担赡养义务。法院认为董老太太子女均已去世，高某甲、高某乙等作为有负担能力的孙子女，对董老太太负有法定赡养义务，遂依据《民法典》第1074条第2款的规定支持了董老太太的诉讼请求，判决五位孙

子女均担上述医疗费用，并共同负担董老太太每月的赡养费。[1]

解析：祖父母、外祖父母需要被赡养，且其子女作为第一顺位赡养义务人均已去世，若孙子女、外孙子女无法证明自身无负担能力，应当对祖父母、外祖父母依法承担赡养义务。存在孙子女、外孙子女中数人均有负担能力的情形，应根据他们的经济情况共同负担。

四、祖父母、外祖父母与孙子女、外孙子女之间的继承权利

（一）孙子女、外孙子女享有的继承权利

我国《民法典》第1127条规定了法定继承人的范围，其中并不包含孙子女、外孙子女，因此孙子女、外孙子女并非祖父母、外祖父母的法定继承人。但是，在父母先于祖父母、外祖父母死亡时，孙子女、外孙子女可以通过《民法典》第1128条规定的代位继承制度继承祖父母、外祖父母的遗产。被继承人的养子女、已形成抚养关系的继子女所生子女、被继承人的亲生子女的养子女、被继承人养子女的养子女、与被继承人已形成抚养关系的继子女的养子女都可代位继承，但不包含与被继承人已形成抚养关系的继子女的继子女。

需要强调的是，只要父母先于祖父母、外祖父母去世的，孙子女、外孙子女即可按照代位继承制度以第一顺位的继承人与其他第一顺位的继承人共同参与继承遗产，不同于祖父母、外祖父母继承孙子女、外孙子女的遗产，祖父母、外祖父母是第二顺位继承人，必须以第一顺位继承人全部去世或者放弃继承为条件。

案例：齐老先生与张老太太育有三个儿子齐甲、齐乙、齐丙，齐小甲为齐甲的女儿。齐老先生与张老太太分别于2016年、2018年去世，大儿子齐甲已于2012年先于两老去世。现齐小甲主张代位继承祖父母的遗产。法院认为，齐甲先于被继承人去世，相较于齐乙、齐丙，其对被继承人履行赡养义

[1] 参见（2022）鲁06民终4110号“高某甲、高某乙等赡养费纠纷案”。

务的时间相对较短，遂结合实际情况酌定判决齐小甲代位继承被继承人20%的遗产份额。[1]

解析：关于继承的财产份额，依据《民法典》第1130条规定，同一顺序继承人继承遗产的份额，一般应当均等；对被继承人尽了主要扶养义务或者与被继承人共同生活的继承人，分配遗产时，可以多分。而代位继承人是代替被代位人的地位而继承遗产的，一般只能取得被代位人应有的份额。本案中，齐甲因先于被继承人去世，齐乙、齐丙在被继承人年迈重病时尽到主要赡养义务，在分配遗产时可以予以多分。基于此种考虑，齐甲应有的继承份额减少，齐小甲作为代位继承人所继承的份额也相应减少。

（二）祖父母、外祖父母享有的继承权利

《民法典》第1127条规定祖父母、外祖父母是第二顺位法定继承人。在被继承人的第一顺位法定继承人，即孙子女、外孙子女的配偶、子女、父母全部去世或放弃继承时，祖父母、外祖父母才对孙子女、外孙子女的遗产享有法定继承权。对于被继承人来说，这里的祖父母、外祖父母不包含与其已形成抚养关系的继父母的父母，但是包含养父母的父母，原因如前文所述，收养形成的法律效力及于养父母的近亲属，而与形成抚养关系的继父母子女之间的权利义务关系并未及于继父母的近亲属，且祖孙之间抚养或赡养义务并不包含形成抚养关系的继父母的子女，故而从该方面考虑，祖父母、外祖父母没有对形成抚养关系的继父母的子女负担抚养义务，自然也无权利继承其遗产。

五、祖父母、外祖父母与孙子女、外孙子女之间的监护关系

（一）祖父母、外祖父母对未成年孙子女、外孙子女的监护

我国《民法典》第27条规定："父母是未成年子女的监护人。未成年人

[1] 参见（2022）辽03民终2613号"齐某甲、齐某乙等继承纠纷案"。

的父母已经死亡或者没有监护能力的，由下列有监护能力的人按顺序担任监护人：（一）祖父母、外祖父母；（二）兄、姐；（三）其他愿意担任监护人的个人或者组织，但是须经未成年人住所地的居民委员会、村民委员会或者民政部门同意。”该条首先明确了父母当然为子女法定监护人，父母对子女的监护优先于其他有监护能力的人，只有当父母死亡或者丧失监护能力时，才能考虑其他主体担任未成年人的监护人。因此，当未成年人的父母死亡或者丧失监护能力时，有监护能力的祖父母、外祖父母是第一顺位的法定监护人。对于有监护能力的认定，应当综合考虑多种因素，如身体状况、经济条件、生活环境等。当然，法定监护人的顺位也非绝对，根据《民法典》第30条的规定，法定监护人之间可以通过协商确定监护人，但应当尊重被监护人的真实意愿，丧失监护能力的父母对该协议也可以提出意见。此处需注意，父母在有监护能力的情况下，不得与其他人签订监护协议，约定由他人担任未成年子女的监护人。

案例：岳某甲、岳某乙系屈某与岳某的子女。屈某因意外死亡，岳某独自离家未归，岳某甲、岳某乙长期与祖父母岳某某、张某某共同生活。岳某因长期不履行对子女的监护职责，祖父母岳某某、张某某遂向法院申请撤销岳某的监护人资格，同时指定两位申请人担任孙子女的监护人，岳某对此亦表示同意。法院对两位申请人的主张予以支持。[1]

解析：父母作为未成年人的法定监护人，应当履行法定监护职责。本案中，岳某作为岳某1、岳某2的父亲，长期不履行对子女的监护职责，而由未成年人的祖父母实际进行抚养、照顾等监护义务。将监护人变更为未成年人的祖父母，不但符合实际的监护情况，也符合包括被申请人在内的各方利害关系人的意愿，符合未成年人保护的立法意旨。

（二）成年孙子女、外孙子女对祖父母、外祖父母的监护

我国《民法典》第28条规定：“无民事行为能力或者限制民事行为能力

[1] 参见“最高人民法院发布12起侵害未成年人权益被撤销监护人资格典型案例之三：岳某某被撤销监护人资格案”。

的成年人，由下列有监护能力的人按顺序担任监护人：（一）配偶；（二）父母、子女；（三）其他近亲属；（四）其他愿意担任监护人的个人或者组织，但是须经被监护人住所地的居民委员会、村民委员会或者民政部门同意。”担任身心障碍的成年人的监护人，必须具有完全民事行为能力且具有监护能力，主要以近亲属为主，配偶是第一顺位法定监护人，而孙子女、外孙子女属于其他近亲属，是第三顺位法定监护人，原则上只有前一顺位的监护人不存在或者无监护能力，后一顺位监护人才有资格成为成年人的法定监护人，具有强制性。因此，当祖父母、外祖父母的配偶、父母、子女均不存在或者无监护能力时，有监护能力的孙子女、外孙子女可以担任祖父母、外祖父母的法定监护人。

此外，我国《老年人权益保障法》第 26 条规定，具备完全民事行为能力的老年人，可以在近亲属或者其他与自己关系密切、愿意承担监护责任的个人、组织中协商确定自己的监护人。因此，祖父母、外祖父母可以通过指定监护确定其孙子女、外孙子女担任监护人，在老人丧失或者部分丧失民事行为能力时，由被指定的孙子女、外孙子女依法承担监护责任。

第二节 兄弟姐妹关系

一、兄弟姐妹关系概述

兄弟姐妹是最近的旁系血亲。兄弟姐妹既包括同胞兄弟姐妹，也包括拟制兄弟姐妹。其中同胞兄弟姐妹是指同父同母、同父异母、同母异父关系的兄弟姐妹，拟制兄弟姐妹包含养兄弟姐妹、继兄弟姐妹，该点要与祖孙关系加以区分。

一般情况下，兄弟姐妹均由他们的父母抚养，彼此之间并不发生法定扶养的权利义务关系。[1] 但在满足一定条件的特定情况下，兄弟姐妹之间也可能会产生扶养义务、享有继承权利、形成监护关系。

二、兄、姐对弟、妹的扶养义务

我国《民法典》第1075条第1款规定了兄、姐对未成年弟、妹的扶养义务，条件有三：

第一，弟、妹为未成年人，即不满18周岁。但对于年满16周岁以上未满18周岁，能够以自己的劳动收入为主要生活来源的弟、妹，兄、姐无须对其负扶养义务。如弟、妹已成年，却无独立生活能力，兄、姐亦不负法定的扶养义务。

第二，父母已经死亡或父母无力抚养。此处包含两种情况：一是父母均死亡，此时弟、妹已没有父母这一第一顺位抚养义务人，如果父母一方尚在且具有抚养能力，则仍应由尚在的一方履行抚养义务；二是父母均尚在或一方尚在但没有抚养能力，比如父母在意外事故中致残失去劳动能力和生活来源，此时有负担能力的兄、姐便产生了扶养弟、妹的义务。[2]

第三，兄、姐具有负担能力，兄、姐需为完全民事行为能力人，如其无生活来源且缺乏劳动能力，则不具有负担能力。当兄、姐原本具有劳动能力或生活来源，但因其承担了弟、妹的抚养义务而造成自身生活困难时，是否还具有负担能力，我国《民法典》未予规定，多数人认为，当兄、姐因履行对弟、妹的扶养义务而无法保障自身正常生活需求，一般认为兄、姐不具有负担能力。

案例： 齐某与齐甲、齐乙等五人系同父异母的兄弟姐妹关系，齐某父亲去世后，母亲黄某既无劳动能力又无经济来源，齐某作为未成年人，起诉要求五位已成年的兄、姐扶养。法院经审理判决齐甲、齐乙等五名被告每人每

---

[1] 蒋月，何丽新．婚姻家庭与继承法［M］．3版．厦门：厦门大学出版社，2008：203.

[2] 夏吟兰，龙翼飞，曹思婕，等．中国民法典释评：婚姻家庭编［M］．北京：中国人民大学出版社，2020：184.

月向原告支付一定的扶养费。[1]

解析：有负担能力的兄、姐，对于父母已经死亡或父母无力抚养的未成年的弟、妹有扶养的义务。本案中，五被告作为未成年原告的兄、姐，是具有负担能力的成年人，在其父亲死亡、继母黄某年老无能力又无其他经济来源的情况下，对原告有扶养义务。

三、弟、妹对兄、姐的扶养义务

《民法典》第 1075 条第 2 款规定了弟、妹对兄、姐的扶养义务，条件有三：

第一，兄、姐缺乏劳动能力又缺乏生活来源，两者缺一不可。缺乏劳动能力是指无法从事体力、脑力、技术工作，缺乏生活来源是指经济上没有足够维持生活的收入和积蓄。如兄、姐缺乏劳动能力但有退休金等保障正常生活，或兄、姐缺少生活来源，但有劳动能力，能够换取生活来源时，则弟、妹无须承担法定的扶养义务。

第二，兄、姐无第一顺位扶养义务人，或第一顺位的义务人缺乏扶养能力。如兄、姐的配偶能够承担扶养义务或者其成年子女能够赡养义务的，则弟、妹无须承担扶养义务。

第三，弟、妹是由兄、姐抚养长大且有负担能力。首先，弟、妹是由兄、姐抚养长大的，说明在弟、妹未成年时，父母已死亡或无抚养能力，兄、姐已经履行抚养弟、妹的法定义务，根据权利与义务相一致的原则，弟、妹在法定情况下也应对兄、姐履行法定扶养义务。再者，弟、妹应当有负担能力，此处与兄、姐具有负担能力的理解相同。

除《民法典》外，《老年人权益保障法》第 23 条第 2 款亦规定，由兄、姐扶养的弟、妹成年后，有负担能力的，对年老无赡养人的兄、姐有扶养的义务。

---

[1] 参见（2014）磁民初字第 558 号“齐某与齐甲、齐乙扶养费纠纷案”。

案例： 赵某系赵某甲的哥哥，赵某与赵某甲的父母早年去世，赵某对弟弟赵某甲进行了扶养。现赵某年岁已高且生活困难，而赵某甲正值壮年，赵某认为其曾扶养弟弟至成年，弟弟也应当承担对他的扶养义务，遂诉至法院要求赵某甲给付每月 400 元的赡养费。经查明，赵某有两个已成年的儿子，且具备赡养能力，法院遂驳回原告赵某的诉讼请求。[1]

解析： 由兄、姐扶养的弟、妹成年后，对年老兄、姐的扶养义务是有条件的，必须是兄、姐无人赡养，包括兄、姐没有第一顺位的扶养义务人或第一顺位的扶养义务人没有扶养能力，同时其自身缺乏劳动能力又缺乏生活来源的。本案中，原告赵某尚存在有负担能力的成年儿子作为第一顺位赡养义务人，因此其成年弟弟赵某甲无须承担赡养义务。

四、兄弟姐妹之间的继承权利

《民法典》第 1127 条规定兄弟姐妹属于第二顺位法定继承人。这里的兄弟姐妹包含自然血亲产生的同父同母、同父异母、同母异父的兄弟姐妹，也包含拟制血亲产生的养兄弟姐妹和有抚养关系的继兄弟姐妹，彼此都为第二顺位的法定继承人。在没有第一顺位法定继承人或第一顺位法定继承人全部放弃或丧失继承权时，兄弟姐妹作为第二顺位继承人参加继承。但是根据我国《民法典》第 1131 条的规定，如果兄、姐对弟、妹或弟、妹对兄、姐尽了主要扶养义务时，即使存在第一顺位继承人，兄、姐或弟、妹也可以适当分得遗产。[2]

关于代位继承，《民法典》第 1128 条已经将被代位人的范围已扩大至兄弟姐妹的子女，被继承人的兄弟姐妹先于被继承人死亡的，由被继承人的兄弟姐妹的子女代位继承，避免了财产无人继承的状况。

案例： 被继承人孙某于 2020 年 3 月 4 日（《民法典》施行前）去世，其无配偶、无子女，未留有遗嘱，遗产尚未处理。孙一、孙二、孙三、孙四、

[1] 参见（2017）冀 09 民终 4704 号“赵某、赵某甲赡养纠纷案”。

[2] 蒋月，何丽新．婚姻家庭与继承法［M］．3 版．厦门：厦门大学出版社，2008：205.

孙五系孙某的亲兄弟，孙小甲、孙小乙等六人系孙三、孙四、孙五的子女，孙某的父母以及兄弟孙三、孙四、孙五已先于孙某去世。孙小甲、孙小乙等六人以孙一、孙二为被告，于2021年1月诉至法院，要求代位继承孙某的遗产。但法院最终法院判决驳回了孙小甲、孙小乙等六人的诉讼请求。[1]

解析：根据《民法典时间效力规定》第14条，被继承人在《民法典》施行前死亡，遗产无人继承又无人受遗赠，其兄弟姐妹的子女请求代位继承的，适用《民法典》第1128条第2款和第3款的规定，但是遗产已经在《民法典》施行前处理完毕的除外。据此，被继承人在《民法典》正式施行前死亡，认定被继承人兄弟姐妹之子女可以代位继承，应当同时具备的两个条件：第一是遗产无人继承又无人受遗赠；第二是遗产在《民法典》施行前尚未处理完毕。而在本案中，孙某虽无第一顺位法定继承人，但尚有第二顺序继承人孙一、孙二健在，不符合遗产无人继承的条件，因此，孙小甲、孙小乙等六人无权通过代位继承制度继承孙某的遗产。

五、兄弟姐妹之间的监护关系

（一）兄、姐对未成年弟、妹的监护

根据我国《民法典》第27条的规定，当未成年人的父母已经死亡或者没有监护能力的，有监护能力的兄、姐是第二顺位的法定监护人。该条中规定的兄、姐必须是具有完全民事行为能力的成年人，且须具有监护能力，判断是否具有监护能力也同样应当综合考虑身体状况、经济条件、生活环境等多种因素。因此，在未成年人的父母以及处于第一顺位的祖父母、外祖父母等法定监护人均死亡或丧失监护能力时，由具有监护能力的兄、姐担任其法定监护人。

（二）对无民事行为能力、限制民事行为能力的成年兄弟姐妹的监护

我国《民法典》第28条规定：“无民事行为能力或者限制民事行为能力

[1] 参见（2021）鲁03民终1227号。

的成年人，由下列有监护能力的人按顺序担任监护人：（一）配偶；（二）父母、子女；（三）其他近亲属；（四）其他愿意担任监护人的个人或者组织，但是须经被监护人住所地的居民委员会、村民委员会或者民政部门同意。”

兄弟姐妹属于其他近亲属，是第三顺位法定监护人。原则上只有成年被监护人的配偶、父母子女均不存在或者无监护能力，该成年人的兄弟姐妹才有资格成为法定监护人。担任监护人的兄弟姐妹同样要求具有完全民事行为能力且具有监护能力。

案例：赵某丁系成年男性，因意外事故导致其成为限制民事行为能力人，其亦无配偶、子女。在其母亲去世后，由姐姐赵某丙担任其法定监护人，对其进行照顾并与之共同生活。后赵某丁去世，其兄弟姐妹赵某甲、赵某乙、赵某丙对赵某丁遗产继承问题产生纠纷诉至法院。最终法院认定赵某丙继承38%的份额，赵某甲、赵某乙各继承31%的份额。❶

解析：兄弟姐妹为第二顺位的继承人，在没有第一顺位继承人时，由第二顺位继承人进行法定继承。对被继承人尽了主要扶养义务或者与被继承人共同生活的继承人，分配遗产时，可以多分。

本章实务热点问答

一、祖父母要求看望孙子女，夹在中间的子女有义务配合吗？

探望权，是指父母离婚后，不直接抚养子女的一方依法享有的与未共同生活的子女通信联系、见面交流的权利。基于我国《民法典》第1086条的规定，享有和行使探望权的主体是离婚后不直接抚养子女的父母一方，并未对祖父母、外祖父母等其他近亲属的探望权进行规定，当然实践中主要争议的是隔代探望权的问题，即祖父母、外祖父母是否有权探望孙子女、外孙子女。现实生活中也偶尔有该纠纷案件产生并诉至法院。结合我国的国情、现

❶ 参见（2022）沪02民终9338号“赵某甲等与赵某丙法定继承纠纷案”。

实生活及传统家庭观念，许多未成年人都由祖父母、外祖父母抚养照顾，其间有深厚的情感，祖父母、外祖父母看望孙子女、外孙子女不仅能使得未成年人获得更多的关爱，在有爱的家庭氛围中快乐生活、健康成长，同时也是对祖辈的尊重及慰藉，因此法院通常会对祖父母的诉求予以确认。探望制度旨在保护未成年人的利益，故夹在中间的子女在未成年人利益最大化原则下，征求未成年人的意愿，有义务配合祖父母、外祖父母看望孙子女、外孙子女。

二、因离婚不直接抚养子女一方的父母，或因父母离婚而被分开抚养的兄弟姐妹，有权要求探望随另一方共同生活的孙子女或兄弟姐妹吗？

关于祖孙、兄弟姐妹之间的权利与义务，我国《民法典》很多都未行规定，但是我国有着几千年的文化传统、道德人伦、家庭观念，祖孙关系、兄弟姐妹关系都是除父母以外最亲的亲属，是重要的家庭成员。生活实践中往往有更多的情况出现，如在农村的留守儿童，他们的父母为了能给孩子更好的生活去城市打工，而此时照顾孩子的重任就在祖父母、外祖父母，甚至是年长的兄弟姐妹身上，在这种情况下，排除祖父母、外祖父以及兄弟姐妹的探望权，既不符合人伦道德，也不符合社会实情，更会让祖辈寒心，引发家庭矛盾，故而，在结合实情况下，兼顾法理与情理，维护公平正义，才能做到定分止争，保障社会的长治久安。

三、离婚协议约定了祖父母的探望权，有法律效力吗？

有法律效力。如前所述，祖父母要求看望孙子女的权利是可以得到支持的，同时，我国《民法典》第 1086 条规定，探望权的行使方式、时间可以由当事人协商约定。既然离婚协议已经约定祖父母的探望权，且不违反法律法规及公序良俗，双方均应予以遵守。

四、对直系血亲均无力抚养能力的侄孙，能收养为自己的孙子吗？

我国《民法典》第 1111 条规定：“自收养关系成立之日起，养父母与养子女间的权利义务关系，适用本法关于父母子女关系的规定；养子女与养父母的近亲属间的权利义务关系，适用本法关于子女与父母的近亲属关系的规定。”从该条可以看出，收养关系只能是父母子女关系，而不能是祖孙关系等其他亲属关系或身份关系。如果收养人与被收养人之间原本存在隔代亲属关系，则不能通过收养关系将隔代亲属关系变更为父母子女关系，或者通过收养行为将事实上的隔代抚养关系外化为法律认可的收养关系，否则将破坏原有的代际关系，也不符合伦理观念。[1]

五、养子女，对养父母的养父母或形成抚养关系的继父母，有可能产生赡养义务吗？

有可能。如果养父母的养父母或形成抚养关系的继父母对养子女尽了抚养义务，则根据权利义务公平对等原则，同时参照祖孙之间的抚养或赡养义务，养子女还是可能会产生对相应祖辈的赡养义务。

六、祖父母、外祖父母照管孙子女、外孙子女所支出的必要费用，有权要求子女返还吗？

抚养孩子本是父母的责任。在生活中，为减轻子女的负担，祖父母、外祖父母经常会自愿帮助照顾孙子女、外孙子女，由此也产生因祖辈代为照顾孙辈而追索“带孙费”的纠纷。但祖父母、外祖父母长期抚养孙子女、外孙子女与偶然性、临时性帮助子女照顾孙子女、外孙子女所产生的费用具有不同性质：在孙子女、外孙子女的父母具有抚养能力的情况下，祖父母、外祖父母长期照顾未成年孙子女、外孙子女的行为属于协助行为，由此产生的生活费、教育费等必要支出，有权向父母主张返还；祖父母、外祖父母偶然性或临时性自愿出资照顾孙子女的行为，属于情谊行为，其好意施惠所产生的费用一般不支持返还。

七、对于无配偶、无子女、父母双亡又不能独立生活的成年弟、妹，有负担能力的兄、姐是否有扶养义务？

我国《民法典》第1075条第1款仅规定兄、姐对未成年弟、妹有扶养义务，并未规定兄、姐对无配偶、无子女、父母双亡又不能独立生活的成年弟、

---

[1] 孙文灿. 浅谈隔代收养［J］. 社会福利，2008（4）：50.

妹是否负有扶养义务。实践中，此类成年弟、妹将兄、姐诉至法院要求其履行扶养义务的案件时有发生。对此，从我国扶老育幼的传统美德和社会主义核心价值观来看，兄、姐应当有条件地承担对成年弟、妹的扶养义务。兄、姐对弟、妹的扶养具有补位的性质，在一定意义上是在替代父母履行抚养子女的义务。法律规定兄、姐对未成年弟、妹的扶养义务是为了保障未成年人的生存权、健康权等人身权利，而成年弟、妹在不能独立生活的时候同样面临生存权、健康权等人身权利的保护需求，对此，赋予不能独立生活的弟、妹与未成年弟、妹享有同样的应受保护的法益符合立法目的。然而，兄、姐扶养成年弟、妹并非无条件，只有在满足成年弟、妹没有配偶、子女、父母等第一顺序扶养义务人，无法独立生活等条件，有负担能力的兄、姐才对其有扶养的义务，反之则无。

第四编
继承编

第十四章　遗产与继承权

第一节　继承的含义与分类

一、继承的含义

广义的继承，指附属于一定主体的各类权益，在其终止后的承继。狭义的继承，指归属于个人的财产权益，在其死后由相关民事主体承继。在现代社会，包括家事法在内的民法中的继承，系狭义上而言的。我国《民法典》第1120条规定，国家保护自然人的继承权。国家、社团等非个人终止时发生的权益承继，以及针对皇位、爵位、户主等身份性权益的承继，均不属于我国民法中的继承。

二、继承的分类

从不同角度，对继承可以作不同分类，以下三种分类较为常见。

（一）法定继承与意定继承

按财产继承的依据，继承可以分为法定继承与意定继承。法定继承，是指直接按照法律规定进行的继承，一般也称作无遗嘱继承。我国《民法典》“继承编”对继承人范围、顺序、份额等作出了规定。意定继承，指根据被继承人生前所作意思表示进行的继承。意定继承又可进一步分为协议继承和遗嘱继承，其中协议继承在我国主要指遗赠扶养协议。遵循意思自治的原则，意定继承优先于法定继承。

案例：刘先生今年50岁。他的父亲和大伯均于不久前离开人世。刘先生的父亲生前没有订立遗嘱，所留遗产由全体法定继承人继承。刘先生的大伯生前立下遗嘱，指定由其女儿继承全部遗产。

解析：对刘先生父亲所留遗产的继承，属于法定继承。对刘先生大伯所留遗产的继承，系遗嘱继承。

（二）单独继承与共同继承

按照参与继承的人数不同，继承可以分为单独继承和共同继承。仅有一个继承人得以继承的，属于单独继承。有两人及以上的继承人得以继承的，为共同继承。在共同继承的情形下，须确定各共同继承人之间的份额。

（三）本位继承、代位继承与转继承

按照继承人参与继承时的地位不同，继承可以分为本位继承、代位继承与转继承。本位继承，指直接依照法律规定的地位和顺序参与继承的继承方式。代位继承，指因继承人先于被继承人去世，由该继承人特定的后人代替其地位参与继承的继承方式。转继承，指继承人在继承开始后、遗产分割前死亡，其原本有权继承的遗产转由其自己的继承人继承的继承方式。

第二节　继承的开始

一、继承开始的时间

继承的开始，指继承法律关系的发生。继承开始，意味着原来的财产所有者成了被继承人，其财产成了遗产。《民法典》第1121条规定继承从被继承人死亡时开始。死亡分为生理死亡和宣告死亡，二者的确定标准存在差异。此外，有继承关系的人在同一事件中死亡的情形下，各自死亡时间的确定对继承关系具有重要影响。

（一）生理死亡时间的确定

《民法典》第15条规定，自然人的死亡时间，以死亡证明记载的时间为准；没有死亡证明的，以户籍登记或者其他有效身份登记记载的时间为准。有其他证据足以推翻以上记载时间的，以该证据证明的时间为准。

（二）宣告死亡时间的确定

《民法典》第48条规定，被宣告死亡的人，人民法院宣告死亡的判决作出之日视为其死亡的日期；因意外事件下落不明宣告死亡的，意外事件发生之日视为其死亡的日期。

互有继承关系的人在同一事件中死亡的情形下，能判断死亡时间的，按死亡时间顺序推定；难以确定死亡时间的，推定没有其他继承人的人先死亡。都有其他继承人，辈分不同的，推定长辈先死亡；辈分相同的，推定同时死亡，相互不发生继承。

案例：某航班发生空难。机上人员全部遇难。小敏家庭有六人在飞机上：除小敏外，还有小敏的父母、妻子、岳母、岳母的姐姐。小敏的岳父因临时有事，逃过此劫。小敏和妻子都是独生子女，二人育有三个子女。小敏岳母的姐姐未婚无子女，其父母已于数年前去世。

解析：遇难的小敏家六人，存在多重相互继承关系且难以确定死亡时间，适用死亡时间顺序推定规则。小敏的父母推定同时死亡，相互不发生继承。小敏的父母推定先于小敏死亡。小敏和妻子推定同时死亡，相互不发生继承。小敏岳母和岳母的姐姐之间，推定岳母的姐姐先死亡。小敏岳母和小敏妻子之间，推定小敏岳母先死亡。

二、继承开始的意义

（一）被继承人名下的个人合法财产转变为遗产

被继承人民事权利能力因死亡终止，其名下财产成为遗产。关于遗产的详述，见后文。

（二）继承权，从期待权转变为现实权

继承开始之前，继承人的继承权系期待权。被继承人可对其名下财产通过买卖、赠与等方式进行处分，也可以通过订立遗嘱、遗赠扶养协议等方式予以处分，从而使继承人的期待落空。继承开始后，遗嘱人的处分变成不可能，继承人、受遗赠人的期待性权利变成现实权利。

案例：老杨和老李系夫妻，育有独子小杨。老杨和老李名下有多套房产。二人商量，把双方共有的一套住房赠与老李的侄女小李作为婚房。小杨知道后，和父母大吵，表示父母这样做侵犯了自己的继承权。为了家庭和睦，老杨和老李作出让步，取消了赠与计划。几年后，老杨因病去世。老李打算把原计划赠与小李的房屋，过户给小李。

解析：老杨和老李有权将住房赠与小李。二人均在世时，小杨尚没有受法律保护的继承现实权，其反对不发生法律效力。老杨去世后，小杨作为老杨的继承人之一，在老杨未留下包含相反意思的遗嘱的情况下，对老杨所留遗产有继承权。该套房屋有一半属于老杨的遗产，老李无权单独处分。

（三）遗嘱开始生效

被继承人生前所立遗嘱，在被继承人死亡之前不发生法律效力。被继承人死亡之后，遗嘱开始生效。

第三节 遗 产

一、遗产的含义和特征

根据我国法律，遗产是死者遗留的财产性权利。遗产主要有下列特征：第一，遗产是财产性的物件或者权利，非财产的人格权或身份权不属于遗产，债务、税负等财产性负担也不属于遗产。第二，遗产是原归属于个人的财产性权利，归属于企事业单位的财产不属于遗产，法律禁止个人拥有的财产不能成为遗产。第三，遗产的原归属人死亡了。普通个人财产成为遗产的原因是，遗产原归属的自然人死亡了。第四，遗产具有可转让性。遗产从形成之时起就是为新的所有权确立做准备的。遗产的所有人由以前的被继承人变为继承人或受遗赠人等主体。法律禁止转让的财产显然不得成为遗产。

二、遗产范围

（一）可纳入遗产的财产（权利）

在当前法律实践中，可纳入遗产范围的财产（权利）包括以下六个方面。

1. 物　　权

物权是权利人依法对特定的物享有直接支配和排他的权利，包括所有权、用益物权和担保物权。可流通物的所有权，原则上可作为遗产。出让取得的国有土地使用权、地役权可作为遗产。农村土地承包经营权，原则上不作为遗产，其中林地以及通过招标、拍卖、公开协商等方式取得经营权的土地可由承包人的继承人在承包期内继续承包，承包人生前应得的承包收益作为其遗产。抵押权、质权、留置权可随其担保的主债权一起，作为遗产。

案例：老梁是某村村民，未婚。老梁家庭承包了 3 亩耕地。老梁又通过公开协商的方式，取得了本村 20 亩地的经营权和邻村 200 亩林地的经营权。老梁平常住在农村自己盖的房子里，在县城购置的两套商品房出租给了别人。不久前，老梁因病去世。

解析：老梁家庭承包的耕地经营权，不属于遗产。相应土地由其家庭成员继续承包。林地经营权和通过公开协商方式取得的土地经营权，不属于遗产，相应的土地，可由其继承人在承包期内继续承包。农村自建房作为其遗产，相应的宅基地使用权，商品房所有权及其对应的国有土地使用权属于遗产。

2. 一般债权

债权即特定的财产性民事法律关系中，一方当事人得以请求他方为一定给付的权利。一般认为，根据发生根据不同，债权可以分为法定债权和意定债权两大类，前者主要包括不当得利之债权、无因管理之债权、侵权行为之债权等，后者则指合同债权。这些债权原则上都可作为遗产。

3. 知识产权中的财产权

知识产权是民事主体对智力成果、商业标记等知识内容享有的排他性权利，主要分为工业产权和著作权两大类。工业产权原则上都可以成为遗产。著作权具备人身权和财产权的双重属性，其中的财产权才可作为遗产。[1]

案例：李作家撰写了九部小说、数百篇短文，并通过其个人经营的个体工商户将近百个作品人物信息申请了商标注册。后李作家去世。

解析：李作家针对所著作品享有的获得报酬等财产权属于其遗产，而署名权、修改权和保护作品完整权不作为其遗产（由作者的继承人或者受遗赠人保护）。李作家通过个人经营的个体工商户注册的商标，作为其遗产。

4. 出资人享有的股权、合伙财产份额等财产权利

股权中的财产权益可作为遗产，股东资格原则上也可以继承。合伙人在合伙企业中的财产份额可作为遗产。个人独资企业投资人对本企业的财产依法享有的所有权，可作为遗产。

5. 信托受益权

信托受益权原则上可作为遗产，除非信托文件另有约定。

6. 遗产的替代财产及遗产孳息

遗产的替代财产指遗产灭失、毁损、变造、丧失占有以及附合或混合，而对于他人取得相应权利时，则该权利属于遗产。另外，以遗产的全部或部

---

[1] 根据《著作权法》第10条，著作权中的财产权包括：复制权，即以印刷、复印、拓印、录音、录像、翻录、翻拍、数字化等方式将作品制作一份或者多份的权利；发行权，即以出售或者赠与方式向公众提供作品的原件或者复制件的权利；出租权，即有偿许可他人临时使用视听作品、计算机软件的原件或者复制件的权利，计算机软件不是出租的主要标的的除外；展览权，即公开陈列美术作品、摄影作品的原件或者复制件的权利；表演权，即公开表演作品，以及用各种手段公开播送作品的表演的权利；放映权，即通过放映机、幻灯机等技术设备公开再现美术、摄影、视听作品等的权利；广播权，即信息网络传播权之外的，以有线或者无线方式公开传播或者转播作品，以及通过扩音器或者其他传送符号、声音、图像的类似工具向公众传播广播的作品的权利；信息网络传播权，即以有线或者无线方式向公众提供，使公众可以在其选定的时间和地点获得作品的权利；摄制权，即以摄制视听作品的方法将作品固定在载体上的权利；改编权，即改变作品，创作出具有独创性的新作品的权利；翻译权，即将作品从一种语言文字转换成另一种语言文字的权利；汇编权，即将作品或者作品的片段通过选择或者编排，汇集成新作品的权利；应当由著作权人享有的其他权利。

分直接交换取得的财产、转让所得的价款以及遗产所生孳息按遗产处理。

（二）不能作为遗产的财产（权利）

1. 扶养费、抚养费请求权

以下请求权不得作为遗产：父母要求成年子女给付赡养费的权利，子女已经死亡或者子女无力赡养的祖父母、外祖父母要求有负担能力的孙子女、外孙子女给付赡养费的权利，未成年子女或者不能独立生活的成年子女要求不履行抚养义务的父母给付抚养费的权利，父母已经死亡或者父母无力抚养的未成年孙子女、外孙子女要求有负担能力的祖父母、外祖父母给付抚养费的权利，未成年子女或者不能独立生活的成年子女要求父母给付抚养费的权利，需要扶养的夫妻一方要求不履行扶养义务的另一方给付扶养费的权利，父母已经死亡或者父母无力抚养的未成年弟、妹要求有负担能力的兄、姐给付抚养费的权利，缺乏劳动能力又缺乏生活来源的兄、姐要求由自己抚养长大的有负担能力的弟、妹给付扶养费的权利。

案例：张老先生 70 岁之后，与三个子女共同签订了一份协议。约定由老大负责平日的照顾，老二、老三每月各自承担 800 元赡养费。协议签订后，老二每月均如期支付了赡养费，老三则经常拖欠。临到张老先生去世时，老三已有 5 个月未付赡养费。

解析：张老先生对老三的赡养费请求权，不作为张老先生的遗产。张老先生已经收到、尚未花完的赡养费，作为张老先生的存款纳入其遗产。

2. 居住权

根据《民法典》“物权编”设定的居住权，不作为遗产，不能继承。

3. 继承开始前之继承权

继承开始前，在先顺序的法定继承人对未来的被继承人遗产拥有一定的权利，若此继承人死亡，则该继承权本身不能作为该先死亡的继承人的遗产。相应的遗产份额，须按代位继承处理或者转归其他在先顺序的继承人。

4. 其他不得继承的财产（权利）

例如，被保险人有权指定并变更人寿保险受益人，但一旦死亡，其生前最后指定的受益人便取得了相应权利，此项权利不能归入其遗产。

第四节　继承、受遗赠的接受与放弃

继承开始后，继承人、受遗赠人可能接受继承、受遗赠，也可能放弃。继承的接受或放弃，与受遗赠的接受或放弃存在较大的法律差别。

一、继承的接受与放弃

（一）接受继承

1. 接受继承的条件

接受继承，即继承人同意接受被继承人遗产。接受继承属于单方民事法律行为，仅需一方当事人作出意思表示即可，无须其他当事人作出一致的意思表示。一般认为，接受继承需要符合以下条件：

第一，接受继承只能在继承开始之后为之。继承开始之前所作的涉及继承或遗产的意思表示，不构成法律上的接受继承。

第二，接受继承的继承人，须未丧失继承权且依有效遗嘱或法律规定有权继承。

第三，接受继承应整体为之，原则上不可仅接受一部分。但因法律没有对此作出明确规定，故审判实务中也有不同观点。

第四，接受继承的意思表示，可由继承人本人亲自进行，也可由其代理人进行。

2. 接受继承的方式

接受继承可通过明示或默示方式为之。明示方式，可以是书面形式，也可以是口头形式。默示方式，只要未在继承开始后、遗产处理前书面表示放弃，即视为继承人接受继承。

（二）放弃继承

放弃继承，即继承人不接受被继承人遗产的意思表示。放弃继承也属于单方民事法律行为，仅凭当事人一方的意思表示、无须其他人的意思表示便可成立。放弃继承，会导致该继承人无权再要求根据其法定继承地位或被继承人所留遗嘱的指示获得遗产，遗产中的有关部分按照法定继承办理。被继承人生前的债权人，要求继承人对被继承人遗留债务承担清偿责任的，继承人可以自己已放弃继承为由进行抗辩。放弃继承的效力，追溯到继承开始的时间。[1]

1. 放弃继承的条件

第一，在继承开始后、遗产处理前放弃。在继承开始前，继承人拥有的仅是一种地位，而非既得的权利。故继承开始前的继承权仅具有期待性质，原则上不能被放弃。在继承开始之后，继承权从期待状态转换为既得状态，方可被放弃。同时，放弃继承须在遗产处理之前进行。

第二，放弃继承的主体，须为享有继承既得权利的人。因继承顺序居后不享有继承既得权利的继承人，其放弃无效。

第三，放弃继承的意思表示应当由具有民事行为能力的继承人亲自作出。法定代理人一般不能代理无民事行为能力人或限制民事行为能力人作出放弃继承的意思表示，除非不放弃对继承人有利益损害。[2]

第四，不存在尚未履行的法定财产义务，放弃继承会导致其不能履行法定义务的，不得放弃继承。此种情形下放弃继承权的行为无效。

2. 放弃继承的方式

放弃继承必须明示并原则上以书面形式作出。首先，放弃继承必须明示。其次，放弃继承原则上须用书面形式作出。参照《民法典》第 469 条的规定，书面形式是可以有形地表现所载内容的形式。以电报、电传、传真、电子数据交换、电子邮件等方式能够有形地表现所载内容，并可以随时调取查

---

[1] 最高人民法院民法典贯彻实施工作领导小组．中华人民共和国民法典婚姻家庭编继承编理解与适用［M］．北京：人民法院出版社，2020：512.

[2] 最高人民法院民法典贯彻实施工作领导小组．中华人民共和国民法典婚姻家庭编继承编理解与适用［M］．北京：人民法院出版社，2020：511.

用的数据电文，视为书面形式。在诉讼中，继承人向人民法院以口头方式表示放弃继承的，要制作笔录，由放弃继承的人签名。最后，需向遗产管理人或者其他继承人表示。

案例：王老先生和妻子共育有三个子女：王大、王二和王三。王老先生的妻子先于王老先生去世。王大在家庭会议上以口头方式表示自己放弃继承，旅居国外的王二在当地律师事务所的帮助下签署了一份放弃继承的文书并邮寄给王老先生，王老先生和王三均未就是否接受继承表达意见。后因继承纠纷诉至法院，王大又向法院口头陈述了放弃继承的意思并在法院制作的笔录上签名。

解析：王老先生和王三未就是否接受或放弃继承作出意思表示，视同接受继承。王大在家庭会议上关于放弃继承的口头表示，不符合法定形式要求，不发生放弃继承的法律效力；王大在法院所作的放弃继承的口头表示，经法院记入笔录并由王大签名，发生放弃继承的法律效力。王二向王老先生寄送了放弃继承的文书，发生放弃继承的法律效力。[1]

3. 放弃继承的反悔

《继承编解释（一）》第36条规定，遗产处理前或者在诉讼进行中，继承人对放弃继承反悔的，由人民法院根据其提出的具体理由，决定是否承认。遗产处理后，继承人对放弃继承反悔的，不予承认。但对于哪些情形下可以反悔、哪些情形不得反悔，未予以明确规定。在司法实务中，遗产处理前或在诉讼进行过程中，继承人对放弃继承反悔的，如不能证明放弃继承的意思表示系受欺诈、胁迫所为，则该针对放弃继承反悔的主张很难得到法院认可；但如果当事人的反悔具有合理理由，比如当事人发现此前认为不属于被继承人遗产的财产实际是被继承人遗产，则法院会倾向于支持对放弃继承的反悔。

---

[1] 注意区分实体规则和程序规则。尽管王二放弃继承的意思表示可以发生法律效力，但在诉讼或办理公证过程中，还需遵守相应的形式要求。

二、受遗赠的接受与放弃

（一）接受受遗赠

接受受遗赠，是受遗赠人同意接受被继承人所赠遗产的意思表示。接受受遗赠，意味着受遗赠人可要求根据被继承人所留遗嘱的安排获得相应遗产。接受遗赠系单方民事法律行为。

接受受遗赠需符合以下条件：

第一，接受受遗赠的主体，必须没有丧失受遗赠权并且属于有效遗嘱中的受遗赠人。接受受遗赠的意思表示可由受益人本人作出，也可以由其代理人作出。

第二，接受受遗赠的时间为继承开始后、受遗赠人知道受遗赠的事实后60日内。继承开始前，受遗赠人无可被接受的既得权利。同时，受遗赠人应当在知道受遗赠之日起60日内提出。这里的受遗赠人知道受遗赠，并非指受遗赠人知道自己被某份遗嘱列为受遗赠人，而是指受遗赠人知道自己有受遗赠的既得权利。故如受遗赠人在继承开始前便知道自己被遗嘱列为受遗赠人的，该60日的期间应从继承开始之日（被继承人死亡）计算。

（二）放弃受遗赠

放弃受遗赠，即受遗赠人不接受被继承人遗产的意思表示。一旦放弃受遗赠，受遗赠人便无权根据被继承人所留遗嘱的指示获得相应遗产。在放弃受遗赠之后，如受遗赠人要求根据被继承人所留遗嘱的指示获得相应遗产，继承人可以其放弃受遗赠为由进行抗辩。放弃继承系单方民事法律行为。放弃受遗赠需要符合以下条件：

第一，放弃受遗赠的时间为继承开始后。

第二，放弃受遗赠的主体，须未丧失受遗赠权且系有效遗赠的受益人。一般而言，法定代理人对无民事行为能力或限制民事行为能力的人，不能代为放弃。[1]

第三，放弃受遗赠可通过明示或默示方式为之。明示方式，可以是书面形式，也可以是口头形式。默示方式，只要受遗赠人未在知道受遗赠的事实后60日内明确表示接受受遗赠，即视为受遗赠人放弃受遗赠。

案例：章某的堂兄（以下简称“堂兄”）订了一份遗嘱。在遗嘱中，堂兄对名下的房屋、存款及股权进行了处分：自己去世之后，住房和股权归儿子，商铺归章某，存款归章某的妹妹。堂兄给儿子、章某及章某的妹妹，每人一份遗嘱复印件。堂兄去世之后，章某和妹妹都参与了丧事的办理。丧礼结束之后，章某找到堂兄的儿子表示接受受遗赠及接手商铺但遭到拒绝，章某的妹妹未作任何表示便赶着回家了。三个月后，堂兄的儿子和章某、章某的妹妹就堂兄遗产发生争执。

解析：堂兄将遗产留给儿子的意思表示系遗嘱继承，将遗产留给章某和章某妹妹的意思表示系遗赠。章某和妹妹在继承开始之前便已知晓被列为受遗赠人的情况，60日期限自继承开始之日起计算。章某在法定期限内作出接受受遗赠的意思表示，其有权要求根据遗嘱获得商铺。章某的妹妹未能在法定期限内作出接受或者放弃受遗赠的表示，视为放弃受遗赠。

（三）无民事行为能力人、限制民事行为能力人对受遗赠的接受及放弃

无民事行为能力人、限制民事行为能力人，其权利由监护人代为行使，所以监护人（法定代理人）自然可以代为接受遗赠。监护人的代理行为以最大化维护被监护人的权益为原则，所以原则上不能代为放弃受遗赠。这种情况下，当监护人未在“60日”的法定期间内及时表示接受受遗赠时，是否按放弃受遗赠处理在实务中存在争议。一般认为，监护人未及时做表示的，不能视为无民事行为能力人、限制民事行为能力人放弃受遗赠，未成年人仍有

[1] 最高人民法院民法典贯彻实施工作领导小组．中华人民共和国民法典婚姻家庭编继承编理解与适用［M］．北京：人民法院出版社，2020：512.

权接受遗赠。对未成年人而言，在被继承人死亡之后，未成年人年满 18 周岁后的 60 日内，其监护人或自己关于接受遗赠的意思表示均可以视为同意接受遗赠。

第五节　继承权的丧失与恢复

一、继承权的丧失

（一）继承权丧失的概念与类型

继承权丧失，是指继承人因对被继承人或其他继承人实施特定的严重不法行为，从而被取消继承人的继承资格。所以，继承权的丧失也被称作继承权的剥夺。这项规范的意义在于，通过否定继承人的继承资格，切断其从与继承有关的违法行为中获益的可能性，从而贯彻民法保护民事权利、诚实信用、公序良俗的基本原则。

根据继承权丧失后是否可以恢复，继承权的丧失可以分为绝对丧失和相对丧失。继承权的绝对丧失，即继承权被剥夺后不能恢复或挽回，这意味着该继承人永远地失去对被继承人遗产的继承资格；继承权的相对丧失，是指继承权虽丧失但仍可恢复。

（二）丧失继承权的法定事由

继承权丧失的事由，即导致继承权丧失的客观情况。具体如下：

1. 故意杀害被继承人

故意杀害被继承人是针对被继承人的严重犯罪行为，一般认为具备以下三个条件方可构成：（1）杀害行为由继承人实施。可以是继承人本人单独实施（含教唆无民事行为能力、限制民事行为能力人实施），也可以是继承人与他人共同实施（含教唆其他完全民事行为能力人实施）。（2）继承人实施杀害行为的目的是造成被继承人死亡。不能把杀害分解为杀和害，即此处的杀害不包括伤害在内。（3）继承人有杀害的故意。不包括过失在内，无论一般过失还是重大过失。

案例：章小名不满父亲章父将自己吸毒的事报告给公安机关，向父亲的饭菜中投入剧毒物质。吃了有毒饭菜的章父，在医院抢救几天之后死亡。章父与其妻子名下有银行存款、房产等财产。

解析：章小名故意杀害章父，丧失对章父所留遗产的继承权。

2. 为争夺遗产而杀害其他继承人

为争夺遗产而杀害其他继承人的行为，其成立条件包括：（1）杀害行为由继承人实施。（2）杀害的对象是其他继承人。这里的其他继承人既包括法定继承人，也包括遗嘱继承人。针对继承人以外的人实施杀害行为，即使是出于争夺遗产的目的，也不属于本项规制之行为。（3）实施杀害行为的目的是争夺遗产。即为了排除其他继承人，以便让自己从顺序在后的继承人变为顺序在先的继承人，或让自己可以继承到更大的遗产份额（最大为单独继承全部遗产），而杀害其他继承人。

案例：梁老先生和妻子共育有四个子女。梁老先生和妻子去世后，因为遗产继承问题，四个兄弟姐妹发生争执。最小的梁四，对梁三和梁三的丈夫心生不满。一次协商过程中，梁四拿菜刀杀死梁三的丈夫。一直想除掉梁四以得到更多遗产的梁大，见状用铁棍将梁三打死。

解析：梁四杀害梁三丈夫的行为，不会导致其丧失继承权，因梁三的丈夫并非继承人。梁大为争夺遗产杀害梁三，丧失继承权。

3. 遗弃被继承人，或者虐待被继承人情节严重

遗弃被继承人和虐待被继承人情节严重，二者有其一，便可导致继承人丧失继承权。

（1）遗弃被继承人的成立条件为：第一，被继承人生前有被赡养、扶养或抚养的现实需要。一般而言，不能独立生活便有被养的现实需要，如尚未成年、成年患有严重精神疾病等。根据当事人亲属关系的情况，具体又分别可能为赡养、扶养或抚养的需要。第二，继承人对被继承人有赡养、扶养或抚养的义务。第三，继承人有能力赡养、扶养或抚养而不履行。

（2）虐待被继承人情节严重的成立条件为：第一，继承人对被继承人实施了虐待行为。虐待，是指家庭成员间持续性、经常性地以殴打、捆绑、残害、限制人身自由以及经常性谩骂、恐吓等方式实施的身体、精神等侵害行为。第二，虐待情节严重。虐待被继承人情节是否严重，可以从实施虐待行为的时间、手段、后果和社会影响等方面认定。虐待被继承人情节严重的，不论是否追究刑事责任，均可确认其丧失继承权。

案例：王先生自从妻子去世之后，生活陷入窘境。没有社保的他，经济上无法自足。早年在工地上受的伤，让他生活不能完全自理。王先生有两个子女，但都把父亲当作负担。儿子跟王先生在同一个村子，虽然每天都去照顾王先生，但与老人经常争吵。王先生的儿子因故受伤，无法下床。遂通知住在邻村的姐姐王女士来照顾王先生。王女士以自己没有时间并且身体不好为由，拒绝照顾王先生，致使王先生差点死亡。两个月后，王先生服毒自杀。

解析：儿子与老人争吵原则上不构成虐待，未丧失继承权。女儿的行为构成遗弃，丧失对王先生遗产的继承权。

4. 伪造、篡改、隐匿或者销毁遗嘱，情节严重

伪造、篡改、隐匿或者销毁遗嘱，并且情节严重的，方导致继承人丧失继承权。

（1）继承人实施了伪造、篡改、隐匿或者销毁遗嘱的行为。第一，违法行为人是继承人。至于继承人是单独实施还是与其他人共同实施，是直接实施还是通过教唆他人实施，均在所不问。第二，继承人伪造、篡改、隐匿或者销毁遗嘱，其对象为对被继承人的遗嘱性意思表示。第三，继承人有伪造、篡改、隐匿或者销毁遗嘱行为之一。伪造遗嘱，是指继承人虚构本来不存在的被继承人遗嘱意思表示，并将其用遗嘱形式制作出来。篡改遗嘱，是指继承人对被继承人所立遗嘱的载体进行加工，使其呈现有别于被继承人原意的意思表示。隐匿遗嘱，是指继承人将被继承人所立遗嘱之载体藏匿起来，使该载体无从查知的行为。销毁遗嘱，是指继承人通过破坏遗嘱载体、改变其

物理形态的方式，使被继承人所留下之意思表示无从识别的行为。第四，继承人主观上为故意。

（2）情节严重。根据《继承编解释（一）》第 9 条，侵害了缺乏劳动能力又无生活来源的继承人的利益，并造成其生活困难的，应认定其行为情节严重。

5. 以欺诈、胁迫手段迫使或者妨碍被继承人设立、变更或者撤回遗嘱，情节严重

以欺诈、胁迫手段迫使或者妨碍被继承人设立、变更或者撤回遗嘱，并且情节严重的，会导致继承人丧失继承权。

根据手段不同，可以分为欺诈型和胁迫型两类。欺诈型，是指故意隐瞒真实情况或者告知虚假信息，欺骗被继承人，使得被继承人作出设立、变更或者撤回遗嘱的错误意思表示，或者导致被继承人未能按真实意愿设立、变更或者撤回遗嘱。胁迫型，是指以给被继承人及其亲友的生命健康、荣誉、名誉、财产等造成损害为要挟，迫使被继承人违背真意，作出设立、变更或者撤回遗嘱的意思表示，或者导致被继承人未能按真实意愿设立、变更或者撤回遗嘱。

二、继承权的恢复

（一）继承权恢复的概念

继承权恢复，是指继承人因故被剥夺继承权后，在符合一定条件时又重新获得继承权。继承权恢复，是继承权的失而复得。

（二）继承权恢复的适用条件

1. 继承人的继承权已经丧失

继承权的恢复，旨在为丧失继承权的继承人和可能因继承人丧失继承权致使个人意愿无法实现的被继承人提供补救渠道。继承人的继承权已经丧失，是本条本款适用的前提条件。

2. 继承人丧失继承权的原因不是故意杀害被继承人或为争夺遗产而杀害其他继承人

故意杀害被继承人或为争夺遗产而杀害其他继承人的，继承权绝对丧失，不可恢复。以下情形导致继承权丧失的方可以恢复：第一，遗弃被继承人，或者虐待被继承人情节严重；第二，伪造、篡改、隐匿或者销毁遗嘱，情节严重；第三，以欺诈、胁迫手段迫使或者妨碍被继承人设立、变更或者撤回遗嘱，情节严重。

3. 继承人确有悔改表现

本条本款并非要打破任何人不得从自己所实施之违法行为中获益的原则，而是给犯错的继承人以改过自新的机会。故要求继承人确有悔改表现，方存在为其恢复继承权的可能。如继承人无悔改表现，则不允许其恢复继承权。继承人的悔改表现，应当通过其自身行为呈现出来，仅有内心观念的转变而无明确的悔改行为不足以成立本条本款规定之确有悔改表现。

4. 被继承人表示宽恕或者事后在遗嘱中将其列为继承人

本条本款的重心，在于最大限度地尊重被继承人意愿，贯彻意思自治、保护民事主体民事权益的民法基本原则。故对因违法行为丧失继承权的继承人，仅其本人有悔改表现不足以导致其继承权恢复。被继承人表示宽恕或者事后在遗嘱中将其列为继承人，是继承权失而复得的必要条件。

案例：离异多年的老李，和独子小李一起生活，住在老李多年前为小李购置的房屋中。小李从小娇生惯养，以自我为中心。小李经常打骂年老力衰的老李，将老李的积蓄挥霍完之后，又把老李的房屋出租给其他人收取租金供自己挥霍。后来在下雨天把老李从家中赶出，老李在雨中号啕大哭，继而高烧不退。社区工作人员介入后，将老李送往医院救治。老李出院后，在社区工作人员的帮助下住回自己的房屋，并不再和小李来往。数年后，老李去世。老李去世前的几个月，小李一直在老李身边照顾，并对自己过去的行为悔恨不已。老李临终之前，表示小李之前的行为自己作为父亲也有责任，所以原谅小李，但未提及身后财产的处理。

解析：小李在和老李共同生活期间实施的打骂、经济控制等行为，构成虐待，理应丧失当时对老李遗产的继承权。在老李去世之前，小李确有悔改表现并取得老李的宽恕，小李的继承权得以恢复。

三、受遗赠权的丧失

（一）受遗赠权丧失的概念

受遗赠人因对被继承人或其他继承人实施特定的严重不法行为，从而被取消该受遗赠人受遗赠的资格。受遗赠权丧失不存在绝对丧失和相对丧失之分。受遗赠权一旦丧失，便不能恢复。

（二）受遗赠权丧失的法定事由

受遗赠权丧失的事由，准用继承权丧失的规定。继承人以外的人有下列行为之一，均可认定实施了导致受遗赠权丧失的严重违法行为：第一，故意杀害被继承人；第二，为争夺遗产而杀害其他继承人；第三，遗弃被继承人，或者虐待被继承人情节严重；第四，伪造、篡改、隐匿或者销毁遗嘱，情节严重；第五，以欺诈、胁迫手段迫使或者妨碍被继承人设立、变更或者撤回遗嘱，情节严重。

案例：老刘与前妻离婚多年。双方的女儿随前妻生活。一次与老刘激烈争吵后，女儿表示和老刘断绝关系，从此不再来往。岳阳是老刘的表侄，经常来看望老刘。老刘多次对人表示，岳阳就像自己的亲生儿子一样。75岁那年，老刘外出时摔了一跤，后发现脑溢血症状住进医院。老刘回家休养，岳阳每天都去看望老刘、帮忙照顾生活起居。在此期间，老刘的前妻因病去世，老刘的女儿被确诊精神障碍。岳阳知晓这一情况后，没有告诉老刘，反而有意强化老刘心中女儿不孝的印象。在岳阳的诱导之下，老刘手写了一份遗嘱交给岳阳，表明自己去世之后名下财产都归岳阳。一个月之后，老刘走出家门适当活动时，才从邻居那得知女儿的情况。老刘把事情的原委都告诉了邻居，并请邻居帮忙，订下新的遗嘱，把大部分财产留给女儿，小部分财产留给岳阳。受此刺激，老刘病情恶化，不久后离开人世。

解析：岳阳以欺诈手段使被继承人订立遗嘱，且情节严重，依法丧失受遗赠权。受遗赠权一经丧失，不能恢复。所以，岳阳无权获得老刘在新遗嘱中留给他的遗产。

本章实务热点问答

一、遗体、骨灰是否属于遗产？

一般认为，遗体、骨灰不属于遗产。但参照继承制度，由死者的近亲属遵从公序良俗的原则予以处理。

二、继承开始前，继承人可否放弃继承？

司法实务中，法院一般按法律明文规定，对继承开始前的放弃继承意思表示按无效处理；但也有部分法院认为，继承人放弃继承期待权益意思表示的协议或声明应认定为有效。北京市高级人民法院在《关于审理继承纠纷案件若干疑难问题的解答》中认为，继承纠纷中，当事人以继承人在继承开始前已明确表示放弃继承期待权为由，请求确认继承权丧失的，人民法院不予支持；但该放弃表示系在分家析产等合意行为中作出，涉及继承权之外其他权利义务安排，继续享有继承权有违相关习俗并导致显失公平的，人民法院对作出放弃表示方请求继承遗产的请求不予支持。

三、夫妻一方放弃继承，是否需要经过配偶同意？

对该问题，主流观点认为，作为继承人的夫或妻一方对继承权利的处分，无须征得另一方的同意。另一方主张对方放弃继承无效或者以对方放弃继承为由请求赔偿的，法院不予支持。但如果夫妻另一方举证证明作为继承人的夫妻一方放弃继承权致使不能履行法定义务导致其获得经济帮助、扶养等权益受到损害的，其关于放弃继承权无效或者赔偿损失的主张可得到法院支持。此外，如果作为继承人的夫或妻一方假意放弃继承，又通过其他安排实际继承了财产，则另一方可以请求予以分割并要求多分。[1]

[1] 《浙江省高级人民法院民一庭关于审理婚姻家庭案件若干问题的解答》（浙高法民一〔2016〕2号）第18问、江苏省高级人民法院《家事纠纷案件审理指南》第45问。

四、继承人欠债未还，还可以放弃继承吗？

权利可以放弃，义务不得放弃，除非权利的放弃侵犯了他人的合法权益。故司法实践中，《继承编解释（一）》第32条规定："继承人因放弃继承权，致其不能履行法定义务的，放弃继承权的行为无效。"对于身负债务的继承人，若法院发现其所负债务已经被法院生效法律文书确认，且已由法院立案执行，则该债务已上升为应负之法定义务，在明知身负债务而放弃继承则可以认定继承人具有恶意，其放弃继承的行为无效。

五、继承过程中部分放弃，会产生什么样的法律效果？

一般认为，因继承权具有不可分性，只能全部接受或全部放弃，未明确表示全部放弃继承权的应视为未放弃继承权。但也有法院，认为可以部分放弃继承权，放弃继承的部分由其他继承人共同继承。实务中，还有法院认为放弃继承部分遗产，并非放弃继承权，而是对其参与继承后所得遗产的处分。故认可其放弃部分财产的效力，该放弃行为不及于其所继承的其他遗产。

六、继承人所作附条件放弃继承的表示，其法律效力如何？

一般认为，继承的放弃必须是无条件的。继承人不能以不履行法定义务作为放弃继承的条件。但对那些不涉及法定义务的事项，法院往往会通过意思表示解释予以弹性处理。比如放弃继承的表示中，要求其他继承人为被继承人购买墓地，法院认为购买墓地不属于放弃继承权的先决条件，故不影响继承的放弃。对当事人放弃继承时所附的要求继承人之间分户的内容，有法院将其解释为设定义务或者负担，并认为相应义务或负担必须履行。

七、接受受遗赠的意思表示可以默示作出吗？

一般认为，受遗赠人在法定除斥期间内作出接受受遗赠物原件或实际管理、使用遗赠物等行为，即可被认定受遗赠人已经作出接受受遗赠的意思表示。

八、受遗赠人在遗产分割前死亡的，受遗赠人的继承人是否享有接受受遗赠财产的权利？

受遗赠人在遗产分割前死亡的，其继承人是否享有接受受遗赠的权利取决于受遗赠人生前对于遗赠的表示。继承开始后，在受遗赠人对于遗赠财产表示接受的情况下，其接受遗赠的权利转移给他的继承人；而如果受遗赠人生前放弃受遗赠或者对于遗赠没有表示的，受遗赠人不享有权利，因此受遗赠人的继承人也不再享有接受受遗赠财产的权利。

九、继承人故意“伤害”被继承人致死是否导致继承权丧失？

一般认为，杀害是以剥夺生命为目的行为，因故意伤害致死不同于故意杀害，其并没有“杀人”的故意，在法无明文规定的情况，继承人不因此丧失其继承权。但也有相反的案例观点。

十、父母丧失继承权的，子女是否还有代位继承权？

继承人丧失继承权的，其晚辈直系血亲原则上不能代位继承。

十一、未尽扶养义务是否会丧失继承权？

未尽扶养义务并非丧失继承权的法定事由，但可适用《民法典》第1130条的规定对当事人不分或少分遗产。未尽扶养义务如构成遗弃，或作为严重虐待的表现形式，则会使当事人丧失继承权。

十二、继承人伪造其他继承人放弃继承的内容，是否会丧失继承权？

继承人伪造其他继承人放弃继承的内容，不属于伪造遗嘱的范畴，不会导致丧失继承权。

十三、孙子女具有杀害被继承人等可导致丧失继承权的行为，其代位继承权是否会受影响？

一般认为，代位人实施故意杀害被继承人行为的，丧失代位继承被继承人遗产的权利。

十四、继承人具有法律规定情形之外严重损害被继承人、其他被继承人权益情形时，如何承担责任？

继承人以争夺遗产为目的严重损害被继承人、其他继承人权益，未构成《民法典》第1125条规定情形的，人民法院可酌情减少其应继承的遗产。[1]

[1] 《北京市高级人民法院关于审理继承纠纷案件若干疑难问题的解答》第24问。

第十五章　法定继承

第一节　法定继承的概念与特征

一、法定继承的概念

法定继承，是指继承人依据法律规定的继承人范围、继承顺序以及遗产分配原则等进行遗产分配的继承方式。法定继承人的范围、继承顺序以及遗产分配方式都由法律加以规定，属于强制性的法律规范。

二、法定继承的适用情形

法定继承是遗嘱继承的对称，是实践中最常见的遗产继承方式，适用于被继承人生前未处分，需要依据法律规定来进行分配的遗产。被继承人生前立有遗嘱的，按照遗嘱继承或者遗赠办理；有遗赠扶养协议的，按照协议办理。根据我国《民法典》第 1123 条、第 1154 条的规定，法定继承适用于以下情形：

（1）被继承人生前未设立遗嘱或遗赠。被继承人生前设立了遗嘱或遗赠的，相应的遗产应当遵从被继承人的主观意愿，按照遗嘱或遗赠进行分配。在我国，生前立下遗嘱的人并不多，因而法定继承是目前较为普遍的继承方式。

（2）遗嘱无效或部分无效涉及的遗产以及遗嘱未处分的遗产。遗嘱继承优先于法定继承，但是遗嘱继承必须以存在合法有效的遗嘱为前提。《民法典》对遗嘱无效的情形有明确的规定，若被继承人生前立下遗嘱，但是遗嘱无效或者部分无效，则无效部分涉及的遗产适用法定继承。此外，有的被继承人生前虽立下遗嘱，但是遗嘱中仅对自己的部分财产进行处分，并未对全部财产进行处分，则遗嘱中未处分部分的财产适用法定继承进行分配。

（3）遗嘱继承人放弃继承或受遗赠人放弃遗赠。继承开始后，遗嘱继承人可以放弃继承，受遗赠人可以放弃遗赠。遗嘱继承人书面表示放弃继承、受遗赠人在知道受遗赠后60日内表示放弃受遗赠或者到期没有表示的，则遗嘱继承人放弃继承或受遗赠人放弃受遗赠的遗产部分，适用法定继承。

（4）遗嘱继承人丧失继承权或受遗赠人丧失受遗赠权。丧失继承权的继承人和丧失受遗赠权的受遗赠人是在法定情形下失去对被继承人遗产的继承权和受遗赠权，因此涉及的遗产应重新按照法定继承进行分配。

（5）遗嘱继承人、受遗赠人先于被继承人死亡或者终止。自然人可以立遗嘱将个人财产赠与国家、集体或者法定继承人以外的组织、个人，也就是说受遗赠人并不一定是自然人。这里的“死亡”适用于自然人，“终止”则适用于国家、集体或者法人、非法人组织。遗嘱继承人、受遗赠人先于被继承人死亡或终止，且被继承人未重新设立遗嘱或遗赠的，则被继承人先前所设立的遗嘱或遗赠无法实际履行，涉及的遗产应当通过法定继承分配。

案例：老夏早年丧偶，育有一子一女，均在外地工作，但是会轮流回家看望老夏。邻居乔女士见老夏一个人生活，便经常来照顾老夏。老夏生前留下遗嘱，指定儿子继承自己正在居住的这套住宅，女儿继承另一套闲置的公寓，并指定在自己去世后，赠与乔女士现金2万元作为照顾自己的感谢费。老夏去世后，除遗嘱中涉及的房产和2万元现金外，另留下存款若干。老夏的儿子在办理老夏的后事时，告知乔女士遗赠的事情，但是乔女士碍于情面，过了三个月也未作出任何接受或放弃遗赠的表示。

解析：按照遗嘱，儿子继承住宅，女儿继承公寓。乔女士在知道受遗赠后60日内没有作出接受或者放弃受遗赠的表示，视为放弃受遗赠。因而2万元现金以及其他存款按照法定继承办理，由儿子和女儿继承。

第二节　法定继承人的继承顺序和份额

一、法定继承的顺序

法定继承人的范围是由法律明确规定，即哪些人可以作为继承人继承被继承人的遗产。法定继承的顺序，是指在继承开始后，法律直接规定的继承人继承遗产的先后顺序。有第一顺序继承人的，第二顺序继承人不参加继承；没有第一顺序继承人或第一顺序继承人放弃、丧失继承权的，由第二顺序继承人继承。同一顺序的法定继承人平等地享有继承权，无先后顺序。遗产是被继承人生前的合法财产，通常被继承人的意愿都是将财产留给与自己姻缘、血缘等亲属关系最近或者生活最亲近的人。因此，从《民法典》关于继承顺序的条款来看，我国确定法定继承人继承顺序的依据为：（1）依据继承人与被继承人的婚姻关系和血缘关系的亲疏远近；（2）依据继承人与被继承人的扶养、赡养关系、共同生活的依赖程度等。

（一）第一顺序

《民法典》第1127条、第1129条规定了法定继承人的范围和顺序。

1. 第一顺序法定继承人

（1）配偶。配偶之间虽然不存在血缘关系，但是在亲属关系和扶养关系上往往都是最亲密的，配偶之间有相互扶养的义务。合法婚姻关系中的配偶双方互为第一顺序法定继承人，不存在合法婚姻关系的男女双方不享有互相继承遗产的权利。

（2）子女。子女是被继承人的直系晚辈亲属，子女和父母是最亲近的血亲。父母将自己的遗产留给子女是自古以来形成的传统观念，也是当前社会上普遍接受的观点。在我国，子女包括婚生子女、非婚生子女、养子女和有扶养关系的继子女。收养关系成立后，养父母与养子女之间的权利义务关系等同于父母与婚生子女之间的关系，养子女与其生父母及其他近亲属之间的权利义务关系因收养关系的成立而消灭。但是有扶养关系的继子女与其生父母之间的权利义务关系并不会因继父母子女之间扶养关系的成立而消灭，继子女继承了继父母遗产的，不影响其继承生父母的遗产。❶

（3）父母。父母子女之间在亲属关系上有抚养和赡养的义务，子女有权继承父母的遗产，父母也有权继承子女的遗产，将父母列为第一顺序继承人也有利于对老人的赡养。父母包括生父母、养父母和有扶养关系的继父母。继父母继承了继子女遗产的，不影响其继承生子女的遗产。❷ 继父母子女之间的权利义务关系还依赖于扶养关系，若继父母子女之间不存在实际扶养关系，则继父母与继子女之间不享有相互的法定继承权。

案例：夏先生与离异的乔女士登记结婚后，乔女士与前夫叶先生所生的5岁儿子小叶跟随乔女士与夏先生共同生活，两人结婚五年后夏先生去世，乔女士和小叶继承了夏先生留下的房产一套和存款若干。又三年后，叶先生去世，留下遗产若干，小叶作为第一顺序法定继承人参与继承叶先生的遗产。

解析：夏先生与小叶形成了继父子关系，夏先生去世后，小叶作为有扶养关系的继子继承了夏先生的遗产，但不影响小叶继承其生父的遗产。叶先生去世后，小叶对其生父叶先生的遗产也享有继承权。

2. 第一顺序拟制继承人

（1）丧偶儿媳对公婆，丧偶女婿对岳父母，尽了主要赡养义务的，作为第一顺序继承人。儿媳与公婆、女婿与岳父母之间是姻亲关系，并不存在法定的扶养、赡养义务。将丧偶儿媳、丧偶女婿作为法定继承人是我国继承法独有的制度。儿媳、女婿在丧偶后对公婆、岳父母尽了主要赡养义务的，可以以自己的名义作为第一顺序继承人继承公婆、岳父母的遗产，而且丧偶儿媳、丧偶女婿是否再婚也并不影响其作为第一顺序继承人。

（2）被继承人的子女先于被继承人死亡的，由被继承人的子女的直系晚辈血亲代位继承。在此种情形下，代位继承人的地位相当于第一顺序法定继

---

❶ 《继承编解释（一）》第11条第1款。

❷ 《继承编解释（一）》第11条第2款。

承人。

案例：老夏与其妻老乔育有一子夏先生，夏先生娶妻叶女士，生有一子小夏，夏先生于三年前意外去世，叶女士一年前再婚。二老均已年迈，无固定生活来源，主要依靠叶女士赡养。后老夏去世，未订立遗嘱，留下遗产若干。按照《民法典》规定，哪些人可以作为第一顺序法定继承人？

解析：老乔、叶女士、小夏可以作为第一顺序法定继承人。老乔作为配偶是第一顺序法定继承人；叶女士对公公尽了主要赡养义务，无论其是否再婚，作为第一顺序法定继承人；小夏作为夏先生的代位继承人，地位相当于第一顺序法定继承人。

（二）第二顺序

（1）兄弟姐妹。兄弟姐妹包括同父同母的兄弟姐妹、同父异母或者同母异父的兄弟姐妹、养兄弟姐妹、有扶养关系的继兄弟姐妹。被收养人与其亲兄弟姐妹之间的权利义务关系，因收养关系的成立而消除，不能互为第二顺序继承人。[1] 继兄弟姐妹之间相互继承了遗产的，不影响其继承亲兄弟姐妹的遗产。[2]

（2）祖父母、外祖父母。祖父母和外祖父母是除父母之外最近的直系血亲。根据继承法关于父母、子女的界定，祖父母和外祖父母的继承权应当包括其对亲生子女的亲生子女和养子女的继承权、对养子女的亲生子女和养子女的继承权以及对形成扶养关系的继子女的亲生子女和养子女的继承权。但是，这里需要注意的是，孙子女不是祖父母、外祖父母的法定继承人。

案例：独生子小夏12岁的时候，其父母在一场车祸中去世，后一直与祖父母一起生活，外祖父母时常前来探望，小夏22岁时因见义勇为不慎溺水身亡，留下遗产若干。其祖父母、外祖父母共同继承小夏的遗产。

解析：小夏的父母先于小夏死亡，且其是独生子，未婚，小夏去世后无

---

[1] 《继承编解释（一）》第12条第2款。
[2] 《继承编解释（一）》第13条第2款。

第一顺序法定继承人，祖父母、外祖父母作为第二顺序继承人共同继承小夏的遗产。

二、同一顺序法定继承人继承遗产的份额

法定继承开始后，同一顺序有两个及两个以上法定继承人，就产生了遗产分配份额的问题。法定继承因为其法定性的特点，遗产分配份额也由法律直接确定，但是因遗产的形式、状态多样，最终的遗产分配方式由继承人或有权分得遗产的人协商确定，协商不成的，可以由人民调解委员会调解或者向人民法院提起诉讼。

（一）法定继承人应继份额的原则

一般情况下，同一顺序法定继承人享有平等的继承权，这就体现在遗产份额分配的均等性。根据我国《民法典》第1130条第1款的规定，同一顺序继承人继承遗产的份额，一般应当均等。但是，因根据财产的种类、形式，“均等”一般不能理解为各法定继承人取得遗产的数量绝对相等或平均，而可以理解为遗产分配的数额相近、比例相同或相近。继承人之间可以自行协商确定如何分配遗产，若继承人之间无法协商确定遗产分配方案而进入诉讼，司法实践中通常是考虑不同遗产的使用现状、交易成本、遗产分配的便利性、各继承人之间的经济状况等因素进行分配，作出裁判。

案例：老夏生前育有一子一女，无其他法定继承人，老夏去世时留有两套房产和现金10万元且未留下遗嘱，两套房产的市场评估价分别为100万元和200万元。老夏的遗产由其子女共同继承。

解析：老夏的子女继承老夏的遗产应当均等。若要实现绝对均等，一种方式是将两套房产出售，所得房款和现金10万元两人平分；另一种方式是将现金10万元平分，每人5万元，两套房产则由两人共同作为产权人，各按50%比例按份享有产权。从相对均等的角度，则老夏的子女可以经过协商，根据分配遗产时的财产评估价来分配遗产，各自取得价值相当的遗产份额，比如一方取得价值200万元的房产并向另一方支付45万元，另一方则取得价

值 100 万元的房产和现金 55 万元。

（二）法定继承人应继份额的例外

考虑到继承人与被继承人的扶养关系、共同生活情况以及继承人的特殊困难，根据实际情况继承人之间可以不均等地分配遗产，满足特定情况的继承人可以多分或者少分遗产。这也体现了我国法律对被继承人意志的尊重、对弱者的关爱和对付出较多者的回报，同时也有利于培育良好的家风和社会道德风尚。继承纠纷案件在实务中往往当事人众多，遗产范围广，实务中需要法官根据案件复杂情况对个案进行充分的价值判断及考量，进而行使自由裁量权。根据我国《民法典》和《继承编解释（一）》的规定，继承遗产份额的例外情况主要有以下几种情形：

第一，对生活有特殊困难又缺乏劳动能力的继承人，分配遗产时，应当予以照顾。这主要是指需要给予特殊照顾的继承人，比如，继承人因未成年、年迈、残疾等原因没有劳动能力或没有经济来源的，为了更大程度地保障其生活，继承遗产份额时应当适当多于其他继承人。

案例：夏先生病故时留下一子小夏，另有一丧失劳动能力的养子小叶，无其他法定继承人。对夏先生的遗产进行分配时，对养子小叶适当多分。

解析：小夏和养子小叶同为夏先生的第一顺序法定继承人，养子小叶缺乏劳动能力，分配遗产时，应当予以照顾。

第二，对被继承人尽了主要扶养义务或者与被继承人共同生活的继承人，分配遗产时，可以多分。根据《继承编解释（一）》第 19 条的规定，对被继承人生活提供了主要经济来源，或者在劳务等方面给予了主要扶助的，应当认定其尽了主要赡养义务或主要扶养义务。与被继承人共同生活的继承人通常为被继承人提供了物质生活、劳务扶助等，相较于其他继承人往往尽到了主要的赡养、扶养义务；若与被继承人共同生活，但是并不履行扶养义务甚至殴打、虐待被继承人的，分配遗产时可以少分或者不分。

第三，有扶养能力和有扶养条件的继承人，不尽扶养义务的，分配遗产时，应当不分或者少分。但有例外情形，根据《继承编解释（一）》第 22 条的规定，继承人有扶养能力和扶养条件，愿意尽扶养义务，但被继承人因有固定收入和劳动能力，明确表示不要求其扶养的，分配遗产时，一般不应因此而影响其继承份额。即出于被继承人的主观因素不需要继承人扶养的，未尽扶养义务的继承人仍然享有继承遗产的权利。

案例：老夏早年丧偶，生有一子夏先生和一女夏女士，均已婚。老夏多年前生了一场大病，生活不能自理，也无固定生活来源，一直与夏女士一家生活在一起。夏先生与其妻常年在外经商，觉得老夏麻烦，便从不回家，对老夏不闻不问。老夏去世后留下房产一套，由夏女士继承。

解析：夏女士与老夏共同生活，尽了主要扶养义务，可以多分遗产；夏先生有扶养能力和扶养条件却不尽扶养义务，应当不分或者少分遗产。

第四，继承人协商同意的，也可以不均等继承遗产。多名继承人自愿协商确定遗产分配方案的，则尊重当事人的意思自治，可以不均等继承遗产。

第五，代位继承人缺乏劳动能力又没有生活来源，或者对被继承人尽过主要赡养义务的，分配遗产时，可以多分。

第六，故意隐匿、侵吞或者争抢遗产的继承人，可以酌情减少其应继承的遗产。

第三节　代位继承和转继承

一、代位继承

（一）代位继承的概念

根据《民法典》第1128条第1款、第2款规定，被继承人的子女先于被继承人死亡的，由被继承人的子女的直系晚辈血亲代位继承。被继承人的兄弟姐妹先于被继承人死亡的，由被继承人的兄弟姐妹的子女代位继承。由此，我国代位继承可做如下界定：被继承人的继承人先于被继承人死亡的，由被继承人的继承人的直系晚辈血亲代替先亡的继承人取得被继承人遗产的法定继承制度。先于被继承人死亡的继承人称为被代位继承人；代替先亡的继承人取得被继承人遗产的直系晚辈血亲称为代位继承人。

（二）代位继承的适用条件

第一，代位继承只适用于法定继承。代位继承是法定继承的一种形式，仅发生在法定继承中，并不适用于遗嘱继承，代位继承人的范围亦由法律明确规定。遗嘱继承人先于被继承人死亡的，被继承人未重新订立遗嘱的，遗嘱继承人的晚辈直系亲属无权通过代位继承取得被继承人的遗产。

案例：老夏与其老伴育有一子夏先生和一女夏女士，老夏的老伴去世后，老夏一直与女儿共同生活，其间立下遗嘱，指定由女儿夏女士继承其所有遗产。后夏女士因故去世，留下一个女儿小叶。夏女士去世后，老夏便去与儿子夏先生共同生活，且未再立遗嘱。老夏去世后留下遗产若干由夏先生和小叶继承。

解析：代位继承不适用于遗嘱继承，老夏立下遗嘱由女儿夏女士继承其所有遗产，但是夏女士先于老夏死亡，外孙女小叶无法按照遗嘱通过代位继承取得老夏的所有遗产，但是在通过法定继承分配老夏的遗产时，小叶可以代位继承本应由夏女士继承的部分遗产。故老夏的遗产按照法定继承办理，原则上应均分成两份，由儿子夏先生继承一份，外孙女小叶代位继承一份。

第二，被继承人的子女或兄弟姐妹先于被继承人死亡。被继承人的子女包括有继承权的婚生子女、非婚生子女、养子女和有扶养关系的继子女；被继承人兄弟姐妹的子女适用代位继承必须是在进行第二顺序法定继承的情况下。被继承人的其他继承人先于被继承人死亡的，不发生代位继承。被继承人的子女或兄弟姐妹的死亡，包括自然死亡和宣告死亡。

第三，代位继承人为被继承人子女的直系晚辈血亲或被继承人兄弟姐妹的子女。按照第一顺序法定继承时，被继承人子女的直系晚辈血亲包括被继承人的孙子女、外孙子女、曾孙子女、外曾孙子女等，根据《继承编解释（一）》的规定，代位继承人不受辈数的限制。代位继承人可以是被代位继承人的子女、孙子女、外孙子女等。此外，被继承人的养子女、已形成扶养关系的继子女的生子女可以代位继承；被继承人亲生子女的养子女可以代位继承；被继承人养子女的养子女可以代位继承；与被继承人已形成扶养关系的继子女的养子女也可以代位继承。按照第二顺序法定继承时，继承人兄弟姐妹先于被继承人死亡的，代位继承人仅限于兄弟姐妹的子女，而非直系晚辈血亲，即仅限于被继承人的侄子、侄女、外甥、外甥女可以代位继承，但是此处的子女，仍应解释为包括兄弟姐妹的婚生子女、非婚生子女、养子女和有扶养关系的继子女。

第四，被代位继承人未丧失继承权。继承人丧失继承权的，其晚辈直系血亲不得代位继承。代位继承人继承遗产的前提是被代位继承人按照法律规定享有继承权，且代位继承人一般只能继承被代位继承人有权继承的遗产份额。若被继承人的子女或兄弟姐妹生前已丧失继承权，则其晚辈直系血亲或子女不享有代位继承权。但是如该代位继承人缺乏劳动能力又没有生活来源，或者对被继承人尽赡养义务较多的，可以适当分给遗产。

案例：老夏育有一子夏先生和一女夏女士，均先于老夏死亡，其配偶、父母亦在更早之前去世。夏先生生前留有两个亲生女儿，夏女士生前并未生育，但收养了一个养子，在夏女士去世后便跟随老夏生活直至成年。后老夏年迈去世，留下遗产若干。

解析：夏先生和夏女士作为老夏的亲生子女本应均等继承老夏的遗产，但都先于老夏去世，按照代位继承制度，老夏留下的若干遗产由夏先生的亲生女儿以及夏女士的养子代位继承，原则上遗产应分成两份，由夏先生的两个女儿继承夏先生有权继承的那一份，夏女士的养子继承夏女士有权继承的一份。

第五，丧偶儿媳、丧偶女婿作为第一顺序继承人时，不影响其子女代位继承。《继承编解释（一）》第 18 条规定："丧偶儿媳对公婆、丧偶女婿对岳父母，无论其是否再婚，依照民法典第一千一百二十九条规定作为第一顺序继承人时，不影响其子女代位继承。"即丧偶儿媳、丧偶女婿作为第一顺序继承人的同时，其子女可以作为代位继承人继承祖父母、外祖父母的遗产。

案例： 老夏的妻子和独生子夏先生在同一场事故中去世，夏先生生前与其妻乔女士育有一女小天。夏先生去世后，老夏一直与乔女士和孙女小天共同生活，受乔女士照顾颇多。老夏年迈去世后，亦由乔女士办理丧葬事宜。老夏留下遗产若干，由乔女士和小天共同继承。

解析： 乔女士是老夏的丧偶儿媳，对公公老夏尽了主要赡养义务，作为第一顺序继承人继承老夏的遗产。小天是夏先生的直系晚辈血亲，作为夏先生的代位继承人继承老夏的遗产。

（三）代位继承的份额

《民法典》第1128条规定："代位继承人一般只能继承被代位继承人有权继承的遗产份额。"因而若被代位继承人存在两个及两个以上代位继承人，多个代位继承人也只能继承被代位继承人本有权继承的遗产份额。

二、转继承

（一）转继承的概念

转继承是指继承开始后，继承人于遗产分割前死亡，并没有放弃继承的，其应继承的遗产份额由其合法继承人取得的制度。实际取得遗产的死亡继承人的继承人称为转继承人；死亡的继承人称为被转继承人。我国《民法典》第1152条规定："继承开始后，继承人于遗产分割前死亡，并没有放弃继承的，该继承人应当继承的遗产转给其继承人，但是遗嘱另有安排的除外。"转继承实际上是被继承人的遗产在实际分配前发生连续的两次继承，转移的是遗产所有权而非继承权。《继承编解释（一）》第38条规定："继承开始后，受遗赠人表示接受遗赠，并于遗产分割前死亡的，其接受遗赠的权利转移给他的继承人。"据此，转继承也适用于遗赠。

转继承人可以取得的遗产份额因被转继承人的继承方式不同可能存在差别。当被继承人生前留有合法有效的遗嘱或遗赠时，被转继承人为遗嘱继承人或受遗赠人，转继承人可以取得的遗产份额按照遗嘱或遗赠所指定的份额确定；当被继承人生前未留有合法有效的遗嘱时，则被转继承人按照法定继承进行继承，转继承人适用法定继承分配原则取得被转继承人本应继承的遗产份额。

（二）转继承和代位继承的区别

第一，两者的适用范围不同。转继承适用于法定继承、遗嘱继承和遗赠，被转继承人可以通过遗嘱或者遗赠改变转继承人的范围；代位继承仅适用于法定继承，代位继承人的范围也是由法律规定，被继承人和被代位继承人均无法通过遗嘱改变代位继承人的范围，因为在遗嘱继承时，若遗嘱中指定的遗产继承人或受遗赠人先于被继承人死亡的，遗嘱在被继承人死亡时已无法实际履行，则遗嘱中指定的遗产份额按照法定继承办理。

案例：老夏生前留下遗嘱，将其名下的唯一房产留给儿子夏先生，夏先生在老夏死亡后十日因事故死亡，老夏的房产尚未转移，则该套房产由夏先生的妻子和独生女儿小夏转继承。

解析：老夏的遗嘱在其死亡时生效，当时夏先生在世，该套房产由夏先生继承，但是夏先生在取得遗产前死亡，妻子和女儿作为夏先生的合法继承人，转继承老夏的房产。

第二，两者的成立时间和条件不同。转继承发生在被继承人先于被转继承人死亡，时间仅限于被继承人死亡至遗产分割完毕的期间内，转继承可以因任一继承人死亡而发生；代位继承发生在被代位继承人先于被继承人死亡，而且仅被继承人的子女或兄弟姐妹先于被继承人死亡才发生。

案例：老夏死后留下大笔遗产并未订立遗嘱，老夏有三个女儿。二女儿早年病故，留下一子小天。大女儿曾患一场大病，后常年身体不好，老夏去世后，大女儿因伤心过度旧病复发，没几天便去世了，留下一女小乔。老夏的遗产分配给小女儿、小天、小乔。

解析：小女儿本为老夏的合法继承人；二女儿先于老夏死亡，小天作为二女儿的代位继承人继承老夏的遗产；大女儿在老夏死亡后遗产分割前去世，小乔作为大女儿的转继承人通过转继承取得老夏的遗产。

第三，两者的权利主体不同。转继承人是被转继承人的所有合法继承人或受遗赠人，并不限于晚辈直系亲属，转继承人实质上是被转继承人的继承人，包括被转继承人的第一顺序继承人和第二顺序继承人，还包括被转继承人通过遗嘱或遗赠设定的遗嘱继承人和受遗赠人。代位继承人根据法律规定只能是被代位继承人的晚辈直系亲属或子女，代位继承人实质上是被继承人的继承人。若在遗产分割时，被继承人没有第一顺序继承人，但存在代位继承情形，则发生代位继承而不发生第二顺序的转继承。

案例：老夏生前未婚，死后留下大笔遗产并未订立遗嘱。老夏曾收养一女夏女士，但夏女士早年病故，留下一子小叶。老夏另有一个同胞弟弟，在老夏去世后的第三天也去世了，留下一女小天。老夏去世后，老夏的遗产由小叶代位继承。

解析：小叶作为夏女士的代位继承人继承老夏的遗产。老夏的同胞弟弟属于老夏的第二顺序继承人；但因第一顺位继承人夏女士存在代位继承人小叶，故小天不能通过转继承取得老夏的遗产。

第四，两者的客体不同。转继承转移的实际上是遗产的所有权，转继承人是经过两次继承后享有的分割被继承人遗产的权利，而并非对被继承人遗产的继承权；代位继承转移的实际上是继承权，代位继承人是直接享有对被继承人遗产的继承权。

第四节　遗产酌给制度

一、遗产酌给制度的适用

我国的遗产酌给制度是指继承人以外的人依法分得适当遗产的制度。其主要体现在我国《民法典》第 1131 条：“对继承人以外的依靠被继承人扶养的人，或者继承人以外的对被继承人扶养较多的人，可以分给适当的遗产。”遗产酌给制度以与被继承人之间的扶养关系为前提，旨在保护无法通过继承获得遗产但有合理理由获得部分遗产作为生活保障或补偿之人的利益，是为了发挥家庭社会保障功能。可以通过遗产酌给制度分得遗产的有以下两类人：

第一，继承人以外的依靠被继承人扶养的人。这类人往往属于弱势群体，需要受到特殊的保障，且通常与被继承人之间无直系亲属关系，但是因某些原因依靠被继承人扶养，往往是尚未成年或者缺乏劳动能力的人。但有一例外规定，根据《继承编解释（一）》第17条的规定，丧失继承权的继承人的代位继承人缺乏劳动能力又没有生活来源，可以适当分给遗产。这一条体现的也是对弱者的保障，但该代位继承人并不一定依靠被继承人扶养，因其与被继承人之间存在直系血亲关系且又缺乏劳动能力和生活来源，法律为保障其生活而赋予分得适当遗产的权利。

案例： 老夏生有一子，住在城里。老夏的同胞弟弟和弟媳在一场事故中去世，留下的独生子小天便跟随老夏一起生活在乡下，小天14岁的时候，老夏去世留下遗产若干，未留遗嘱，小天可以分得适当遗产。

解析： 小天并非老夏的法定继承人，但是依靠老夏扶养。老夏去世后，小天可以分得适当的遗产。

第二，继承人以外的对被继承人扶养较多的人。主要是指在被继承人生前对其提供物质帮助、精神慰藉或生活照顾较多的人。我国法律单独作出规定的有以下两种情况：第一种情况是被收养人对养父母尽了赡养义务，同时又对生父母扶养较多的，可以分得生父母适当的遗产。[1] 养子女是养父母的第一顺序继承人，并非其生父母的第一顺序继承人，对生父母扶养较多的被收养人同样可以理解为是继承人以外的对被继承人扶养较多的人。第二种情况是继承人丧失继承权的，其晚辈直系血亲不得代位继承，如该代位继承人对被继承人尽赡养义务较多的，可以适当分给遗产。[2] 丧失继承权的继承人的晚辈直系血亲本无权代位继承，即不享有代位继承权，但是可以基于对被继承人尽赡养义务较多适当分得遗产。

---

[1] 《继承编解释（一）》第10条。

[2] 《继承编解释（一）》第17条。

案例： 老夏一生未娶，亦无子女，仅有一个同胞哥哥在异乡生活。老夏80岁时摔了一跤，行走不便，独自生活较困难，隔壁邻居乔女士看老夏孤苦无依便自愿照顾起老夏的生活起居，三年后老夏去世，留下房产一套和存款若干。乔女士可以适当分得老夏的遗产。

解析： 乔女士与老夏无亲属关系，并非夏先生的继承人，但是在老夏生前对他扶养较多，夏先生去世后，可以分给乔女士适当的遗产。

有权分给遗产的继承人以外的人分得的遗产份额并不固定。根据《继承编解释（一）》第20条，依照《民法典》第1131条规定可以分给适当遗产的人，分给他们遗产时，按具体情况可以多于或者少于继承人。《民法典》第1131条规定除外的其他“可以适当分给遗产”的情形并未有明确遗产分配份额，但是参照该规定，也应当认为可以多于或者少于继承人。此外，若被继承人生前通过合法有效的遗嘱或遗赠扶养协议等已对其全部遗产作出明确处分，且没有为依靠其扶养或对其扶养较多的继承人以外的人留有遗产份额，则应当尊重被继承人的意思表示。

二、遗产酌给请求权的行使

根据《继承编解释（一）》第21条，依照《民法典》第1131条规定可以分给适当遗产的人，在其依法取得被继承人遗产的权利受到侵犯时，本人有权以独立的诉讼主体资格向人民法院提起诉讼。这一条规定说明遗产酌给请求权人的权利受到侵害时，可以作为独立原告向人民法院提起诉讼，其他的所有继承人作为被告。

本章实务热点问答

一、相互有继承关系的多人在同一事件中死亡的，如何确定法定继承顺序？

《民法典》第1121条规定：“继承从被继承人死亡时开始。相互有继承关系的数人在同一事件中死亡，难以确定死亡时间的，推定没有其他继承人的人先死亡。都有其他继承人，辈份不同的，推定长辈先死亡；辈份相同的，推定同时死亡，相互不发生继承。”仅涉及继承纠纷时，根据该规定确定死亡顺序及继承顺序即可。但是《保险法》第42条规定：“受益人与被保险人在同一事件中死亡，且不能确定死亡先后顺序的，推定受益人死亡在先。”根据《民法典》和《保险法》推定的死亡先后顺序可能存在冲突，实务中继承纠纷涉及保险时，法院会在个案中根据实际情况判断如何适用条款。有法院在面对冲突情况时，处理继承问题时运用有关继承的规则，在处理保险问题时运用保险的规则，进而合理分配遗产。

二、父亲否认人工授精所生子女，该父母子女之间享有法定继承权吗？

根据最高人民法院在1991年7月8日作出的《关于夫妻离婚后人工授精所生子女的法律地位如何确定的复函》（现已失效）：“在夫妻关系存续期间，双方一致同意进行人工授精，所生子女应视为夫妻双方的婚生子女，父母子女之间权利义务关系适用《婚姻法》的有关规定。”有法院认为，夫妻关系存续期间，夫妻双方一致同意通过人工授精所生子女与父母之间相互享有法定继承权，父亲否认人工授精所生子女与其之间的亲子关系属无效民事行为。目前的司法实践中也倾向于认同该观点。

三、胎儿享有法定继承权吗？

《民法典》第1155条规定：“遗产分割时，应当保留胎儿的继承份额。胎儿娩出时是死体的，保留的份额按照法定继承办理。”《继承编解释（一）》第31条第2款规定：“为胎儿保留的遗产份额，如胎儿出生后死亡的，由其继承人继承；如胎儿娩出时是死体的，由被继承人的继承人继承。”因此，当被继承人死亡、继承开始时，有出生后属于法定继承人范围内但尚未出生的胎儿，在遗产分配时应当为胎儿保留遗产份额，保留的份额应按法定继承遗产分配原则确定。胎儿出生后死亡的，保留的份额已经转变为胎儿的遗产，应由胎儿的法定继承人继承；胎儿出生时是死体的，则保留的份额未被继承，由被继承人的其他法定继承人继承。

四、如何判断继父母子女之间是否享有继承权？

判断继父母子女之间是否享有继承权，以是否形成扶养关系为标准。扶养关系的成立无须通过登记手续，实践中确定是否形成扶养关系应重点审查继父母与继子女共同生活的时间和状态，需结合结婚证、离婚证或离婚法律文书、户籍信息、当事人陈述、证人证言、照片、视频等证据材料判断继父母子女之间是否形成较为稳定的扶养关系，进而认定是否属于继承人，这里的继父母子女间的扶养关系，包括抚养关系或赡养关系。有法院认为有扶养关系的继父母子女关系的成立应具备两个条件：一是主观意愿，即非生父母一方具有将配偶一方的未成年子女视为自己子女的主观意愿，双方以父母子女身份相待；二是事实行为，即非生父母一方对配偶一方的未成年子女有抚养教育之事实行为。上述两个条件同时具备，方可成立有扶养关系的继父母子女关系。有法院认为两人同居生活期间，一方收养子女时征得另一方的同意，且共同生活，户口落在一方家庭户下，即使同居双方未办理结婚登记手续，亦未办理养子女的收养登记手续，仍可根据共同生活的紧密度、感情亲疏度、经济依赖度等来认定“有扶养关系的继父母”，从而认定相互享有继承权。

五、继父母与未成年继子女已经建立扶养关系的情况下，当姻亲关系解除，继父母与继子女之间的权利义务关系是否随之解除？

继父母与未成年继子女是基于扶养产生的亲子关系，这种关系是由法律拟制的。《婚姻家庭编解释（一）》第54条规定，生父与继母或生母与继父离婚后，对曾受其抚养教育的继子女，继父或继母不同意继续抚养的，仍应由生父母抚养。根据该规定，父母离婚后，若继父母不同意继续抚养继子女的，则可解除与继子女之间的拟制血亲关系，子女由其生父母抚养。然而，若生父母死亡时已形成抚养关系的未成年子女无其他抚养人，一般不允许解除继父母子女关系。至于扶养关系的解除条件，有法院认为在共同生活过程中形成的扶养关系不因继父母与生父母的离婚而发生改变，有扶养关系的继子女亦有权继承继父母的遗产。目前主流观点倾向于认为实践中已经形成的扶养关系不应自然解除，而是需要通过协议或诉讼方式解除。

六、养子女可以继承生父母的遗产吗？

被收养人与其生父母之间的权利义务关系因收养关系的成立而消除，故养子女不能继承生父母遗产，但养子女对生父母扶养较多的，可以作为法定继承人以外的人适当分得生父母的遗产。

七、与养父母解除收养关系，能否和生父母恢复相互间的继承地位？

《民法典》第 1117 条规定："收养关系解除后，养子女与养父母以及其他近亲属间的权利义务关系即行消除，与生父母以及其他近亲属间的权利义务关系自行恢复。但是，成年养子女与生父母以及其他近亲属间的权利义务关系是否恢复，可以协商确定。"根据该规定，养子女能否与生父母恢复相互间的继承地位，要看收养关系的解除时间。若未成年养子女与其养父母解除了收养关系，那么其与生父母之间的权利义务关系自行恢复，这时养子女与生父母间相互享有法定继承权。若成年养子女与其养父母解除了收养关系，那么其与生父母之间的权利义务关系并非自行恢复，而要根据双方协商的结果来定。如果双方协商确定恢复父母子女间的权利义务关系，则相互之间享有法定继承权；如果养子女与生父母由于某些原因未协商确定或任一方拒绝恢复父母子女间的权利义务关系，则相互之间不享有法定继承权。

八、法定继承权可以转让吗？

继承权和身份紧密相关，法定继承权的放弃不会损害其他继承人的权益，但是法定继承权的转让会损害其他继承人的权益。因此，法定继承权可以放弃，但不能转让，既不能转让给其他继承人，也不能转让给继承人以外的人，可以转让的只能是继承完成后通过继承所取得的财产的所有权。

九、继承人放弃继承后又反悔的，是否重新享有继承权？

《继承编解释（一）》第 36 条规定："遗产处理前或者在诉讼进行中，继承人对放弃继承反悔的，由人民法院根据其提出的具体理由，决定是否承认。遗产处理后，继承人对放弃继承反悔的，不予承认。"在继承开始之后至遗产分割之前，如部分继承人以书面形式向其他继承人表示自愿、无条件地作出放弃继承的意思表示，则被继承人死亡时遗留下的权利义务，视为从继承开始就与该放弃继承权人无关。因放弃继承是单方民事法律行为，除继承人放弃继承致其不能履行法定义务的情形外，放弃行为自意思表示作出时生效，故遗产处理前或者在诉讼进行中继承人对放弃继承反悔的，一般不应准许。如有法院认为完全民事行为能力人应明知作出放弃继承的承诺的法律后果，其反悔的理由没有事实与法律依据的，不应予以支持。但司法实践中针对某些例外情形会予以特别考量：如其他继承人同意放弃继承人反悔的；放弃的意思表示存在欺诈或胁迫的；放弃的意思表示存在错误认识的；放弃的结果影响家庭伦理的。

十、如何认定丧偶儿媳对公婆、丧偶女婿对岳父母，尽了主要赡养义务？

是否尽了主要赡养义务，需要结合相关因素判断，一是在时间上，要对公婆或者岳父母有长期性、经常性的赡养，直至其身故；二是在程度上，这种赡养是公婆或者岳父母的主要生活支柱。实务中有法院指出："对公婆生病期间探视和陪护的，未尽到主要赡养义务"；也有法院指出："丧偶儿媳在其丈夫去世后继续与公婆共同生活、照料长达十几年，应当认定其对公婆尽了赡养义务，可以作为第一顺序继承人。"

十一、丧偶儿媳对公婆、丧偶女婿对岳父母，尽了主要赡养义务的，作为第一顺序继承人时，可否因为尽了主要赡养义务而多分财产？

丧偶儿媳与公婆、丧偶女婿与岳父母之间没有血缘关系，两者属于姻亲关系。从婚姻家庭关系上讲，他们之间并无扶养、赡养的权利和义务，一般情况下，彼此之间不发生法定继承关系。而我国《民法典》第 1129 条的规定，赋予了对公婆或岳父母尽了主要赡养义务的丧偶儿媳或丧偶女婿以法定继承人的地位，丧偶儿媳或丧偶女婿已经通过赡养行为取得继承资格，分得本不享有的遗产，故一般认为丧偶儿媳或丧偶女婿不能因其尽了主要赡养义务而进一步享有多分遗产的权利。但是司法实践中，不排除有些案件裁判中对尽了主要赡养义务的丧偶儿媳或丧偶女婿多分财产，这种情况通常是其他法定继承人存在不尽赡养义务而或应当不分或者少分或故意隐匿、侵吞、争抢遗产而可以少分等情形。

十二、丧偶儿媳对公婆、丧偶女婿对岳父母尽了主要赡养义务，但先于公婆、岳父母死亡的，能否作为被代位继承人？

代位继承中，被代位继承人只有被继承人的子女和兄弟姐妹。对公婆、岳父母尽了主要赡养义务的丧偶儿媳、丧偶女婿作为第一顺序继承人是拟制的法定继承人，其在丧偶前与配偶的子女可以代位丧偶儿媳的先亡丈夫或丧偶女婿的先亡妻子继承祖父母、外祖父母的遗产。但是丧偶儿媳、丧偶女婿在丧偶后又先于公婆、岳父母死亡的，因其并非被继承人的“子女”，不能作为被代位继承人。

十三、第二顺序的法定继承人可以适用遗产酌给制度吗？

遗产酌给制度中的继承人应当解释为能够实际继承到遗产的继承人或者继承顺序在先的人。第二顺序法定继承人属于继承人的范畴，但是有第一顺序法定继承人时，第二顺序继承人不参加继承，无法继承遗产，此时的第二顺序继承人实际上相当于继承人以外的人。所以当第二顺序的法定继承人是依靠被继承人扶养或者对被继承人扶养较多时，从权利义务相一致原则考虑，同时鼓励家族成员之间的相互扶养以及没有法定义务下的赡养行为，在有第一顺序继承人的情况下，第二顺序的法定继承人可以适用遗产酌给制度。

十四、如何认定遗产酌给制度中的依靠被继承人扶养和对被继承人扶养较多？

第一，“依靠被继承人扶养的人”请求分给适当遗产的案例在实践中较少，原《继承法》规定的“继承人以外依靠被继承人扶养的人”还需要满足缺乏劳动能力又没有生活来源，但《民法典》删除了该条件。《民法典》实施后，在实践裁判中依然有法院结合原《继承法》的规定来认定，如有法院认为“落户在同一户口上，长期以父女关系共同生活，群众及基层组织认可，形成事实上的抚养关系。被继承人死亡时尚未成年，缺乏劳动能力又没有生活来源，可以分给部分遗产”。但是根据《民法典》的规定，“缺乏劳动能力又没有生活来源”不再为必要条件。第二，“对被继承人扶养较多”也没有统一的认定标准，通常会综合考虑对被继承人物质上给予较大的帮助、对被继承人生活上给予照顾和帮助、对被继承人精神上给予慰藉等。如有法院认为："对被继承人的扶养不应仅限于经济上的资助和供养，还应包括照料日常生活起居等劳务上的付出和精神上的陪伴抚慰。"还有法院认为"虽然未在日常生活中照顾被继承人的起居饮食或直接给予经济支持，但一直为被继承人办理各种相关事宜，帮助其顺利获得生活保障的，可以分配适当的遗产"。对遗产酌给制度中的"依靠被继承人扶养和对被继承人扶养较多"的认定更大程度上属于法官自由裁量权的范畴。

第十六章　遗嘱的订立与效力

第一节　遗嘱概述

一、遗嘱的概念

根据我国《民法典》的规定，自然人可以通过遗嘱为不具有完全民事行为能力的子女指定监护人、表达遗体捐献意愿、处分个人财产和指定遗嘱执行人。[1] 由此，对我国现行法中的遗嘱可作如下界定：自然人按照法律规定的方式，处分个人财产及安排相关事务，并于其死亡时生效的单方民事法律行为。

二、遗嘱的特征

与一般民事法律行为相比，遗嘱具有以下特征：第一，遗嘱是单方民事法律行为。换言之，遗嘱人作单方意思表示便可订立遗嘱，其他参与遗嘱订立的人及其行为仅系形式要件的组成部分。第二，遗嘱于遗嘱人死亡时发生法律效力。在遗嘱人死亡前，遗嘱不发生效力。换言之，行为人生存期间便发生效力的民事法律行为，不属于遗嘱。第三，遗嘱是要式民事法律行为。遗嘱必须按照法律规定的方式订立。第四，遗嘱应当由遗嘱人亲自实施。我国法律尚不允许代理订立遗嘱。

---

[1] 参见《民法典》第 29 条、第 1006 条、第 1133 条。

案例：宜先生考虑到自己年事已高，担心自己去世后子女会因为继承问题产生矛盾。宜先生想立一份遗嘱，把自己的主要财产提前处理一下，但因为给女儿的财产相对少一些，担心女儿指责自己重男轻女、激烈反对。

解析：遗嘱是单方民事法律行为，不需要遗嘱人以外的其他人同意。宜先生有权处分自己的遗产，有权决定对不同的继承人给予不同的份额。即使宜先生的遗嘱确有重男轻女，也不因此违反公序良俗，所以不影响遗嘱效力。

第二节　遗嘱的订立

遗嘱一旦生效，就会发生财产转移的效果。但那时遗嘱人已经死亡，对其中意思表示真伪的查明会比其他法律行为更困难。也正因为如此，利害关系人对遗嘱的真实性也更容易存有疑虑。为此，法律对遗嘱订立提出了严格要求。

一、遗嘱订立的法定形式

我国《民法典》第1134—1139条规定了遗嘱的六种形式，并对每种形式提出了相应要求。

（一）自书遗嘱

自书遗嘱[1]，通常又称亲笔遗嘱。自书遗嘱由遗嘱人亲笔书写、签名，注明年、月、日。这里的亲笔书写，仅指用毛笔、钢笔、圆珠笔等传统书写方式，表达遗嘱意愿。用打字机打字，通过键盘或手写笔方式输入电脑、手机等电子设备并保存，输入电子设备后用打印机打印等，都不属于亲笔书写的范围。此外，自然人在遗书中涉及死后个人财产处分的内容，确为死者的真实意思表示，有本人签名并注明了年、月、日，又无相反证据的，可以按

[1] 自书遗嘱文书样式详见附录14。

自书遗嘱对待。[1]

案例：年届退休的老梁，因病去世后，留下房产、银行存款、股权等遗产若干。后人经查找，未发现老梁立下的遗嘱，决定按法定继承进行处理。老梁的秘书在老梁办公室的抽屉里发现其个人亲笔签名并注明年、月、日的手写遗书和打印遗书各一份。两份遗书都提到了工作、家庭及身后遗产的处理。手写遗书和打印遗书关于遗产的处理略有差异，打印遗书的落款时间比手写遗书要晚一个月。

解析：手写遗书可按自书遗嘱对待，如不存在无效情形，其涉及遗产处理的内容具有法律效力。打印遗书，不具备自书遗嘱的要件，也不符合其他类型遗嘱的形式要求，因而其涉及遗产处理的内容不具有法律效力。

（二）代书遗嘱

代书遗嘱，一般又称代笔遗嘱，是由遗嘱人口述遗嘱内容，他人代为书写并见证的遗嘱。在现实生活中，部分遗嘱人因不能正常书写、不愿亲自书写或希望通过他人的见证减少未来可能发生的遗产争议等原因，订立代书遗嘱。代书遗嘱须有两名以上具有见证资格的见证人在场见证，由其中一人代书，注明年、月、日，并由代书人、其他见证人和遗嘱人各自亲笔签名。

案例：高度近视的老王打算立一份遗嘱。他向自己正在读高中的孙子口述了遗嘱内容，孙子记录下来之后交给了老王。老王的孙子没有在遗嘱上署名。老王再叫来两位成年邻居，让他们作为见证人在遗嘱上签字、注明年、月、日。老王自己也在遗嘱上签字并注明年、月、日。老王去世后，老王的三个子女对遗嘱的效力发生争执。

解析：该遗嘱由他人代书完成且未经公证，不符合其他类型遗嘱的要求，重点分析其是否符合代书的要求。该份遗嘱有两位见证人，但见证人既未见证老王意思表示的过程，也未参与代书，故不符合代书遗嘱的要求。

---

[1] 《继承编解释（一）》第27条。

（三）打印遗嘱

打印遗嘱是为了适应现代社会打印技术的广泛运用而在《民法典》中新增加的遗嘱订立形式。打印遗嘱的遗嘱内容须通过打印方式予以固定、呈现，同时须有两名以上具有见证资格的见证人在场见证，并由遗嘱人和见证人在打印的遗嘱文本的每一页上签名，此外还须注明年、月、日。

案例：宜先生请来律师为他代书遗嘱。律师将宜先生表达的遗嘱内容，输入电脑，然后打印出来。宜先生、两位见证律师都在打印的文书上签名及注明年、月、日。

解析：该遗嘱是打印方式订立的，属于打印遗嘱。

（四）录音录像遗嘱

录音录像遗嘱，是指遗嘱人以录音录像形式订立的遗嘱，分为录音遗嘱和录像遗嘱。❶ 根据我国《民法典》第 1137 条的规定，❷ 录音录像遗嘱须有两个以上见证人在场见证。由于录音录像所形成的文件容易被剪辑处理，录音录像遗嘱也因此容易被伪造或篡改。所以，录音录像遗嘱订立过程中的在场见证应符合一定的要求。一般而言，此在场见证应当同时符合以下要求：第一，有两名以上具有见证资格的见证人，在场见证；第二，全部见证人同时见证了录音录像遗嘱的制作；第三，见证的时间范围，包括录音录像遗嘱制作的全过程；第四，见证人应当在遗嘱录音录像中，记录其姓名或肖像，以及遗嘱订立的年、月、日。

案例：某公司法定代表人胡先生，因企业遭遇严重危机，不堪压力自杀身亡。人们在他的手机里发现两段视频。其中一段视频里，他对着自己的一位同事口头宣布自己的遗言，表示自己去世后，名下住房由儿子继承，存款由父母继承。在另一段视频中，他口述了自己的遗言，对身故后存款的继承

❶ 黄薇．中华人民共和国民法典继承编解读［M］．北京：中国法制出版社，2020：87.

❷ 《民法典》第 1137 条的录音录像遗嘱规则，系由《继承法》第 17 条中的录音遗嘱规则修订而来。即《继承法》仅规定了录音遗嘱，《民法典》则规定为录音录像遗嘱。

问题做了与前段视频相同的安排，并表示这些内容自己先后和3位同事讲过，要求后人务必执行。胡先生的亲属对遗产处理发生争执。

解析：两段视频中均未见两名以上见证人在场见证，故均不符合录音录像遗嘱的形式要求。该视频显然也不符合其他遗嘱的形式要求。故该两段视频不能发生遗嘱的效力。

（五）口头遗嘱

口头遗嘱，是指遗嘱人以口头表述，依凭见证人记忆作为载体的遗嘱。口头遗嘱不要求用物体载体保存其内容，其内容的再现完全依赖见证人的记忆及表述，所以容易出错及伪造。为了尽可能地避免遗嘱欺诈、错误，口头遗嘱仅限于危急情况下订立。危急情况解除后，遗嘱人能够用书面或者录音录像形式立遗嘱的，所立的口头遗嘱无效。订立口头遗嘱须有两名以上具有见证资格的见证人在场见证。

案例：宜先生在一次家庭聚餐的时候，郑重地宣布了关于自己去世后遗产处理的口头意见：公司股权和一套房屋由儿子继承，其他房屋归孙子，存款由女儿继承。该口头遗嘱，未用书面或录音录像加以记录。

解析：宜先生表达该口头意见时并非处于危急情况，不符合口头遗嘱的构成要件。该意思表示也不符合其他五种遗嘱的构成要件，所以不成立遗嘱。

（六）公证遗嘱

公证遗嘱，是指在公证机构依法公证的情形下订立的遗嘱。公证遗嘱的订立须遵守下列要求：[1]

第一，遗嘱人须向公证机构提出申请并获受理。遗嘱公证由遗嘱人住所地、经常居住地、遗嘱行为发生地的公证机构管辖；处分不动产的遗嘱可由不动产所在地的公证机构管辖。此外，我国驻外使（领）馆可以依照法律的规定或者我国缔结或者参加的国际条约的规定，办理遗嘱公证。遗嘱人申办

---

[1] 参见我国《公证法》第25—26条，《公证程序规则》第11条、第14条、第17—51条、第53条、第60条，《遗嘱公证细则》。

遗嘱公证应当亲自到公证机构提出申请。遗嘱人亲自到公证机构有困难的，可以书面或者口头形式请求有管辖权的公证机构指派公证人员到其住所或者临时处所办理。申办遗嘱公证，遗嘱人应当填写公证申请表，并提交下列证件和材料：（1）居民身份证或者其他身份证件；（2）遗嘱涉及的不动产、交通工具或者其他有产权凭证的财产的产权证明；（3）公证人员认为应当提交的其他材料。遗嘱人填写申请表确有困难的，可由公证人员代为填写，遗嘱人应当在申请表上签名。申请人应当在申请表上签名或者盖章，不能签名、盖章的由本人捺指印。对符合条件的，公证机构应当受理。

第二，公证机构须对遗嘱人的情况及遗嘱内容进行审查。公证机构应当对遗嘱人的身份及意思表示是否真实、有无受胁迫或者受欺骗等情况进行审查。公证人员询问遗嘱人，除见证人、翻译人员外，其他人员一般不得在场。谈话笔录应当场向遗嘱人宣读或者遗嘱人阅读，遗嘱人无异议后，遗嘱人、公证人员、见证人应当在笔录上签名。

第三，公证机构办理遗嘱公证，应当由二人共同办理。承办公证遗嘱的公证员应当两人共同全程亲自办理。特殊情况下只能由一名公证员办理时，应当请一名见证人在场，见证人应当在询问笔录上签名或者盖章。

第四，公证机构经审查，认为申请公证的事项符合规定的，应当自受理之日起15个工作日内向当事人出具公证书。

案例：老张的三个子女关系不睦。老张为避免自己去世后子女为继承问题闹纠纷，决定订立一份公证遗嘱。老张把自己设想的遗嘱内容，输进电脑并打印出来。然后找到当地一家公证处，要求订立公证遗嘱。公证处的工作人员表示，可以为他预约一个时间。就在等待办理公证的期间，老张突发疾病去世。去世后，老张的大儿子认为，老张已经预约办理公证并且得到公证处的认可，故老张电脑中及打印出的遗嘱，应具有公证遗嘱的效力。

解析：公证遗嘱须经过公证程序。老张记录在电脑上的遗嘱内容及其打印件，均未完成公证，故不能作为公证遗嘱发生法律效力。

二、遗嘱见证人的资格

我国法律规定的前述六种遗嘱形式中，代书遗嘱、打印遗嘱、录音录像遗嘱、口头遗嘱和只有一名公证员参与的公证遗嘱，都要求必须有遗嘱见证人参与。《民法典》第 1140 条对遗嘱见证人的资格问题进行了规定，下列人员不得担任见证人。

（一）无民事行为能力人、限制民事行为能力人以及其他不具有见证能力的人

在我国，无民事行为能力人，包括不满 8 周岁的未成年人和不能辨认自己行为的精神病人；限制民事行为能力人，包括 8 周岁以上的未成年人（但 16 周岁以上不满 18 周岁以自己的劳动收入为主要生活来源的公民除外），以及不能完全辨认自己行为的精神病人。关于其他不具有见证能力的人，法律并未明确列举，一般可作如下解释：第一，指因身体原因，视力或听力不正常，因而无法履行见证职责的人，不具有见证能力；第二，不识字的人应认为不具有代书遗嘱、公证遗嘱的见证能力，不会书写的人不具有担任代书人的见证能力；第三，与遗嘱人语言不通的人，应认为不具有相应的见证能力；第四，因醉酒、药物等无论何种原因，暂时性没有意识或者失去控制的人，不具有见证能力。

案例：张老先生子女都不在身边，长期一个人住。张老先生和邻居小王一家关系不错，尤其喜欢小王刚满 10 岁的儿子。张老先生想立一份遗嘱。经阅读相关资料，他决定通过打印方式订立。张老先生约了之前单位的两位同事，周末来家里帮忙见证。遗嘱打印过程中，一位同事因身体不舒服提前退出了，张老先生于是把小王的儿子叫过来当见证人。该遗嘱的见证是否符合法律规定？

解析：该位提前退出的同事，视同未参与遗嘱见证。小王的儿子刚满 10 岁，系限制民事行为能力人，不具有见证能力。故该打印遗嘱的订立，仅有一位适格见证人，其见证不符合法律规定。

（二）继承人、受遗赠人

继承人、受遗赠人与遗嘱安排存在紧密利益联结，排除其见证人资格有利于避免遗嘱人受到不当影响。被继承人在遗嘱中授予利益的人，无论是法定继承人还是法定继承人以外的人，显然都不能作为见证人。至于未从遗嘱中获益的第一及第二顺序法定继承人，是否仍不能作为见证人，则存在一定争议。

（三）与继承人、受遗赠人有利害关系的人

首先，继承人、受遗赠人的近亲属，按社会一般观念应该都属于与继承人、受遗赠人有利害关系的人，不能作为遗嘱见证人。其次，根据《继承编解释（一）》第24条，继承人、受遗赠人的债权人、债务人，共同经营的合伙人，也应当视为与继承人、受遗赠人有利害关系，不能作为遗嘱的见证人。

案例：宜先生因病在医院躺了很久。有一天，趁着国内的几个子女都在身边（有一个女儿在国外），宜先生宣布了自己的遗嘱，并由大儿子记录，其他子女担任见证人。在遗嘱中，给每个子女都留了财产，但各方所得遗产的价值差异较大。宜先生和在现场的子女都在遗嘱上签名及注明年、月、日。

解析：子女作为继承人，不能作为遗嘱见证人，所以该遗嘱因缺少适格见证人而不能有效成立。

第三节　遗嘱的变更与撤回

一、遗嘱变更和撤回的含义

（一）遗嘱变更和撤回的概念

遗嘱的变更，是指遗嘱人以一定的方式对原来所立遗嘱的部分内容予以改变的行为。遗嘱的撤回，是指遗嘱人取消原来所立遗嘱内容的行为。对已设立的遗嘱进行撤回或变更，是遗嘱自由的重要实现方式。我国《民法典》

第1142条第1款规定："遗嘱人可以撤回、变更自己所立的遗嘱。"

(二) 遗嘱变更与遗嘱撤回的相互关系

遗嘱变更与遗嘱撤回，前者立足于变，后者立足于撤，二者差异明显。我国法律中的遗嘱撤回包括全部撤回和部分撤回，[1] 变更又必然意味着对所变部分的撤回。如此，我国法律中的遗嘱变更与遗嘱撤回，存在交叉关系。

二、遗嘱变更和撤回的基本条件

遗嘱变更和撤回的基本条件包括以下四项：

第一，遗嘱变更和撤回的主体，限于遗嘱人本人，不得由他人代为进行。变更和撤回遗嘱，是遗嘱自由的实现方式，与遗嘱订立一样不适用代理。

第二，遗嘱变更和撤回时，遗嘱人应具有遗嘱能力。变更和撤回遗嘱，将对之前所立遗嘱进行调整，因而遗嘱人应具有与订立遗嘱相同的心智状况。故遗嘱人对遗嘱进行变更和撤回，必须具有遗嘱能力。

第三，遗嘱的变更和撤回，应当在遗嘱生效前进行。在遗嘱发生法律效力后，因遗嘱人已经死亡，不存在变更或撤回遗嘱之可能。[2]

第四，遗嘱的变更和撤回系出自遗嘱人的真实意思。非出于遗嘱人真实意思的变更、撤回行为，不能发生遗嘱变更、撤回的法律效力。

案例： 宜先生趁着自己头脑清醒立下遗嘱。几年后，宜先生因阿尔兹海默症，意识日渐模糊。后经宜太太申请，法院宣告宜先生为无民事行为能力人，并指定由宜太太担任宜先生的监护人。宜太太表示，宜先生的大儿子对宜先生照顾不周，将宜先生遗嘱中涉及该部分遗产的内容变更为由宜先生的小儿子继承。

解析： 宜先生为无民事行为能力人之后，便不能再变更或撤回遗嘱。宜

---

[1] 《民法典》第1142条。

[2] 受欺诈、胁迫所立的遗嘱无效。故遗嘱一旦生效后，如利害关系人发现该遗嘱系受欺诈或胁迫所立，应申请法院宣告无效。这一点，区别于合同法关于受欺诈、胁迫所立合同的规定，也区别于婚姻法律制度关于受欺诈、胁迫所缔结婚姻的规定。

太太所作的变更无效，因为只有遗嘱人本人有权变更或撤回遗嘱。

三、遗嘱变更、撤回的方式

遗嘱变更、撤回的方式有明示和默示两种。

（一）明示变更、撤回

明示变更、撤回，是指遗嘱人订立新遗嘱并在其中明确表示变更或撤回原来所立遗嘱。明示变更、撤回遗嘱的要求主要包括以下两点：第一，遗嘱人须以语言文字对变更或撤回原来所立遗嘱的意思进行表示。第二，遗嘱人变更、撤回原来所立遗嘱的意思表示，必须通过订立新遗嘱的方式进行，且该新遗嘱符合法律关于遗嘱形式的要求。

案例：宜先生立下公证遗嘱，指定小女儿继承自己正在居住的一套房屋。宜先生临终前，在仅有其子女在场的情况下口头宣布，撤回自己该份公证遗嘱。

解析：宜先生该次口头宣布，因为没有适格的见证人，不符合遗嘱的构成要件，所以不能撤回先前所立遗嘱。

（二）默示变更、撤回

默示变更、撤回，是指遗嘱人虽未明确表示要变更或撤回原来所立遗嘱，但以其行为表明变更或撤回原来所立遗嘱。

（1）遗嘱人先后立有数份内容相抵触的遗嘱，视为遗嘱人所订立的最后一份遗嘱对先立遗嘱相应内容进行了变更、撤回。我国《民法典》第1142条第3款规定：“立有数份遗嘱，内容相抵触的，以最后的遗嘱为准。”

（2）遗嘱订立后，遗嘱人作出新的非遗嘱的意思表示，对遗嘱所涉及的财产进行处理且其内容与遗嘱相反的，可认为遗嘱人已经改变了之前在遗嘱中表达的意愿。我国《民法典》第1142条第2款规定：“立遗嘱后，遗嘱人实施与遗嘱内容相反的民事法律行为的，视为对遗嘱相关内容的撤回。”

（3）遗嘱人故意废弃或摧毁遗嘱载体的，应视情况作撤回处理。遗嘱订立后，会依其订立方式形成相应的载体。如该载体属于仅存的原件且为遗嘱人所知情时，遗嘱人故意废弃或摧毁遗嘱载体应认为其有意撤回。如同一遗嘱有多个载体，比如遗嘱人同一天书写了多份内容相同的自书遗嘱，或者订立录音录像遗嘱时同时使用多个设备形成了多份内容一致的遗嘱，遗嘱人故意废弃或摧毁其中一部分，原则上不应按撤回遗嘱处理。此外，非出于遗嘱人意志的遗嘱载体灭失、涂销，不能发生遗嘱撤回的效果。

案例：宜先生立下遗嘱，指定小女儿继承自己正在居住的一套房屋。3年后，该房屋被拆迁，宜先生根据拆迁相关协议获得100万元补偿款和一套安置房。宜先生在立下前述遗嘱后，未再订立新遗嘱。

解析：宜先生签订拆迁相关协议，对房屋进行了处分。这意味着，遗嘱中关于该房屋由小女儿继承的内容将无法实现。此情况下，视同宜先生撤回了相关的遗嘱内容。

第四节　遗嘱的效力

遗嘱效力，即遗嘱的法律约束力。遗嘱自生效时产生法律约束力。遗嘱生效的前提，是遗嘱有效、不存在无效情形。遗嘱订立后，须先经过有效性检验，再于生效要件具备方发生效力。以下从遗嘱的有效条件、无效情形以及遗嘱的生效三个方面展开。

一、遗嘱的有效条件

（一）遗嘱人必须有遗嘱能力

遗嘱作为民事法律行为的一种，其行为人应当具备相应的行为能力。这种行为能力，通常被称作遗嘱能力。根据我国《民法典》，遗嘱能力等同于完全民事行为能力，即只有完全民事行为能力人才具有遗嘱能力。

（二）遗嘱人的意思表示必须真实

遗嘱作为被继承人意思自治的实现方式，必须体现被继承人的真实意愿，否则会沦为财富非正当移转的工具。遗嘱的意思表示必须真实，即要求遗嘱的订立，完全出于遗嘱人的自主，并且遗嘱中所表达的意思与遗嘱人的真实意思一致。

（三）遗嘱的内容必须合法

遗嘱在体现遗嘱人意愿的同时，还须受到法律的约束。就遗产处分而言，遗嘱内容须遵守的法律规定主要包括以下几个方面：第一，遗嘱中只能处分遗嘱人自己的财产。遗嘱中不得处分不属于遗嘱人的他人财产。第二，遗嘱应当为缺乏劳动能力又没有生活来源的继承人保留必要的遗产份额。第三，遗嘱的内容不得违反法律、行政法规的强制性规定，不得违背社会公德，不得损害社会公共利益。第四，遗嘱的形式必须符合法律规定。遗嘱的订立，必须符合法律规定的六种遗嘱形式中的一种或多种的要求。

二、遗嘱的无效情形

遗嘱的无效，是指遗嘱成立后因不符合法定条件或法定形式而不被法律承认效力，不能发生遗嘱人预期的法律后果。根据我国《民法典》的规定，遗嘱的无效主要有以下几种情形：

（1）无遗嘱能力人所立的遗嘱无效。根据我国《民法典》第1143条第1款，无民事行为能力人和限制行为能力人均为无遗嘱能力人，他们订立的遗嘱无效。对遗嘱人是否有遗嘱能力的判断，以遗嘱订立时的年龄及精神状况为标准进行判断。遗嘱人立遗嘱时具有完全民事行为能力，后来成为无民事行为能力人或者限制民事行为能力人的，不影响遗嘱的效力。[1]

案例：宜先生精神病发作期间，立了份自书遗嘱，表示自己死后名下的房屋归朋友林先生。后经治疗，宜先生的精神病症状得到有效缓解，处理日常事务与正常人无异。宜先生外出锻炼时，遭遇车祸，不幸去世。专家结合病历认为，宜先生精神病发作期间，不具备完全民事行为能力。

解析：宜先生立遗嘱时不具备完全民事行为能力，该份自书遗嘱无效。

---

[1] 《继承编解释（一）》第28条。

（2）受胁迫、欺诈所立的遗嘱无效。遗嘱人意思表示真实，是遗嘱有效成立的条件。当遗嘱人因受胁迫、欺诈立遗嘱时，该遗嘱便不符合意思表示真实的条件。我国《民法典》第1143条第2款规定，受胁迫、欺诈所立的遗嘱无效。其中，受胁迫所立的遗嘱，指他人以给遗嘱人及其亲友的生命健康、荣誉、名誉、财产等造成损害为要挟，迫使遗嘱人违背真实意思立下的遗嘱。受欺诈所立的遗嘱，指遗嘱人因他人故意告知虚假情况或者隐瞒真实情况，被诱导而错误订立的遗嘱。

（3）伪造的遗嘱无效。伪造的遗嘱，即凭空捏造的遗嘱人意思表示。因在事实上本不存在遗嘱及其订立者，故不能发生遗嘱的效力。我国《民法典》第1143条第3款规定，伪造的遗嘱无效。

（4）被篡改的遗嘱内容无效。遗嘱人订立遗嘱后，遗嘱被人篡改，从而使其所体现的"遗嘱内容"与遗嘱人原意思表示不一致。显然，被篡改的遗嘱内容，并非遗嘱人的真实意思表示，因而不能发生遗嘱效力。但此部分瑕疵，原则上不应影响其他部分的效力，以最大限度地尊重遗嘱人意愿。我国《民法典》第1143条第4款规定，遗嘱被篡改的，被篡改的内容无效。

（5）遗嘱中所处分的财产不属于遗嘱人的，相应部分无效。遗嘱人只能处分自己的财产，不能处分他人的财产，否则会对他人财产权造成侵害。《继承编解释（一）》第26条规定："遗嘱人以遗嘱处分了国家、集体或者他人财产的，应当认定该部分遗嘱无效。"当然，遗嘱的部分无效，不影响其他部分的效力。对于财产是否属于遗嘱人的判断，应当以遗嘱人死亡时为准。也就是说，如果遗嘱人订立遗嘱时，处分了不属于自己的财产，但于死亡之前拥有了该财产，则该遗嘱内容仍然有效。

案例：宜先生立下遗嘱，把登记在自己名下的一套房屋指定由儿子小宜继承。宜先生去世后，小宜拿着遗嘱要求继承该套房屋。宜先生去世前的配偶老达指出，该套房屋系宜先生和方女士婚姻关系存续期间购置的，购房款来源于双方的共有财产。

解析：宜先生在遗嘱中处分了他和方女士共有的房屋。该遗嘱涉及方女士财产的部分无效。

（6）遗嘱没有为缺乏劳动能力又没有生活来源的继承人保留必要遗产份额的，相应部分无效。[1] 遗嘱应当为缺乏劳动能力又没有生活来源的继承人保留必要的遗产份额，否则就违反了我国《民法典》的规定，相应内容无效。在依法（而非依遗嘱人意愿）为没有生活来源的继承人留下必要的遗产份额后，遗嘱的其他部分效力不受影响。

（7）与有效遗赠扶养协议存在抵触的遗嘱，相抵触的部分无效。根据司法解释，被继承人生前与他人订有遗赠扶养协议，同时又立有遗嘱的，继承开始后，如果遗赠扶养协议与遗嘱没有抵触，遗产分别按协议和遗嘱处理；如果有抵触，按协议处理，与协议抵触的遗嘱全部或者部分无效。[2]

（8）遗嘱人在危急情况下订立的口头遗嘱，在危急情况消除后，遗嘱人能够以书面或者录音录像形式立遗嘱的，该口头遗嘱无效。

（9）遗嘱将遗产指定由绝对丧失继承权的人继承的，无效。以下情形会导致绝对丧失继承权：①故意杀害被继承人；②为争夺遗产而杀害其他继承人。[3]

案例：宜先生有六个子女，最喜欢小儿子（老六）。宜先生决定订立遗嘱，把最有价值的财产——公司股权留给老六继承。宜先生的其他子女对老宜的决定非常不满。老大试图杀害自己的亲弟弟未遂。老二虐待宜先生，情节严重。宜先生去世前，订立了自书遗嘱，把公司股权和住房都指定由老六继承，银行存款每个子女继承六分之一。

解析：老大绝对丧失继承权，宜先生指定老大继承六分之一存款的遗嘱内容无效；老二相对丧失继承权，宜先生事后仍可将其指定为遗嘱继承人，相应的遗嘱内容有效；老六未丧失继承权，宜先生可将其指定为遗嘱继承人，相应的遗嘱内容有效。

---

[1] 李某、郭某阳诉郭某和、童某某继承纠纷案（最高人民法院指导案例50号）。

[2] 《继承编解释（一）》第3条。

[3] 《继承编解释（一）》第8条。

（10）违反法律行政法规的（效力类）强制性规定及公序良俗的遗嘱，原则上无效。遗嘱作为民事法律行为的一种，原则上应遵循民事法律行为的一般规定。司法实务中，向婚外情人遗赠的遗嘱、干涉他人婚姻自由的遗嘱通常会被判定无效。

案例：四川省泸州市的黄某和蒋女士 1963 年结婚。1994 年，黄某认识了张女士，双方于次年开始同居。2001 年 2 月，黄某经检查确诊肝癌晚期。张女士不顾外界非议，一直守护在黄某的病床边照顾。2001 年 4 月 18 日，黄某立下遗嘱："我决定，将依法所得的住房补贴金、公积金、抚恤金和卖泸州市江阳区一套住房售价的一半（即 4 万元），以及手机一部遗留给我的朋友张女士一人所有。我去世后骨灰盒由张女士负责安葬。"2001 年 4 月 20 日，黄某就该遗嘱办理了公证。黄某去世后，张女士根据遗嘱要求获得遗产。

解析：法院以该遗赠违反公序良俗为由，判决遗嘱无效、驳回张女士的诉讼请求。(此案例曾引起法律界激烈争论，各方观点不尽相同。)

三、遗嘱的生效

遗嘱是一种被继承人生前订立、死后生效的民事法律行为。被继承人生前订立的符合法定条件和法定形式的遗嘱，其生效时间为遗嘱人死亡之时。也就是说，只有在遗嘱人死亡后，遗嘱才能发生法律效力，才能被遗嘱执行人或继承人执行。在遗嘱人死亡之前，遗嘱不发生法律效力，不能被遗嘱执行人或继承人执行。遗嘱人的死亡，包括自然死亡和宣告死亡。前者指遗嘱人因疾病等原因，生命终止；后者指遗嘱人下落不明达到法定期限，人民法院根据利害关系人的申请，通过法定程序宣告遗嘱人死亡。

案例：宜先生无儿无女，早早和一忘年交朋友订立了一份遗赠扶养协议，由朋友照顾宜先生的生活起居，宜先生死后房屋和存款归朋友。几年后，他又立下遗嘱要把房屋和字画留给侄女。

解析：针对同一遗产，遗赠扶养协议优先于遗嘱适用。宜先生去世后，房屋按遗赠扶养协议归朋友，侄女可以获得字画。

本章实务热点问答

一、能用电脑或手机输入后存储、打印的方式订立自书遗嘱吗？

《民法典》第1136条将打印遗嘱置于和自书遗嘱并列的方式，进行了单独规定。因此，打印形成的遗嘱，不能按自书遗嘱对待，而应按打印遗嘱对待，具备打印遗嘱的全部要件就可以认定其遗嘱效力。通过输入，在计算机上保存的以“身后安排”等形式出现的所谓网络遗嘱、电子遗嘱，不具备自书遗嘱“由遗嘱人亲笔书写、签名，注明年、月、日”的形式要件，不能被认定是遗嘱人的自书遗嘱。[1] 综上，不能用打印、电脑输入等方式订立自书遗嘱。

二、形式上存在瑕疵但确系遗嘱人真实意思表示的遗嘱，有效吗？

司法实务中各方观点不尽相同。一种观点认为应当坚持遗嘱的要式性，否定形式瑕疵遗嘱的效力。如《最高人民法院研究室关于代书遗嘱虽不符合法定形式要件但确系遗嘱人真实意思表示能否认定有效问题的答复》指出，不符合法定形式要件的代书遗嘱不宜认定为有效，该观点为部分法院所遵循。另一种观点则认为应探究遗嘱人的真实意思，对形式瑕疵遗嘱作有效认定。如上海市高级人民法院民一庭调研与参考〔2016〕3号指出，遗嘱属于要式行为，但法律规定遗嘱要式性的初衷即是为了确保遗嘱人的真实意思表示。因此，为保障遗嘱人的最终真实意思表示能够得以实现，对形式要件上稍有欠缺的遗嘱，如果内容合法，又有充分证据能证明其为遗嘱人的真实意思表示，并能够通过其他方式弥补遗嘱形式上的不足的，可认定遗嘱有效。

三、不会或不喜欢写字的人，订立遗嘱的过程中能用私章替代签名吗？

司法实践中，法院通常认为，个人印章不具备代替遗嘱人签字的效力。

---

[1] 《民事审判指导与参考》第42辑。

故除公证遗嘱外，仅有被继承人个人印章而无其签名将导致书面遗嘱不能有效成立。

四、打印遗嘱内容可以由见证人以外的其他人输入设备系统（打字）或打印吗？

实务中对此有不同意见。有的法院认为，见证人交由他人打印遗嘱并不必然影响遗嘱效力。只要遵从了被继承人的意愿，并满足立遗嘱人、见证人签名等其他法定要件，便可予以认定。也有法院认为，打字和打印是打印遗嘱成立的关键步骤，必须由遗嘱人或见证人亲自完成。前者为主流观点。

五、未经同意对别人关于死后财产安排的发言进行录音录像，构成录音录像遗嘱吗？

遗嘱作为民事法律行为，以意思表示为核心要素。当事人所作的语言表述，只有在其有意赋予其法律效力的情况下，才能构成意思表示。表述人不知道被录音，说明其没有订立录音遗嘱的意愿，因而不能作为录音录像遗嘱。该遗嘱仅有语言表达，必须符合口头遗嘱的全部要件方为有效。

六、录音录像遗嘱可以用询问遗嘱人的方式作出吗？

遗嘱是遗嘱人生前对其死后个人财产及相关事宜处理所进行的意思表示。遗嘱人应当有立遗嘱的主观意愿并清楚其法律后果，且应当理解并完整书写或口述遗嘱内容。如果被继承人未完整口述其遗嘱的关键内容，一直处于被询问状态，未能自主表述对身后财产的处理意见，应认为该表达体现不出其有立遗嘱的主观意愿。有判决指出，这种询问遗嘱人方式形成的录像，即使是该录像能够体现遗嘱人对遗产作出了某种处分，但这种由继承人或者其他人主持而录下的被继承人生前对遗产进行处分的口头表示，仍不能视其为合法有效的录音录像遗嘱，因为这种录音的制作掺杂进了继承人或其他人的意志和行为，不符合法律对录音录像遗嘱的根本要求，不能真实地反映被继承人是否愿意立遗嘱处分自己的遗产以及如何处分自己的遗产。

七、录音录像遗嘱中见证人要怎么见证才行？

有法院认为，录音录像遗嘱的见证人应当把自己的姓名、年龄、职业、工作单位等事项一并录制，询问该遗嘱是否是立遗嘱人真实意思表示，须得到肯定回答，并对录制情况作出说明。有的法院判决中认为，录制期间两名符合法律规定的见证人均在场见证，这种全程在场，法律并未要求两名见证人与被继承人全程同框，录像的录制者的录像录制水平与本身能力亦相符；被继承人只要在录制遗嘱过程中意识清醒，可以明确表述自己的意思即可，则该份录音录像遗嘱有效。

八、口头遗嘱所要求的“危急情况”怎么理解？

在司法实践中，首先排除非生命垂危之际口头遗嘱成立时间与遗嘱人死亡时间非同一日的情形，即若法院发现立口头遗嘱的期日是先于遗嘱人死亡的期日，即使只有两天的时间间隔，也不认定属于“危急情况”，其有足够的时间选择采取其他遗嘱方式。住院期间并不当然地推定系危急情况。若是遗嘱人一直处于生命垂危之际，则遗嘱人在死亡前几日出现意识清醒的状况，对名下财产予以处理，仍应当认定属于“情况危急”，符合订立口头遗嘱的情境条件。[1] 即使立遗嘱的期日与遗嘱人死亡的期日属于同一天，也要具体分析是否属于“危急情况”是否达到“遗嘱人来不及或不宜用其他形式立遗嘱的危急情况”，若是法院发现遗嘱人属于抢救期间，生命垂危，在订立口头遗嘱时，具有遗嘱能力，意志自由，而在订立遗嘱后危急情况并未解除，仍属于抢救期间且最终因抢救无效而死亡，则该口头遗嘱的成立符合“危急情况”。若是法院发现遗嘱人立遗嘱时并非处于紧急状态，彼时其具备书写能力，现场亦非存在其他遗嘱方式不能行使之情形，即使立完遗嘱之后几小时内遗嘱人死亡，因立遗嘱时不属于“危急情况”，其风险是潜在的而非现实的，就不符合订立口头遗嘱的情境条件。

九、公证处审批人未及时批准遗嘱公证书，后遗嘱人死亡或者丧失行为能力的，遗嘱公证能否继续办理？或者此种情形下，遗嘱如何处理？

遗嘱人在公证处审批人批准遗嘱公证书之前死亡，遗嘱公证书依据《遗

---

[1] 任某甲、任某乙继承纠纷二审民事判决书［一审：（2018）津0105民初1616号，二审：（2018）津01民终8388号］。

嘱公证细则》第19条的规定被撤销。法院认为，从被继承人立遗嘱的过程来看，该遗嘱亦符合代书遗嘱的形式，内容为被继承人真实意思且合法，应属有效。故被继承人遗产应按该代书遗嘱分配。在另一起案件中，遗嘱人在公证处办完公证当晚死亡，公证处以“遗嘱人在公证处审批人批准遗嘱公证书之前死亡”为由撤销了遗嘱公证书，同时认为立遗嘱人在公证人员面前所立遗嘱的过程完全符合公证遗嘱办证程序，其遗嘱内容经工作人员确认，是在立遗嘱人具有相应民事行为能力，自愿无胁迫情况下的真实意愿表达。但法院仍然根据法律对遗嘱的形式要件规定进行审查，认为遗嘱是打印内容后手写签名，并非完全由立遗嘱人书写，不符合自书遗嘱的形式要件的，故应无效。

十、有两名符合要求的见证人，遗嘱继承人、受遗赠人在订立遗嘱的现场会影响遗嘱效力吗?

司法实践中，法院一般认为，只要综合案件情况可确认遗嘱内容系被继承人真实意思表示，则继承人在场不能否认及影响遗嘱的合法有效。有法院提到，立遗嘱时是否有继承人在场并不影响遗嘱效力，只要认定遗嘱符合代书遗嘱的形式，内容合法有效，应为被继承人的真实意思表示，便可认定该遗嘱有效。实际上，就是认为遗嘱受益人在场，并非遗嘱的限制条件。但正如有法院指出的那样，如遗嘱受益人在遗嘱订立现场，虽然未作为见证人签名，但其行为、举止势必影响代书遗嘱的订立。进言之，遗嘱受益人在遗嘱订立现场，会引起对遗嘱意思表示真实性的更多怀疑。

十一、继承人、受遗赠人的同事，能否成为遗嘱见证人?

法院一般认为，同事并非属于法律规定的利害关系人。一般人在选择见证人时，都会选择与自己相熟的人或者有权威性的人，对继承人、受遗赠人的同事的遗嘱见证人资格应当予以认可。也有法院认为，遗嘱继承人的多年同事，属于与继承人有利害关系的情形。

十二、继承人、受遗赠人的同学，能否成为遗嘱见证人?

理论上说，同学即在共同的环境中一起学习的人。通常语境下作为社会关系类型的同学，其外延较广。对绝大多数当事人而言，仅有较少部分的同学说得上与其存在利害关系。实务中，有法院认为，“有利害关系的人”在我国民法领域通常分为两类：一是继承人或受遗赠人的近亲属，包括配偶、子女、兄弟姐妹、祖父母、外祖父母、孙子女、外孙子女；二是与继承人、受遗赠人有民事债权债务关系的人，二者具有较高的经济依存度及关联性。但“同学”的范围较为广泛，如未有证据证明其与受遗赠人存在民事债权债务关系，不应认定为遗嘱形式法律规范中有利害关系的人。也有法院在判决意见中将高中和大学同学均视为利害关系人。

十三、继承人、受遗赠人的姻亲，能否成为遗嘱见证人?

一般认为，不能仅仅依靠其是继承人的姻亲就认定其属“与继承人、受遗赠人有利害关系的人”，而应进行实质性判断。有法院认为，虽遗嘱见证人系某继承人的连襟（即其配偶的妹妹的配偶)，属于姻亲的范围，但其他继承人并未提供证据证明其与本案的遗产处理有利害关系，若仅因其姻亲关系而认定遗嘱见证人属于与继承人有利害关系的人，则牵涉的人际关系范围过广，故该遗嘱见证人不宜认定为与继承人有利害关系，其可以作为遗嘱见证人。

十四、曾经担任遗嘱受益人其他案件的委托诉讼代理人，能否成为遗嘱见证人?

一般认为，曾担任受遗赠人其他案件委托诉讼代理人的律师，其在之后作为被继承人的遗嘱见证人并无不妥，且律师作为接受当事人委托的专业法律工作者，与受遗赠人、继承人之间的涉案争议并无直接利害关系。故如不存在其他不适合担任遗嘱见证人的情形，则该遗嘱见证人有效。

十五、遗嘱受益人和非受益法定继承人共同的亲友，能否成为遗嘱见证人?

若是继承人们的共同亲属作为遗嘱见证人，一审以遗嘱见证人系个别继承人的姑姑，系受遗赠人有利害关系的人，不能作为遗嘱见证人，认定代书遗嘱不符合法律规定的遗嘱形式要件，遗嘱应为无效。二审法院认为，本案中代书人系双方当事人的姑姑，与其他继承人亦属亲戚关系，即该遗嘱见证人与本案中的各方当事人均存在一定的亲属关系，并非只与其中一继承人存在亲属关系，故无法认定遗嘱见证人与本案中当事人的某一方存在利害关系，其不应认定为遗嘱法律规范中的有利害关系的人。

第十七章　遗嘱继承、遗赠和遗嘱信托

第一节　遗嘱处分概述

一、遗嘱自由及其限制

遗嘱自由既包括直接将遗产授予继承人或受遗赠人的自由，也包括排除个别或全部继承人继承的自由。排除继承，是指自然人可以通过订立遗嘱，排除法定继承人中的一人或数人继承其遗产。

案例：方甲系方女士的姐姐，方乙系方女士的养女。2017 年，方女士与宜先生结婚，宜先生带两个孩子宜甲、宜乙与方女士母女共同生活。方乙、宜甲、宜乙均已成年。2019 年宜先生去世。方女士的父母也均先于其去世。2021 年，方女士立遗嘱确定：方乙、宜甲、宜乙均无权继承其名下的所有财产。

解析：方女士通过遗嘱，排除了第一顺位继承人的继承。对于遗嘱排除了第一顺序继承人的继承权利应予以认可，遗产按法定继承规定，在无其他第一顺序继承人情况下，应由第二顺序继承人继承。在无第一顺序继承人的情况下，方女士的遗产应由其姐姐方甲继承。

《民法典》赋予遗嘱人依其意愿自由订立遗嘱的权利。即自然人可以依法订立遗嘱处分自己的遗产，既可以指定继承人及其应继份，也可以取消法定继承人的继承权，将遗产遗赠给法定继承人以外的人。继承制度的作用之一，在于维持家庭关系稳定、维护家庭基本伦理，必须将遗嘱人的意思自治与维护家庭关系稳定结合起来。因此，遗嘱自由不是绝对的无限自由，应当受到一定的限制。

《民法典》第1141条规定，遗嘱应当为缺乏劳动能力又没有生活来源的继承人保留必要的遗产份额。《继承编解释（一）》第25条第1款进一步规定："遗嘱人未保留缺乏劳动能力又没有生活来源的继承人的遗产份额，遗产处理时，应当为该继承人留下必要的遗产，所剩余的部分，才可参照遗嘱确定的分配原则处理。"这是我国实行必留份制度的重要法律依据。

必留份，是指遗嘱人为继承人中既缺乏劳动能力又没有生活来源的人或胎儿保留必要的遗产份额，如有违反，涉及该部分的处分无效。必留份制度将法定继承人的劳动能力、生活来源及经济状况等作为获得一定遗产份额的标准。该制度具有以下特征：

（一）其主体必须是继承人

必留份制度的主要目的在于保障缺乏劳动能力且没有生活来源的继承人的基本生活，继承人以外的其他主体，如继承人以外与遗嘱人共同生活的人，并不是必留份制度的保护对象。

案例：万先生在临终前，委托其好友方先生照顾其患有脑瘫的孙子小万，方先生遂与小万共同生活。方先生立遗嘱一份："将自己财产的一半留给小万。"一年后，方先生去世。小万的指定监护人据此向方先生的子女主张必要的遗产份额。

解析：必留份制度的设立初衷是保护处于弱势地位的继承人的权益，使其未来生活有基本保障。根据《民法典》第1141条的规定，必留份的主体限定在继承人范围内。《民法典》第1127条所规定的继承人，只要符合缺乏劳动能力且没有生活来源这一适用条件，均可以适用必留份规则。本案中，小万并非方先生的继承人，其监护人无权主张必要的遗产份额。

（二）该继承人缺乏劳动能力且没有生活来源

有劳动能力但是没有生活来源的，有退休工资、有配偶和子女给予生活来源支持的，均不符合必留份的标准。

案例一： 宜先生的儿子小宜身体健康，具备劳动能力，但整日流浪街头，以乞讨为生。宜先生临终前立遗嘱一份，将其所有财产无偿赠与其所在地区的福利院。小宜以其父没有为其留下必要的遗产份额为由，诉至法院。

解析： 遗嘱人应当为缺乏劳动能力又没有生活来源的继承人保留必要的遗产份额。小宜虽然没有生活来源，但是具有劳动能力，不符合《民法典》第1141条的规定。因此，小宜不可依据必留份制度主张相关权益。

案例二： 被继承人贾先生因病于2019年11月去世，其与妻子在2016年生育一子小贾。贾先生生前立有《财产处置遗嘱》一份，将其名下房屋的全部产权份额指定由其年老体弱、身患疾病的父亲继承。贾先生的父亲除贾先生外，还有一儿一女。

解析： 虽然被继承人贾先生自书遗嘱系其真实意思表示，本应予以尊重，但是贾先生在订立遗嘱时，明知其儿子年纪尚幼，属于法律规定的既缺乏劳动能力又没有生活来源的继承人，却未保留儿子必要的遗产份额。如果就此剥夺儿子的继承权，会造成其生存危机，与必留份制度相背离，故不能完全按照贾先生所立遗嘱分配遗产。

贾先生将其主要遗产指定由父亲继承。其父亲虽然年老体弱，身患疾病，缺乏劳动能力，但是除贾先生外，另有其他子女可以履行赡养义务，且其父每月也有养老保险金，有足够生活来源，不符合必留份的标准。故分出一部分遗产给其儿子小贾，既保障了小贾的合法权益，也不损害贾先生父亲的养老利益。

（三）必留份保留的是必要的遗产份额

对于何为“必要的遗产份额”，《民法典》第1141条未作进一步规定。在司法实践中，需要法官进行自由裁量。一般而言，法官在确定必留份的遗产份额时，一方面，需要根据该特定继承人的劳动能力状况和获得其他生活来源的情况，考虑维持其基本生活的需要。另一方面，法官还要考虑被继承人的遗产数额。根据被继承人遗产数额的多少，按照一定比例确定为特定继承人保留的遗产份额。

特留份，[1] 是指遗嘱人立遗嘱时必须遗留给法定继承人的遗产份额，该份额不能借助遗嘱予以剥夺。如果遗嘱人未给应当享有特留份的法定继承人保留必要的份额，则其遗嘱会因违反法律的强制性规定而无效或部分无效。特留份制度在许多国家存在，是遗嘱继承中的一项重要制度，是对遗嘱自由的限制。我国《民法典》未确立特留份制度，仅规定了保留“必要的遗产份额”，即必留份制度。[2]

案例： 1998 年，赵先生按照法定程序收养一名养子小赵，2021 年，赵先生去世。小赵发现，赵先生生前通过立遗嘱的方式，将其全部财产无偿赠与邻居小杨，小赵无继承份额。

解析： 如果按照特留份的制度要求，赵先生在立遗嘱时，必须留给小赵一定的遗产份额，不能通过遗嘱将其全部财产赠与法定继承人以外的人小杨。如此规定，能够维护亲属身份的伦理价值，保护法定继承人的继承期待权。

二、遗嘱的执行

遗嘱的执行，是指于遗嘱生效后由遗嘱执行人实现遗嘱的内容。遗嘱的执行从被继承人死亡后、遗嘱生效时开始，不仅是实现遗嘱人遗愿的必要程序，而且对于保护继承人与利害关系人的利益也有重要意义。

---

[1] 特留份制度是各国继承法的普遍制度，体现的是对遗嘱自由的必要限制，我国《民法典》并未规定特留份制度，部分学者主张移植国外的特留份制度。特留份制度具有以下法律特征：第一，特留份是对遗嘱人遗嘱自由的一种限制。遗嘱人只能自由处分其所拥有的特留份以外的财产。第二，特留份是只有法定继承人才能享有的固有权利。享有特留份权的只能是该遗嘱人一定范围内的法定继承人，并不是所有的亲属。第三，特留份是继承开始之后才能享受的权利。第四，特留份具有被优先满足的地位。继承开始后，若特留份被侵害，则必须先以被继承人的财产补足特留份，剩余财产则由被继承人自由处分。第五，特留份具有法定性、强制性，特留份份额任何人不得随意侵犯。

[2] 特留份与必留份制度都是为了一定程度上限制遗嘱自由，但仍然存在以下区别：第一，功能不同。特留份目的是维系亲情伦理，维持“家产”的延续；必留份目的是保障近亲属扶养义务的延续。第二，权利主体不同。特留份一般是一定范围内的法定继承人享有，如配偶、父母、子女；必留份限于符合既缺乏劳动能力又无生活来源的继承人。第三，要求不同。特留份要求保留的遗产有份额上的限制；必留份不受遗产份额的限制，且无须受“以遗产清偿债务”的约束。

《民法典》第1133条第1款规定，自然人可以指定遗嘱执行人。遗嘱执行人，是指在遗嘱人死亡后，真实、全面地实现遗嘱内容的人。遗嘱执行人具有以下特征：第一，遗嘱执行人可以是一人，也可以是多人；既可以是自然人，也可以是法人或者非法人组织。第二，遗嘱执行人应当具有处理遗产相关事务的能力。无民事行为能力人、限制民事行为能力人不具备成为遗嘱执行人的资格。如果遗嘱人所指定的遗嘱执行人在遗嘱人死亡时已经丧失民事行为能力，则其无法担任遗嘱执行人。

案例：2020年10月，83岁的纪先生自书遗嘱一份，并在遗嘱中指定其好友李先生为遗嘱执行人。2021年5月，李先生因车祸成为植物人。2022年1月，纪先生去世。

解析：李先生不能担任纪先生的遗嘱执行人。李先生作为纪先生遗嘱中指定的遗嘱执行人，在遗嘱人死亡前丧失了民事行为能力，其已不具备处理遗产相关事务的能力，无法担任遗嘱执行人。

我国《民法典》第1145条规定："继承开始后，遗嘱执行人为遗产管理人。"遗嘱执行人与遗产管理人的关系，详见第十九章。

第二节　遗嘱继承与遗赠

一、遗嘱继承

（一）遗嘱继承的概念与特征

遗嘱继承，是指按照被继承人生前所立的合法有效遗嘱继承被继承人遗产的继承方式，遗嘱继承又称"意定继承""指定继承"。

遗嘱继承具有以下特征：第一，遗嘱继承的发生须具备被继承人死亡这一法律事实，还须以合法有效遗嘱的存在为前提。第二，遗嘱继承直接体现被继承人的意愿，是对被继承人自由处分自己财产的尊重。第三，遗嘱继承是对法定继承的排斥，遗嘱继承不受法定继承人的继承顺序、继承份额的约束，且遗嘱继承人的主体范围限定在法定继承人范围之内的自然人。[1] 第四，遗嘱继承的效力优先于法定继承。

下列五种情形应当按照法定继承处理：第一，遗嘱继承人放弃继承或者受遗赠人放弃受遗赠的；第二，遗嘱继承人丧失继承权的；第三，遗嘱继承人、受遗赠人先于遗嘱人死亡的；第四，遗嘱无效部分所涉及的遗产；第五，遗嘱未处分的遗产。

案例：赵先生是一位80岁的老人，虽然儿女双全，但是一直住在养老院，照顾赵先生的也一直是义工小吴。赵先生为了感谢小吴对自己的照顾，设立了一份遗嘱。遗嘱中称：将半数的遗产赠与长年照顾自己的义工小吴。不久之后赵先生去世，赵先生的儿女不认同该遗嘱中将半数遗产赠与小吴的条款，认为应当按照法定继承，双方发生了继承纠纷。

解析：继承开始后，按照法定继承办理；有遗嘱的，按照遗嘱继承或者遗赠办理；有遗赠扶养协议的，按照协议办理。赵先生订立了遗嘱，应当按照遗嘱内容执行。

（二）遗嘱继承的适用条件

遗嘱继承的适用需要满足一定条件：

第一，遗嘱的内容不与遗赠扶养协议的内容相抵触。

案例：徐先生中年丧妻，育有一子一女。儿子徐甲成家后对徐先生不管不顾。徐先生立下遗嘱，声明自己去世后名下的一套房屋归女儿徐乙所有。两年后，徐乙出嫁到外村，和哥哥徐甲一样对徐先生不再过问。徐先生的邻居小李主动承担起照顾徐先生日常起居的重任，持续多年不怠。徐先生在村干部的见证下，与小李签订了遗赠扶养协议，约定：徐先生的生养死葬义务由小李承担，徐先生死后，其名下的一套房屋和全部生活用品归小李所有。徐先生去世后，徐甲以自己是徐先生唯一的儿子为由要求继承该套房屋；徐乙拿出遗嘱，主张房屋归其所有；小李则坚持按照遗赠扶养协议执行。

---

[1] 《民法典》第1133条。

解析：被继承人徐先生生前与小李订有遗赠扶养协议，同时又立有遗嘱的，继承开始后，如果遗赠扶养协议与遗嘱内容没有抵触的，遗产分别按照遗赠扶养协议和遗嘱处理。如果遗赠扶养协议与遗嘱有抵触的，按照协议处理，与协议抵触的遗嘱全部或者部分无效。即徐先生与小李签订的遗赠扶养协议的效力优先于徐先生立下的遗嘱的效力。

第二，被继承人生前所立遗嘱合法有效，不违反法律的强制性规定，不违背公序良俗。

案例：张先生与蔡女士于1996年开始以夫妻名义共同生活，并于2006年10月登记结婚，双方未生育子女。2006年12月张先生病故。张先生在病重期间书写遗嘱一份，载明：去世后将东面三间楼房的所有权归蔡女士，西面三间平房的所有权也归蔡女士，如蔡女士今后嫁人，三间平房归其侄子张甲所有。后蔡女士与一男子结婚，张甲将蔡女士诉至法院，要求将三间平房归其所有。

解析：婚姻自由是公民的一项基本权利，张先生有权在法律规定的范围内，自主自愿决定本人的婚姻，不受其他任何人的强迫与干涉。如果立遗嘱人张先生在处分自己财产时，将配偶蔡女士是否再婚作为取得其相应财产继承权的先决条件，则违反了有关婚姻自由的法律规定，遗嘱所涉条件将会被认定为无效。

第三，遗嘱继承人没有丧失、放弃继承权，也未先于遗嘱人死亡。如果遗嘱继承人丧失、放弃继承权，继承人就不再具有继承资格，不能再适用遗嘱继承。遗嘱继承人先于遗嘱人死亡的，不适用遗嘱继承，也不发生代位继承。

（三）遗嘱继承人

遗嘱人指定遗嘱继承人只能在法定继承人范围之内，不能是法定继承人以外的人。指定由数个继承人共同继承某项遗产的，应当说明指定继承人对遗产的分配办法或者每个人应继承的遗产份额，否则，推定为指定数个继承人均分遗产。遗嘱人也可以指定法定继承人范围之外的人为受遗赠人。[1]

我国《民法典》第 1127 条、第 1129 条规定，配偶、子女、父母、兄弟姐妹、祖父母和外祖父母，以及对公婆、岳父母尽了主要赡养义务的丧偶儿媳、丧偶女婿属于法定继承人。其中，配偶、父母、子女属于第一顺位法定继承人，其余主体属于第二顺位法定继承人。遗嘱继承人与受遗赠人的不同在于，遗嘱继承人仅能在前述法定继承人中产生。如果立遗嘱人的遗产处分对象并非前述法定继承人，则属于遗赠。

案例一：邓老太唯一的儿子因病去世，儿媳小徐改嫁后，仍然长年负责邓老太的衣食住行、照料婆婆的生活起居。8 年后，邓老太去世，未立任何遗嘱。小徐对婆婆邓老太尽了主要赡养义务，可以作为继承人，继承婆婆的遗产。

解析：儿媳一般不能继承公婆遗产，除非有遗嘱指定儿媳继承遗产或者没有遗嘱，但儿媳对公婆尽了主要赡养义务。认定是否“尽了主要赡养义务”，一般考虑两个方面，一方面是否在经济上对公婆提供了主要经济来源，或者在生活上对公婆提供了主要劳务帮助。另一方面，对公婆尽赡养义务是否具有长期性、经常性。小徐长年照顾婆婆邓老太的生活，尽到了主要赡养义务，可以作为继承人继承邓老太的遗产。

案例二：李老先生的女儿李甲因车祸去世。女婿小吴将岳父李老先生接到自己家，长年照顾李老先生的生活。李老先生在 80 岁时订立遗嘱一份：指定其女婿小吴为其继承人，在其去世后继承其遗产，后李老先生去世。李老先生的儿子李乙将小吴诉至法院，主张小吴无权继承。

解析：女婿一般无权继承岳父母的遗产，除非有遗嘱指定女婿继承遗产或者没有遗嘱，但女婿对岳父母尽了主要赡养义务。小吴无论是基于李老先生的遗嘱指定，抑或基于对岳父尽了主要赡养义务，均有权继承岳父的遗产。

---

[1] 杨立新．婚姻家庭与继承法［M］．北京：法律出版社，2021：252.

二、遗　　赠

（一）遗赠的概念与法律特征

遗赠，是指自然人在生前订立遗嘱，将其个人财产赠与国家、集体或者法定继承人以外的组织、个人，并于其死后发生法律效力的民事法律行为。遗赠具有以下法律特征：

第一，遗赠是一种单方民事法律行为，只需有遗赠人一方的意思表示，即将遗赠内容载入遗嘱，不以受遗赠人的意思表示为必要。

第二，遗赠人只能是自然人，受遗赠人既可以是自然人，也可以是国家、集体或者法定继承人以外的组织、个人。

第三，遗赠是死后法律行为，即遗赠人生前所谓的遗赠行为只有到其死亡时才发生法律效力，受遗赠人才有权取得遗嘱中所指定的遗赠给他的遗产，这也是遗赠通过遗嘱设立而决定的。

第四，遗赠是无偿的民事法律行为。遗赠人只能通过遗赠给受遗赠人带来某种财产利益，不能通过遗赠为他人设定债务。

第五，遗赠不能代理，且受遗赠权不得转让。遗赠必须由遗赠人本人以遗嘱的形式直接进行意思表示，遗赠主体具有不可替代性。受遗赠人的受遗赠权也只能由自己亲自享有，不得转让。

（二）遗赠发生法律效力的条件

遗赠作为民事法律行为，不仅要符合法律行为的一般要件，还要符合《民法典》关于继承的特别规定。遗赠发生法律效力的条件：

第一，据以确认受遗赠权的遗嘱必须是合法有效的遗嘱，遗嘱无效，当然导致遗赠无效。

第二，遗赠人立遗嘱时，须有遗嘱能力，否则其遗赠无效。

第三，遗赠人所立的遗嘱必须符合法定的形式。

第四，受遗赠人须为在遗嘱发生效力时生存之人，其在遗嘱发生效力前死亡的，遗赠不发生效力。

第五，遗赠的财产须是在遗赠人死亡时能够执行遗赠的合法财产。遗嘱人以一定财产为遗赠，在财产继承开始时，部分不属于遗嘱人的，其部分遗赠无效；全部不属于遗嘱人的，其全部遗赠为无效。

第六，遗赠人须为缺乏劳动能力又没有生活来源的继承人保留必要的遗产份额，否则，涉及这一必要份额的遗赠无效。

案例：2016 年 10 月，高先生被诊断为老年痴呆症，此后病情逐年加重。2018 年 5 月 20 日，高先生订立遗嘱一份，主要内容是：将其名下所有的房屋与财产，在其死后，无偿遗赠给同村的尚女士，遗嘱的签名为尚女士代签，高先生去世后，尚女士回法院提起诉讼，要求按照遗嘱接受遗赠。

解析：立遗嘱人在立遗嘱时如果是无民事行为能力人或限制民事行为能力人的，其所立遗嘱无效。高先生作为遗赠人，在订立遗嘱时不具有遗嘱能力，遗嘱无效。另，遗嘱内容虽由高先生书写，但签名并非高先生本人签名，不符合自书遗嘱生效的法定形式要件。因此，该遗赠无效。

（三）受遗赠权的放弃

受遗赠人应当在知道受遗赠后 60 日内，作出接受或者放弃受遗赠的表示；到期没有表示的，视为放弃受遗赠。[1] 即受遗赠人在知道受遗赠后 60 日内，可以明示或默示方式放弃受遗赠。60 日期满，受遗赠人未作表示的，或者单纯沉默的，视为放弃受遗赠。换言之，受遗赠人可以“单纯沉默”的方式放弃受遗赠权。受遗赠人放弃受遗赠权的，该放弃行为具有溯及力，溯及自继承开始时（被继承人死亡时）即丧失受遗赠权。

案例：李先生在生前立下遗嘱，其名下的唯一住房在其死后无偿赠与其邻居小赵。2008 年 10 月 13 日，李先生病重，将其所立遗嘱交于小赵。李先生于 2008 年 10 月 15 日去世。直至 2009 年 3 月 15 日，小赵未作出任何表示。

解析：小赵于 2008 年 10 月 13 日知道受遗赠事宜，在其后 60 日内，直至 2009 年 3 月 15 日，其仍未作出接受或者放弃受遗赠的表示，到期未表示

---

[1] 《民法典》第 1124 条第 2 款。

的，其是以单纯沉默的方式放弃受遗赠，该放弃行为溯及自2008年10月15日。

三、遗嘱继承与遗赠相关概念辨析

（一）遗赠和遗嘱继承

遗赠与遗嘱继承都是被继承人以遗嘱处分个人财产的方式，都需具备遗嘱的有效条件，主要区别在于以下四个方面：

第一，受遗赠人与遗嘱继承人的法律地位不同。受遗赠人不是继承人，没有继承权；遗嘱继承人是法定继承人，享有继承权。

第二，受遗赠人与遗嘱继承人的范围不同。受遗赠人必须是法定继承人以外的人，可以是自然人，也可以是国家或者集体；遗嘱继承人只能是法定继承人范围以内的人，并且只能是自然人。

第三，遗赠受领权与遗嘱继承权的标的不同。原则上，受遗赠人只享有受领遗产中的财产权利，不承担清偿遗赠人生前债务的义务。《民法典》第1162条规定，执行遗赠不得妨碍清偿遗赠人依法应当缴纳的税款和债务，即执行遗赠应当在清偿遗赠人的财产债务后；遗嘱继承人不仅享有接受遗产的权利，还负有清偿被继承人生前债务的义务，即遗嘱继承人必须在其继承的财产范围内承担相应的义务，包括被继承人的丧葬费、遗产管理费、被继承人的债务、缴纳所欠税款等。

第四，权利行使方式不同。受遗赠人应当在知道受遗赠后60日内，作出接受或者放弃受遗赠的表示，到期没有表示的，视为放弃受遗赠；遗嘱继承人在继承开始后遗产分割前，未以书面形式明确表示放弃遗嘱继承的，视为接受继承。

案例：张先生生前立下遗嘱并办理了公证，将其与妻子李女士共同所有的房屋中自己的份额留给其孙子张小乙（张小乙的父亲张乙在世），2012年，张先生去世，遗嘱交由李女士保存，李女士为避免子女为争夺房屋发生纠纷，一直未将遗嘱告诉子女。2015年李女士病重，立了一份公证遗嘱将上述房屋自己所有的部分留给张小乙，并将上述两份遗嘱交给张小乙保管，李女士去世后，张小乙依据两份遗嘱想要获得房子，而其他法定继承人不同意，发生纠纷。

解析：张小乙作为张先生的孙子，不属于第一顺位法定继承人，但张小乙仍然可以依据张先生的遗嘱获得该房产，这就是遗赠。张小乙在知道受遗赠的60日内，需作出明确接受的意思表示才视为接受，否则视为放弃受遗赠。

（二）遗赠与赠与

遗赠与赠与都是财产所有者无偿地将财产给予他人的法律行为，但是二者存在较大的差异：

第一，遗赠为单方法律行为，遗嘱人立遗嘱时不必征得受遗赠人的同意，即可在遗嘱中作出处分财产的意思表示；赠与为双方法律行为，需要赠与人与受赠人双方意思表示达成一致方可成立。

第二，遗赠为遗嘱人处分其死后财产的行为，遗赠人死后才能发生法律效力；赠与系赠与人处分其生前财产的行为，一般赠与人与受赠人意思表示一致即生效。

第三，遗赠须以遗嘱的方式行使，故须符合遗嘱的形式要件；赠与在一般情况下，双方口头或书面达成协议的，均可发生法律效力，系不要式的法律行为。

第四，遗赠不得侵害必留份；赠与则无此限制。

第五，遗赠受《民法典》继承编调整；赠与受《民法典》合同编调整。

（三）遗赠与遗赠扶养协议

遗赠与遗赠扶养协议都是自被扶养人或遗赠人死亡时取得其遗产。但二者存在以下不同之处：第一，遗赠扶养协议兼具生前行为与死因行为；遗赠为死因行为。第二，遗赠扶养协议为双方法律行为；遗赠为单方法律行为。第三，遗赠扶养协议为双务、有偿法律行为；遗赠为无偿法律行为。第四，遗赠扶养协议为非要式行为；遗赠为绝对要式行为，须遵循特定形式，否则遗赠不成立。第五，遗赠扶养协议的订立可以委托他人代理；订立遗嘱不得代理。

（四）特定遗赠与概括遗赠

特定遗赠，是指遗嘱人将特定的遗产权利指定由他人承受。在特定遗赠中，受遗赠人仅承受遗产权利，而不承受遗产债务。[1] 概括遗赠，是指遗嘱人将遗产的全部或部分概括地指定由他人承受。在概括遗赠中，受遗赠人不仅须承受遗产权利，也须承受遗产债务。[2]

案例：李老先生终身未婚，日常生活起居由邻居小徐和小吕照料。李老先生在其80岁高龄时，自书遗嘱一份，遗嘱载明：将其名下的一幅世界名画、一个古董花瓶、市值100万元的股份遗赠给邻居小徐，其余房产等全部财产权利和义务一并遗赠给邻居小吕。

分析：国内外对于遗赠的类型存在以下两种研究模式：第一种模式是以法国、意大利、日本等国为代表，[3] 不区分遗赠与遗嘱继承，凡是遗嘱人以遗嘱方式将遗产分配给他人，无论是否在法定继承人范围内，也不论遗产内容为积极财产还是消极财产，均称为遗赠。在这种模式下，遗赠分为概括遗赠和特定遗赠。第二种模式以德国、瑞士为典型，[4] 以承受的遗产内容即是否承担遗产债务为标准，区分遗赠与遗嘱继承，通常不承认概括遗赠。本案中，李老先生把自己的房产等财产性权利和义务一并遗赠给小吕，即为概括遗赠；将其名下的一幅世界名画、一个古董花瓶、市值100万元的股份遗赠给小徐，即为特定遗赠。

四、附义务的遗嘱继承和遗赠

《民法典》第1144条规定了附义务的遗嘱继承或遗赠。《继承编解释

---

[1] 张玉敏．继承法律制度研究［M］．2版．武汉：华中科技大学出版社，2016：177.

[2] 汪洋．中国法上基于遗赠发生的物权变动：论《民法典》第230条对《物权法》第29条之修改［J］．法学杂志，2020（9）：67.

[3] 《法国民法典》第871条、第1002－1003条、第1010条、第2012条，《意大利民法典》第588条，《日本民法典》第990条。

[4] 《德国民法典》第1939条、第1967条，《瑞士民法典》第484条、第562条。

(一)》第 29 条进一步规定："附义务的遗嘱继承或遗赠，如义务能够履行，而继承人、受遗赠人无正当理由不履行，经受益人或其他继承人请求，人民法院可以取消其接受附义务部分遗产的权利，由提出请求的继承人或受益人负责按遗嘱人的意愿履行义务，接受遗产。"

案例：上海某禅寺方丈在江苏某地买了一套房屋，专门提供给素食特困老人居住，让这些老人安度晚年，名为"素宅"。1998 年，方丈立下遗嘱，表示该房产遗赠给其大徒弟，但是同时要求，受遗赠人不得改变素宅"用来解决素食特困老人居住"这一用途。2003 年，方丈去世，大徒弟按照遗嘱继承了素宅，在此后的几年里，大徒弟未改变素宅性质。但到 2011 年，大徒弟将素宅中的老人赶出，并将素宅分数间出租了出去。方丈的四名子女知道后，将大徒弟告上了法庭，要求取消大徒弟对该套房屋的受遗赠权，并由该四名子女共同继承。

解析：根据《继承编解释（一）》第 29 条的规定，方丈的四名子女可以接受遗产，同时按照方丈的意愿履行义务。

（一）继承人或者受遗赠人应当履行遗嘱所附的义务

如果遗嘱继承或者遗赠附有义务，则继承人或者受遗赠人应当履行义务。按照私法自治原则，遗嘱人在立遗嘱时，可以为继承人或者受遗赠人设定义务，并要求该义务作为继承人或者受遗赠人取得遗产的条件。

继承人和受遗赠人依据遗嘱继承和遗赠取得遗产而应当负担的义务，可以因遗嘱而产生，即该义务体现为遗嘱的附属条款，也可能基于被继承人与继承人、受遗赠人之间的约定而产生。

遗嘱继承和遗赠所附义务不同于遗赠扶养协议中的义务。具体体现在以下三个方面：

第一，义务主体不同。附义务的遗嘱继承和遗赠，所涉义务主体为继承人、受遗赠人；遗赠扶养协议的义务主体仅为继承人以外的主体。

第二，义务来源不同。附义务的遗嘱继承和遗赠，义务来源于当事人的约定或者因遗嘱这一单方法律行为而产生；遗赠扶养协议的义务来源于当事人订立的约定。

第三，义务内容和范围不同。附义务的遗嘱继承和遗赠，对于义务的范围与内容并未进行限定，既可以包括对遗嘱人或者遗赠人进行生养死葬，也可以承担其他义务；遗赠扶养协议中，义务人的义务是对遗赠人进行生养死葬。

（二）所附义务的履行与权利的丧失

第一，有正当理由不履行所附义务的，并不导致必然丧失遗产取得权。继承人和受遗赠人有正当理由不履行遗嘱继承和遗赠所附义务的，即使其不履行义务，也不影响其取得附义务部分遗产的权利，其仍有权取得附义务部分的遗产。只有继承人和受遗赠人无正当理由不履行义务的情形下，才有可能丧失接受附义务部分遗产的权利。对于“正当理由”的认识，需要平衡遗嘱人与继承人、受遗赠人之间的利益关系。

第二，不履行所附义务导致遗产取得权的丧失，需要以利害关系人和有关组织的请求为前提条件。继承人和受遗赠人无正当理由不履行遗嘱继承和遗赠所附义务的，利害关系人和有关组织有权请求取消其接受附义务部分遗产的权利。即继承人或者受遗赠人无正当理由不履行遗嘱继承和遗赠所附义务时，并不当然丧失取得附义务部分遗产的权利，如果没有利害关系人或者有关组织请求，则其仍然可以取得相应的遗产。提出请求的主体限于利害关系人和有关组织。

第三，所附义务的不履行并不当然导致全部遗产取得权的丧失。在继承人和受遗赠人不履行遗嘱继承和遗赠所附义务的情形下，利害关系人和有关组织仅能请求取消其接受附义务部分遗产的权利。即继承人和受遗赠人不履行所附义务，并不必然丧失继承遗产的权利，可能丧失取得与附义务相对应的遗产的权利。在该遗产范围之外，继承人和受遗赠人仍可能继承其他遗产。

案例：王先生立有遗嘱，表示将50万元留给妹妹王女士，但须将其中的20万元用于资助贫困大学生。王先生去世后，王女士取得王先生的50万元遗产，但无正当理由未履行资助义务。王先生有一子一女。王先生的子女可以请求法院取消王女士取得相应遗产的权利。

解析：根据《民法典》第1144条的规定："遗嘱继承或者遗赠附有义务的，继承人或者受遗赠人应当履行义务。没有正当理由不履行义务的，经利害关系人或者有关组织请求，人民法院可以取消其接受附义务部分遗产的权利。"

（三）后位继承

不同于附条件或附期限的遗嘱继承，后位继承，又称"次位继承"或"替代继承"，是指因遗嘱中所规定的某种条件的成就或期限的到来，由某遗嘱继承人所继承的财产又转移给其他继承人承受。[1] 后位继承人只有在遗嘱中所规定的某种条件成就或期限届至时，才能从前位继承人处取得财产。在此之前，后位继承人只能根据遗嘱的内容享有期待权。

第三节　遗嘱信托

一、信托与遗嘱信托

（一）信托的概念

信托是指委托人基于对受托人的信任，将其财产权委托给受托人，由受托人按委托人的意愿以自己的名义，为受益人的利益或者特定目的，进行管理或者处分的行为。[2]

根据信托设立的目的，可将信托分为私益信托和公益信托。私益信托是指为某个或某些特定个人的利益而设立的信托，受益人通常是委托人的亲友或者委托人指定的人，在设立信托时受益人即确定或可以确定。现实中的大部分信托属于私益信托。公益信托是指为整个社会或社会公众中相当一部分

[1] 谭华霖. 后位继承法律关系之理论探析［N］. 人民法院报，2011-05-25（7）.

[2] 《信托法》第2条。

人的利益而设立的信托，不是为了特定个人的利益。其基本特征是，受益人为不特定的社会公众，不能是特定的组织或个人。

案例：身心障碍者是指在心理、生理、人体结构上，某种组织、功能丧失或者异常，致其参与社会及从事生产活动功能障碍或受到限制的人。某地为身心障碍者的特殊需要设立信托，由受托人对信托财产进行管理和处分，专业服务机构提供身心障碍者个性化服务。

解析：作为一种公益信托，在身心障碍者信托存续期间，委托人按照信托文件的要求，依照合同履行各项权利和义务。受托人根据信托要求，及时联系第三方中介组织，为受益人选择符合各方要求的专业服务机构。专业服务机构依照信托要求，为身心障碍者提供符合信托要求的个性化专业化服务。

（二）遗嘱信托的概念与特征

《民法典》中首次出现遗嘱信托，第1133条明确规定“自然人可以依法设立遗嘱信托”。随着社会发展，个人财富不断增多，财产规模不断扩大，遗嘱信托制度越加焕发出生命力。遗嘱信托又称“死后信托”，作为继承的特殊方式，委托于生前设立，于去世时生效的信托。遗嘱信托包括三方当事人：一是委托人，即被继承人；二是受托人，一般是具有理财能力的律师、会计师、信托投资机构的专业人员或专业机构；三是受益人，可以是法定继承人中的一人或数人，也可以是遗嘱人指定的法定继承人以外的人。遗嘱信托的基础架构是：被继承人即委托人预先在遗嘱中明确设立信托的意思表示，并将其全部或者部分遗产作为信托财产而转移给受托人，受托人在委托人死亡后，为实现受益人的特定利益，以自己的名义管理及处分信托财产。

遗嘱信托并非遗嘱的下位概念，不同于法定继承、遗嘱继承这种狭义的继承方式，遗嘱信托与遗赠都是广义的对其死后财产的处理方式，在委托人死亡后生效。相对于普通遗嘱“一次性”分配财产的方式，通过遗嘱信托，由受托人依照遗嘱人的意愿分配遗产，并为照顾特定人而做财产规划，不但有防止纷争的优点，还具有分时分次分批、防止挥霍、财产永续留存以及一定的风险隔离功能。遗嘱信托具有以下法律特征：第一，遗嘱信托是以遗嘱的方式设立的信托，而非以合同的方式设立的信托。第二，设立遗嘱信托既要符合信托法的规定，还必须符合有关遗嘱、继承的法律规定。第三，遗嘱信托在信托目的及法律适用上与合同等其他信托形式存在一致性，同时要求受托人在对遗产进行管理、处分的信托活动中还应当遵守信托法的相关规定。

案例： 2019 年，胡先生因病去世。但为保证遗产安全，实现将财产传承给自己两个孩子的愿望，胡先生早在 2018 年即通过遗嘱的方式立下遗嘱信托。在他的遗嘱中，胡先生指定其母亲和哥哥为遗嘱执行人和遗嘱信托受托人，以信托的形式管理财产。受托人可自主决定投资方式，并负有在两个儿子 20 岁生日时将一半的财产平分于他们，在孙辈成年时，将另一半的财产等额分配的职责。

分析： 胡先生明确了以自己信赖的家人作为遗嘱信托受托人，为其孩子的利益受托管理遗产。通过设立遗嘱信托，胡先生按照自己的意愿处置了遗产，且延迟了遗产交付孩子的时间，避免孩子不正确使用甚至挥霍遗产。不同于遗嘱继承或遗赠，遗嘱信托是以高度信义为基础的持续性法律行为，除了具备财富转移功能，还具备财富投资管理功能，实现遗产的保值、增值，而且可以将尚未出生或尚未存在的未来之人涵盖于受益人范围之内。

二、遗嘱信托的属性与功能

（一）遗嘱信托的属性

遗嘱信托之所以与遗嘱继承不同，也与一般的信托不同，根本上是因为遗嘱信托兼有遗嘱和信托的双重属性。

第一，遗嘱信托是单方法律行为，基于遗嘱人的意思表示成立。

第二，遗嘱信托是死因行为。除遗嘱人在遗嘱中另行明确生效时间或条件外，以遗嘱人的死亡为生效时间。

第三，遗嘱信托是要式行为。遗嘱信托的成立生效需符合《民法典》和

《信托法》关于遗嘱和信托有效性的形式规定，即必须采用书面形式，因此口头遗嘱、录音录像遗嘱等不是遗嘱信托的适当形式。

第四，遗嘱信托具有高度灵活性。在遗嘱信托中遗嘱人可灵活确定受托人、受益人、信托财产、管理方式、信托利益分配、投资标的、信托期限等，这就给遗嘱信托留下极大的空间。

第五，遗嘱信托具有“资产隔离”属性。遗嘱信托财产独立于委托人、受托人、受益人，这使得遗嘱信托拥有了其他继承制度所不具备的风险隔离功能，增加了财产的安全性与稳定性。

第六，遗嘱信托具有长期性、持久性。遗嘱人可借助遗嘱信托延伸其意志与持续管理财产，这也使遗嘱信托更符合信托财产长期规划的遗愿。

（二）遗嘱信托的功能

正是基于遗嘱信托以上六大属性，遗嘱信托存在传统财富传承制度所不具备的功能，尤其相较于遗嘱继承和遗赠而言，遗嘱信托有多种应用场景。

第一，遗嘱信托可避免后位继承的风险。

案例：赵先生患有严重疾病，欲订立遗嘱将其名下的一套别墅指定父母继承，但是要求将来父母须立遗嘱指定其儿子小赵作为受遗赠人。经咨询专业人士，为避免赵先生去世后，其父母不按照其遗愿将房屋遗赠于其子，赵先生设立了遗嘱信托。

解析：通过设立遗嘱信托，在信托条款中规定，其父母和儿子作为遗嘱信托的受益人，在父母均去世时受益权全归属于小赵，从而避免了后位继承的风险。

第二，减少财产继承纠纷，防止挥霍、浪费。建立遗嘱信托，将遗产打包成立基金，明确家族内部的利益分配，在遗嘱人死亡时，受托人接管信托财产，使财产独立于家族成员，可以按照遗嘱人的意愿分配信托收益，能够减少遗产继承纠纷的发生，避免财产继承上的矛盾。同时，遗嘱信托可防止挥霍、浪费。如果把大笔财产一次性交给子女，容易生活挥霍、不思进取。采用遗嘱信托，把遗产交给受托人，由家族基金聘用、选任专业人员管理家族企业或遗嘱基金，可以弥补继承人理财能力的欠缺，实现家族财富的保值、增值与传承，并由受托人定期或不定期给受益人分配信托利益，从而最大限度上避免风险。

第三，通过设立遗嘱信托，对受益人的行为进行引导。

案例：宜先生设立遗嘱信托，约定：儿子学业优秀或考上“双一流”大学，则由受托人支付一定的奖励金；其成年后注重锻炼，每跑完一次马拉松可获得相应的运动奖励金；在其满30岁时，受托人向其支付四分之一的本金；其有吸毒、嫖娼等恶习，则授权受托人在信托利益分配上适当予以惩戒，如信托利益暂停支付或减半支付等。

解析：通过遗嘱信托，设置个性化的条款，有助于实现立遗嘱人更细致长远的愿望，有利于受益人，即宜先生的儿子形成良好生活习惯，防止其挥霍或者浪费。

第四，相对于遗嘱继承，遗嘱信托财产具有独立性。信托财产独立于委托人的财产，即使委托人死亡或破产，信托依然有效存续，信托财产不作为委托人的遗产或清算财产；信托财产独立于受托人，信托设立后，信托财产与属于受托人所有的其他财产相区别，不得归入受托人的固有财产或者成为固有财产的一部分，即使受托人死亡或破产时，信托财产也不属于其个人遗产或清算财产；信托财产独立于受益人的财产，受益人是信托收益的持有者，但信托财产不属于受益人的个人财产，故即使是受益人的债权人，也无权请求受益人用其信托财产来清偿债务。

案例：李先生通过遗嘱委任某信托机构为受托人，管理、处分其名下的房产、车辆、公司股权、存款以及其他资产权益。指定其儿子小李作为受益人，依信托获取一定的利益。

解析：小李未来如果负债，其财产可能会被债权人强制执行。但是，小李作为遗嘱信托的受益人，只需以其定期或不定期获得的信托利益承担责任，至于在受托人信托机构名下的信托财产，与小李无关，根据《信托法》第17条的规定，原则上不得强制执行。

第五，与遗嘱继承、遗赠只负责财产转移不同，遗嘱信托兼顾财产转移与财产管理，尤其是专业机构担任受托人时遗嘱信托的造血功能就更加明显。正因为受托人将信托财产进行专业的组合、分散投资，使得信托财产取得相对稳健的收益，从而使信托财产不断保值增值，进而使遗嘱人能够更加长期持久地支持某项慈善事业或实现对亲人的长久照顾。

第六，遗嘱信托可使遗嘱人的遗愿贯彻得更加彻底和长远。比如，若受益人不思进取、自甘堕落，则受托人可根据委托人的遗愿暂停向其支付信托利益，以示惩戒。即使遗嘱人已身故，其遗愿依然在信托财产的管理、使用、分配中发挥作用。

第七，与遗嘱继承将继承人严格限制在法定继承人范围内不同，遗嘱信托的受益人原则上没有限制，在不违反法律法规的强制性规定和公序良俗的前提下，遗嘱人可指定任何人为遗嘱信托受益人，并可实现对受益人个性化的、长期的照顾，而不是仅满足于一次性的财产转移。

三、遗嘱信托的设立

第一，遗嘱信托的设立需依托有效的遗嘱。遗嘱是一种单方法律行为，依遗嘱设立信托的，所立遗嘱必须符合遗嘱的有效成立要件，遗嘱成立时，信托即告成立。也就是说，遗嘱信托于委托人订立遗嘱时成立，在其去世时生效。在立遗嘱人死后，由遗嘱执行人按照遗嘱的规定将遗产交给受托人，并不以受托人的意志为转移。即使受托人先于遗嘱人死亡或者拒绝接受财产，也不影响信托的效力，可以由遗嘱执行人为受托人管理遗产，直到遗嘱执行人找到新的受托人为止。

第二，遗嘱信托的设立，应当遵守关于必留份制度的规定。为保护特定继承人的权益，我国确立了必留份制度，对立遗嘱人的遗嘱自由施加了限制。我国《民法典》第 1141 条规定：遗嘱应当为缺乏劳动能力又没有生活来源的继承人保留必要的遗产份额。

第三，设立遗嘱信托，委托人、受益人应当符合一定条件。遗嘱信托的委托人应当具备完全民事行为能力，限制民事行为能力人或者无民事行为能力人所立遗嘱无效，其法定代理人也不得代为设立遗嘱信托。委托人死亡时，遗嘱指定的受益人已先死亡的，信托因缺乏受益人而不能生效。遗嘱信托的受益人应当具体明确，否则，信托不成立。

第四，设立遗嘱信托，应当采取书面形式。受托人应为具备完全民事行为能力的组织或个人。遗嘱指定的人拒绝或无能力担任受托人的，由受益人另行选任受托人；受益人为无民事行为能力人或者限制民事行为能力人的，依法由其监护人代行选任。受托人应根据遗嘱人的意愿和法律规定管理和分配信托财产，不得损害委托人、信托受益人的利益。

第五，遗嘱信托的财产范围应当明确。委托人死亡时，遗嘱指定的信托财产中的部分已另作处理的，不属于遗产，应当将其余遗产作为信托财产，信托有效成立。委托人死亡时，遗嘱指定的信托财产全部不属于信托财产的，遗嘱信托因缺乏信托财产而不能生效。

四、遗嘱信托的变更和终止

英美信托法系规定了三类人有权变更或终止信托。第一，受益人在一定条件下有权变更或终止遗嘱信托。第二，受托人可以在信托文件的授权范围内变更信托。第三，为保证公平正义的情况，法院在一定条件下可以行使信托变更或终止权。

我国《信托法》将终止信托的权利赋予全体受益人或委托人及其继承人。全体受益人放弃信托受益权的，信托终止。[1] 另外，若委托人是唯一受益人，则委托人或者其继承人享有解除信托的权利。[2] 我国并未明确法院在信托争议中能否根据委托人的意愿和设立的目的来变更或终止信托。

---

[1] 《信托法》第46条。

[2] 《信托法》第50条。

本章实务热点问答

一、公民的遗嘱自由是否有限制?

公民虽然有订立遗嘱的自由，但是自由从来不是绝对的、不受限制的。在“谁”有资格继承或受遗赠方面会受到《民法典》第 1141 条关于“必留份”制度的约束。对于一些身份具有争议的人，尤其是明显违反婚姻基本原则和公序良俗的“婚外情人”，其无权受遗赠。但对于给予被继承人生活照料的人，如保姆、邻居等，其能否基于遗嘱获得相应遗产，司法实践和社会舆论都存在争议，需要结合个案的具体情况及受遗赠对象的身份，综合分析和判断，既要尊重遗嘱人的遗嘱自由，又要维护亲情和家庭的稳定，也要与社会主义核心价值观的导向相一致。

二、遗嘱继承与遗赠中，老年人的真实意思表示是否真实?

老年人，尤其是高龄独居老人，其意思表示未必真实。我们需要考量老年人作出意思背后有无特殊关系人在特殊的环境下对老人进行心理控制和引导。对老年遗嘱人的真实意思更应严格审慎把握。综合考察老年人作出意思表示时的精神状态，外界不当干扰因素以及意思表示接收者与老年人之间的关系。

三、遗嘱继承纠纷中，遗嘱无效的认定标准?

遗嘱无效主要从以下四个要素来判断：一是遗嘱的主体必须为完全民事行为能力人，欠缺民事行为能力人订立的遗嘱无效；二是遗嘱的内容不得违反法律、不得违背公序良俗，不符合法律法规的或者违反公序良俗的遗嘱无效；三是遗嘱必须是立遗嘱人的真实意思表示，违背遗嘱人真实意思的，遗嘱无效；四是遗嘱要符合一定的形式要件，欠缺遗嘱形式要件的遗嘱无效。

四、法定继承、遗嘱继承或者遗赠、遗赠扶养协议间的适用顺序是什么?

根据《民法典》的规定，继承开始后，首先看有无遗嘱，如果有遗嘱，则优先按照遗嘱继承或者遗赠办理；有遗赠扶养协议的，按照协议办理。被继承人生前与他人订有遗赠抚养协议，同时又立有遗嘱的，继承开始后，如果遗赠抚养协议与遗嘱没有抵触，遗产分别按遗赠抚养协议和遗嘱处理；如果有抵触，按遗赠抚养协议处理，与遗赠抚养协议抵触的遗嘱全部或部分无效。如果既无遗嘱，又无遗赠扶养协议，或被继承人只是将部分财产在遗嘱、遗赠或以签订遗赠抚养协议方式处理，则对其余部分启动法定继承。需要注意的是，如果对于同一财产，遗赠扶养协议和遗赠都涉及时，应当优先按照遗赠扶养协议处理。

五、老人去世后，仅留有一份遗嘱（草稿），将其房产遗赠给医生，该遗嘱（草稿）是否生效？

遗赠系亲为行为，遗赠人本人的真实意思不应由第三人确定。遗嘱（草稿）只是立正式遗嘱的文字准备，立遗嘱人并未赋予其正式遗嘱的法律效力，并未形成发生遗赠法律效力的法效意思。

六、如何判断遗嘱是否为缺乏劳动能力又没有生活来源的继承人保留了必要的遗产份额？

判断遗嘱人所立遗嘱是否违反《民法典》第1141条的规定，属于没有为缺乏劳动能力又没有生活来源的继承人保留必要的遗产份额，应当对遗嘱的实质内容进行分析。只要遗嘱人在处分遗产时为缺乏劳动能力又没有生活来源的继承人今后的生活作了特别安排，即使形式上没有指定其继承遗产，也不应当认定遗嘱人未保留缺乏劳动能力又没有生活来源的继承人的遗产份额。司法实践中，对于达到什么样的标准即为“缺乏劳动能力”，一般由法官自由裁量。认定标准可以参照劳动能力鉴定，同时要考虑年龄、身体健康状况、是否因受工伤而丧失劳动能力，结合具体的个案进行综合判断。对于“没有生活来源”的认定，要分析其总收入是否低于当地最低生活保障标准且符合当地最低生活保障对象的财产认定标准，不应将城乡居民养老保险中的基础养老金、基本医疗保险等社会保险和高龄津贴等社会福利补贴计算在总收入内。

七、《民法典》第1124条第2款规定，受遗赠人应当在知道受遗赠后60日内作出接受或者放弃受遗赠的表示；到期没有表示的，视为放弃受遗赠。如何理解“知道受遗赠后60日内”的起算点？

遗赠应属遗赠人死后生效的法律行为，将财产赠与他人的意思表示，虽然是生前作出的，但只有于遗赠人死亡后该遗赠才发生法律效力，即遗赠人死亡之前，不发生财产所有权的转移。继承从被继承人死亡时开始，受遗赠人只能在被继承人死亡后才能表达自己是否接受遗赠的意愿，故60日的最早起算点应当是从被继承人死亡之日起算。如果受遗赠人在被继承人死亡后才得知遗赠事宜，应当在知道受遗赠后60日内作出接受或者放弃受遗赠的意思表示。

八、遗嘱人生前的行为与遗嘱的意思表示相反，如何处理？

具有完全民事行为能力的自然人有权依据自己的意愿，通过遗嘱处分自己的财产。立遗嘱人也有权通过赠与的形式处分自己的财产，不受遗嘱行为、内容的限制。因此，遗嘱人生前的行为与遗嘱的意思表示相反，而使遗嘱处分的财产在继承开始前灭失、部分灭失或所有权转移、部分转移的，遗嘱视为被撤销或部分被撤销。

九、特留份制度的设立有无必要性？

通常来说，如果遗嘱人想规避必留份义务的话，其可以通过两种方式达到目的：一是生前赠与。即被继承人在其去世前将其大部分财产或全部财产赠与必留份权利人之外的人。这样，在被继承人去世之时，遗产的净价值便会减少或者根本没有遗产可继承。二是生前的非对价交易。即被继承人在生前通过“合法的交易”的形式，以非对价的方式将财产转让给第三人，这同样可达到将财产在生前的转移。实质上来说，后者只是前者的变种而已，可以看作交易形式下“无偿赠与”。

如果法律不对此进行防范，即使在立法中规定了遗嘱人的必留份义务，其也完全可以利用该漏洞规避其责、使法律规定的必留份权利变成一纸空文，完全无法得到实现。增设“特留份”制度，使其成为被继承人个人意志自由的伦理道德底线，防止被继承人以遗嘱方式将遗产大部分甚至全部遗赠给第三人，特别是遗赠给有婚外关系的第三人，从而维系家庭亲情伦理，有效解决现实生活中出现的法定继承人继承权落空的问题。

十、尚在母胎中的胎儿可以成为遗嘱信托的受益人吗？

可以。根据《信托法》规定，受益人可以是无民事行为能力或者限制民事行为能力的人。根据我国《民法典》的规定，遗产分割时，应当保留胎儿的继承份额。胎儿娩出时是死体的，保留的份额按照法定继承办理。因此，遗嘱信托也可以为胎儿安排相应的份额。

十一、遗嘱信托与“必留份”“特留份”制度的冲突如何解决？

作为遗产处分方式之一，遗嘱信托必然会与继承法项下“必留份”“特留份”制度产生联系甚至冲突对抗。处理该矛盾时首先要厘清，遗嘱信托中“必留份”“特留份”的缺失并不会影响遗嘱信托的效力，这与遗嘱内容违反强制性法律规范或违背公序良俗有着本质区别。根据相关司法解释的意见，遗嘱未对符合条件的继承人保留必要份额的，遗产分割时应先预扣该必留份，剩余部分按照遗嘱进行分配。据此，遗嘱信托侵害特定继承人的“必留份”或“特留份”的，继承人可以向法院主张预扣其应得份额，而不影响遗嘱信托的整体效力。“必留份”和“特留份”的具体数额标准则由法官根据保障特定继承人基本生活水平的具体要求自由裁量。当然，“必留份”与“特留份”份额的预扣必然会导致信托财产的减少，进而影响受益人的信托利益，对此《日本民法典》的做法可资借鉴，即由受益人主动清偿“必留份”“特留份”权利人的遗产份额以代替信托财产变动。

十二、遗嘱信托的设立方式有哪些？

设立遗嘱信托，需符合我国《信托法》及遗嘱继承的相关法律规定。我国《信托法》第8条规定，设立信托，应该采取书面形式。这意味着通过口头、默示行为或其他非书面形式设立的信托都不生效。因此，口头遗嘱、录音录像遗嘱，虽然属于法定遗嘱形式，但不适用于设立遗嘱信托，不能成为设立遗嘱信托的有效方式。

十三、遗嘱信托中，受托人拒绝接受委托，或者没有能力接受委托时，如何处理？

根据《信托法》第 13 条的规定，若遗嘱人在遗嘱中对于这种情况发生时，如何再选择受托人，做了明确安排的，按照遗嘱安排的内容重新确立遗嘱信托的受托人；若遗嘱人在遗嘱中未作特殊安排，则可以由受益人另行选任受托人。如果受益人是未成年人或其他限制民事行为能力、无民事行为能力人的，则由其监护人代行选任。

十四、如何判断遗嘱信托的财产范围？

遗嘱信托财产包含两部分：一部分是原始信托财产，即立遗嘱人在遗嘱信托中指明的，可以进入信托管理范围之内的财产；另一部分是在信托投资过程中新增加、新获得的收益。这两部分都属于遗嘱信托的财产，将来都属于受益人可以依法获得的财产范围。

第十八章　遗赠扶养协议*

第一节　遗赠扶养协议概述

一、遗赠扶养协议的概念

根据我国《民法典》第1158条之规定，自然人可以与继承人以外的组织或者个人签订遗赠扶养协议。按照协议，该组织或者个人承担该自然人生养死葬的义务，享有受遗赠的权利。可见，遗赠扶养协议是遗赠人与扶养人签订的，由遗赠人遗赠个人财产给扶养人所有，扶养人承担遗赠人生养死葬义务的协议。[1] 遗赠扶养协议有两种：一是公民与公民之间签订的遗赠扶养协议；二是公民与组织之间签订的遗赠扶养协议。

二、遗赠扶养协议的特征

（一）与遗赠相比较

与遗赠相比，遗赠扶养具有以下特征：第一，法律性质不同。遗赠扶养协议是一种双方法律行为，处分行为必须基于双方的合意；遗赠是单方法律行为，只需要立遗嘱人单方意思表示即可成立。第二，是否支付代价不同。遗赠扶养协议是有偿民事法律行为，扶养人取得遗赠人财产的前提是履行对

---

* 遗赠抚养协议文书样式详见附录15。

[1] 陈苇．婚姻家庭继承法学［M］．2版．北京：群众出版社，2012：375.

遗赠人的扶养义务；遗赠是无偿法律行为，并不需要为此支付一定的代价。第三，法律效力不同。遗赠扶养协议的效力高于遗赠。遗赠扶养协议的适用效力优先于法定继承、遗嘱继承和遗赠。第四，主体不同。遗赠扶养协议中的受遗赠人只能是法定继承人之外的公民和组织；而遗赠中的受遗赠人可以是国家、集体和法定继承人之外的人。第五，生效时间不同。遗赠扶养协议自签订之日起生效；而遗赠是在遗嘱人死后发生法律效力。即自遗嘱扶养协议签订起，该遗赠扶养协议就已经开始生效，扶养人就应该立即依协议内容履行其义务。

案例：李某因意外事故导致下半身瘫痪，其父母都已经去世，与前夫于十多年前离婚，并有一未成年女儿由前夫扶养，而由于该事故李某不能再自己工作谋求生活，因此李某与其前夫商量，请求前夫在其生时照顾死后安葬她，而她死后留二分之一的遗产给其女儿，剩余二分之一遗产都赠与前夫，其前夫看在之前的情分及二者女儿的面子上同意了该请求，并于2022年7月15日签订遗赠扶养协议。

解析：遗赠扶养协议是双方民事法律行为，需要扶养人与被扶养人双方达成合意。李某与其前夫达成了前夫对其履行生养死葬的义务，李某就将二分之一的遗产赠与前夫的合意，该遗赠扶养协议自达成之日，即2022年7月15日起开始生效。

（二）与死因赠与合同相比较

第一，遗赠扶养协议具有有偿性，扶养人必须在履行对遗赠人生养死葬的义务后才能取得与遗赠人约定的财产；死因赠与是无偿合同。第二，遗赠扶养协议的双方当事人一般情况下不得随意变更和解除遗赠扶养协议；而死因赠与合同中赠与人享有法定撤销权和任意解除权。第三，遗赠扶养协议在成立时就已经生效，遗赠人的死亡时间只是扶养人接受遗赠人财产的时间；死因赠与合同在赠与人去世时发生法律效力。第四，遗赠扶养中扶养人不包括法定继承人，仅限于法定继承人以外的自然人和组织。死因赠与合同中受赠人包括其法定继承人在内的自然人、法人和其他组织。

（三）与分家析产协议相比较

第一，遗赠扶养中扶养人可以是公民，也可以是组织，但不包括法定继承人；分家析产主体包括法定继承人或同住亲属。第二，遗赠扶养只能是对被扶养人个人财产进行支配；分家析产可以对家庭共有财产和个人财产一并分配。第三，遗赠扶养协议中的协议内容必定为扶养即生养死葬；而分家析产协议内容多样不同，不仅限于扶养，还有其他财产纠纷。第四，遗赠扶养中，虽然协议达成后立即生效，但财产的有效流转需要以被扶养人死亡为要件；分家析产以协议成立后财产分配立即生效。

案例：李家之前一直以家族形式经营着几家餐饮店，一家人日子过得也还不错，后来，小儿子李幺想要去其他省份发展，就提出想要分家，于是李家老两口就组织一家人坐在一起商量分家，最终作出了具体的分配，在老两口多年来100多万元的个人积蓄中留下20万元，剩余80多万元和家中的店铺都平均分给三个孩子，留下一套房子给老两口居住。全家同意后，家里的各项财产就按约定进行了转移。不承想，孩子们分家后就再也没有回来看过老人一次，反倒是邻居小姑娘时不时地来照看他们，于是他们跟小姑娘商量，由小姑娘给他们养老送终，等他们死后他们就将他们所有的这套房产赠与小姑娘，经过一番推辞后，小姑娘最终同意，并与老两口签订了遗赠扶养协议。

分析：遗赠扶养协议是双方民事行为，且老两口经过分家析产后确定该房产是老两口所有，而老两口与小姑娘在生养死葬和遗产赠与方面达成了合意，因此二者协议成立。而在其分家过程中，虽然老两口的个人积蓄不属于家庭共有财产，原本可以不进行分配，但由于当时老两口的意思表示是真实的，且全家人都同意，所以分家中对老两口的积蓄的分配也是有效的。

第二节 遗赠扶养协议的成立与效力

一、遗赠扶养协议的成立

（一）遗赠扶养协议成立的实质条件

1. 遗赠人与扶养人要具有完全民事行为能力

遗赠扶养协议本质上是一种双务、有偿、要式、双方的民事法律行为。作为协议双方当事人，遗赠人与扶养人都享有一定的权利，同时又都负有一定的义务，因此其行为人也应当具备相应的民事行为能力。遗赠扶养协议的成立中遗赠人必须是具有完全民事行为能力、有一定可遗赠的财产，并需要他人扶养的公民。扶养人必须是遗赠人法定继承人以外的公民或组织，并具有完全民事行为能力、能履行扶养义务。

2. 遗赠扶养协议的成立当事人双方须达成合意且意思表示真实

遗赠人与扶养人的遗赠扶养协议是双方的法律行为，只有在遗赠人和扶养人双方自愿协商一致的基础上才能成立。遗赠扶养协议作为要式合同，应遵循意思自治原则，即遗赠人与扶养人双方需达成合意，且双方意思表示必须真实，否则可能会沦为财产非正当移转的工具。

案例：陈先生年事已高，老伴多年前去世，仅有一女在国外生活。后小王多次去陈先生家里推销保健品，小王看到陈先生无亲属在身边，便经常去陈先生家看望，在陈先生不知情的情况下哄骗陈先生签订了一份遗赠扶养协议，约定小王对陈先生进行生养死葬，陈先生将其房屋一套赠与小王。后陈先生女儿回国看望陈先生，发现该协议，向陈先生询问，陈先生表示不知道该协议具体内容，后陈先生找到小王，撤销了该协议。

解析：遗赠扶养协议必须是双方协商一致达成合意，是双方真实意思表示。小王哄骗陈先生签订协议的行为不属于陈先生真实意思表示，可以撤销该协议。

3. 遗赠扶养协议的成立不得违反法律法规、不得违背公序良俗

我国《民法典》第 8 条规定：民事主体从事民事活动，不得违反法律，不得违背公序良俗。遗赠扶养协议的成立不仅需要遗赠人和扶养人达成合意，还需要受到法律的约束。在订立遗赠扶养协议时须符合法律、行政法规的要求，遗赠人所遗赠的财产必须是个人所有合法财产且明确无争议。如果当事人订立的协议违反法律、行政法规的要求，法律就不予承认和保护，当事人达成协议的目的就不能实现，遗赠扶养协议也就失去了意义。

（二）遗赠扶养协议成立的形式条件

遗赠扶养协议是诺成性的法律行为，协议一经签订，立即发生法律效力，但是考虑到遗赠扶养协议所规定的财产所有权的转移要到遗赠人死亡后才能实现，为了保障遗赠人生前依照协议得到扶养，也为了保障受遗赠人在遗赠人死后获得协议中规定的遗产，所以遗赠扶养协议应当以书面的形式签订。遗赠扶养协议须条款完备，权利义务明确、具体、可行。订立遗赠扶养协议内容应明确具体写出遗赠扶养双方各自的权利义务，遗赠财产的名称、数量、处所，并提供有效的证明文件，提供扶养具体内容、办法和期限。当然，实践中仍有极少数人采取口头方式进行。

二、遗赠扶养协议的效力

遗赠扶养协议一经签订就具有了法律约束力，双方当事人都必须按照协议的规定履行自己的义务。

（一）扶养人的权利义务

扶养人的主要义务是对遗赠人负责生养死葬；扶养人的主要权利是在遗赠人死后接受遗赠扶养协议中确定的遗赠财产。扶养人必须认真履行扶养义务，不得有虐待等不利于遗赠人的行为，也不得随意中断对遗赠人的扶养、照顾或随意降低扶养标准。若扶养人不认真履行扶养义务，致使被扶养人经常处于生活困难、缺乏照料的情况时，人民法院可以酌情对遗赠财产的数额给予限制。若扶养人不尽扶养义务，或者以非法手段谋取被扶养人的财产，

经被扶养人的亲属或有关单位请求，人民法院可以剥夺扶养人的受遗赠权。

（二）遗赠人的权利义务

遗赠人的主要义务是生前确保遗赠扶养协议中确定的遗赠财产在其死后有效地转移给扶养人；遗赠人的主要权利是生前接受扶养人的扶养，死后得到扶养人的安葬。遗赠人应当妥善保管遗赠财产，不得任意毁坏。遗赠人对遗赠扶养协议中的财产，可以继续占有、使用、收益，但不得另行处分。如果遗赠的财产因此而灭失，扶养人有权要求解除遗赠扶养协议，并要求补偿已经支出的扶养费用。

（三）遗赠扶养协议的法律效力高于法定继承和遗嘱继承及遗赠

我国《民法典》第1123条规定："继承开始后，按照法定继承办理；有遗嘱的，按照遗嘱继承或者遗赠办理；有遗赠扶养协议的，按照协议办理。"在财产继承中如果各种继承方式并存，应首先执行遗赠扶养协议，其次是遗嘱和遗赠，最后才是法定继承。

（四）遗赠扶养协议签订后，遗赠人与其子女、扶养人与其父母之间的权利义务关系并不因此而解除

遗赠人的子女对遗赠人的赡养扶助义务，不因遗赠扶养协议而免除。同时，遗赠人的子女对其遗赠以外的财产也仍享有继承权。

案例：四川省一个城市郊区，外来务工人杨某经人介绍与当地一位老人签订遗赠扶养协议。协议协商杨某夫妇搬入老人家中，为老人养老送终，老人死后，其居住的房屋归杨某夫妇所有，其余财产未进行约定。该协议经当地公证机关公证，并由居委会作证监督执行。之后，杨某夫妇按照协议为老人养老送终，但老人生前收养的2位养子认为自己对房子及其他遗产有法定的继承权，并以此为由起诉至法院。法院最终按认定该份遗赠扶养协议有效，房子归杨某，但其他遗产由两位养子按照法定继承进行继承。

解析：本案中既有遗赠扶养协议，又有法定继承。扶养人履行了生养死葬义务后，有权获得遗赠财产。对遗赠扶养协议之外的遗产，仍可按照法定继承进行继承。

第三节 遗赠扶养协议的变更与解除

一、遗赠扶养协议的变更

遗赠扶养协议的变更，是指协议当事人以一定的方式使部分协议内容发生变更的行为。遗赠扶养协议的变更包括遗赠人和扶养人主体的变更及生养死葬和遗赠等权利义务内容的变更。

遗赠扶养协议是双务合同，扶养人应当履行自己的扶养义务，但关于扶养人扶养义务的内容，我国法律没有明文规定，通说是认为对遗赠人履行生养死葬的义务，但基于遗赠扶养协议的合同属性，其扶养内容可以由当事人意思自治。只要双方均具备完全民事行为能力、协商一致、意思表示真实，在遗赠人履行义务之前，都可以对协议的内容进行变更。例如，扶养人在履行扶养义务过程中，可以约定给付受扶养人扶养费用的方式、对受扶养人履行劳务的方式或者是给予受扶养人精神上慰藉的方式等各种不同的方式来履行扶养义务。

案例：沈某年事已高，无其他亲属，故与邻居孙某签订协议，孙某负责沈某的生养死葬，沈某将其全部遗产赠与孙某。后孙某外出打工，无法按照协议履行扶养义务，与沈某商议每月给沈某500元的扶养费，沈某同意后，双方在村委会的见证下变更了遗赠扶养协议的内容。

解析：遗赠扶养协议的履行扶养义务期限具有长期性、不确定性。由于遗赠扶养协议中扶养人对遗赠人履行生养死葬义务，而生死无常，所以协议的执行期限是不定的，在此期间双方的情况都可能发生变化，只要双方协商一致，均可对协议内容进行变更。

二、遗赠扶养协议的解除

遗赠扶养协议是双方法律行为，必须经过协商一致才可以解除，否则任意一方无权任意变更或者解除协议。

遗赠扶养协议的解除一般有两种情形：

第一，双方协商一致解除。若遗赠扶养协议当事人一方的情况发生变化（如遗赠人另有亲属扶养或者扶养人丧失扶养能力），有正当理由的当事人可以要求双方协商解除协议，但遗赠人应对扶养人的补偿事项作出合理的安排。

第二，一方无正当理由不履行，导致协议解除。扶养人无正当理由不履行协议导致协议解除的，不能享有遗赠的权利，其支付的扶养费一般不予补偿。遗赠人无正当理由不履行导致协议解除的，应偿还扶养人已支付的扶养费用。

案例： 刘大爷与何某签订扶养协议，约定何某承担赡养义务以及帮助维持日常生活，然而何某长期以来不履行义务，对刘大爷不管不问，刘大爷遂与其解除遗赠扶养协议。

解析： 遗赠扶养协议属于一种合同关系，当一方严重违反协议内容时，另一方有权解除。扶养人不履行协议约定的赡养义务，且对老人不管不问，属于严重违反协议内容的情形，遗赠人有权要求解除遗赠扶养协议。

本章实务热点问答

一、子女与父母订立的“赡养—继承”类协议，可否参照适用遗赠扶养协议的规定，效力如何？

赡养协议是子女间就赡养义务的实际履行作出的事先安排。基于赡养义务产生的按份赡养义务之债属于赡养人之间的内部约定，不能约束被赡养人。而遗赠扶养协议本质上是双务合同，对双方均具有拘束力。例如，两子女就赡养父母达成分别赡养协议，各自承担赡养一方父母，儿子赡养母亲、女儿赡养父亲，此种赡养协议实际上免除了子女对父或母一方的法定赡养义务，应属无效。对于赡养协议无效后子女已付赡养财物的处理，因赡养义务具有法定性、不可转让性和特殊身份属性，不存在先前父母接受赡养财物的返还问题，但赡养义务的再次分配过程中应该考虑赡养义务的平衡，如果子女一方已经对一方父母尽过较多赡养义务的，则法院在重新确定赡养义务时应该在经济负担的划定上予以考虑。就赡养义务中的财产性义务，参照子女对父母尽过较多义务一方支付的财产多少，酌情减轻其承担份额，最大可能使子女的赡养义务保持平衡。

二、无民事行为能力人或限制民事行为能力人的监护人，能否代为签订遗赠扶养协议？

应当有条件地认可无民事行为能力人或限制民事行为能力人的监护人代其签订的遗赠扶养协议的效力。法律规定除为被监护人的利益外，监护人不得处理被监护人的财产。故该遗赠扶养协议的效力首先要看代为签订遗赠扶养协议的行为是否有利于被监护人的利益，是否属于违法处理被监护人的财产。如果遗赠扶养协议的订立可以使被监护人生前得到更好的扶养，死后得以更好地安葬，亦未损害其生前的财产利益，则该代为签订遗赠扶养协议的行为有效。

三、扶养人丧失民事行为能力或先于遗赠人死亡的，其监护人或者继承人可否继续代为履行遗赠扶养协议？

司法实践中认为，由于扶养的内容包括扶养人对遗赠人在精神上的照顾、扶养人和遗赠人在感情上的沟通，且遗赠扶养协议的订立以遗赠人与扶养人特别的信任关系为基础，因此遗赠扶养协议具有一定的人身性。实际上，遗赠扶养协议的订立和履行高度依赖双方当事人的特别信任关系。与买卖这种一次性给付不同，扶养具有长期性和反复性，扶养人和遗赠人之间的信任是扶养人愿意承担扶养义务的原因之一。

鉴于扶养行为本身具有特定的身份属性，当扶养人丧失民事行为能力或先于遗赠人死亡的，遗赠扶养协议自动解除，这不同于因违约产生的法定解除权，不要求一方当事人具有违约行为。不过，虽然扶养人负担的扶养义务是继续性债务，但此时合同解除后，扶养人的监护人可依据《民法典》第566条第1款请求返还扶养费用。这一规定旨在保护依约履行的扶养人：依约履行的扶养人并未获得扶养的对价，且由于扶养人提供的劳务在性质上无法返还，遗赠人应当依不当得利规则承担客观价额的返还义务。

如果遗赠人与扶养人的监护人或继承人达成继续履行协议的，也可以由扶养人的监护人或继承人继续履行。

四、遗赠扶养协议订立后，遗赠人对约定遗赠的财产进行了部分处分，扶养人能否要求从其余遗产中补足？

遗赠人不能擅自处分遗赠扶养协议中约定的财产，其处分行为可能致使未来的遗赠无法实现，致使扶养人的权益无法保障，故这是一种违约行为，扶养人可以要求从其剩余遗产中补足。

五、遗赠扶养协议订立后，遗赠人在约定遗赠的房产上为第三人设立了居住权，如何处理？

遗赠扶养协议约定遗赠的房产的所有权在扶养人履行了遗赠人生养死葬的义务后，遗赠人死亡，协议约定的财产所有权归遗赠人所有。因此，遗赠人获得的是财产的所有权，如果财产是房屋即房屋的所有权。而居住权是他物权，用益物权，与所有权并不冲突，因此可以出现房屋的居住权人和所有权人不是同一人。因此，若在遗赠扶养协议中未明确规定遗赠人不能在遗赠的房产上为他人设立居住权，遗赠扶养协议生效，为他人所设立的居住权受到法律保护，而扶养人拥有受赠房屋的所有权。

六、遗赠扶养协议未履行，先立的与之内容相抵触的遗嘱能否生效？

遗赠扶养协议未履行是指签订遗赠扶养协议的一方或双方未履行协议所规定内容，只是扶养人不能享有受遗赠的权利，但不能否定遗赠扶养协议本身的效力。法律明确规定遗赠扶养协议效力优先，即在签订遗赠扶养协议后，先立的与之内容相抵触的遗嘱原则上失效，与协议是否履行无关。

七、先立的遗赠扶养协议未履行，后立的遗嘱其效力如何？

先立的遗赠扶养协议未履行时，扶养人丧失获得遗赠财产的权利，遗赠人后立的遗嘱有效；但若先立的遗赠扶养协议已履行，后立的遗嘱无效，遗赠人不可轻易反悔。

八、以法定继承或遗嘱继承等单一继承类案由提起诉讼，审理中当事人提出包括法定继承、遗嘱继承、遗赠、遗赠扶养协议等在内的多个继承类请求，如何处理？

首先，多个继承类请求可以合并审理。其次，根据《民法典》继承编的相关规定，遗赠扶养协议的效力大于遗赠、遗嘱和法定继承。应首先处理遗赠扶养协议的效力和法律后果，其次是遗嘱和遗赠，最后是法定继承。

九、必留份与遗赠扶养协议发生冲突，如何处理？

遗赠扶养协议中所述的遗产应是遗赠人对于自己有权利分配的遗产进行处分，其中就应当已经剔除了必须留给继承人的必留份。当必留份与遗赠扶养协议发生冲突时，应当认定必留份效力优先，而后才是遗赠扶养协议。

第十九章　遗产的处理

第一节　遗产管理

一、遗产管理人概念及与其他概念的区别

（一）遗产管理人的概念

遗产管理人，是指根据遗嘱或法律规定而产生的负责管理遗产的人。随着社会的不断发展，民众财富日益增多，债权债务种类也愈加复杂，为保障继承人与遗产债权人的利益，回应社会需求，《民法典》设立了遗产管理人制度。

（二）遗产管理人与其他概念的区别

1. 遗产管理人与遗嘱执行人的区别

第一，产生方式不同。遗产管理人依据遗嘱指定、继承人选任或者法院指定产生，而遗嘱执行人只能是依据被继承人的遗嘱指定产生。

第二，适用范围不同。遗产管理人既可以适用在法定继承中，也可以适用在遗嘱继承中，而遗嘱执行人只能是在遗嘱继承中才会出现。

2. 遗产管理人与遗产保管人的区别

第一，产生方式不同。遗产管理人的产生方式分为遗嘱指定、继承人推选、法院指定三种方式，而遗产保管人则是法律直接规定由存有遗产的人履行保管职责或者通过当事人约定产生。

第二，产生时间不同。遗产管理人是在被继承人死亡后才产生的，遗产

保管可能发生在继承之前，也可能发生在继承之后。

第三，职责内容不同。根据《民法典》的规定，遗产管理人有清理遗产、制作遗产清单、报告遗产情况、采取必要措施防止遗产毁损、灭失、处理被继承人的债权债务、分割遗产以及实施与管理遗产有关的必要行为等。而遗产保管人仅对其所存有的被继承人的遗产尽到临时的保管义务即可。

案例：周某长期与儿子生活在A市，他便将自己位于B市的一幢别墅交由其朋友朱某保管。由于周某财产数额较大，为避免子女发生矛盾，周某便立下遗嘱，在遗嘱中指定了遗产的分配方式，并指定大儿子大周作为遗嘱执行人。后来，周某去世，朱某便将其管理的别墅交给了周某的大儿子。

分析：在本案中，周某将自己位于B市的别墅交给朱某管理，故朱某是遗产的保管人，其只对遗产尽到临时的保管义务即可。而周某在遗嘱中指定大周为遗嘱执行人，因此，大周是遗产管理人。

二、遗产管理人的选任

我国《民法典》第1145条规定："继承开始后，遗嘱执行人为遗产管理人；没有遗嘱执行人的，继承人应当及时推选遗产管理人；继承人未推选的，由继承人共同担任遗产管理人；没有继承人或者继承人均放弃继承的，由被继承人生前住所地的民政部门或者村民委员会担任遗产管理人。"第1146条规定："对遗产管理人的确定有争议的，利害关系人可以向人民法院申请指定遗产管理人。"据此可知，遗产管理人的产生方式包括：遗嘱指定、继承人推选、法律规定以及法院指定。

（一）遗嘱指定

遗嘱执行人，是指被继承人在遗嘱中指定的使得遗嘱内容得以实现的人。一般情况下，被指定为遗嘱执行人的人都是被继承人较为信赖之人。遗嘱执行人既可以是继承人，也可以是继承人以外的人；既可以是自然人，也可以是法人。[1] 法律规定由遗嘱执行人担任遗产管理人，更能体现尊重被继承人意愿的原则。

案例：周某去世后，他的儿子在整理其遗物时发现其生前立下遗嘱，在遗嘱中写明由儿子小周继承其名下的一套房屋，由女儿继承自己的5万元存款，并由周某的好朋友沈某担任遗嘱执行人，根据遗嘱的规定分配遗产。

分析：周某在遗嘱中指定了遗嘱执行人，根据法律规定，沈某也成为周某的遗产管理人。

（二）继承人推选

在继承开始后，如果被继承人没有指定遗嘱执行人或者遗嘱执行人死亡，此时继承人有及时推选遗产管理人的义务。推选仅发生在数人共同继承的情形，被推选的人既可以是继承人中的一人，也可以是数人。继承人在选任遗产管理人时，可以进行协商，也可以按照少数服从多数的原则进行推选。但是，此类遗产管理人的选定要充分尊重当事人的意思自治。

案例：苏某因车祸死亡，其第一顺序继承人有配偶及三名子女。由于苏某没有留下遗嘱，苏某的子女认为应当推选一名遗产管理人，以便及时分割遗产。然而，苏某的继承人并不知道应如何推选遗产管理人。

分析：根据《民法典》继承编的规定，在苏某死亡后，因其未留下遗嘱，而苏某又有多个继承人，故此时首先应由继承人来推选遗产管理人。苏某的继承人在进行推选时，可以通过协商确定推选遗产管理人的原则，如少数服从多数的原则。此外，继承人可以推选一名遗产管理人，也可以推选多名遗产管理人。

（三）法律规定

根据《民法典》规定，遗产管理人的法定产生方式包括两种：（1）有继承人时，继承人之间未达成协议，或相互间存在较大矛盾，或人数较少，无法或

---

[1] 陈苇．婚姻家庭继承法学［M］．4版．北京：中国政法大学出版社，2022：386.

者没有必要推选遗产管理人的，由继承人共同担任遗产管理人。[1]（2）在没有继承人或继承人均放弃继承时，由被继承人生前住所地的民政部门或村民委员会担任遗产管理人。

案例：宜先生突发疾病去世，留有房产、企业、年金等遗产。宜先生生前曾向刘先生、贺先生借款。因此，在宜先生去世后，刘先生、贺先生向某区法院提起诉讼，要求宜先生的第一顺序法定继承人偿还宜先生生前所欠的债务。然而，宜先生的两位第一顺序继承人均表示放弃继承。为此，债权人刘先生、贺先生向某区法院申请指定某市民政局担任宜先生的遗产管理人。

分析：在本案中，宜先生的继承人均放弃继承。根据《民法典》第1145条的规定，没有继承人或者继承人均放弃继承的，由被继承人生前住所地的民政部门或者村民委员会担任遗产管理人。因此，某市民政局应依法担任宜先生的遗产管理人。

（四）法院指定

根据《民法典》第1146条的规定，法院指定遗产管理人必须满足法律规定的条件：（1）继承人对遗产管理人的确定发生争议；（2）利害关系人向法院提出申请指定遗产管理人。[2] 利害关系人包括继承人、受遗赠人、遗产债权人等与遗产有关的人。换言之，如果利害关系人没有向法院提出申请，则法院不得主动指定遗产管理人。根据《民事诉讼法》规定，对遗产管理人的确定有争议，利害关系人申请指定遗产管理人的，其应当向被继承人死亡时住所地或者主要遗产所在地基层人民法院提出。申请书应当写明被继承人死亡的时间、申请事由和具体请求，并附有被继承人死亡的相关证据。人民法院受理后，应当审查核实，并按照有利于遗产管理的原则，判决指定遗产管理人。但是，如果被指定的遗产管理人死亡、终止、丧失民事行为能力或者存在其他无法继续履行遗产管理职责情形的，人民法院可以根据利害关系

[1] 陈苇．婚姻家庭继承法学［M］．4版．北京：中国政法大学出版社，2022：386.

[2] 中国审判理论研究会民事审判理论专业委员会．民法典继承编条文理解与司法适用［M］．北京：法律出版社，2020：167.

人或者本人的申请另行指定遗产管理人。此外，如果遗产管理人违反管理职责，严重侵害继承人、受遗赠人或者债权人合法权益的，人民法院可以根据利害关系人的申请，撤销其遗产管理人资格，并依法指定新的遗产管理人。❶

案例：付某死亡后留下巨额遗产，继承开始后，付某的三个子女开始选任遗产管理人。但是，三人对确定遗产管理人的方式发生争议，无法达成一致。后来，付某的大儿子向法院提出申请，请求法院确认遗产管理人。

分析：付某死亡后，其继承人之间对于遗产管理人的确定发生争议，此时，付某的大儿子作为法定继承人，与遗产有利害关系，故其有权向法院申请指定遗产管理人。

三、遗产管理人的职权与责任

（一）遗产管理人的职权

根据《民法典》第1147条的规定，遗产管理人应当履行下列职责：

1. 清理遗产并制作遗产清单

清理遗产包括确定被继承遗产的范围，如被继承人的房产、车辆、公司股权、存款、有价证券等，以及应当清偿的遗产债务，如被继承人生前所欠的债务，包括合同之债、侵权之债、无因管理之债、不当得利之债等。同时，遗产管理人应查清遗产的名称、数量、地点和价值等相关情况，并按照遗产的性质对遗产进行分类整理，以适当的方式收集和保存遗产。❷ 并且，在清理遗产的过程中，遗产管理人需要向遗产保管人、利害关系人了解情况，查询被继承人的相关财产状况等。

在清理完遗产后，遗产管理人应当制作书面的遗产清单，并在遗产清单中详细列明被继承人的所有财产的情况以及债权债务的状况等。遗产清单的制作可以防止遗产散失，便于计算遗产价值以及之后的遗产分割，同时也为

---

❶ 参见《民事诉讼法》第194－197条。

❷ 中国审判理论研究会民事审判理论专业委员会．民法典继承编条文理解与司法适用［M］．北京：法律出版社，2020：171.

遗产利害关系人查询遗产清单提供便利。[1]

2. 向继承人报告遗产情况

遗产管理人在制作遗产清单后，应当及时向继承人报告遗产的有关情况。首先，遗产管理人应当向遗嘱继承人、法定继承人等全体继承人报告。故遗产管理人报告遗产情况的对象仅为继承人，而不包括受遗赠人和遗产债权人。其次，因遗产管理人有制作遗产清单的义务，故其应当按照制作遗产清单的情况进行报告。最后，遗产管理人应当全面履行报告遗产的义务，即应当将所有遗产的情况如遗产的类型、数额以及被继承人的债权债务等告知全体继承人。[2]

3. 采取必要措施防止遗产毁损

遗产管理人在接管遗产后，应妥善保管遗产。若单纯保管不足以保持遗产价值的，遗产管理人应实施适当的管理与处分行为，主要包括：（1）对于容易腐烂、不宜保管的遗产，遗产管理人应进行变卖，保存其现金价值；（2）当遗产遭受他人侵害时，遗产管理人应当采取必要的法律措施，防止遗产受到损害。此外，需要注意的是，除遗嘱另有约定外，遗产管理人仅有保护遗产的职责，没有使遗产增值的义务。

4. 处理被继承人的债权债务

首先，遗产管理人应当追讨被继承人的债权，请求被继承人的债务人依法偿还债务，必要时通过诉讼请求债务人偿还债务。其次，偿还被继承人生前所欠的债务。遗产管理人应当通知已知的债权人申报债权，并对未知的债权人进行公告，根据遗产债权人的申报确认并清偿债务。

5. 按照遗嘱或者依照法律规定分割遗产

遗产管理人在清偿被继承人的债务后，如果被继承人留有遗嘱的，应当按照遗嘱的规定分配遗产。若被继承人没有遗嘱的，则根据法律的规定在法

---

[1] 夏吟兰．婚姻家庭继承法［M］．3版．北京：中国政法大学出版社，2021：288.

[2] 黄薇．中华人民共和国民法典继承编释义［M］．北京：法律出版社，2020：117－118.

定继承人之间分配遗产。

6. 实施与管理遗产有关的其他必要行为

除上述职责外，与管理遗产相关的其他必要行为如妥善保管被继承人的账册、通过诉讼保全遗产、对遗产状况进行必要的调查等。[1]

案例：2017 年 4 月 6 日，被继承人言某死亡，其生前曾向李某借款 30 万元。后来，李某于 2020 年 6 月向法院提起诉讼，要求言某的继承人在继承的遗产范围内承担清偿责任。但是，言某的继承人都明确表示放弃继承。为此，法院确认了李某的债权并在言某的遗产范围内受偿。但是，由于没有遗产管理人，李某的债权一直未能受偿。于是，李某在 2021 年 12 月 21 日向某区人民法院申请，要求指定言某生前住所地民政部门作为其遗产管理人，法院立案后依法适用特别程序进行了审理，于 2022 年 1 月 18 日宣判。[2]

分析：民政部门在被选任为遗产管理人后，其应当依照法律规定履行遗产管理人的职责。首先，民政部门应依法清理遗产并制作遗产清单，向全体继承人报告遗产的情况。其次，依法处理被继承人的债权债务。在本案中，民政部应当在言某的遗产范围内清偿李某的债务。同时，如果被继承人言某还有其他遗产，民政部门应采取必要措施防止遗产的毁损、灭失。

（二）遗产管理人的民事责任

《民法典》第 1148 条规定：“遗产管理人应当依法履行职责，因故意或者重大过失造成继承人、受遗赠人、债权人损害的，应当承担民事责任。”据此可知，遗产管理人承担的是过错责任。其承担民事责任的构成要件包括：（1）在客观上，遗产管理人实施了不当的遗产管理行为，即遗产管理人在遗产管理过错中给继承人、受遗赠人、债权人造成了损害；（2）在主观上，遗产管理人存在故意或重大过失；（3）遗产管理人的行为损害了继承人、受遗

[1] 房绍坤，范李瑛，张洪波．婚姻家庭继承法［M］．7 版．北京：中国人民大学出版社，2021：239.

[2] 首例！钱塘法院指定遗产管理人［EB/OL］．［2022－12－14］．https：//mp. weixin. qq. com/s/FLWH9PITTojLMrArWX8phg.

赠人、债权人的利益。[1]

四、遗产管理人的报酬

《民法典》第1149条规定："遗产管理人可以依照法律规定或者按照约定获得报酬。"由此可见，遗产管理人是否收取报酬，由法律规定或者当事人之间进行约定。

第二节　被继承人债务的清偿

一、被继承人债务的概念与特征

（一）被继承人债务的概念

被继承人债务，是指被继承人生前所欠的依法应当由其个人依法承担清偿责任的债务。依据债务产生的依据，被继承人债务可分为公法债务与私法债务，其中公法债务如依法应当缴纳的税款、行政罚款、刑事罚金，私法债务如合同之债、侵权之债、不当得利之债、无因管理之债等。

（二）被继承人债务的特征

1. 被继承人债务是被继承人生前所欠的债务

继承开始后，丧葬费用、遗产管理费用等属于遗产债务，与被继承人债务不同的是，丧葬费用、遗产管理费用是被继承人死亡后产生的，故此类债务不属于被继承人生前所欠的债务。

2. 被继承人债务是被继承人个人依法应清偿的债务

在清偿被继承人债务时，应区分被继承人所欠的个人债务和家庭债务。所谓个人债务是被继承人生前以个人名义，并为个人需要所欠下的债务。但是，如果是被继承人生前为家庭生活需要所欠下的家庭债务，应首先用家庭

---

[1] 黄薇．中华人民共和国民法典继承编释义［M］．北京：法律出版社，2020：121.

共同财产进行清偿。[1]

案例： 胡某在死亡后，其子女查明胡某生前因经营欠下王某 10 万元借款。此外，胡某还欠吴某 20 万元的货款。他的子女为其办葬礼花费 3 万元，并为管理遗产花费 2 万元。

解析： 在本案中，胡某是被继承人，其生前所欠的债务包括因经营所欠的 10 万元借款、所欠吴某的 20 万元货款。但是，在胡某去世后的 3 万元丧葬费用、遗产管理费用并非胡某生前所欠的债务，而是继承开始后发生的债务。

二、被继承人债务的清偿责任

我国《民法典》第 1161 条规定："继承人以所得遗产实际价值为限清偿被继承人依法应当缴纳的税款和债务。超过遗产实际价值部分，继承人自愿偿还的不在此限。继承人放弃继承的，对被继承人依法应当缴纳的税款和债务可以不负清偿责任。"由此可见，在被继承人死亡后，继承人对被继承人所欠的债务需要承担的责任包括以下两种：

（一）有限清偿责任

有限清偿责任，也称为限定继承责任，是指继承人以继承所得的被继承人遗产的实际价值为限承担清偿遗产债务的责任。[2] 根据《民法典》的规定，继承人放弃继承的，对被继承人依法应当缴纳的税款和债务可以不负清偿责任。换言之，继承人承担遗产债务清偿责任以接受继承为前提，只有继承人接受继承时才需要依法承担清偿被继承人债务的责任。

（二）无限清偿责任

根据《民法典》第 1161 条之规定，如果被继承人所欠的债务超过实际

---

[1] 陈苇．婚姻家庭继承法学［M］．4 版．北京：中国政法大学出版社，2022：392.

[2] 陈苇．外国继承法比较与中国民法典继承编制定研究［M］．北京：北京大学出版社，2011：502.

遗产的价值，对于超过遗产实际价值部分，继承人可以自愿偿还。此即自愿的无限清偿责任。

案例： 贺某因病死亡，其只留下一套价值40万元的房屋。处理完贺某的后事，贺某的两个儿子准备继承其留下的房产。然而，不久后，债权人周某、沈某找到贺某的两个儿子，要求他们清偿贺某生前所欠的债务共计50万元。

解析： 在贺某死亡后，他的两个儿子作为法定继承人继承了贺某的遗产，因此，他们也要在接受遗产继承的实际价值范围内承担清偿被继承人生前所欠债务和缴纳税款的责任。因贺某所欠的债务已经超过遗产的实际价值，故贺某的儿子只需要在遗产范围内清偿债务即可。对于尚未清偿的10万元债务，贺某的儿子可以选择自愿清偿，也可以不承担清偿责任。

三、被继承人债务的清偿方式

关于被继承人债务的清偿方式，我国《民法典》第1159条规定，分割遗产，应当清偿被继承人依法应当缴纳的税款和债务。我国司法实践通常有两种方式：

一是，先清偿债务后分割遗产。即在继承开始后，继承人先用被继承人的遗产清偿债务，待遗产债务清偿完毕后，如果有剩余遗产，再将遗产依据遗嘱或者法定继承进行分割。

二是，先分割遗产后清偿债务。即继承开始后，继承人依据遗嘱或者法定继承分割遗产，然后按照继承遗产份额的比例，在继承遗产的范围内，分别对被继承人的债务承担清偿责任。

四、被继承人债务的清偿顺序

《民法典》第1163条规定："既有法定继承又有遗嘱继承、遗赠的，由法定继承人清偿被继承人依法应当缴纳的税款和债务；超过法定继承遗产实际价值部分，由遗嘱继承人和受遗赠人按比例以所得遗产清偿。"同时结合第1159条、第1161条、第1162条之规定，清偿被继承人的债务应当遵循如下顺序：（1）必留份；（2）被继承人依法应当缴纳的税款；（3）被继承人生前所欠债务；（4）遗赠扶养协议；（5）遗赠。

案例：张某在生前立下遗嘱，遗嘱中明确写明将其位于某市的一套价值20万元的商铺遗赠给孙子小亮。此外，张某还有其他的遗产，因在遗嘱中未处置，故其他价值50万元的遗产由其法定继承人，即张某的妻子沈某、儿子张一以及两个女儿张二、张三分别依法继承。然而，在清理张某遗产的过程中，其子女发现张某曾向某银行贷款60万元。

分析：在本案中，在清偿被继承人张某生前所欠的债务时，应当先由其法定继承人沈某、张一、张二、张三所分得的遗产进行清偿。由于被继承人的债务已经超过法定继承遗产的实际价值，故剩下的10万元应当由受遗赠人小亮承担清偿责任。

第三节　遗产的分割

一、遗产分割的概念

遗产分割，是指继承开始后，依法或依遗嘱在各继承人之间进行遗产分配的法律行为。[1] 在继承开始后，由遗产继承人或者继承人与其他遗产权利人共同所有遗产。但是，遗产的共有状态只是暂时的，随着遗产分割的完成，遗产共有的状态也随之结束。

二、遗产分割的时间

我国《民法典》第1121条第1款规定："继承从被继承人死亡时开始。"可见，我国现行立法并未明确遗产分割的具体时间，仅规定继承开始的时间。也就是说，在继承开始后，继承人或其他遗产权利人可以在其任何时间内要

[1] 陈苇．外国继承法比较与中国民法典继承编制定研究［M］．北京：北京大学出版社，2011：569.

求分割遗产。而对于遗产分割的具体时间，可以由遗产权利人进行协商，或者通过调解、诉讼等程序确定。❶

三、遗产分割的原则

根据我国《民法典》继承编的规定，遗产分割的原则主要有以下五个。

（一）尊重被继承人意愿原则

尊重被继承人意愿，是指在分割遗产时，应当按照被继承人遗嘱的内容进行分割。即如果被继承人以遗嘱执行遗产分割的份额和方法的，只要该遗嘱是合法有效的，则应根据被继承人遗嘱的指定分割遗产。

（二）公平分割原则

我国《民法典》继承编体现公平分割遗产原则的主要有两个方面：一是，同一顺序继承人继承遗产的份额，一般应当均等。❷ 二是，对被继承人尽了主要扶养义务或者与被继承人共同生活的继承人，分配遗产时，可以多分。有扶养能力和有扶养条件的继承人，不尽扶养义务的，分配遗产时，应当不分或者少分。❸

（三）照顾弱者利益原则

照顾弱者利益原则，要求在分割遗产时，应当优先考虑需要用遗产维持生活的人，以发挥遗产的扶养职能。该原则在我国主要体现为：第一，对生活有特殊困难又缺乏劳动能力的继承人，分配遗产时，应当予以照顾。❹ 第二，遗产分割时，应当保留胎儿的继承份额。❺

案例：吴某因车祸死亡，未留下遗嘱。在处理完吴某的丧事后，吴某的妻子何某要求分割留下的遗产。吴某的第一顺位法定继承人除何某外，还有

---

❶ 夏吟兰．婚姻家庭继承法［M］．3 版．北京：中国政法大学出版社，2021：290.

❷ 《民法典》第 1130 条第 1 款。

❸ 《民法典》第 1130 条第 3－4 款。

❹ 《民法典》第 1130 条第 2 款。

❺ 《民法典》第 1155 条。

其体弱多病的父母。在分割遗产时，何某认为应三人均等分割遗产，并为吴某尚未出生的孩子保留一定的份额，而吴某的弟弟吴二则要求应当照顾其体弱多病的父母。

解析：根据我国法律规定，吴某的父母、妻子作为法定继承人应当均等分割遗产。但是，如其父母既生活困难又缺乏劳动能力，则需要予以特殊照顾。反之，则无须予以特殊照顾。此外，因吴某还有尚未出生的孩子，故在遗产分割时也应当为胎儿保留一定的继承份额。

（四）互谅互让、协商分割原则

我国《民法典》第1132条规定：“继承人应当本着互谅互让、和睦团结的精神，协商处理继承问题。遗产分割的时间、办法和份额，由继承人协商确定；协商不成的，可以由人民调解委员会调解或者向人民法院提起诉讼。”即应根据意思自治原则协商分割被继承人的遗产。此原则的贯彻有利于促进家庭和谐与社会稳定。

（五）物尽其用原则

《民法典》第1156条第1款规定，分割遗产应当有利于生产和生活需要，不损害遗产的效用。此外，《继承编解释（一）》第42条也明确规定，人民法院在分割遗产中的房屋、生产资料和特定职业所需要的财产时，应当依据有利于发挥其使用效益和继承人的实际需要，兼顾各继承人的利益进行处理。由此可见，在遗产分割时，应当根据各继承人的实际情况，对遗产进行分割。

四、遗产分割的方法

《民法典》第1156条第2款规定：“不宜分割的遗产，可以采取折价、适当补偿或者共有等方法处理。”由此可见，遗产分割的方法包括四种：

（1）实物分割。遗产分割可以采用实物分割的方式，既可以是可分物，也可以是不可分物。对于可分物，如布匹、粮食等可以在继承人之间进行分割。而对于不可分物，如汽车、钢琴、电脑等，则无法进行分割，此时可以采取折价补偿的方式。

（2）变价分割。所谓变价分割，是指针对不宜进行实物分割的遗产，可以将其进行变卖，然后将变卖所得的价款按照每个继承人应得的份额进行分割。

（3）补偿分割。补偿分割，是指对于不宜进行分割的遗产，若有继承人愿意取得该遗产，则可以由其获得，而取得遗产的继承人应按照比例补偿其他继承人相应的价款。

（4）保留共有。保留共有，是指在遗产无法进行实物分割，而所有的继承人都想取得该遗产时，或者继承人愿意保持遗产的共有状态的，可以将其作为继承人共同所有的财产。对于保留共有的财产，继承人按照各自应得的遗产份额确定其对该保留共有的遗产所享有的权利与承担的义务。

案例：仲某死亡后留下一套房子、一辆汽车以及一幅价值不菲的字画，之后，他的三个儿子仲大、仲二、仲三准备平均分割仲某留下的遗产。经过三人协商，房子归仲大所有，其补偿价款给仲二、仲三。对于汽车三人都不愿所有，准备将汽车进行变卖。对于字画，因都想取得字画的所有权，故经过协商，准备由三人共同所有。

分析：仲某留下的遗产都属于不可分物，无法在共同继承人之间进行实物分割。对于房子，仲某的继承人采用了补偿分割的方式，由仲大取得房子的所有权，向其他两位继承人补偿相应的价款。对于汽车，各继承人采用的是变价分割的方式，而对于字画，则是保留共有的状态。但是，在共有分割后，三位继承人之间就不再是原来的遗产共同共有的状态，而是按份共有关系。

第四节 无人承受的遗产

一、无人承受遗产的概念

无人承受遗产，是指在被继承人死亡后，既无继承人继承，也无受遗赠人接受遗赠的遗产。

在司法实践中，无人承受遗产的情况主要包括：（1）被继承人没有继承人和受遗赠人；（2）继承人放弃继承，受遗赠人放弃接受遗赠；（3）继承人丧失继承权，受遗赠人丧失受遗赠权利；（4）被继承人生前未订立遗赠扶养协议。

二、无人承受遗产的处理

（一）无人承受遗产的管理

根据《民法典》第1145条之规定，在被继承人死亡后，没有继承人或者继承人均放弃继承的，由被继承人生前住所地的民政部门或者村民委员会担任遗产管理人。即如果死者生前是城镇居民，则由其生前住所地的民政部门担任遗产管理人；如果死者生前是农村居民的，则由其所在村的村民委员会担任遗产管理人。民政部门或村民委员会应根据法律规定履行遗产管理人的职责。

（二）无人承受遗产的归属

《民法典》第1160条规定："无人继承又无人受遗赠的遗产，归国家所有，用于公益事业；死者生前是集体所有制组织成员的，归所在集体所有制组织所有。"由此可见，在我国处理无人继承又无人受遗赠的遗产时，其归属由被继承人的身份确定：（1）如果死者生前是集体所有制组织成员的，则遗产应当归其所在的集体所有制组织所有；（2）如果死者为城镇居民而非农村居民，则遗产收归国库，国家所有。但是，这些财产必须要用于公益事业。

此外，在遗产归属之前，应当注意以下问题：

（1）清偿被继承人生前所欠的债务。根据《民法典》第1159条规定，分割遗产，应当清偿被继承人应当缴纳的税款和所欠的债务。因此，国家或集体所有组织在取得无人承受的遗产时，也要在遗产的实际价值范围内依法清偿死者生前所欠的税款和债务。

（2）保障非继承人的遗产酌分请求权。为弘扬尊老爱幼的传统美德，树立优良家风，我国《民法典》第1131条明确规定："对继承人以外的依靠被继承人扶养的人，或者继承人以外的对被继承人扶养较多的人，可以分给适当的遗产。"同时，《继承编解释（一）》第41条规定："遗产因无人继承又无人受遗赠归国家或者集体所有制组织所有时，按照民法典第一千一百三十一条规定可以分给适当遗产的人提出取得遗产的诉讼请求，人民法院应当视情况适当分给遗产。"由此可知，在处理无人承受的遗产时，如果有依靠死者扶养的继承人以外的人，或者对死者扶养较多的人，则也要分给其适当的遗产份额。在遗产酌分份额分配后，集体所有制组织或国家才能取得剩余遗产的所有权。

案例：杜某是某村村民，早年丧偶，其未生育子女，也一直没有再婚。2021年3月，杜某因病去世，其在某村有一套自建房屋。多年来杜某一直自己生活，没有法定继承人，也未留下遗嘱，因此杜某所在的村委会依法成为遗产管理人。在村委会处理杜某的遗产时，杜某的朋友吴某称其在杜某生前对他进行了较多照顾，要求分割杜某的部分遗产。

分析：杜某没有法定继承人，也未立遗嘱，故其所留下的遗产应属于无人承受遗产。根据法律的规定，杜某属于集体所有制成员，他的遗产在无人承受时应当归其所在的集体经济组织所有。但是，由于吴某在杜某生前对杜某进行了较多照顾，可以分得适当的遗产。在将遗产分配给吴某一定的份额后，杜某所在的集体所有制组织才能取得遗产的所有权。

本章实务热点问答

一、继承人可以推选继承人以外的人作为遗产管理人吗？

关于继承人是否可以推选继承人以外的人作为遗产管理人，我国立法目前未明确规定。但是，根据相关解释，有学者认为，继承人推选遗产管理人时，应当从继承人中进行推选。[1]

二、遗产债权人是否可以向法院申请指定遗产管理人？

遗产债权人可以向法院申请指定遗产管理人。我国《民法典》第 1146 条规定，在对遗产管理人的确定发生争议时，利害关系人可以向人民法院申请指定遗产管理人。遗产债权人是与遗产有利害关系的人，故在对遗产管理人的确定有争议时，其可以向法院申请指定遗产管理人。

三、放弃继承的继承人是否还要承担管理遗产的义务？

在司法实践中，一旦被继承人资不抵债，其继承人很可能会选择放弃继承。从法院的裁判规则来看，一般情况下，即使继承人放弃对遗产的继承权，但是其不能放弃对被继承人遗产的管理，即放弃继承的继承人仍然有义务管理被继承人的遗产。

四、遗产管理人优先由遗嘱执行人担任，遗嘱中未处分的遗产应如何处理？

根据《民法典》规定，在遗嘱中未处分的财产，应按照法定继承的规则，由法定继承人按照顺序继承。

五、遗嘱执行人可以拒绝担任遗产管理人吗？

遗嘱执行人可以拒绝担任遗产管理人。我国《民法典》第 1145 条规定，在继承开始后，遗嘱执行人为遗产管理人；没有遗嘱执行人的，继承人应当及时推选遗产管理人。据此可知，法律规定遗产管理人优先由遗嘱执行人担任，是为尊重被继承人的意愿。但是，是否愿意担任遗产管理人并非遗嘱执行人的法定义务。故遗嘱执行人可以拒绝担任遗产管理人。

六、被继承人生前欠付的医疗费是否属于被继承人的个人债务？

关于被继承人生前欠付的医疗费用是否属于被继承人的个人债务，在司法实践中存在争议。有法院认为，被继承人生前所欠的医疗费用属于被继承人的债务，但是，对于支付主体，有的法院认为应当由继承人支付，有的则

[1] 黄薇．中华人民共和国民法典继承编释义［M］．北京：法律出版社，2020：112.

认为应当从遗产中支付。而有的法院则认为，医疗费用不属于被继承人的债务，应当由继承人负担。

七、丧葬费用是否应当用遗产支付?

在司法实践中，法院对于丧葬费用的支付主体存在争议。有的法院认为，丧葬费用不属于遗产债务，是近亲属或遗产继承人的义务，故丧葬费用应当由继承人负担。有的法院则认为，丧葬费用属于遗产债务，应当从遗产中支付。

八、农村“五保户”的遗产应当归谁所有?

“五保户”遗产是指享受“五保”的自然人死亡后所遗留的财产。《继承编解释（一）》第39条规定：“由国家或者集体组织供给生活费用的烈属和享受社会救济的自然人，其遗产仍应准许合法继承人继承。”由此可见，如果享受“五保”的自然人有继承人，则其遗产应当由继承人合法继承。

九、继承人都想要被继承人留下来的某幅字画，怎么处理?

《民法典》第1156条第2款规定：“不宜分割的遗产，可以采取折价、适当补偿或者共有等方法处理。”其中，保留共有，是指在遗产无法进行实物分割，而所有的继承人都想取得该遗产时，或者继承人愿意保持遗产的共有状态的，可以将其作为继承人共同所有的财产。如果继承人都想要被继承人遗留的字画，而字画又属于不可分割的物品，故此时可以采用保留共有的方式。对于保留共有的财产，继承人按照各自应得的遗产份额确定其对该保留共有的遗产所享有的权利与承担的义务。

十、被继承人的遗骸、骨灰等，怎么处理?

《民法典》第994条规定：“死者的姓名、肖像、名誉、荣誉、隐私、遗体等受到侵害的，其配偶、子女、父母有权依法请求行为人承担民事责任；死者没有配偶、子女且父母已经死亡的，其他近亲属有权依法请求行为人承担民事责任。”《民事侵权精神损害赔偿解释》第3条规定：“死者的姓名、肖像、名誉、荣誉、隐私、遗体、遗骨等受到侵害，其近亲属向人民法院提起诉讼请求精神损害赔偿的，人民法院应当依法予以支持。”由此可见，被继承人的遗骸、骨灰等受到法律保护。对于骨灰的法律属性，理论与实务界主要存在三种观点，分别是物权说、人格物说、死者人格利益说。

在司法实践中，关于骨灰安置中存在的纠纷，司法实践中主要形成了以下几种裁判规则：（1）死者近亲属因他人擅自取走死者骨灰，致使其祭奠权利被侵犯的，可以向人民法院主张精神损害赔偿；（2）在不违背公序良俗的前提下，骨灰的安葬应当尊重死者遗愿，死者生前可以对自己骨灰的安葬作出合理安排；（3）若死者生前对于骨灰的安葬未有明确意思表示，应按照近亲属权利顺位的基本规则确定有权决定骨灰安葬方式的主体；（4）在不违背法律与公序良俗的前提下，死者近亲属已安置骨灰且不影响其他近亲属祭奠吊唁的，不构成侵权；（5）同一顺位的近亲属对死者骨灰安葬意见不一致时，法院确定骨灰安葬权的行使主体应综合考虑各近亲属与死者生前的亲疏关系及生活、情感互相依赖和扶助情况。❶

十一、继承人可以通过什么方式查询被继承人名下的银行存款？

在被继承人死亡后，继承人可以通过以下两种方式查询被继承人名下的银行存款：

（1）通过公证机构确认身份查询。根据《司法部、中国银行业监督管理委员会关于在办理继承公证过程中查询被继承人名下存款等事宜的通知》第2条的规定，经公证机构审查确认身份的继承人，可凭公证机构出具的《存款查询函》查询作为被继承人的存款人在各银行业金融机构的存款信息。

（2）通过法院查询。首先，继承人可以到法院启动继承诉讼程序，并向法院出具相关的继承材料。其次，由律师代理当事人向法院申请由法院直接调取或者授权律师调查令的方式进行调取被继承人名下的财产信息。

十二、被继承人遗留的房产，要转移登记（过户）至继承人名下，需要办理哪些手续？

根据《不动产登记暂行条例实施细则》第14条规定：“因继承、受遗赠

❶ 中国司法案例研究中心．关于骨灰安置纠纷的裁判规则［EB/OL］．［2022－12－14］．https：//mp. weixin. qq. com/s/WBgHoM4zfNB5T3nyaBsosA.

取得不动产，当事人申请登记的，应当提交死亡证明材料、遗嘱或者全部法定继承人关于不动产分配的协议以及与被继承人的亲属关系材料等，也可以提交经公证的材料或者生效的法律文书。”由此可知，被继承人遗留房产过户至继承人名下，需要办理如下手续：

（1）收集与房屋过户有关的材料。如被继承人死亡证明、房屋产权证明、继承人和被继承人身份关系证明等。

（2）向不动产登记机构提出过户申请，并且提交准备好的材料。申请不动产登记的，申请人应当填写登记申请书，并提交身份证明以及相关申请材料。申请材料应当提供原件。因特殊情况不能提供原件的，可以提供复印件，复印件应当与原件保持一致。

（3）由不动产登记机构审查，符合过户条件的，完成登记。

十三、继承权公证书应如何办理？

根据我国相关法律的规定，继承权公证书的办理应按照如下程序：

（1）填写《公证申请表》；（2）提交证明材料。根据法律规定，继承公证需要的材料有：①被继承人的死亡证明；②被继承财产的物权证明或者其他凭证；③继承人的相关身份证件及和被继承人的身份关系证明；④法定继承人证明等。（3）公证员审核材料和《公证申请表》；（4）领取遗产继承公证书。

十四、涉及不动产的继承纠纷，如何确定管辖法院？

在我国，因继承遗产纠纷属于专属管辖，根据我国现行《民事诉讼法》第 34 条的规定，因继承遗产纠纷提起的诉讼，由被继承人死亡时住所地或者主要遗产所在地人民法院管辖。因此，对于涉及不动产的继承纠纷，应由被继承人死亡时住所地或者主要遗产所在地法院管辖。

十五、提起继承诉讼，如何确定当事人？

根据《继承编解释（一）》第 44 条的规定，在继承纠纷诉讼中，起诉的继承人是原告，被起诉的其他继承人列为被告。在继承诉讼开始后，如继承人、受遗赠人中有既不愿参加诉讼，又不表示放弃实体权利的，应当追加为共同原告；继承人已书面表示放弃继承、受遗赠人在知道受遗赠后 60 日内表示放弃受遗赠或者到期没有表示的，不再列为当事人。

十六、被继承人的债权人，主张债权以谁为被告？

根据《民法典》第 1161 条的规定：“继承人以所得遗产实际价值为限清偿被继承人依法应当缴纳的税款和债务。超过遗产实际价值部分，继承人自愿偿还的不在此限。继承人放弃继承的，对被继承人依法应当缴纳的税款和债务可以不负清偿责任。”可见，在被继承人死亡后，接受继承的继承人作为清偿其遗产债务的责任主体。因此，在被继承人的债权人向法院提起诉讼时，应当以接受继承的继承人作为被告。

第五编

涉港澳台及涉外编

第二十章　涉港澳台家事法实务

中国是“复合法域”或“多法域”的国家。从法治格局角度看，中国法治是“一国两制三法系四法域”的开放型法治。“一国两制”即一个国家、两种社会制度，具体是指在中华人民共和国境内，中国大陆坚持社会主义制度作为整个国家的主体，同时允许台湾、香港、澳门地区保留资本主义制度。[1]

从法律角度看，这四个区域存在“三个法系四个法域”，即中国大陆属于社会主义法系，实行中国特色社会主义法律制度；香港特别行政区原有的法制是从英国流传下来的普通法法制，在殖民时期又有独特的法律发展；澳门特别行政区受葡萄牙的影响，属于大陆法系的拉丁一支；台湾地区施行的法律传统上受德国、日本法的影响，“二战”后受美国法影响甚深。[2]

就涉外民事诉讼程序而言，我国《民事诉讼法》司法解释明确“人民法院审理涉及香港、澳门特别行政区和台湾地区的民事诉讼案件，可以参照适用涉外民事诉讼程序的特别规定”。考虑到我国四个法域各自的法律制度不同，本章着眼于司法体制的差异，主要围绕涉港澳台的家事法实务及区际司

[1] 冯玉军．中国法治的发展阶段和模式特征［J］．浙江大学学报（人文社会科学版），2016，46（3）：110.

[2] 冯玉军．中国法治的发展阶段和模式特征［J］．浙江大学学报（人文社会科学版），2016，46（3）：110.

法协助[1]展开论述。

第一节　香港家事法概述

一、结　婚

与内地的结婚制度相比，香港的婚姻制度主要有以下不同：

（1）香港结婚制度的历史沿革。香港于 1840 年鸦片战争后被英国占领。1984 年 12 月 19 日，中英两国政府签署了关于香港问题的联合声明，确认中华人民共和国政府于 1997 年 7 月 1 日恢复对香港行使主权。基于这样的历史背景，香港的婚姻制度有其特殊之处，以 1971 年 10 月 7 日为分界点，1971 年 10 月 7 日前施行中英混合的婚姻制度，并未否认一夫多妻制；1971 年 10 月 7 日通过《婚姻制度改革条例》（第 178 章）确立了一夫一妻制，此后《婚姻条例》《修订婚姻制度条例》等香港法例进一步对婚姻制度作出具体规范。

（2）香港的适婚年龄不同。与内地的法定结婚年龄不同，拟在香港结婚的任何一方必须年满 16 周岁；若一方在结婚当天已满 16 岁但未满 21 岁，在父母健在且婚姻关系存续的情况下，必须取得父亲或者母亲的同意书。

（3）在香港结婚不受国籍限制。香港的结婚制度可以面向全世界人士。凡拟在香港结婚的人，不论居住于何地或属于任何国籍，满足缔结婚姻的法定要求均可登记结婚。

（4）香港结婚的形式条件不同。香港结婚采用登记和仪式相结合的方式，具体程序可参见《香港法例》第 181 章《婚姻条例》。首先，拟办理结婚登记的当事人须向婚姻登记官递交拟结婚通知书，由婚姻登记官核发登记

---

[1] 我国区际民商事司法协助的内容可归纳为委托送达司法文书、委托调取证据、相互认可和执行民商事判决和仲裁裁决。鉴于婚姻、监护、抚养、继承纠纷等案件不能仲裁，相互认可和执行仲裁裁决的内容未在本章展开论述。

证明书[1]。其次，双方必须举行婚礼，由主持婚礼的登记官、监理人或神职人员发给当事人结婚证书。未经过前述结婚程序的香港婚姻无效。

二、夫妻财产制度*

夫妻财产制是判断婚姻关系存续期间或者结婚前取得财产的归属。在内地通常采用法定财产制，即婚姻关系存续期间取得的财产原则上属于夫妻共同财产，除有相反证据证明或夫妻双方另有约定外。相较之下，除非夫妻双方有特别约定，香港采用分别财产制，判断夫妻财产归属时主要考虑该项财产是否在个人名下，是否由个人取得，不关注取得财产的时间是否在婚姻关系存续期间。

结合司法实践，《香港法例》第182章《已婚者地位条例》可以作为认定涉港夫妻财产的法律依据。就婚姻关系存续期间夫妻一方处分个人名下财产而言，若处分的财产系夫妻共同财产，在内地基于夫妻双方对共有财产享有平等处理权，夫妻一方处分时须征得配偶的同意。然而香港实行夫妻分别财产制，登记在夫妻一方名下的财产视为该方的个人财产，即使是在婚姻关系存续期间取得，该方也可以单独处分，无须征得配偶的同意。

案例：罗某系香港居民，其名下有一套深圳房产，就该房产出售事宜与黄某签署《二手房买卖合同》。因合同履行陷入僵局，黄某诉至法院主张解除合同并要求罗某承担违约责任。诉讼过程中双方就房屋权属产生争议，黄某认为涉案房屋属于罗某一人所有，其出售房屋的行为无须征得配偶同意。罗某则辩称夫妻正处于分居状态，其丈夫得知涉案房屋出售事宜并表示不同意出售。

解析：根据我国《法律适用法》第24条规定，罗某和其配偶共同经常居所地在香港，故本案适用香港法律认定夫妻财产关系。根据《香港法例》第182章《已婚者地位条例》，涉案房产登记在罗某一人名下，罗某有权单

---

[1] 香港婚姻登记证明书文书样式详见附录16。

* 香港婚前协议文书样式详见附录17。

独处分，无须配偶同意。

三、离　婚

（一）诉讼离婚

香港实行单一的离婚诉讼制度，夫妻双方只能通过家事法庭进行离婚。诉讼离婚的方式分为两种，即“离婚呈请”和“离婚申请”。“离婚呈请”主要适用于夫妻一方向法院提出离婚，除有法定事由外，至少在结婚满 1 年后才能单方面提出离婚呈请。“离婚申请”则通常是在夫妻双方对离婚达成合意后，由夫妻双方共同向法院申请离婚。根据香港法例，无论是夫妻一方提出离婚呈请，还是夫妻双方共同提出离婚申请，均须证明“婚姻已破裂至无可挽救”。

在离婚程序中，夫妻一方或双方向香港区域法院的家事法庭递交离婚呈请或离婚申请后，家事法庭会根据案件的实际情况排期聆讯。若有证据证明夫妻感情确已破裂，且无和好可能，法院会颁布暂准判令临时解除婚姻。需要注意的是，夫妻双方取得暂准判令并不代表婚姻关系已解除，仅仅是离婚必经的程序。在法院颁布暂准判令后，当事人有权申请拒绝将离婚暂准判令转为离婚绝对判令，或者申请撤销离婚暂准判令。

在离婚暂准判令颁布后的 6 个星期内，如果当事人均没有申请撤销暂准判令，也没有申请拒绝将暂准判令转为绝对判令，当事人可以向家事法庭申请将离婚暂准判令转为离婚绝对判令。是否颁布离婚绝对判令主要基于对当事人及其子女利益的考量，如法庭认为符合香港法律的规定，将会向夫妻双方颁布离婚绝对判令。只有获得绝对判令，夫妻双方的婚姻关系才正式解除。

（二）离婚财产分割

内地法院在处理离婚财产分割时，通常会根据夫妻财产制确定涉案财产权属，继而依法分割夫妻共同财产。不同于内地法院区分共同财产制和分别财产制的离婚财产分割思路，香港法院在处理离婚财产分割事宜时，通常将离婚时夫妻双方所拥有的全部财产都算作家庭财产；其中既包括夫妻一方所有的财产，也包括夫妻双方所有的财产，并以该家庭财产为基础，对家庭财产重新进行分配。

法院在分配财产时会综合夫妻生活中的各项因素，主要包括：（1）夫妻双方的收入、谋生能力、财产及其他经济来源；（2）夫妻双方可预见的经济负担及责任；（3）婚姻存续期间的生活水平；（4）夫妻双方的年龄及婚姻存续的时间长短；（5）夫妻一方在身体上或精神上有无能力；（6）夫妻双方在婚姻关系存续期间分别对家庭所作的贡献；（7）离婚或婚姻无效的法律程序还须考虑任何一方因为婚姻解除或废止将丧失的利益。

司法实践中，White v. White 案❶等系列案件确立了离婚财产分割的四项原则，即：（1）以公平为目的。（2）排除歧视。（3）平均分割准则，法官应用平均分割准则来检查其初步构想是否恰当，如有充分理由不依从平均分割准则，法庭须说明具体理由。（4）拒绝详细的回顾性调查，法院不应支持任何企图对失败的婚姻进行代价高昂且往往徒劳的追溯调查。

在掌握上述四项基本原则的基础上，LKW v. DD 案❷采纳了公平分配财

---

❶ 怀特（White）夫妇结婚30多年，育有3个孩子，双方经营奶牛养殖等农场经营活动，婚姻关系存续期间积累财富净值约460万英镑。怀特夫人是农场生意的积极伙伴且履行了妻子和母亲的责任，原则上应考虑均等分割。鉴于怀特先生的父亲在农场运营之初提供了无息贷款和运营资金，法院最终判决怀特夫人享有财产的43%，怀特先生享有财产的57%。值得关注的是，在该案判决前，非经济贡献对家庭福利的价值没有得到充分尊重，因而富人的配偶较难成功争取到平等或者接近平等的分割方案。该案确立了夫妻离婚时平均分配财产的规则，只有在具备充分理由的情况下，法院才能偏离平等分割原则。

❷ 丈夫LKW是香港商人，妻子DD毕业于内地大学，因工作原因调派到香港。双方于1996年结婚，婚后未育有子女。2003年共同提出离婚呈请，此时妻子离婚时40岁，每月收入2.8万港元，丈夫离婚时41岁，每月收入不少于1.92万港元且有年终分红，属于较有钱的一方。区域法院审查夫妻双方经济状况后，认定丈夫的总资产为465万港元，并认为夫妻双方的谋生能力都有可能满足各自在解除婚姻关系后的日常花销。基于分配双方资产考虑公平合理的安排，判令丈夫向妻子支付总资产的三分之一。妻子不服，提起上诉。高等法院上诉法庭查明，丈夫的资产实际有530万港元，而妻子的财产只有6.5万港元，夫妻双方的共同财产为536.5万港元。对此，高等法院上诉法庭认为上述合理需要原则已经过时，应采纳2001年的White v. White等有关案例提出的“平均分配原则”，并据此判决将夫妻共同财产的一半分配给妻子。此后丈夫诉至终审法院，终审法院同样否定了合理需要原则，维持平均分配夫妻共同财产的判决。该案是香港法院适用《婚姻法律程序与财产条例》第7（1）条所列因素时遵循的指导性案例，进一步明确规范了婚姻资产及财产分割的指引。

产的“五步法”。具体而言，步骤 1 是资产识别，确定财产价值。步骤 2 是评估各方的经济需要。步骤 3 是决定适用共享原则。步骤 4 是考虑是否有充分的理由不进行平等分割。步骤 5 是根据上述查明情况，由法院决定结果。法院可能会因为对某些重要因素的认定而不遵循平等分割原则，如果法院行使自由裁量权决定不平等分割，必须解释其依据并阐明理由。

（三）子女管养权及赡养制度

家事法庭在处理有关子女的一切事项并进行判决前，首要考虑的是子女本身的利益。虽然个案情况有所差异，但在处理子女相关争议时，法院必须综合考虑全部因素，主要包括：尽量保持现状；父母及子女的年龄；父母的品格、能力和个性；父母的财务能力；父母和子女的身体及精神状况；可供子女居住的住所；子女本身的意愿；让所有兄弟姐妹和父母其中一方共同生活的好处；家庭的宗教和文化；任何专业报告，如医疗、学校或者法庭福利官的报告，报告内容涉及子女和家人的关系、居住条件、精神及健康情况等。

为了尽量让子女有稳定的生活，一般会让子女随父母一方共同生活，而另一方拥有子女的探视权。与内地子女抚养权制度不同的是，香港法院可能支持共同抚养权。如果父母双方希望有共同抚养权，并由双方共同决定抚养子女的一切重要事项，法庭在确定该项安排的可行性后，可准许共同抚养。

就赡养制度而言，家事法庭有权发出的赡养费命令主要包括：（1）聆讯期间提供的赡养费，即颁布离婚绝对判令之前，为有需要的配偶及子女提供临时赡养费。（2）定期付款命令，适用于颁布离婚绝对判令后支付的赡养费。通常会在夫妻一方去世或收款人再婚后终止，如果付款人或收款人生活情况有变，此命令可能会被修改。（3）整笔数额命令，即收款人只限于收取某一个指定总额的钱款。（4）财产分配（或转让）命令，适用于夫妻一方将其资产权益（如股票、汽车或土地）转归另一方，该命令在颁布后不得再作修改。（5）授产安排命令，该命令并不常见，一般规定其中一方必须将指定的财产转归受托人管理，受托人会根据信托契约的条款，为受益人的利益持有财产。

案例：宜先生和方女士系夫妻关系，婚内育有3名子女，双方经香港法院解除婚姻关系，并一致同意由宜先生每月支付方女士总额105800港币的赡养费，包括方女士每月26450港币和子女每月79350港币的临时赡养费（每人26450港币），外加当时估算金额为149978港币的承诺，总额为每月255778港币。此后，宜先生申请法院将方女士和孩子的每月赡养费总额约255778港币减少至每月188975港币，具体理由是宜先生的总收入发生重大变化，减少了40%。

解析：法院主要依据《香港法例》第192章《婚姻法律程序与财产条例》第11条决定是否更改经济给养令。结合先例，申请更改较早的经济给养令的理由是情形发生变化，比如持续的通货膨胀；抚养孩子的成本增加，且一方可能比另一方受到更大的生活成本增加的不利影响等。法院在变更时必须注意相关因素，不应与当事人自己在订立协议时采取的做法有根本不同。

就本案而言，诉讼过程中宜先生披露的财务情况较零碎，未能反映出申请的急迫性；方女士一直是家庭主妇，经济上依赖于宜先生，除了从宜先生处获得赡养费外，没有足够的证据表明方女士有任何收入，且子女的费用符合合理需要。最终法院驳回了宜先生的申请，并命令宜先生支付方女士的赡养费用以及承担此次申请产生的费用。

四、继　　承

内地采用遗产继承制度，继承人可以依法继承遗产权益。香港则实行遗产管理制度，继承开始后，遗产直接归属于遗产代理人[1]，遗产首先用于偿还死者生前的债务以及支付遗嘱管理或遗产管理的开支；直到债务及费用支出清偿完毕，遗产代理人将遗产权益转移给受益人，受益人才最终取得遗产的权益。因此，在遗产管理制度下不存在“继承人”的概念，最终依法取得

[1] 遗产代理人，泛指遗嘱执行人（死者留有遗嘱）和遗产管理人（死者无遗嘱或遗嘱未指定遗嘱执行人）。

遗产权益的人称作“受益人”。

在遗产管理制度下，遗产管理可以分为遗产清算和遗产分配两个阶段。在遗产清算过程中，受益人只享有要求遗产代理人妥善清算遗产的请求权；在遗产清算完成后，受益人只享有请求遗产代理人转移遗产权益的权利。进入遗产分配时，受益人取得的遗产权益为完成清算后剩余的遗产。由于香港法律规定的遗产分配方式较多，不同受益人取得的遗产权益可能并不完全相同。

（一）遗产继承的程序

无论死者生前有没有订立遗嘱，任何人在处理死者在香港的遗产前，通常先要到高等法院的遗产承办处，取得有关遗产的“授予承办书”。具体而言，“授予承办书”可以分为“授予遗嘱认证书”和“授予遗产管理书”。“授予遗嘱认证书”是发给死者在最后一份遗嘱中指定的遗嘱执行人，“授予遗产管理书”则是在没有遗嘱或者遗嘱内没有指定遗嘱执行人的情况下，发给遗产管理人，该遗产管理人一般是死者的近亲属，如配偶、父母、子女。

如果死者在中国香港以外的国家或地区拥有房产，或者死者并非香港居民但在香港留有财产，往往会涉及法律适用问题。一般而言，继承不动产适用财产所在地的法律，继承动产则适用死者去世时居籍所在地的法律。

办理香港遗产继承的程序主要包括：(1) 领取死者的死亡证明。如果死者在内地死亡须提供经过公证的死亡公证书。(2) 调查统计死者遗留的财产，包括死者名下的房地产物业记录及价值、在银行的存款本息和保险箱内的财物、所持有的上市公司及私人公司的股票和价值，以及死者所欠的债务。(3) 按照死者死亡日期向香港税务局遗产税署申报死者遗产情况，并按香港法律规定确定是否需要缴纳遗产税。(4) 向高等法院申请承办遗产。在清偿死者生前所欠债务并支付丧葬费、承办费等开支后，依照死者的遗嘱或无遗嘱法定继承的规定，将剩余遗产分配给各合法受益人。

（二）无遗嘱继承

如果死者生前未订立遗嘱，或者遗嘱已被撤销，须依照无遗嘱继承法例申请遗产管理书。根据《香港法例》第10A章《无争议遗嘱认证规则》第21条的规定，有权申请遗产管理书的优先顺序是：（1）尚存的配偶；（2）死者的子女；（3）死者的父亲或母亲；（4）死者的兄弟姐妹，或者死者在世时已去世的任何死者的已故兄弟姐妹的后裔。需要注意的是，遗产管理人最多为4人，如果多人具备同等资格可申请遗产管理书，且对谁担任遗产管理人存在争议，可由高等法院决定谁可被委托为遗产管理人。

在司法实践中，无遗嘱者的剩余遗产（即扣除死者的债务、税项、葬礼费用、法律及遗产管理费用后，所剩余的全部财产）须按照《香港法例》第73章《无遗嘱者遗产条例》第4条所述方式进行分配，具体可区分以下情形：

（1）死者仅有配偶尚存，没有后裔、父母、有血缘关系的兄弟姐妹或其后裔，则在世的配偶有权取得死者的剩余遗产。

（2）死者的配偶和后裔尚存，无论死者的父母或兄弟姐妹是否在世，死者的配偶可以优先取得死者所有的非土地实产及剩余遗产中的50万港币。在50万港币先分配给配偶后，如果还有剩余遗产，则再均分为两份，一份归配偶，另一份均等分配给死者的所有子女。

（3）死者的配偶、父母及兄弟姐妹尚存，但没有后裔，死者的配偶可以优先取得死者所有的非土地实产及剩余遗产中的100万港币。在100万港币先分配给配偶后，如果还有剩余遗产，则再均分为两份，一份归配偶，另一份均等分配给死者的父母。如果死者的父母一方或双方健在，死者的兄弟姐妹不能分得剩余遗产；只有在死者的父母均过世时，扣除配偶可得部分后，死者的兄弟姐妹才可取得相应的遗产。

（4）死者的后裔尚存，但配偶已去世，由死者的后裔取得剩余遗产，死者的父母及兄弟姐妹均不可获得任何遗产。

（5）死者仅有父母尚存，没有配偶及后裔，由父母均等取得剩余遗产。

(6) 死者仅有父母一方尚存，没有配偶及后裔，由尚存的父亲或母亲取得剩余遗产。

(7) 死者没有配偶、后裔、父母尚存，剩余遗产按相应次序及方式分配。其一，由死者全血亲的兄弟姐妹取得剩余遗产。其二，由死者半血亲的兄弟姐妹取得剩余遗产。其三，由死者的祖父母或外祖父母均等取得剩余遗产。其四，由死者父母全血亲的兄弟姐妹取得剩余遗产。其五，由死者父母半血亲的兄弟姐妹取得剩余遗产。

(8) 如按上述规定，无人取得剩余遗产，除《香港法例》第481章《财产继承（供养遗属及收养人）条例》另有规定外，该死者的剩余遗产成为无主财物，归香港特区政府所有。

（三）有遗嘱继承

若被继承人在去世前立有遗嘱，并且委任了遗嘱执行人，该执行人便是唯一有资格申请遗嘱认证书的人。如果遗嘱执行人死亡，则由遗嘱执行人的遗嘱执行人继续执行其任务；如果没有指定遗嘱执行人，或执行人先于立遗嘱人死亡，或执行人拒绝执行，继承人可以申请承办，但需按遗嘱执行。

根据《香港法例》第30章《遗嘱条例》第5条及第10条的规定，任何年满18周岁的人均可订立遗嘱，所有意愿必须以书面方式列明，在两名见证人在场见证下，由立遗嘱人签署姓名及日期，见证人同时在遗嘱上签名。

结合司法实践，申请遗嘱认证书通常需要准备死者的死亡证明书、遗嘱正本及一份副本。如果死者与申请人的关系列于遗嘱内，须提交相关证明文件，如配偶应提交结婚证明书，子女应提交出生证明书。如果没有任何文件可以证明死者与申请人的关系，便需要递交一份确认身份的非宗教式誓词或宗教式誓章。该誓词或誓章须在监誓员在场时签署，而签署该文件的人必须与死者及申请人没有任何血缘、姻亲或领养关系，且签署该文件的人必须和申请人及死者相识超过5年。

案例： 被继承人邹某是香港居民，与配偶育有三名女儿。邹某生前在香港某律师行立有遗嘱，指定妻子赵某担任遗嘱执行人。2016 年 8 月，邹某在香港死亡，其父母均先于其死亡。

2017 年 4 月，香港特别行政区高等法院原讼法庭作出《附有遗嘱的遗产管理书》，载明配偶作为该遗嘱上指名的唯一执行人，已放弃其承办及执行该死者的遗嘱及遗产管理书的所有权利和资格，死者的全部及个别遗产和财物的附有遗嘱的遗产管理书已于 2017 年 1 月授予女儿邹某甲，她已妥善秉承宣誓会按照该遗嘱的意旨管理遗产和财物，并支付上述死者正当欠下的债项，及会在法律有所要求时展示一份上述全部及个别遗产和财产的正确及完整的财产清单，以及提交一份关于该等遗产和财物真实的账目。内地法院是否认可香港高等法院对涉案遗嘱所作认证？

解析：被继承人生前在香港立有涉案遗嘱，死亡时经常居所地也在香港，根据我国《法律适用法》第 32 条、第 33 条的规定，涉案遗嘱效力的认定应适用香港的法律。经查，被继承人所立遗嘱明确了遗产分配方案，且该遗嘱已于 2017 年 4 月经香港特别行政区高等法院原讼法庭认证并作出《附有遗嘱的遗产管理书》，涉案遗嘱符合香港特别行政区的法律规定，并经香港特别行政区高等法院原讼法庭认证，具备法律效力。

五、区际民商事司法协助*

（一）委托送达司法文书

内地法院和香港特别行政区法院可以相互委托送达民商事司法文书。双方委托送达司法文书，均须通过各高级人民法院和香港特别行政区高等法院进行。最高人民法院司法文书可以直接委托香港特别行政区高等法院送达。

委托送达的司法文书范围较广，在内地包括起诉状副本、上诉状副本、授权委托书、传票、判决书、调解书、裁定书、决定书、通知书、证明书、

---

* 此处“区际民商事司法协助”，参考马克思主义理论研究和建设工程重点教材，黄进主编《国际私法学》（高等教育出版社 2023 年版）的观点：区际司法协助产生于同一主权国家内部的不同法域之间，是在一个主权国家领土范围内具有独特法律制度的不同地区即不同法域之间进行的。

送达回证；在香港特别行政区包括起诉状副本、上诉状副本、传票、状词、誓章、判案书、判决书、裁决书、通知书、法庭命令、送达证明。

（二）委托调取证据

内地人民法院和香港特别行政区法院可以就民商事案件相互委托提取证据。双方相互委托提取证据，须通过各自指定的联络机关进行，内地指定各高级人民法院为联络机关，香港特别行政区则指定香港特别行政区政府政务司司长办公室辖下行政署为联络机关。最高人民法院可以直接通过香港特别行政区指定的联络机关委托提取证据。

内地人民法院可委托香港特别行政区法院提取的证据范围包括：（1）讯问证人；（2）取得文件；（3）检查、拍摄、保存、保管或扣留财产；（4）取得财产样品或对财产进行试验；（5）对人进行身体检验。

香港特别行政区法院可委托内地人民法院提取的证据范围包括：（1）取得当事人的陈述及证人证言；（2）提供书证、物证、视听资料以及电子数据；（3）勘验、鉴定。

（三）认可和执行民商事判决

就婚姻家庭民事案件判决的认可和执行问题，最高人民法院与香港特别行政区政府经协商，已于2022年2月15日起施行《最高人民法院关于内地与香港特别行政区法院相互认可和执行婚姻家庭民事案件判决的安排》（以下简称“《安排》”）。申请认可的范围包括内地人民法院和香港特别行政区法院就婚姻家庭民事案件出具的生效判决，内地民政部门所发的离婚证，依据《婚姻制度改革条例》（《香港法例》第178章）第V部、第VA部规定解除婚姻的协议书、备忘录。其中，《安排》所称“婚姻家庭民事案件”在内地涵盖14类案由，在香港涵盖12类情形。

在审查认可和执行判决申请期间，当事人就同一争议提起诉讼的，不予受理；已经受理的，驳回起诉。判决获认可和执行后，当事人又就同一争议提起诉讼的，不予受理。判决未获认可和执行的，当事人不得再次申请认可和执行，但可以就同一争议向被请求方有管辖权的法院提起诉讼。

第二节　澳门家事法概述

一、结　　婚

澳门关于结婚的法律规定主要可以参见《澳门民法典》及《民事登记法典》。其中《澳门民法典》第1473—1531条列明了结婚的法定形式要件和实质要件，《民事登记法典》明确了结婚登记程序规范。

在澳门结婚需要满足法定条件，主要包括：（1）男女一方必须以澳门为常居地，如男女一方持有澳门特别行政区政府发出的有效居留或逗留澳门证件。若非澳门居民在澳门结婚，有关结婚须满足的实质要件受其属人法规范。（2）男女双方达到法定结婚年龄，即澳门居民须年满18周岁，年满16周岁但未满18周岁者须经父母或监护人同意，或经法院许可才能结婚。（3）男女双方自愿结婚，且无任何意思错误或受胁迫。（4）男女双方均无配偶。（5）男女双方没有精神错乱。（6）男女双方没有直系血亲和二亲等内的旁系血亲关系。直系血亲是指有血缘关系的两人中一人为另一人的后裔，如子女、母子或者外祖父与孙女等，不能缔结婚姻。旁系血亲是指有血缘关系的两人中一人并非另一人的后裔，但是有共同祖先，如兄弟姐妹甚至同父异母或者同母异父的兄弟姐妹（即二亲等旁系血亲），不能缔结婚姻。

目前，澳门法律及民事登记局提供了两种办理结婚登记的方式。第一种结婚方式是办理一般结婚登记手续。只要男女一方以澳门为常居地，达法定结婚年龄，便可在澳门登记结婚。第二种结婚方式是办理天主教仪式结婚登记手续。两种结婚方式均需提前预约日期，并要求夫妻亲临民事登记局通过声明笔录申请结婚登记。

二、夫妻财产制度

《澳门民法典》所规范的财产制度包括分别财产制、一般共同财产制、取得共同财产制和取得财产分享制。其中，分别财产制是指各自拥有婚前及婚后财产；一般共同财产制是指双方共同拥有婚前及婚后财产；取得共同财产制是指各自拥有婚前财产，共同拥有婚后所取得的财产；取得财产分享制是指婚前及婚后所取得的财产，均为双方各自拥有并可自由处置。这四种夫妻财产制度在离婚财产分割时将产生不同的法律效果，具体在下文展开论述。

案例：某公司于1993年购入一住宅单位，宜先生为该公司股东，持有该公司18%的股权。方女士和宜先生于1997年6月以一般共同财产制结婚，婚后二人和其儿子共同居住在该住宅，直至2010年宜先生搬离该住宅，其后方女士仍和儿子居住在该住宅。

2012年10月某公司召开股东会议（宜先生以股东身份出席）决议将上述单位出售给郑先生和李先生，并于同年12月根据该决议实际履行出售。此后郑先生通过多种方式要求方女士搬离该住宅单位，均未果。此后郑先生、李先生以辅助人身份向中级法院提起上诉。中级法院认为问题的关键在于方女士居住在涉案住宅，其权益是否受法律保护？

解析：某公司于2012年12月出售涉案住宅时，方女士和宜先生仍为夫妻关系，二人采用一般共同财产制度，因此方女士依法实质拥有宜先生在某公司持有的18%股权的一半权益，也就是说方女士拥有某公司名下单位的部分物权权益。

在公司决议出售该单位时，应召集方女士出席股东会议并取得其同意。在未取得方女士同意的情况下，某公司出售该单位的行为损害了方女士对单位拥有的权益，根据《澳门民法典》的相关规定，其权益仍受法律保护，应允许其采用相应的自助行为。

实践中男女双方可自行选择具体的财产制度，明确所选财产制度的途径包括：（1）申请结婚时作出声明，由登记官以笔录形式固定双方所选择的财产制度；（2）在公证署订立婚前协议并递交至民事登记局；（3）在婚后任何时间均可申请订立婚姻协定。

三、离　　婚

澳门关于离婚的法律规定可参见《澳门民法典》《民事诉讼法典》及《民事登记法典》；其中，《澳门民法典》第1628—1648条对离婚事宜作出了明确规定。在澳门离婚的方式有两种，即两愿离婚和诉讼离婚。夫妻双方均同意离婚，可向管辖法院申请两愿离婚，如夫妻双方无未成年子女，也可以向有权限的民事登记局申请两愿离婚。而诉讼离婚须由夫妻一方向法院提出申请，离婚理由主要是夫妻一方或双方存在过错并有违反夫妻义务的行为及破坏共同生活的情形。

（一）两愿离婚

两愿离婚适用于夫妻双方均有离婚意愿，且结婚已满1年。提出两愿离婚申请时，夫妻双方无须透露离婚的理由，但是需要对夫妻之间扶养费、未成年子女亲权的归属以及家庭居所的归属等事宜达成协议。相关法律规定可参见《澳门民法典》《民事登记法典》《民事诉讼法典》等述及两愿离婚的条款。

具体而言，两愿离婚包含两种程序，第一种程序适用于夫妻双方没有未成年子女的情形，夫妻双方有离婚意愿，本人或其各自受权人可向有权限的民事登记局提出两愿离婚申请。离婚请求应附上结婚登记的全文副本证明、有关对需要扶养一方提供扶养的协议、婚姻协定的证明（如有）、有关家庭居所归属的协议。相关协议除另有约定外，无论在离婚程序待决时或是离婚程序完成后均视为有效。民事登记局局长宣布离婚的效力和法院作出离婚判决的效力相同。

第二种程序则适用于夫妻双方有未成年子女的情形，夫妻双方有离婚意愿，且对于夫妻间扶养、未成年子女亲权、家庭居所的归属等事宜达成协议，可向初级法院提出两愿离婚申请。申请受理后，法官应召集夫妻双方举行一次会议，并在会议上试行调解。调解不成时，法官应在会议上就两愿离婚所达成的协议进行审查。协议内容足以保障夫妻双方或子女利益的，且夫妻一方或双方坚持离婚意愿，法官宣告离婚。倘若协议内容不足以保障夫妻一方或子女利益，法官可以采取相应措施，比如，为保障子女利益，听取夫妻双方意见后，修改协议内容；或是限定相应期限，要求夫妻双方在指定期限前修改协议内容，如不修改，则驳回离婚请求。

对于夫妻双方有未成年子女，或者在第一次会议中双方未以明确方式表明彼此无可能和好，法官须召集在3—6个月内举行第二次会议，并在会议上再试行调解。如夫妻双方坚持其离婚意图，法官须对修改后的协议进行审查，符合保障夫妻双方及子女利益的，法官在第二次会议中宣告离婚。若修改后的协议仍不足以保障夫妻双方及子女利益的，则须驳回离婚的请求。

（二）诉讼离婚

诉讼离婚适用于夫妻双方结婚未满1年或双方未能达成协议但夫妻一方仍想要离婚的情形。实践中并非任何时候当事人单方申请诉讼离婚就能够获准离婚，诉讼离婚的法定理由包括夫妻一方或双方存在过错并有违反夫妻义务的行为和破坏夫妻共同生活的情形。

法定违反夫妻义务的情形包括：（1）夫妻任一方均可以因对方存在过错且有违反夫妻义务的行为，且该违反的严重性或重复性导致不可能继续共同生活而申请离婚；（2）法院审查被援引事实的严重性时，尤其应对可归责于申请人的过错、夫妻双方的教育程度及道德意识等方面加以考虑。

破坏共同生活的情形主要包括：（1）事实分居连续两年；（2）失踪且音讯全无满三年；（3）对方的精神能力发生变化逾三年，且因其严重性导致不可能继续共同生活。

案例：2001年8月，原、被告在内地登记结婚，并以内地作为常居地。同年10月，被告回到澳门居住，并于2002年3月订立公证书取得某处住宅单位，以被告个人名义在澳门物业登记局作出登记（因被告在公证书内声明其未婚）。此后，原告也来到澳门与被告同住，并以该住宅为家庭居所。原、被告共同生活期间曾多次相互发生口角及殴打，原告据此申请诉讼离婚可否获准？

解析：民事法庭认为由于夫妻双方多次相互发生口角及殴打，构成了双方对尊重义务的违反，故有理由离婚。该法庭认为对有关义务的违反属严重的，因为其已影响到婚姻关系的根基，故不能要求双方维持一段已经没有基础的关系。

被告不服民事法庭宣告双方离婚，提起上诉。中级法院考虑到已认定的事实并不足以宣告离婚，并认为该等事实不足够令其得出婚姻关系破裂的结论，裁定被告上诉理由成立，废止被上诉的判决并驳回针对被告所提出的诉讼请求。

原告不服判决向终审法院提起司法裁判上诉，获支持。《澳门民法典》第1533条规定："夫妻双方有互负尊重、忠诚、同居、合作及扶持之义务"；《澳门民法典》第1635条规定的过错违反夫妻义务可适用于本案。基于多次发生夫妻一方对另一方殴打和口角的情况，符合因重复违反尊重义务而导致不可能继续共同生活的要件。

根据澳门法律，无论当事人选择两愿离婚还是诉讼离婚，法院必须在离婚程序中尝试调解。如在诉讼离婚时调解不成，也未能达成两愿离婚协议，法官应尽量使夫妻双方就以下事项达成协议：（1）扶养；（2）如何行使对子女的亲权；（3）在诉讼待决期间，家庭居所的使用。在试行调解时或在诉讼程序的其他阶段，符合两愿离婚的情形，当事人可以协议两愿离婚。由诉讼离婚转为两愿离婚程序时，如因夫妻双方和好以外的其他原因，此后未能宣告离婚，则原诉讼的任何当事人可请求重新进行诉讼离婚之诉。

（三）财产分割

夫妻之间的人身关系及财产关系，因离婚而终止。如夫妻双方采用分别财产制，不涉及夫妻共同财产分割事宜。如夫妻双方采用取得财产分享制、一般共同财产制或取得共同财产制，可通过协议或财产清册程序分割财产。

具体而言，夫妻双方若能就财产及债务问题协商一致，可通过协议明确财产分配方案；如财产涉及不动产的，须以公证书的形式确认相关财产分割协议。夫妻双方若无法形成共识，任一方均可通过财产清册程序进行财产分割。采用取得财产分享制者可依法收回属于个人拥有的财产，采用取得共同财产制者可依法收回个人财产及其在共同财产中所享有的一半财产份额。

案例：男方婚前财产100万元，婚后取得100万元，女方婚前财产50万元，婚后取得50万元，若双方离婚，适用不同财产制度该如何分割财产？

解析：采用分别财产制，男女双方各自保留婚前及婚后财产，不涉及财产分割，故男方取得200万元，女方取得100万元。

采用一般共同财产制，男女双方各自取得的婚前及婚后财产平均分割，故夫妻共同财产合计300万元，男女双方各分得150万元。

采用取得共同财产制，男女双方可取回婚前个人财产，婚后所得财产平均分割，故夫妻共同财产范围合计150万元，男方最终取得婚前100万元+婚后75万元，女方最终取得婚前50万元+婚后75万元。

采用取得财产分享制，男女双方各自取回婚前及婚后财产，婚后财产增值较少的一方可向另一方主张分得财产差额的一半。因此，可分割的差额为50万元，男方最终取得婚前100万元+婚后100万元－差额25万元，女方最终取得婚前50万元+婚后50万元+差额25万元。

四、继　　承

在澳门地区，继承于被继承人死亡时在其最后住所地开始。继承已开始，但有关遗产尚未被接受，也没有被宣告无人继承而归澳门特区政府所有时，该遗产称为“待继承遗产”。任何共同继承人均有权在其认为合适时要求进行遗产分割。遗产分割的方式主要有协议和司法途径两种，前者是通过全体利害关系人达成协议，申请确认继承人资格公证书，用于继承死者遗产；后者则主要适用于对继承事宜存在争议或死者的子女尚未成年的情形，须通过遗产清册程序分割遗产。

在澳门地区，法定继承人包括被继承人的配偶、血亲、有事实婚姻关系的人及澳门特区政府，可继承遗产的人按下列顺序，依次享有继承权：（1）配偶及直系血亲卑亲属（如子女、孙子女）；（2）配偶及直系血亲尊亲属（如父母）；(3) 与死者有事实婚姻关系的人；(4) 兄弟姐妹及其直系血亲卑亲属；(5) 四亲等内其他旁系血亲（如叔、姑、舅、姨、堂/表兄弟姐妹等）；(6) 如没有前述继承人，则归澳门特区政府所有。除法律另有规定外，每一顺序中，各血亲按人数或等份继承。如同时被赋权继承的同一顺序的可继承遗产的人均不能或不愿接受遗产，则赋权下一次序的可继承遗产的人。

就遗嘱形式而言，订立遗嘱的普通方式可分为公证遗嘱和密封遗嘱。公证遗嘱由公证员按公证法的规定起草遗嘱。密封遗嘱则是由遗嘱人书写并签名，或由他人应遗嘱人的要求而书写并签名，又或由他人应遗嘱人的要求而书写并由遗嘱人签名的遗嘱。此外，订立遗嘱的特别方式包括船舶上订立遗嘱、海上公证遗嘱、海上密封遗嘱、航空器上订立遗嘱、公共灾难时订立遗嘱等。

案例：被继承人岑某死亡时为澳门居民，常年在内地经商并留有大额遗产。继承人向内地法院提起继承诉讼，因被继承人与内地及澳门地区均有密切联系，各方对于如何确定被继承人名下公司股权份额继承的准据法产生争议。

解析：根据我国《法律适用法》第31条的规定："法定继承，适用被继承人死亡时经常居所地法律。"因此，涉案股权继承的准据法是被继承人死亡时经常居所地法律。

法院经审理认为，岑某生前经商安身立命，其生活中心的认定除考虑其本人、父母、子女的居住情况外，应重点考察其资产来源、投资经营、资金流转、财产分布等状况。被继承人岑某生于顺德，长于顺德，取得澳门特别行政区永久性居民身份后，仍在内地与家人共同从事经营活动，包括投资经营多家公司，并在内地购置诸多不动产，开设诸多银行账户进行亿元级别的巨额资金流转。相较而言，岑某在内地经营实业的资金及规模大于其在澳门地区的投资。

基于上述事实，法院最终认定岑某死亡时的经常居所地在内地，并适用内地法判决分割涉案公司股权。

五、区际民商事司法协助

（一）委托送达司法文书

内地人民法院和澳门特别行政区法院同样可以相互委托送达民商事案件的司法文书，具体通过各高级人民法院和澳门特别行政区终审法院进行。最高人民法院与澳门特别行政区终审法院可以直接相互委托送达，且经与澳门特别行政区终审法院协商，最高人民法院可以授权部分中级人民法院、基层人民法院与澳门特别行政区终审法院相互委托送达司法文书。

委托送达的司法文书范围非常广泛，具体可参见《最高人民法院关于内地与澳门特别行政区法院就民商事案件相互委托送达司法文书和调取证据的安排》（法释〔2020〕1号）的有关规定。

（二）委托调取证据

内地人民法院和澳门特别行政区法院就民商事案件可以相互委托调取证据。同上文内地法院和澳门特别行政区法院相互委托送达的程序，须由指定级别的法院进行对接，且请求调取的证据只能是用于与诉讼有关的证据。

代为调取证据的范围包括代为询问当事人、证人和鉴定人，代为进行鉴定和司法勘验，调取其他与诉讼有关的证据。根据委托方的请求，受托方在执行委托调取证据时可以允许委托方派司法人员出席；必要时，经受托方允许，委托方的司法人员可以向证人、鉴定人等发问。此外，经证人、鉴定人同意，受托方可以协助安排其辖区的证人、鉴定人到对方辖区出庭作证，或通过视频、音频作证。[1]

（三）认可和执行民商事判决

内地和澳门特别行政区暂无相互认可和执行婚姻家庭民事案件判决的规定。参照《最高人民法院关于内地与澳门特别行政区相互认可和执行民商事

---

[1] 参见《最高人民法院关于内地与澳门特别行政区法院就民商事案件相互委托送达司法文书和调取证据的安排》。

判决的安排》，一方法院作出的具有给付内容的生效判决，当事人可以向对方有管辖权的法院申请认可和执行。没有给付内容，或者不需要执行，但需要通过司法程序予以认可的判决，当事人可以向对方法院单独申请认可，也可以直接以该判决作为证据在对方法院的诉讼程序中使用。

内地有权受理认可和执行判决申请的法院为被申请人住所地、经常居住地或者财产所在地的中级人民法院；两个或者两个以上中级人民法院均有管辖权的，申请人应当选择向其中一个中级人民法院提出申请。澳门特别行政区有权受理认可判决申请的法院为中级法院，有权执行的法院为初级法院。

第三节　台湾家事法概述

一、结　　婚

在台湾地区结婚必须满足法定要件，主要包括：（1）男年满 18 周岁，女年满 16 周岁；未成年人结婚应取得法定代理人的同意。（2）结婚应采取书面形式，有 2 个以上的见证人签名，并应由双方当事人向户政机关办理结婚登记。（3）不存在法定不得结婚的情形。（4）有配偶者不得重婚，一人不得同时与二人以上结婚。

根据现行有效的“台湾地区民法”，法定不得结婚的情形包括：（1）直系血亲及直系姻亲。（2）旁系血亲在六亲等以内者，但因收养而成立的四亲等及六亲等旁系血亲，辈分相同者，不在此限。（3）旁系姻亲在五亲等以内，辈分不相同者。（4）监护人与受监护人，于监护关系存续中不得结婚，但经受监护人父母的同意则不在此限。（5）重婚，但重婚的双方当事人因善意且无过失信赖一方先前已离婚而结婚者，不在此限，且前段婚姻自后段婚姻成立之日起视为消灭。

二、夫妻财产制度

台湾地区的夫妻财产制主要包括约定财产制和法定财产制。其中，约定财产制又分为共同财产制和分别财产制两种。根据现行有效的“台湾地区民法”，夫妻可以在结婚前或结婚后，以契约方式自行选择其中一种约定财产制作为夫妻财产制。如果夫妻没有以契约方式订立夫妻财产制，除该法另有规定外，以法定财产制作为其夫妻财产制。

夫妻双方应当通过书面方式订立、变更或废止夫妻财产制契约，且有关约定财产制的契约应当依法办理登记，非经登记，不得以之对抗第三人。也就是说夫妻订立财产契约适用约定财产制只发生对内效力，必须将该契约办理民事登记后才能对外发生效力；如果该契约未办理民事登记，无论第三人是否知晓该契约的存在或其内容，该契约均不对第三人产生法律约束力。[1]

在法定财产制下，夫或妻的财产分为婚前财产和婚后财产，由夫妻各自所有。不能证明为婚前或婚后财产者，推定为婚后财产；不能证明为夫或妻所有的财产，推定为夫妻共有。夫或妻婚前财产，于婚姻关系存续中所生的孳息，视为婚后财产。夫妻以契约订立夫妻财产制后，于婚姻关系存续期间改用法定财产制的，其改用前的财产视为婚前财产。

三、离　　婚

台湾地区的离婚方式包括两愿离婚和诉讼离婚。就两愿离婚而言，夫妻双方应当通过书面方式两愿离婚，有二人以上证人的签名并向户政机关办理离婚登记；未成年人申办两愿离婚，应当取得法定代理人同意。

就诉讼离婚而言，夫妻一方如有法定情形，另一方可向法院请求离婚。法定情形主要包括：（1）重婚；（2）与配偶以外的人合意性交；（3）夫妻一方对他方为不堪同居的虐待；（4）夫妻一方对他方的直系亲属为虐待，或夫

---

[1] 程维荣，袁奇钧．婚姻家庭法律制度比较研究［M］．北京：法律出版社，2011：102.

妻一方的直系亲属对他方为虐待，致不堪为共同生活；（5）夫妻一方恶意遗弃他方且在继续状况中；（6）夫妻一方意图杀害他方；（7）有不治的恶疾；（8）有重大不治的精神病；（9）生死不明已逾三年；（10）因故意犯罪，确定判处有期徒刑逾6个月。因前述事项之外的重大事由，如果导致婚姻难以维持的，夫妻一方可以请求离婚，如果离婚事由应由夫妻一方承担责任的，仅另一方可以请求离婚。

夫妻离婚时，对于未成年子女的权利义务的行使或负担，依协议由一方或双方共同承担。如果协议不利于子女，法院可依主管机关、社会福利机构或其他利害关系人的请求或依职权为子女的利益进行修改。法院在具体裁决时应当从子女最佳利益的角度出发，综合各项因素，法定考虑因素包括：（1）子女的年龄、性别、人数及健康情况；（2）子女的意愿及人格发展的需要；（3）父母的年龄、职业、品行、健康情形、经济能力及生活状况；（4）父母保护教养子女的意愿及态度；（5）父母子女之间或未成年子女与其他共同生活者的感情状况；（6）父母一方是否有妨碍他方对未成年子女权利义务行使负担的行为；（7）各族群的传统习俗、文化及价值观。

四、继　　承

台湾地区的继承主要分为法定继承和遗嘱继承。继承于被继承人死亡时开始，继承人自继承开始时，除法律另有规定外，承受被继承人财产上的一切权利、义务。但权利、义务专属于被继承人本身者，不在此限。继承人对于被继承人的债务，以因继承所得遗产为限，负清偿责任。继承人在继承开始前2年内，从被继承人受有财产赠与，该财产视为其所得遗产，该项财产如已转移或减失，其价值依赠与时的价值计算。

就法定继承而言，除配偶外，遗产继承人还依次序包括：（1）直系血亲卑亲属；（2）父母；（3）兄弟姐妹；（4）祖父母。配偶之间有相互继承遗产的权利，当配偶和第一顺序继承人（直系血亲卑亲属）共同继承时，配偶与其他继承人平均分得遗产。当配偶和第二顺序继承人（父母）或第三顺序继承人（兄弟姐妹）共同继承时，配偶应分得一半的遗产，剩余的一半遗产由同一顺序继承人均等分割。当配偶和第四顺序继承人（祖父母）共同继承时，配偶应分得遗产的三分之二，剩余的三分之一遗产由同一顺序继承人均等分割。若仅有配偶无其他继承人，应由配偶继承全部遗产。

就遗嘱继承而言，台湾地区民事法律规范规定了5种遗嘱方式，简要概述如下：

（1）自书遗嘱，应自书遗嘱全文，记明年、月、日，并签字签名；如有增减、涂改，应注明增减、涂改之处所及字数，另行签名。

（2）公证遗嘱，应指定二人以上的见证人，在公证人前口述遗嘱意旨，由公证人笔记、宣读、讲解，经遗嘱人认可后，记明年、月、日，由公证人、见证人及遗嘱人共同签字，遗嘱人不能签名的，由公证人将其事由记明，使按指印代之。

（3）密封遗嘱，应在遗嘱上签名后，将其密封，后于封缝处签名，指定二人以上的见证人，向公证人提出，陈述其为自己的遗嘱。若非本人自书，并陈述代写人的姓名、住所，由公证人在封面记明该遗嘱提出的年、月、日及遗嘱人所作陈述，与遗嘱人及见证人共同签名。

（4）代笔遗嘱，由遗嘱人指定三人以上的见证人，由遗嘱人口述遗嘱意旨，使见证人中之一人笔记、宣读、讲解。经遗嘱人认可后，记明年、月、日及代笔人的姓名，由见证人全体及遗嘱人共同签名，遗嘱人不能签名者，应按指印代之。

（5）口授遗嘱，适用于遗嘱人因生命危急或其他特殊情形，不能依其他方式立遗嘱，自遗嘱人能依其他方式订立遗嘱之日起，经过3个月口授遗嘱失效。

五、区际民商事司法互助*

（一）委托送达司法文书

根据我国司法解释规定的程序和权限，大陆地区人民法院审理涉台民事

* 台湾地区公（认）证书核对证明申请书文书样式详见附录18。

案件可向住所地在台湾的当事人送达民事诉讼文书，大陆地区人民法院也可以接受台湾地区有关法院的委托向住所地在大陆的当事人送达民事诉讼文书。可相互委托送达的诉讼文书包括起诉状副本、上诉状副本、反诉状副本、答辩状副本、授权委托书、传票、判决书、调解书、裁定书、支付令、决定书、通知书、证明书、送达回证以及与民事诉讼有关的其他文书。[1]

（二）委托调取证据

大陆地区人民法院和台湾地区主管部门通过各自指定的协议联络人，建立办理海峡两岸司法互助业务的直接联络渠道。人民法院办理海峡两岸调查取证司法互助业务，限于与台湾地区法院相互协助调取与诉讼有关的证据，包括取得证言及陈述；提供书证、物证及视听资料；确定关系人所在地或者确认其身份、前科等情况；进行勘验、检查、扣押、鉴定和查询等。大陆地区人民法院协助台湾地区法院调查取证，应当采用民事诉讼法等法律和相关司法解释规定的方式。

审理案件的人民法院需要台湾地区协助调查取证的，应填写指定文书，连同相关材料及时送交高级人民法院。高级人民法院完成初步审查，并将审查意见和指定文书及相关材料立即转送最高人民法院。最高人民法院完成最终审查，经审查认为可以请求台湾地区协助调查取证的，最高人民法院联络人应填写指定文书，连同附录部分和相关材料立即寄送台湾地区联络人。[2]

（三）认可和执行民商事判决

台湾地区法院民事判决的当事人可以根据《最高人民法院关于认可和执行台湾地区法院民事判决的规定》，作为申请人向人民法院申请认可和执行台湾地区有关法院民事判决；其中“民事判决”包括台湾地区法院作出的生效民事判决、裁定、和解笔录、调解笔录、支付命令等。大陆有权管辖此类

---

[1] 参见《最高人民法院关于涉台民事诉讼文书送达的若干规定》（法释〔2008〕4号）。

[2] 参见《最高人民法院关于人民法院办理海峡两岸送达文书和调查取证司法互助案件的规定》（法释〔2011〕15号）。

案件的人民法院为申请人住所地、经常居住地或者被申请人住所地、经常居所地、财产所在地中级人民法院或者专门人民法院。

此外，根据海峡两岸关系协会与财团法人海峡交流基金会就两岸共同打击犯罪及司法互助与联系事宜协商达成的协议，大陆和台湾地区基于互惠原则，在不违反公共秩序或善良风俗的情形下，可相互认可和执行民事确定裁判。[1]

本章实务热点问答

一、夫妻双方在内地登记结婚，婚后举家移居香港，在香港工作生活，能否在香港离婚？

能否在香港离婚不受婚姻缔结地影响，主要取决于香港法院是否对离婚案件享有管辖权。根据香港法例，如果夫妻双方满足下列三种情形之一，可在香港家事法庭进行离婚：

（1）在夫妻一方提出离婚呈请或夫妻双方共同提出离婚申请当日，婚姻的任何一方以香港为居籍；

（2）在紧接离婚呈请或离婚申请提出当日之前的整段3年期间内，婚姻的任何一方惯常居于香港；

（3）在离婚呈请或离婚申请提出当日，婚姻的任何一方与香港有密切联系。

实践中，夫妻一方是否在香港生活、工作，子女是否在香港接受教育等实际情况，均会在确定法院是否有管辖权时纳入考量。

二、夫妻一方向香港法院提出离婚呈请，哪些事实可以证明婚姻已破裂且无和好可能？

根据香港法例，夫妻一方向香港法院提出离婚呈请，存在下列情形之一

---

[1] 参见海峡两岸关系协会和台湾海峡交流基金会签署的《海峡两岸共同打击犯罪及司法互助协议》，2009年4月26日发布，2009年6月25日起实施。

可证实“婚姻已破裂至无可挽救”：

（1）答辩人曾与人通奸，而呈请人认为无法忍受与答辩人共同生活；

（2）因答辩人的行为而无法合理预期呈请人与其共同生活；

（3）婚姻双方在紧接呈请提出前，已分开居住最少连续 1 年，且答辩人同意由法院批出判令；

（4）婚姻双方在紧接呈请提出前，已分开居住最少连续 2 年；

（5）答辩人在紧接呈请提出前，已遗弃呈请人最少连续 1 年。

三、夫妻双方共同向香港法院申请离婚，是否需要证明婚姻已破裂至无可挽救？如是，哪些事实可证实感情确已破裂？

即便夫妻双方共同申请离婚，同样需要证明夫妻感情确已破裂，且无和好可能。根据香港法例，夫妻双方共同向香港法院申请离婚存在下列情形之一，可证实“婚姻已破裂至无可挽救”：

（1）婚姻双方在紧接申请提出前，已分开居住最少连续 1 年；

（2）在申请提出前不少于 1 年，法院接获经双方签署的书面通知，表示双方拟向法院申请解除婚姻，且该通知书其后并未遭撤回。

四、除了向法庭申请离婚外，在香港还有什么方法可以解决夫妻双方的矛盾分歧？

如夫妻双方暂不决定提出离婚，可以通过分居契约、分居命令、裁判分居的方式处理家庭矛盾。

分居契约是指夫妻双方通过订立分居协议的方式，明确指定分居期间、如何处理子女事宜（如有），以及配偶与子女赡养费等相关事宜。

分居命令则适用于夫妻双方未能签署分居协议的情形，夫妻一方在满足一定条件时可向法院申请颁布分居命令及赡养费命令，申请的前提是申请人没有作出通奸行为。实践中申请分居命令的条件通常是另一方因家庭暴力、遗弃、虐待等行为被判有罪，或另一方有酗酒、吸毒、故意传染性病等行为。

裁判分居与分居命令的法律效果相似，即双方仍然是夫妻，但不需要共同生活，获得裁判分居的夫妻不得另行再婚。一般只有在子女的福利作出适当的安排后，法庭才会颁布裁判分居判令。

分居后仍无法解决分歧，夫妻一方可以另行向有管辖权的法院提出离婚呈请或由夫妻双方共同提出离婚申请。

五、如果夫妻一方的经济状况出现变化，香港法庭是否会调整或更改有关赡养费的命令？

根据香港法例，并非所有类型的赡养费命令都可以更改，例如整笔款额命令、财产分配（或转让）命令不得更改，而聆讯期间提供的赡养费（临时赡养费）、定期付款命令、分期付款方式缴付的整笔款项等可以视具体情形进行更改。

六、在香港法例的语境下，遗嘱执行人和遗产管理人主要有什么区别？

两者的权利来源及行使权利的时间不同。遗嘱执行人的权利源自死者订立的遗嘱，自立遗嘱人死亡时行使清算、分配遗产的权利。而遗产管理人的权利始于被授予遗产管理书，自遗产管理书载明的日期起行使遗产清算、分配的权利。

七、在香港的遗产分发给相关受益人之前，遗嘱执行人或遗产管理人需要先扣除哪些费用？

在遗产分发给相关受益人之前，需要扣除的费用主要包括以下三类：

（1）死者的债务，如死者名下物业的管理费，死者生前尚未结清的信用卡账单等。原则上所有债务须在遗产分发给受益人之前核实并还清，或者在分发前订立相应的还款协议。

（2）税费。在2006年2月11日取消遗产税之前，如果遗产的总额超过750万港币，须缴纳遗产税，直至死者去世为止的薪俸税、利得税及物业税也要从遗产中缴付。

（3）其他费用，如葬礼支出的费用、法律咨询费用、申请遗产授予承办书的费用，以及相关法庭费用等均须予以扣除。

八、在澳门，夫妻双方结婚是否必须选择财产制度？

如果男女双方没有选择财产制度，仍可以结婚，因为澳门法律并没有限制结婚必须订立婚前协定或选择财产制度，同时建立了在夫妻双方没有选择财产制度时所适用的“候补财产制”。

根据法律规定，自 1999 年 11 月 1 日起缔结的婚姻，候补财产制适用新《澳门民法典》第 1579 条规定的“取得财产分享制”；在 1966 年原《澳门民法典》生效期间缔结但没有订立婚前协定的婚姻，仍然受原法典所规定的候补财产制约束，即适用“取得共同财产制”。

九、在澳门，如果夫妻双方已选择相应的财产制度，能否再对夫妻财产制度进行变更？

如果男女双方想要更改婚前协议约定的财产制度，或更改已订立的婚后协定，夫妻双方或一方须携带双方身份证明文件正本到民事登记局提出申请及预约日期签署婚后协定。此后，夫妻双方须于预约日期到民事登记局签署婚后协定，并出示身份证明正本。

十、夫妻双方在澳门登记结婚，选择“一般共同财产制”，即婚前及婚后所得财产均为夫妻共同财产。如夫妻一方名下持有内地的房产，离婚后配偶能否向内地法院起诉分割该处房产？

内地法院在处理涉澳离婚财产纠纷案件，首先应当明确准据法。鉴于夫妻双方在澳门登记结婚，结婚时约定适用“一般共同财产制”，可视为双方明确选择澳门实体法来处理夫妻财产关系，故本案的准据法为澳门的实体法。

根据《澳门民法典》关于一般共同财产制的规定，除另有法定情形外，位于内地的房产属于夫妻共同财产，因此配偶有权主张依法分割该处房产。

十一、夫妻一方是台湾地区居民，另一方是大陆居民，能否在台湾办理离婚手续？

题述情形可以在台湾地区办理离婚手续。根据夫妻双方能否就离婚事宜达成合意，以下方式可供选择：

（1）两愿离婚，即夫妻双方到户政事务所办理离婚登记，并找2名以上证人到场签字。鉴于台湾地区没有结婚证、离婚证，仅户籍誊本及身份证的配偶一栏注明婚姻信息，台湾居民离婚后需在户政机关更换新的身份证及户籍誊本。在户政机关办妥离婚登记后，相关文件须在台湾地区公证，经海基会寄送并经公证协会核验盖章。大陆居民可持公证件到户籍所在地民政局办理离婚登记。

（2）诉讼离婚，即夫妻双方通过法院判决、调解的方式离婚。法院判决书或调解书生效后，须在台湾地区公证，经海基会寄送并经公证协会核验盖章。大陆居民可持公证件向其住所地或经常居住地的中级人民法院申请认可台湾地区离婚效力；取得承认婚姻关系解除的民事裁定书后，再至大陆居民户籍所在地的民政局办理离婚登记。

十二、夫妻一方是台湾居民，另一方是大陆居民，双方经台湾地区法院诉讼离婚，离婚后配偶再婚，付款方是否可主张调整或变更赡养费数额？

如果夫妻双方离婚时明确约定“赡养费支付至收款方再婚时止”，根据双方合意，收款方再婚时，付款方可以主张变更赡养费。

如果夫妻双方离婚时没有对赡养费支付的期限及条件作出明确约定，根据台湾地区法律，付款方主张调整或变更赡养费数额需要有合理事由，譬如满足情势变更的情形，仅以配偶再婚为由，尚不足以变更赡养费数额。

十三、大陆居民能否继承台湾地区的遗产？

可以。根据《台湾地区与大陆地区人民关系条例》第66条的规定，大陆居民继承台湾地区居民的遗产，应当自继承开始之日（即被继承人死亡之日）起三年内，通过书面方式向被继承人住所地法院明示其接受继承。

需要注意的是，上述三年期限属于除斥期间，并不受继承人主观上是否知道继承事实发生而受影响。

第二十一章　涉外家事法实务*

第一节　涉外家事法概述

一、“涉外性”的认定标准

我国立法关于“涉外性”的界定，最早出现在1988年最高人民法院发布《关于贯彻执行〈中华人民共和国民法通则〉若干问题的意见（试行）》（以下简称“《民通意见》”）第178条❶，该条结合司法实践对涉外民事关系的识别作出了具体规定。此后，1992年《最高人民法院关于适用〈中华人民共和国民事诉讼法〉若干问题的意见》第304条❷，对涉外民事案件的认定与《民通意见》相近，同样采纳了“三要素”标准。我国学者则根据立法内容对涉外民事关系的表述在理论上作了进一步的规范，“民事关系主体、客体、内容三者之一具有涉外因素即为涉外民事关系”❸。

2012年《最高人民法院关于适用〈中华人民共和国涉外民事关系法律适

---

* 承认外国法院判决申请书文书样式详见附录19。

❶ 《关于贯彻执行〈中华人民共和国民法通则〉若干问题的意见（试行）》第178条：“凡民事关系的一方或者双方当事人是外国人、无国籍人、外国法人的；民事关系的标的物在外国领域内的；产生、变更或者消灭民事权利义务关系的法律事实发生在外国的，均为涉外民事关系。人民法院在审理涉外民事关系的案件时，应当按照民法通则第八章的规定来确定应适用的实体法。”

❷ 《最高人民法院关于适用〈中华人民共和国民事诉讼法〉若干问题的意见》第304条：“当事人一方或者双方是外国人、无国籍人、外国企业或组织，或者当事人之间民事关系的设立、变更、终止的法律事实发生在外国，或者诉讼标的物在外国的民事案件，为涉外民事案件。”

❸ 齐湘泉．涉外民事关系国际私法［M］．北京：人民出版社，2003：28.

用法〉若干问题的解释（一）》第1条❶，对涉外民事关系的认定标准作出了新的规定；在“三要素”的基础上增加了“经常居所地”这一事实因素，同时第5项“兜底条款”赋予法官一定的自由裁量权，可结合具体案情认定是否有涉外性。自此“四要素”标准成为我国认定民事关系新的司法规则。

随后2015年《最高人民法院关于适用〈中华人民共和国民事诉讼法〉的解释》（以下简称《民事诉讼法解释》）第522条沿用了“四要素”标准及“兜底条款”以确定案件是否具备涉外性。具体而言，有下列情形之一的，人民法院可以认定为涉外民事案件：

（1）当事人一方或者双方是外国人、无国籍人、外国企业或者组织的；

（2）当事人一方或者双方的经常居所地在中华人民共和国领域外的；

（3）标的物在中华人民共和国领域外的；

（4）产生、变更或者消灭民事关系的法律事实发生在中华人民共和国领域外的；

（5）可以认定为民事案件的其他情形。

上述第（2）项中“经常居所地”是指“自然人在涉外民事关系产生或者变更、终止时已经连续居住一年以上且作为其生活中心的地方，人民法院可以认定为涉外民事关系法律适用法规定的自然人的经常居所地，但就医、劳务派遣、公务等情形除外”。❷

案例：2000年10月，孙某与李某在丹麦结婚，婚后育有两子孙某甲、孙某乙。2009年11月，德国杜塞尔多夫地方法院判决解除孙某和李某的婚姻关系。2011年6月，孙某向北京市第一中级人民法院提出申请，要求承认上述判决中关于解除双方婚姻关系部分的法律效力。2011年7月，北京市第

---

❶ 《最高人民法院关于适用〈中华人民共和国涉外民事关系法律适用法〉若干问题的解释（一）》第1条：“民事关系具有下列情形之一的，人民法院可以认定为涉外民事关系：（一）当事人一方或双方是外国公民、外国法人或者其他组织、无国籍人；（二）当事人一方或双方的经常居所地在中华人民共和国领域外；（三）标的物在中华人民共和国领域外；（四）产生、变更或者消灭民事关系的法律事实发生在中华人民共和国领域外；（五）可以认定为涉外民事关系的其他情形。”

❷ 《最高人民法院关于适用〈中华人民共和国涉外民事关系法律适用法〉若干问题的解释（一）》第13条。

一中级人民法院裁定对上述判决中关于解除双方婚姻关系部分的法律效力予以承认。现因子女抚养费产生争议，诉至法院，诉讼中就涉案当事人的经常居所地产生争议。

解析：本案系抚养费纠纷案件，涉及两个涉外民事法律关系，其一是父母子女人身关系，其二是抚养费的给付数额、期限及方式。依照我国相关法律规定，对于涉外民事法律关系应首先确定准据法。

涉外民事争议的解决须以另一涉外民事关系的确认为前提时，人民法院应当根据该先决问题自身的性质确定其应当适用的法律。本案因确认孙某甲、孙某乙和李某的父母子女人身关系是解决抚养问题的前提，故应先确定该问题的准据法，进而确定其父母子女人身关系。

因本案诉讼中当事人对于诉讼时经常居所地存在争议，法院前往中华人民共和国北京出入境边防检查总站对孙某甲、孙某乙、李某的出入境情况进行调查，出入境记录查询结果显示，孙某甲、孙某乙于2006年入境中国，截至诉讼时未有出境记录，而李某在诉讼期间多次出入中国国境。基于查询结果，最终适用中国法律认定父母子女关系。

二、涉外家事案件的管辖权

如何确定管辖权是涉外家事实务必须直面的法律问题。根据现行有效的法律规定，涉外家事案件的管辖权主要包括级别管辖、地域管辖、专属管辖、集中管辖、平行管辖等常见情形，简要概述如下。

（一）级别管辖

根据我国《民事诉讼法》及其司法解释的相关规定，第一审婚姻、继承等家事纠纷案件（包括涉外、涉港澳台），一般由基层人民法院管辖。对于争议标的额大、案情复杂的案件或者一方当事人人数众多等具有重大影响的案件，第一审由中级人民法院管辖。以江苏省高级人民法院的审判实务为例，对重大疑难、新类型和在适用法律上有普遍意义的案件，可以依照《民事诉讼法》第38条的规定，由上级人民法院自行决定由其审理，或者根据下级人民法院报请决定由其审理。

（二）一般地域管辖及其例外

一般地域管辖以“原告就被告”为原则，即根据被告所在地确定案件的管辖法院。被告是公民的，由被告住所地人民法院管辖；被告住所地和经常居住地不一致的，由经常居住地人民法院管辖。公民的住所地是指公民的户籍所在地，而公民的经常居住地是指公民离开住所地至起诉时已经连续居住一年以上的地方，但公民住院就医的地方除外。在司法实务中，一般根据公安局出具的常住人口信息、居住证、身份证、户口簿等确定被告的住所地。对于经常居住地的认定，外籍人士可提供《境外人员临时住宿登记表》、居住证明等资料确定其经常居住地。

一般地域管辖的例外情形是根据原告住所地确定案件的管辖法院，原告住所地和经常居住地不一致的，由原告经常居住地人民法院管辖。我国《民事诉讼法》及其司法解释规定的例外情形包括：（1）对不在中华人民共和国领域内居住的人提起的有关身份关系的诉讼；（2）对下落不明或者宣告失踪的人提起的有关身份关系的诉讼；（3）对被采取强制性教育措施的人提起的诉讼；（4）对被监禁的人提起的诉讼；（5）被告被注销户籍的，由原告住所地人民法院管辖，原告住所地和经常居住地不一致的，由原告经常居住地人民法院管辖；（6）追索赡养费、扶养费、抚养费案件的几个被告住所地不在同一辖区的，可以由原告住所地人民法院管辖。（7）夫妻一方离开住所地超过一年，另一方起诉离婚的案件，可以由原告住所地人民法院管辖。

案例：方女士（中国籍公民）与宜先生（美国籍公民）于2012年因工作关系相识后进入恋爱状态，2013年底双方在中国香港注册结婚，并共同生活在中国上海。宜先生于2015年4月返回美国，开始双方以视频、邮件和电话等方式保持密切联系，但后来二人联系逐渐减少直至音信全无。2017年1月，方女士向其所在地的上海市黄浦区人民法院提起离婚诉讼请求，法院依法受理。

解析：本案系典型的涉外离婚纠纷，被告因不在中华人民共和国领域内居住，故法院依据《民事诉讼法解释》的规定，对不在中华人民共和国领域内居住的人提起有关身份关系的诉讼，由原告住所地人民法院管辖，即原告方女士住所地的中华人民共和国上海市黄浦区人民法院依法享有管辖权。

（三）专属管辖

涉案家事纠纷可能涉及的专属管辖规定主要包括：（1）因不动产纠纷提起的诉讼，由不动产所在地人民法院管辖；不动产纠纷是指因不动产的权利确认、分割、相邻关系等引起的物权纠纷。（2）因继承遗产纠纷提起的诉讼，由被继承人死亡时住所地或者主要遗产所在地人民法院管辖。

（四）集中管辖

我国《民事诉讼法》没有对集中管辖做出具体规定，采取集中管辖的方式有助于法院在审理同类案件时统一地适用法律。实践中最高人民法院有权决定对同类案件实行集中管辖，例如经研究并报最高人民法院批准，广东省高级人民法院于2022年1月9日同意指定龙华区人民法院集中管辖深圳市第一审涉外涉港澳台家事案件。❶

（五）平行管辖

对于同一案件，除国际条约另有规定外，我国法院根据法律规定依法享有管辖权的，不管该案件是否已由其他国家或地区法院受理，均不影响我国法院对该案的管辖。若该案件经外国法院判决、裁定且已获得我国法院承认，我国法院对同一争议提起的诉讼不予受理，已经受理的裁定驳回起诉。❷

案例：徐某和王某于2003年7月在上海市浦东新区民政局登记结婚，双方户籍均在上海市。婚姻关系存续期间王某主要在澳大利亚工作生活，徐某则经常往返于中国和澳大利亚之间，双方聚少离多导致夫妻感情破裂。2016年，王某向澳大利亚联邦巡回法院递交离婚呈请。2017年，徐某向上海法院

---

❶ 最高人民法院《关于同意广东省高级人民法院指定深圳市龙华区人民法院集中管辖深圳市第一审涉外涉港澳台家事案件的复函》。

❷ 《中华人民共和国民事诉讼法》第282－283条。

(王某住所地人民法院)起诉离婚,法院依法立案受理。

解析:中国公民一方居住在国外,一方居住在国内,不论哪一方向人民法院提起离婚诉讼,国内一方住所地人民法院都有权管辖。国外一方在居住国法院起诉,国内一方向人民法院起诉的,受诉人民法院有权管辖。[1] 徐某根据“原告就被告”原则向被告住所地人民法院起诉离婚,我国法院对本案具有管辖权。

(六)应诉管辖

根据《民事诉讼法》第278条的规定,被告对中华人民共和国人民法院管辖未提出异议,并应诉答辩或者提出反诉的,视为中华人民共和国人民法院有管辖权。在不违反级别管辖和专属管辖规定的情形下,当事人未在提交答辩状期间提出管辖权异议,并且就案件实体内容进行答辩、陈述或者反诉的,视为受诉人民法院有管辖权。若违反级别管辖和专属管辖的规定,即使当事人已起诉并应诉,也无法适用应诉管辖的规定改变管辖法院,仍须根据法律规定确定管辖权。

第二节 涉外婚姻

一、涉外结婚

(一)涉外结婚登记

中国公民同外国人在中国内地结婚的,内地居民同香港居民、澳门居民、台湾居民、华侨在中国内地结婚的,男女双方应当共同到内地居民常住户口所在地的婚姻登记机关办理结婚登记。结婚登记应当按照初审—受理—审查—登记(发证)的程序办理。其中,中国港澳台居民、华侨及外国人应提交的申请材料主要如下:

[1] 《最高人民法院关于适用〈中华人民共和国民事诉讼法〉的解释》第15条。

（1）中国香港、澳门、台湾居民办理结婚登记应提供本人有效通行证、身份证，经居住地公证机构公证的本人无配偶以及与对方当事人没有直系血亲和三代以内旁系血亲关系的声明。

（2）华侨办理结婚登记应提供本人的有效护照，华侨居住国公证机构或者有权机关出具的、经中华人民共和国驻该国使（领）馆认证的本人无配偶以及与对方当事人没有直系血亲和三代以内旁系血亲关系的证明，或者中华人民共和国驻该国使（领）馆出具的本人无配偶以及与对方当事人没有直系血亲和三代以内旁系血亲关系的证明。

（3）外国人办理结婚登记应提供本人的有效护照或者其他有效的国际旅行证件，外国人所在国公证机构或者有权机关出具的、经中华人民共和国驻该国使（领）馆认证的或者该国驻华使（领）馆出具的本人无配偶证明。

根据《民政部关于外国人、华侨提供的无配偶证明认定问题的通知》（民函〔2008〕49 号）规定，无配偶证明的证明内容需要注明"未婚"、"离婚"或"离异"、"丧偶"、"单身"等表明当事人无配偶的字样。另，根据《民政部办公厅关于婚姻登记中"婚姻状况证明"中文翻译问题的复函》（民办函〔2008〕276 号）规定，无配偶证明等材料是外国语言文字的，必须提供由具有翻译资质单位翻译的中文翻译并提供加盖公章的该单位营业执照复印件。

（二）领事婚姻

领事婚姻是指当事人依国际法规定的条件和程序，在一国驻外国的外交、领事代表机构办理婚姻登记而产生的夫妻关系。《维也纳领事关系公约》第 5 条第 6 款规定：领事职务包括"担任公证人、民事登记员及类似之职司，并办理若干行政性质之事务，但以接受国法律规章无禁止之规定为限"。办理领事婚姻登记手续，属于领事职务中"民事登记"的范畴。[1]

中国驻外使领馆办理领事婚姻登记主要依据《维也纳领事关系公约》、

---

[1] 许育红．漫话婚姻制度中的领事婚姻（一）［J］．中国公证，2004（2）：34.

中外双边领事条约（协定）以及中国法律法规，如根据《婚姻登记条例》第19条，“中华人民共和国驻外使（领）馆可以依照本条例的有关规定，为男女双方均居住于驻在国的中国公民办理婚姻登记”。

为确保领事婚姻登记的效力，实践中须遵循五项管辖原则，具体包括：（1）“与接受国法律不相抵触”。如接受国不承认外交、领事代表机构承办领事婚姻的登记手续，不可办理领事婚姻登记。（2）“按照派遣国法律办理登记”。截至2022年6月，中国对外缔结了49项多边领事条约（协定）。除1项失效、4项终止和1项待生效外，在43项中多数都有婚姻登记条款。（3）一夫一妻以及男女平等。中国法律不承认“同性婚姻”、“一夫多妻”或“一妻多夫”。（4）双方当事人为中国公民并居住在国外。换言之，中国驻外使（领）馆只能为中国公民办理婚姻登记。（5）双方当事人适龄并自愿。结婚应当男女双方完全自愿，我国法定结婚年龄是男不得早于22周岁，女不得早于20周岁。[1]

（三）涉外结婚的法律适用

《法律适用法》自2011年4月1日起施行，在《法律适用法》实施以前发生的涉外民事关系，人民法院应当根据该涉外民事关系发生时的有关法律规定确定应当适用的法律；当时法律没有规定的，可以参照涉外民事关系法律适用法的规定确定。

就涉外结婚而言，2011年4月1日前，中国公民和外国人结婚适用婚姻缔结地法；[2] 2011年4月1日后，可区分结婚的实质要件和结婚的形式要件，分别确定准据法，具体如下：

（1）结婚条件，适用当事人共同经常居所地法律；没有共同经常居所地的，适用共同国籍国法律；没有共同国籍，在一方当事人经常居所地或者国籍国缔结婚姻的，适用婚姻缔结地法律。

---

[1] 郑任．中国领事婚姻登记：管辖原则与法律效力［J］．世界知识，2022（14）：69.

[2] 《中华人民共和国民法通则》第147条。

（2）结婚手续，符合婚姻缔结地法律、一方当事人经常居所地法律或者国籍国法律的，均为有效。

二、涉外离婚

各国的离婚制度主要分为单轨制和双轨制两种立法模式。前者只能经法院判决准予离婚，如澳大利亚、德国等国家采用单轨制立法模式；后者则可以通过诉讼和协议方式离婚，如中国、俄罗斯等国家采用双轨制立法模式。

在我国，夫妻离婚的法律途径有两种：一种途径是到民政局办理离婚登记手续；另一种途径是通过法院诉讼离婚。有关涉外离婚的程序、法律适用等实务问题，简要概述如下。

（一）涉外协议离婚

中国公民同外国人在中国内地自愿离婚的，内地居民同香港居民、澳门居民、台湾居民、华侨在中国内地自愿离婚的，男女双方应当共同到内地居民常住户口所在地的婚姻登记机关办理离婚登记，具体流程同中国内地居民申请离婚登记，不再赘述。

在全球化背景下人口流动实属常见，如中国公民按国外程序申请离婚，其婚姻解除的法律效力能否获得我国认可，关键在于是否符合我国的法律规定。例如，旅荷华侨夫妇经荷兰法院判决离婚的，如不违反我国婚姻立法的基本原则，可承认这种判决对双方当事人在法律上有拘束力。[1]

（二）涉外诉讼离婚

夫妻一方要求离婚的，可以向有管辖权的人民法院提起离婚诉讼。关于涉外离婚诉讼的管辖问题，可参照我国《民事诉讼法》及其司法解释，下列与涉外离婚相关的情形[2]，人民法院依法享有管辖权：

（1）在国内结婚并定居国外的华侨，如定居国法院以离婚诉讼须由婚姻

---

[1] 参见《最高人民法院关于旅荷华侨离婚问题的复函》（〔81〕法研字第11号）。

[2] 《民事诉讼法解释》第13—17条。

缔结地法院管辖为由不予受理，当事人向人民法院提出离婚诉讼的，由婚姻缔结地或者一方在国内的最后居住地人民法院管辖。

（2）在国外结婚并定居国外的华侨，如定居国法院以离婚诉讼须由国籍所属国法院管辖为由不予受理，当事人向人民法院提出离婚诉讼的，由一方原住所地或者在国内的最后居住地人民法院管辖。

（3）中国公民一方居住在国外，一方居住在国内，不论哪一方向人民法院提起离婚诉讼，国内一方住所地人民法院都有权管辖。国外一方在居住国法院起诉，国内一方向人民法院起诉的，受诉人民法院有权管辖。

（4）中国公民在国外但未定居，一方向人民法院起诉离婚的，应由原告或者被告住所地人民法院管辖。

（5）已经离婚的中国公民，双方均定居国外，仅就国内财产分割提起诉讼的，由主要财产所在地人民法院管辖。

案例：旅居美国的中国公民张某，为与居住国内的贺某离婚，向我国法院起诉，同时也向美国法院起诉，在美国法院已作出判决的情况下，我国法院能否就双方离婚事宜作出判决?

解析：在张某未撤回向我国法院起诉的情况下，我国受诉法院得依法作出裁决，不受外国法院受理同一案件和是否作出裁决的影响。

（三）涉外离婚的法律适用

就涉外离婚而言，2011 年 4 月 1 日前，中国公民和外国人离婚适用受理案件的法院所在地法律;[1] 2011 年 4 月 1 日后，根据《法律适用法》的规定，涉外离婚的法律适用可区分为“协议离婚”和“诉讼离婚”两种类型，具体如下：

（1）协议离婚，当事人可以协议选择适用一方当事人经常居所地法律或者国籍国法律。当事人没有选择的，适用共同经常居所地法律；没有共同经常居所地的，适用共同国籍国法律；没有共同国籍国法律的，适用办理离婚

[1] 《中华人民共和国民法通则》第 147 条。

手续机构所在地法律。

（2）诉讼离婚，适用法院地法律。

案例：原告孙某和被告董某于1999年11月22日登记结婚，婚后生育一子。原告孙某于2011年3月赴澳大利亚定居，并于2015年10月加入澳大利亚国籍，被告董某于2012年3月赴澳大利亚定居。2014年2月，原告孙某向澳大利亚联邦巡回法院提出离婚申请，同年5月，澳大利亚联邦巡回法院出具离婚令，裁定原告孙某和被告董某婚姻关系终止。

2014年12月，上海市第二中级人民法院裁定承认上述离婚令中对双方婚姻关系解除条款的效力。现原告孙某向中国法院起诉要求分割夫妻共同财产，双方对于财产分割产生分歧，争议焦点可归纳为法律适用问题以及双方在国外签署的《离婚协议书》是否合法有效。

解析：因本案原告孙某诉讼时为澳大利亚国籍，原、被告居住地均在国外且在国外解除婚姻关系，本案属于涉外民事案件。婚姻关系解除后，原告孙某起诉至中国法院要求分割夫妻共同财产，根据《法律适用法》第27条有关诉讼离婚的规定，“诉讼离婚”包括以诉讼方式解除婚姻关系及诉讼方式分割夫妻共同财产，因此本案应适用中国法律。

关于原告孙某和被告董某在国外签署的《离婚协议书》，根据《法律适用法》第26条有关协议离婚的规定，法院认为，在我国及其他许可婚姻双方协议离婚的国家，协议离婚和诉讼离婚是并行的两种解除婚姻关系的途径，因离婚问题涵盖身份关系的解除以及财产分配、子女抚养等诸多内容，故本条所指“协议离婚”这一冲突规范的适用范围包括协议解除婚姻关系以及协议分割财产、协议子女抚养等问题。就本案所涉《离婚协议书》的效力认定，双方没有协议选择适用的法律，签署协议时没有经常居所地，而签署协议时双方均为中国国籍，故应适用中国法律认定涉案《离婚协议书》的效力。

三、涉外婚姻家庭的法律适用

除上文已提及的涉外结婚和涉外离婚的法律适用外，处理涉外家事案件时也会援引其他冲突规范。为此，我国《法律适用法》第三章“婚姻家庭”还明确了夫妻人身关系、夫妻财产关系、父母子女人身及财产关系等规范，主要内容如下：

（1）夫妻人身关系，适用共同经常居所地法律；没有共同经常居所地的，适用共同国籍国法律。

（2）夫妻财产关系，当事人可以协议选择适用一方当事人经常居所地法律、国籍国法律或者主要财产所在地法律。当事人没有选择，适用共同经常居所地法律；没有共同经常居所地的，适用共同国籍国法律。

（3）父母子女人身、财产关系，适用共同经常居所地法律；没有共同经常居所地的，适用一方当事人经常居所地或者国籍国法律中有利于保护弱者权益的法律。

（4）收养的条件和手续，适用收养人和被收养人经常居所地法律。收养的效力，适用收养时收养人经常居所地法律。收养关系的解除，适用收养时被收养人经常居所地法律或者法院地法律。

（5）扶养，适用一方当事人经常居所地法律、国籍国法律或者主要财产所在地法律中有利于保护被扶养人权益的法律。

（6）监护，适用一方当事人经常居所地法律或者国籍国法律中有利于保护被监护人权益的法律。

第三节　涉外继承

一、涉外继承的法律适用

结合我国法律认定涉外民事案件的标准，涉外继承主要有四种情形：一是主体涉外，如被继承人或继承人是外国人、无国籍人；二是经常居所地涉外，如被继承人死亡时或立遗嘱时的经常居所地在中国境外；三是客体涉外，如涉案继承的遗产（包括动产和不动产）在中国境外；四是与继承相关的法律事实涉外，如被继承人在中国境外死亡、在中国境外订立遗嘱等。

当继承开始时，具有涉外因素的继承案件，就必然会产生法律适用问题。不同于只涉及国内的继承法律关系，涉外继承案件往往需要依据国际私法冲突规范的指引，找到案件应当适用的准据法。各国法律规定的冲突规范一般不会直接明确规定各方当事人的权利义务，只是指明某一涉外民商事法律关系应适用何种实体法的规则；例如《法律适用法》是我国法律规定的冲突规范，在识别具体法律关系的基础上，需要结合冲突规范的指引，确定涉案法律关系应当适用何种法律。《法律适用法》既不属于实体性规范，也不属于程序性规范，系国际私法特有的法律规范。

就涉外继承而言，在2011年4月1日前，中国公民继承在中华人民共和国境外的遗产或者继承在中华人民共和国境内的外国人的遗产，以及外国人继承在中华人民共和国境内的遗产或者继承在中华人民共和国境外的中国公民的遗产，动产适用被继承人住所地法律，不动产适用不动产所在地法律。在2011年4月1日后，《法律适用法》区分“法定继承”“遗嘱方式”“遗嘱效力”等情形，主要内容如下：

（1）法定继承，适用被继承人死亡时经常居所地法律，但不动产法定继承，适用不动产所在地法律。

（2）遗嘱方式，符合遗嘱人立遗嘱时或者死亡时经常居所地法律、国籍国法律或者遗嘱行为地法律的，遗嘱均为成立。

（3）遗嘱效力，适用遗嘱人立遗嘱时或者死亡时经常居所地法律或者国籍国法律。

（4）遗产管理等事项，适用遗产所在地法律。

（5）无人继承遗产的归属，适用被继承人死亡时遗产所在地法律。

案例：被继承人单某为中国公民，其在法国去世并留有自书遗嘱。继承人诉至我国法院处理本案继承事宜，诉讼中各方对于境外形成遗嘱的方式、真伪及效力发生争议，需明确本案的准据法。

解析：我国《法律适用法》第32条、第33条对于遗嘱方式及遗嘱效力的法律适用问题作出了明确规定，本案可适用被继承人的国籍国法律，即中华人民共和国法律。在明确本案准据法的基础上，根据我国法律进一步判定遗嘱的真伪及效力。鉴于被继承人单某在法国形成的自书遗嘱符合我国法律规定，最终法院准予单某甲、单某乙按照遗嘱继承被继承人单某在中国上海的房屋。

二、涉外继承的法律途径

我国法律倡导继承人之间本着互谅互让、和睦团结的精神，协商处理继承问题，如遗产分割的具体方法及份额，可以由继承人协商确定。若继承人之间未能协商一致，则可以由人民调解委员会调解或者向人民法院提起诉讼。❶

继承中国境内或中国境外的遗产主要有三种法律途径：（1）协商交付遗产或办理转移登记手续，如被继承人持有的古董字画，经继承人协商确定分配方案后进行交付；被继承人名下中国境内的房产，因继承取得不动产申请登记的，若不能提供经公证的材料或生效的法律文书，继承人应向办理机构提交其享有继承权的证明文件；（2）办理继承权公证；（3）向法院提起继承诉讼。实践中公证或诉讼是继承境内外遗产的常见方式，相关注意事项简要概述如下。

（一）继承权公证

首先，需要明确我国公证机构是否对涉外继承有管辖权。根据我国公证程序规则，公证事项由当事人住所地、经常居住地、行为地或者事实发生地的公证机构受理。涉及不动产的公证事项，则由不动产所在地的公证机构受理。如我国公证机构有管辖权，还需进一步明确被继承人及遗产的具体情况，判断是否可以出具继承权公证书，参照司法部复函可区分为以下情形❷：

❶ 《民法典》第1132条。

❷ 参见《司法部公证律师司关于涉外遗产继承的公证书如何出具事的复函》（〔85〕司公字第124号）。

（1）中国公民继承居住在国内和国外的中国人或者外国人在境外的不动产、继承居住在国外的中国人或者外国人在境外的动产和继承居住在国外的外国人在境内的动产，都不宜直接出具继承权公证书，可出具国内有关当事人与死者的亲属关系证明书、结婚证明书或者有关当事人的出生证明书，根据被继承人住所地法律或者不动产所在地法律继承遗产。如果被继承人住所地法律和被继承人不动产所在地法律规定，遗产继承适用我国法律，公证处可以根据继承人的申请，为其出具继承权公证书。

（2）如果中国公民继承居住在国内的中国人或者外国人在境外的动产，继承居住在国内的外国人在境内的动产或者不动产，以及继承居住在国外的外国人在境内的不动产，公证处可以根据继承人的申请，并依据我国法律规定，为其出具继承权公证书。

通过上述司法部复函的内容可知，并非只要当事人向有管辖权的公证机构提出公证申请，公证机构就可以受理并办理继承权公证书。由于复函发布的时间较早，实践中办理涉外继承公证须根据现行有效的法律规定确定法律适用问题，继而决定是否可以出具继承权公证书。

此外，办理涉外继承权公证应注意的几个问题主要包括：（1）国内继承人继承国外亲属的遗产，可根据当事人申请，为其办理继承权证明或出生证明、亲属关系证明、婚姻状况证明等，无须要求将国内继承人应得的遗产份额先汇回国内，才为其出具有关公证书；（2）如果国内继承人申请办理放弃继承权的公证，公证处无须要求当事人提供遗产数额、产权证等，更无须要求当事人先把应继承份额调回国内后再给办理放弃继承权公证书。

（二）继承诉讼

根据我国《民事诉讼法》的规定，继承案件属于我国人民法院专属管辖，即由被继承人死亡时住所地或者主要遗产所在地人民法院管辖。若被继承人死亡时住所地和主要遗产所在地不一致的，继承人可以任选其中一个法院提起诉讼；若继承人向两个以上有管辖权的人民法院起诉的，由最先立案的人民法院管辖。如果被继承人死亡时住所地和经常居住地不同，能否参照一般地域管辖的规定，由被继承人经常居住地法院管辖？如何评估涉案遗产价值并确定主要遗产所在地？对此我国法律尚无明确的规定，实践中主要由法院行使裁量权。例如，被继承人遗产分布在不同国家或地区，可以根据各地遗产的数量及价值来确定主要遗产所在地，继而确定管辖法院。

在处理涉外继承案件时，可能会涉及婚姻缔结的效力认定、夫妻财产范围的界定、离婚及共有财产分割、继承人顺序及继承人范围的认定、遗嘱效力的认定等多重法律关系。对此，《最高人民法院关于适用〈中华人民共和国涉外民事关系法律适用法〉若干问题的解释（一）》第10条规定，“涉外民事争议的解决须以另一涉外民事关系的确认为前提时，人民法院应当根据该先决问题自身的性质确定其应当适用的法律”。

案例：被继承人宜先生原为中国籍，2007年9月1日加入澳大利亚国籍，2011年1月28日死亡。被继承人与方女士（澳大利亚国籍）系夫妻关系，被继承人的母亲先于被继承人去世，本案的继承人范围包括：宜甲、宜乙、宜丙、配偶方女士。

涉案遗产位于广州市，继承人宜甲、宜乙、宜丙主张涉案遗产是被继承人的婚前个人财产；继承人方女士则主张适用澳大利亚法律，涉案遗产即使登记在被继承人一人名下，根据《澳大利亚家庭法》也应认定为夫妻共同财产。另，被继承人曾于2009年在广东省广州市南方公证处立有公证遗嘱，明确涉案遗产的分配方案。

解析：被继承人于2011年1月28日去世，且涉案公证遗嘱订立于2009年12月22日，故本案遗嘱继承纠纷发生时间早于我国《法律适用法》实施之日（2011年4月1日）。涉案遗产是否属于夫妻共同财产系本案的先决问题，由于法律关系发生时的法律没有规定夫妻财产关系的法律适用规则，可以参照适用《法律适用法》第24条的规定。本案最终选择适用中国法律，法院认定涉案房屋属于被继承人的个人财产。

就本案遗嘱方式以及遗嘱效力的认定，根据我国《继承法》第36条的规定“不动产适用不动产所在地法律”，适用中国法律。据涉案公证书所载，本案被继承人订立遗嘱时神志清醒，可知被继承人立遗嘱时具有民事行为能力，意思表示真实，且遗嘱内容合法，故法院最终认定被继承人在广州市南方公证处立遗嘱的行为合法有效，并按照遗嘱内容分配涉案遗产。

结合上述案例及解析可知，在确定涉外继承案件的准据法时，首先要对待证事实进行定性，继而将其纳入特定的法律关系。在识别法律关系的基础上，进一步区分该法律关系发生在《法律适用法》实施以前，还是发生在《法律适用法》实施以后。

对于2011年4月1日前发生的涉外民事关系，适用该民事关系发生时的有关法律规定确定准据法；若当时法律没有规定，可以参照适用《法律适用法》。对于2011年4月1日后发生的涉外民事关系，则根据《法律适用法》确定应适用的法律。

本章实务热点问答

一、涉外民事纠纷如何认定经常居所地？

《最高人民法院关于适用〈中华人民共和国涉外民事关系法律适用法〉若干问题的解释（一）》第13条对“经常居所地”进行了解释。结合司法实务，判定民事法律关系主体是否涉外，既看国籍，也看经常居所地，比如，自然人以当事人的国籍和经常居所地为认定标准，法人则以注册登记地和营业所在地为认定标准。在考察自然人的“经常居所地”时，我国采取的是叠加标准，即同时具备“连续居住1年以上”以及“作为其生活中心的地方”才能被认定为当事人的经常居所地。

郭某某、李某某与青岛昌隆文具有限公司股东资格确认纠纷案［（2016）鲁民终2270号案件］是认定“经常居所地”的经典案例，法院认为“连续居住1年以上”并不是指一种绝对连续状态，而是指一种相对持续的居住状态。在居住期间，即使当事人因工作派遣、短期学习、出国旅游、赴外就医等原因导致其不能始终居住在某一地，但只要其居住状态是相对持续的，且达到 1 年以上，并不影响对其经常居所地的判断。而对于“作为其生活中心的地方”的标准，既要注重考察当事人的主观意愿，又要看当事人的客观生活状况，从当事人的主观意愿、家庭生活、社会关系、主要职业、财产状况等方面进行综合考察。

二、“经常居所地”与“经常居住地”有什么区别？

“经常居所地”和“经常居住地”的适用情形不同。“经常居所地”主要用于确定涉外民事关系的法律适用问题，最高人民法院司法解释采取的是一种叠加标准，即包含两个构成要素，一是“连续居住 1 年以上”，二是“作为其生活中心的地方”。而“经常居住地”则主要用于确定案件的管辖权，原告需要根据涉案当事人住所或经常居住地的实际情况，向有管辖权的法院提起诉讼。

另外，“经常居住地”是公民离开住所地至起诉时已连续居住一年以上的地方，但公民住院就医的地方除外，不同于“经常居所地”要求当事人主观上有居住意图，客观上以该地为其生活中心，而且“经常居所地”的除外情形不仅包括就医，还包括劳务派遣、公务等特殊情形。

三、我国法律如何界定“外国人”和“华侨”？

“外国人”是指依照《中华人民共和国国籍法》不具有中国国籍的人。“华侨”是指定居在国外的中国公民。关于“华侨”的界定可参照国务院侨务办公室印发的《关于界定华侨外籍华人归侨侨眷身份的规定》（国侨发〔2009〕5 号），具体包括：（1）“定居”是指中国公民已取得住在国长期或者永久居留权，并已在住在国连续居留两年，两年内累计居留不少于 18 个月；（2）中国公民虽未取得住在国长期或者永久居留权，但已取得住在国连续 5 年以上（含 5 年）合法居留资格，5 年内在住在国累计居留不少于 30 个月，视为华侨；（3）中国公民出国留学（包括公派和自费）在外学习期间，或因公务出国（包括外派劳务人员）在外工作期间，均不视为华侨。

四、中国公民和外籍人士能否在中国驻外使领馆申请办理领事结婚登记？

根据《维也纳领事关系公约》第 5 条第 6 款的规定，中国领事或外国领事执行婚姻登记职务的基本原则是“以接受国法律规章不禁止之规定为限”。若中国同驻在国签署有中外双边领事条约，可参见具体的条款约定，例如《中华人民共和国和阿根廷共和国领事条约》约定“在不与接受国法律规章相抵触的情况下，执行派遣国法律规定的有关民事登记的职务”。

基于中国法律规章不允许中国公民同外国人申请办理领事结婚登记，根据“以接受国法律规章不禁止之规定为限”的原则，中国公民和外籍人士无法通过中国领事或外国领事提出结婚申请。实践中，中国公民和外籍人士可以选择共同到中国内地居民户口所在地的婚姻登记机关办理结婚登记手续，也可以选择向外籍人士居住国主管机关申请办理结婚手续。

五、中国公民和外籍人士能否向中国婚姻登记机关申请办理离婚登记？

根据《婚姻登记条例》，当事人向我国婚姻登记机关申请离婚登记的前提是夫妻双方在中国内地登记结婚，如结婚登记不是在中国内地办理的，我国婚姻登记机关无权受理离婚登记，当事人可通过诉讼途径解除婚姻关系。

六、我国法院能否受理夫妻双方均为外籍人士的离婚诉讼？

我国法院能否受理夫妻双方均为外国籍的离婚诉讼，目前尚无明确的法律规定，而且各地法院的做法存在差异。例如，北京市高级人民法院认为，一方或双方在我国有经常居住地的外国人在中国法院起诉离婚的，应予管辖；上海市高级人民法院则认为，夫妻双方均为外国籍且婚姻关系也在外国缔结，只有在夫妻双方共同选择接受我国法院管辖且确需由我国法院处理时，人民法院才能受理。因此，在承办具体案件时，最好提前了解管辖地法院有关涉外离婚纠纷的立案受理意见。

七、境外形成的文件在中国内地使用需要办理什么手续？

在中华人民共和国领域外形成的身份关系的文件，应当经所在国公证机关证明，并经中华人民共和国驻该国使领馆认证，或者履行中华人民共和国与该国所在国订立的有关条约中规定的证明手续。

在中国香港特别行政区形成的文件，须经司法部委托的香港公证人办理公证，并经中国法律服务（香港）有限公司转递。

在中国澳门特别行政区形成的文件，须经司法部委托的澳门公证人办理公证，并经中国法律服务（澳门）有限公司转递。

在中国台湾地区形成的文件，须经台湾地区法院公证处或民间公证人事务所办理公证并将公证书副本寄送至海基会，再由海基会将公证书副本以公函形式寄往相关省、自治区、直辖市公证协会，经公证协会核验后在中国大陆地区使用。

八、外国法院离婚判决如何在我国产生法律效力?

外国法院的离婚判决在我国并非当然地具有法律效力，需要向我国法院申请承认外国法院的生效判决，由法院裁定是否认可该判决在我国产生法律效力。根据《最高人民法院关于人民法院受理申请承认外国法院离婚判决案件有关问题的规定》，只要夫妻一方为中国公民的，当事人可以向我国法院申请承认外国法院离婚判决的效力。

九、申请承认外国法院离婚判决需要向我国法院递交哪些材料?

向我国法院申请承认外国法院的离婚判决，当事人应当提交书面申请书，并须附有外国法院离婚判决书正本及经证明无误的中文译本。申请书应当载明的事项包括：（1）申请人姓名、性别、年龄、工作单位和住址；（2）判决由何国法院作出，判决结果、时间；（3）受传唤及应诉的情况；（4）申请理由及请求；（5）其他需要说明的情况。

十、我国法院不予承认外国法院离婚判决的情形有哪些?

根据《最高人民法院关于中国公民申请承认外国法院离婚判决程序问题的规定》，外国法院离婚判决具有以下情形之一的，不予承认：（1）判决尚未发生法律效力；（2）作出判决的外国法院对案件没有管辖权；（3）判决是在被告缺席且未得到合法传唤情况下作出的；（4）该当事人之间的离婚案件，我国法院正在审理或已作出判决，或者第三国法院对该当事人之间作出的离婚案件判决已为我国法院所承认；（5）判决违反我国法律的基本原则或者危害我国国家主权、国家安全和社会公共利益。

附　录

法律文书样例

附录1　意定监护协议

意定监护协议（样例）

甲方：　　　　　　　　　　　乙方：

身份证号码：　　　　　　　　身份证号码/统一社会信用代码：

住址：　　　　　　　　　　　住址：

丙方：

身份证号码/统一社会信用代码：

住址：

根据《民法典》等法律法规，甲、乙、丙三方在平等、自愿的原则下订立本协议。

第一条　协议目的

在将来甲方成为无民事行为能力人或者限制民事行为能力人时，乙方应依据本协议成为甲方的监护人，履行法律及本协议赋予的监护职责，保护甲方的人身权利、财产权利及其他合法权益。丙方应监督乙方履行监护职责。

第二条　行为能力

甲、乙、丙三方订立本协议时均具有完全民事行为能力。

第三条　监护人

当甲方成为无民事行为能力人或者限制民事行为能力人时，由乙方作为甲方的监护人，并履行监护职责。

甲方的法定监护人及近亲属不得干涉乙方履行监护职责，并应为其提供必要的帮助和便利。

第四条　监护职责

乙方应当履行的监护职责包括但不限于：

（1）照顾甲方的日常起居，保障甲方的生活质量；

（2）保护甲方的身体健康，保障甲方获得及时、有效的医疗服务；

（3）管理和保护甲方的财产；

（4）代理甲方进行诉讼和非诉讼活动。

乙方具有履行监护职责所需的一切必要权限，同时应做好记录并保存有关单据凭证。

第五条　财产支出

为履行监护职责，乙方有权按照合理、必要的原则支出甲方财产。

乙方管理和支出甲方财产，应做好记录并保存原始单据凭证。

乙方履行监护职责不取得报酬。

第六条　行为禁止

乙方不得为下列行为：

（1）隐匿、挥霍、侵占甲方财产；

（2）使用甲方财产对外借贷、提供担保、投资、购置不必要的物品等；

（3）遗弃甲方；

（4）其他侵犯甲方权益，或者明显超出监护职责的行为。

第七条　监护监督

甲方指定丙方作为意定监护监督人。

乙方在履行监护职责期间，需每月向监督人书面报告甲方身体情况、财产状况、乙方履行职责情况、重大事件等；发生重大事件或紧急事件时，应立即向监督人报告。

丙方有权要求乙方提供履行监护职责所产生的单据凭证以供核查。

乙方未妥善履行职责的，丙方有权进行纠正；乙方有重大失职行为的，丙方有权申请法院撤销乙方的监护人资格，或者由丙方向民政部门等单位反映情况并请求有关单位出面申请人民法院撤销乙方的监护人资格。

第八条　法律责任

乙方未妥善履行监护职责，侵犯甲方合法权益的，应对甲方承担赔偿责任。

第九条　协议解除

甲方成为无民事行为能力人或者限制民事行为能力人之前，甲、乙、丙三方均可书面通知其余两方解除本协议。任何一方通知解除的，本协议对各方均失去约束力。

乙方开始履行监护职责后，乙方、丙方不得解除本协议。

第十条　争议解决

针对本协议产生的任何争议，任何一方都有权向有管辖权的法院起诉。

第十一条　协议生效

本协议一式五份，甲乙丙三方各一份，见证人各一份，每份具有相同的法律效力。

本协议自甲乙丙三方及见证人签署后生效。

（以下无正文）

甲方：　　　　　　　　乙方：

年　月　日　　　　　　年　月　日

丙方：

年　月　日

见证人：　　　　　　　见证人：

年　月　日　　　　　　年　月　日

附录2　医疗预嘱

医疗预嘱（样例）

本人××，年龄××，身份证号码××，住址××。

为了获得有尊严、有质量的生存，本人在意识清醒时立下本医疗预嘱，希望在本人无法为自己做医疗决定时，医疗单位及其医护人员、本人的近亲属能遵照本预嘱采取适当的医疗措施：

一、在本人不可治愈的伤病末期，或本人临终时，本人不希望采取插管、心肺复苏等创伤性抢救措施，不希望使用生命支持系统；

二、我希望在治疗过程中尽量减少不必要的痛苦，包括不采取非必要的检查措施、治疗措施，尤其是基本无助于本人获得有质量的生存状态时；

三、我希望在接受治疗过程中，尽量保持身体干净、舒适；

四、我希望本人在接受治疗、护理时，个人隐私能够得到充分的尊重和保护；

五、我希望我的人体细胞、人体组织、人体器官、遗体能够合法捐献给有需要的人。（我希望我的人体细胞、人体组织、人体器官、遗体不被捐赠。）

本医疗预嘱是本人在具备完全民事行为能力、意识清醒时，经过慎重思考后签署的，是本人的真实意愿，希望得到尊重和执行。

本人的监护人、近亲属应尊重本人的意愿，配合医疗单位和医护人员按照本医疗遗嘱采取医疗措施。

见证人××和××一起在场见证了本医疗预嘱的起草和签署。

预嘱人：

年　月　日

见证人：

年　月　日

见证人：

年　月　日

附录3　人身安全保护令申请书

申请书

申请人：×××，男/女，××××年××月××日出生，×族，……（写明工作单位和职务或者职业），住……。联系方式：……。

法定代理人/指定代理人：×××，……。

委托诉讼代理人：×××，……。

被申请人：×××，……。

……

（以上写明当事人和其他诉讼参加人的姓名或者名称等基本信息）。

请求事项：

……（写明保护申请人人身安全的措施）。

事实和理由：

……（写明有遭受家庭暴力或者面临家庭暴力现实危险的情形以及其他事实和理由）。

此致

××××人民法院

申请人（签名或者盖章）

××××年××月××日

人身安全保护令申请书

申请人：姓名________，性别____，民族____，________年____月____日出生，身份证号码：____________。现在住址：____________________。联系电话：____________。

代为申请机构：

地址：

法定代表人：

经办人：

职务：

委托诉讼代理人：×××，……。

被申请人：×××，……。

……

（以上写明当事人和其他诉讼参加人的姓名或者名称等基本信息）。

请求事项：

……（写明保护申请人人身安全的措施）。

事实和理由：

……（写明有遭受家庭暴力或者面临家庭暴力现实危险的情形以及其他事实和理由）。

此致

××××人民法院

代为申请机构（盖章）：

××××年××月××日

【说明】

1. 本样式根据《中华人民共和国反家庭暴力法》第二十三条、第二十四条、第二十五条、第二十七条制定，供当事人或者其近亲属、相关单位向申请人或者被申请人居住地、家庭暴力发生地的基层人民法院申请人身安全保护令用。

2. 当事人因遭受家庭暴力或者面临家庭暴力的现实危险，可以向人民法院申请人身安全保护令。当事人是无民事行为能力人、限制民事行为能力人，或者因受到强制、威吓等原因无法申请人身安全保护令的，其近亲属、公安机关、妇女联合会、居民委员会、村民委员会、救助管理机构可以代为申请。

3. 申请人身安全保护令应当以书面方式提出；书面申请确有困难的，可以口头申请，由人民法院记入笔录。

4. 本申请书的请求事项可以写明以下人身安全保护令措施：（一）禁止被申请人实施家庭暴力；（二）禁止被申请人骚扰、跟踪、接触申请人和其相关近亲属；（三）责令被申请人迁出申请人住所；（四）保护申请人人身安全的其他措施。

附录4　诉讼离婚民事起诉状

民事起诉状

原告：××××，女，×族，××××年××月××日生，身份证号码：×××××××××，住××××××。联系电话：××××××。

被告：××××，男，×族，××××年××月××日生，身份证号码：×××××××××，住××××××。联系电话：××××××。

诉讼请求：

1. 请求判决原告、被告离婚。

2. 请求判令婚生子××由原告抚养，被告每月支付抚养费1000元，医疗费、教育费各半承担至婚生子××大学毕业。

3. 依法分割夫妻共同财产：位于××市××小区××号楼××单元××室房产一套（价值100万元）、车牌号为××的××牌汽车一辆（价值约8万元）及存于被告名下的银行账户中的现金。

4. 本案诉讼费用由被告承担。

事实与理由：

原、被告于××××年经人介绍相识，××年×月×日在××省××市登记结婚。××年×月×日育有一子××。由于婚前双方缺乏了解，感情基础薄弱，婚后夫妻间经常因琐事争吵。孩子出生后，被告经常半夜归宿，找各种理由与原告争吵。××年×月×日被告更是过分地拿刀威胁原告，要求原告写离婚协议。为避免将事态扩大，原告在被告的逼迫下写了一份离婚协议，后因孩子还小，原告希望孩子能得到母亲的照料而冷淡处理了此次事件。现原被告双方已毫无共同语言，纠纷不断，夫妻感情已彻底破裂，离婚已是不可避免，且双方已经分居。

原告认为，双方已经无和好的可能，为了孩子的健康成长，孩子应由原告抚养，且一并分割共同财产。为维护原告的合法权益，根据《民法典》《民事诉讼法》的相关规定，特向法院起诉，请求法院判如所请。

此致

××人民法院

起诉人（签名）：

××××年××月××日

附录 5　诉讼离婚民事上诉状

民事上诉状

上诉人：××××，男，×族，××××年××月××日生，身份证号码：×××××××××，住××××××。联系电话：××××××。

被上诉人：××××，女，×族，××××年××月××日生，身份证号码：×××××××××，住××××××。联系电话：××××××。

上述请求：

1. 撤销一审第二项判决，改判婚生子×××由上诉人×××直接抚养，被上诉人每月月底前支付生活费×××元直至婚生子独立生活时止，其间教育费、医疗费由上诉人、被上诉人凭有效票据各半负担。

2. 二审诉讼费由被上诉人承担。

事实与理由：

1. 判婚生子×××上诉人×××直接抚养更适宜。第一，被告方经济实力更为雄厚，能够为婚生子×××提供更为良好的教育和生活环境。被告方学历高，且有体面稳定的高收入工作，原告方受教育水平较低，长期处于无业状态，经济能力极其有限。无论是从婚生子×××教育和生活条件来看，都难以保障婚生子×××的健康成长。第二，婚生子×××更喜欢和被告一起生活，且婚生子长期和被告母亲生活在一起，与被告方感情更为深厚。

2. 一审法院回避了上诉人×××探视权的判决。假定一审法院判决“婚生子×××由原告×××直接抚养”更有利于其成长，但对被告×××的探视权的具体探望方式、时间等并未明确，仅表述为“由原、被告自行协商确定”，难以保障上诉人的探视权。

综上，请求二审法院考虑婚生子×××的健康成长，改判如上诉请求。

此致

××人民法院

上诉人（签名）：

××××年××月××日

附录6　查证存款：律师调查令申请书（以陕西为例）

律师调查令申请书

当事人：王××

申请人：张律师，×××律师事务所律师，律师执业证号××××××××××××××

李律师，×××律师事务所律师，律师执业证号××××××××××××××

配合调查单位：

××银行×××××××××支行。

请求事项：

原告王××与被告陈××（20××）陕××××民初字第×××××号离婚纠纷一案，当事人及诉讼代理律师不能自行收集下列证据材料，特请求贵院签发调查令，由申请人向配合调查单位调取下列证据材料。

申请调查的证据材料及申请理由：

至××银行×××××××××支行调取陈××名下账号为×××××××××××××××××的账户自开户至今的银行存款及交易明细。

由于涉及离婚财产分割、子女抚养及抚养费的确定等问题，现需调查陈××名下银行账户的存款及交易明细，上述信息对于案件事实查明具有重要影响，上述交易信息需持令才可调取，当事人与申请人因客观原因不能自行收集此证据，特申请调取。

此致

西安市××人民法院

申请人：

×××律师事务所

年　月　日

附录 7　财付通公司律师调查令调证指引

<table>
<tr><th colspan="3">律师调查令调证指引</th></tr>
<tr><td>材料</td><td colspan="2">打印版律师调查令原件＋律师证复印件</td></tr>
<tr><td rowspan="5">适用地域</td><td colspan="2">目前部分省、自治区、直辖市高级人民法院或联合其他部门发布了关于本辖区内各级法院适用律师调查令制度的实际意见或规定，具体地区有：广东、北京、上海、天津、重庆、江苏、浙江、福建、河南、湖南、贵州、四川、安徽、新疆、青海、湖北、陕西、辽宁、河北。
执业律师持以上地区各级法院（辽宁、陕西、河北除外）开具的律师调查令，在有效期内可以来我司临柜办理业务。</td></tr>
<tr><td colspan="2">关于辽宁、河北、陕西三省律师调查令制度的提示</td></tr>
<tr><td>辽宁</td><td>《辽宁省高级人民法院关于在民事诉讼中实行律师调查令的若干指导意见（试行）》第二条第二款：辽宁法院签发的律师调查令仅适用于辽宁省境内。</td></tr>
<tr><td>河北</td><td>河北省高级人民法院、河北省司法厅《关于执行程序中适用律师调查令的若干规定（试行）》第十五条：本规定适用范围为调查取证对象属于我省管辖的自然人、法人和其他组织或者其住所在我省的自然人、法人和其他组织。</td></tr>
<tr><td>陕西</td><td>第三条：律师接受委托办理民事诉讼（含申请执行）业务，因客观原因不能自行向省内各级法院、检察院和各级政府的教育、科技、公安、民政、司法行政、人社、自然资源、住建、商务、卫健、市场监管、知识产权等职能部门及税务、海关等单位收集、调取与代理的民事诉讼案件有关的下列证据材料时，可以向其所代理诉讼案件的受理法院申请律师调查令。（陕西高法〔2020〕31 号）</td></tr>
</table>

续表

办理方式	律师人数	至少一名执业律师上门办理
	接待地址	深圳市南山区深南大道 9996 号松日鼎盛大楼裙楼一层法务部司法协查中心
	联系方式	电话：0755 -86013676，邮箱：fayuan@ tentcent. com
	回函说明	涉及不同公司调证业务将分别复函，复函会邮寄至法院
敬请注意	调查令格式要求请参照各地发布的关于律师调查令的相关规定明确的文本格式（注明案号/调查令编号、律师姓名、律师执业证号、律所名称、接受调查单位、明确而具体的调查事项，调查令有效期，法院联系人、电话和地址），律师调查令不能手写修改。	

如上述调证说明，因陕西、辽宁、河北三个省份的高院出具的调查令相关规定，这三个省份的当事人如果需要调取微信流水，必须由法院向财付通公司发函调取。

附录8　查证房产：住房情况查询申请表（以西安和海口为例）

1. 西安市文本

西安市住房情况查询申请表

申请人：王××，××××××××××××××××××（身份证号码）

被查询人姓名	证件类型	证件号码	
陈××	身份证	××××××××××××××××××	
查询用途		联系电话	
本人承诺以上申请情况属实，所提交材料真实有效，按申请有所载的查询用途合法使用，由此引起的法律责任，由本人承担。			
申请人签字		查询日期	

西安市住房情况查询结果证明

查询编号：××××××××

依申请人填写《西安市住房情况查询申请表》所载明的查询条件，通过西安不动产登记信息系统查询，其查询结果如下：

权利人	证件号码	坐落	合同号	不动产权证号	房屋用途	建筑面积（平方米）	共有方式
陈××							

本次查询范围：西安市城六区（新城区、碑林区、莲湖区、雁塔区、灞桥区、未央区）、高新技术产业开发区、经济技术开发区、曲江新区、浐灞生态区、航空基地区内国有土地上房屋。

西安市不动产信息档案管理中心（盖章）

××××年××月××日

备注：

1. “/”代表查询无结果；

2. 查询结果与实际权利不符请到窗口核查，如隐瞒不报或提供虚假信息的，使用该证明引起的全部法律责任由申请查询人自行承担；

3. 申请人对查询结果负有保密义务；

4. 本证明仅为西安市不动产登记信息管理平台查询时间点的不动产登记状况。

2. 海口市文本

不动产登记信息查询情况说明

<table>
<tr><td colspan="3">权利人</td><td colspan="3">陈××</td><td colspan="2">共有方式</td><td colspan="2">单独所有</td></tr>
<tr><td colspan="3">证件类型</td><td colspan="3">身份证</td><td colspan="2">证件号码</td><td colspan="2"></td></tr>
<tr><td colspan="3">不动产证号</td><td colspan="3"></td><td colspan="2">登记时间</td><td colspan="2"></td></tr>
<tr><td colspan="3">产别</td><td colspan="3">其他房产</td><td colspan="2">权利性质</td><td colspan="2">出让/市场化商品房</td></tr>
<tr><td>房屋坐落</td><td colspan="9">海口市×××路××号××××小区×号楼×层××号房</td></tr>
<tr><td>幢号</td><td>房号</td><td>房屋结构</td><td>所在层</td><td>总层数</td><td>建筑面积</td><td>套内面积</td><td>土地分摊面积</td><td>规划用途</td><td>房屋状态</td></tr>
<tr><td>×</td><td>××</td><td>钢筋混凝土结构</td><td>×</td><td>××</td><td>142</td><td>117</td><td>/</td><td>住宅</td><td>查询到现房无抵押，现房无查封，期房无抵押，期房无查封，现房无异议，现房无限制等记录</td></tr>
<tr><td colspan="2">附记</td><td colspan="8"></td></tr>
</table>

查询机构（盖章）：

查询时间：××××年××月××日

申明

1. 本人已详细阅读并对比了以上身份信息，不存在错误及遗漏现象。
2. 本人保证出具证明过程中提供的要件真实有效。
3. 若与事实不符，本人愿承担由此引发的一切责任。

申请人（签名）：
申请日期：

附录9　员工配股企业的股份查证：协查函（以华为公司为例）

西安市××区人民法院

协　查　函

（20××）陕××××民初××××号

华为技术有限公司：

我院受理××与××离婚纠纷一案，根据《中华人民共和国民事诉讼法》第六十七条的规定，向你单位查询如下证据：

西安华为技术有限公司员工××（身份证号码：××××××××××××××××××）自20××年××月××日至20××年××月××日持有内部股的股票数量和对应价值等持股信息及工资、奖金、分红、年终奖等费用发放明细。

西安市××区人民法院

××××年××月××日

法院联系人：

联系电话：

收件地址：

附录10　深圳市财产申报告知书

深圳市××区人民法院

离婚财产申报告知书

为平等保障离婚诉讼当事人的权利，防止并遏制离婚诉讼当事人转移夫妻共同财产的行为，离婚诉讼当事人应如实申报夫妻共同财产，相关要求告知如下：

一、财产申报的范围和流程

• 适用情形

离婚诉讼中涉及财产分割的，夫妻双方当事人均须填报《离婚财产申报表》。

• 申报时间

原告、被告（或上诉人、被上诉人）自收到本告知书之日起，至人民法院指定的财产申报期限截止之日止。经人民法院同意，申报期限可予以延长。

• 申报内容

婚后取得的所有财产、权益等夫妻共同财产，具体包括：（1）工资、住房公积金、奖金、津贴、补贴等收入；（2）土地、房产等不动产；（3）车辆、贵重私人物品等价值较大动产；（4）银行存款；（5）租金、政府津贴、农村集体组织红利等生产、经营性收益；（6）股权及其收益；（7）股票、基金等有价证券；（8）投资型保险；（9）知识产权的收益；（10）继承或赠与所得的财产，但遗嘱或赠与合同中确定只归夫或妻一方的财产除外；（11）其他依法属于夫妻共同财产的财产或权益。

同时还须申报：（1）债权债务；（2）婚前购买，婚后还贷的动产或不动产；（3）其他登记于一方名下或由一方持有、保管的，双方对于是否属于夫妻共同财产有争议的财产或权益。

● 申报要求

（1）夫妻双方须分别填写申报；申报必须真实、全面、不得隐瞒或遗漏。

（2）提交申报表时应当提交相应的证据，如劳动合同、工资收入证明、房地产权属登记证明、房屋（车辆）贷款合同、银行存款明细等。

（3）如表格空间不够，应另附纸张补充一并提交。相关证据应与本表格同时在人民法院指定期限内提交一式两份，人民法院附卷一份，另一份送达给对方当事人。

二、未如实申报的法律后果

● 人民法院查实存在故意隐瞒、不完整申报等未如实申报情形的，可以用《中华人民共和国婚姻法》第四十七条（现为《民法典》第一千零九十二条）的规定判决其少分或不分该财产；

● 以上未如实申报情形如构成妨害民事诉讼行为的，人民法院可依法对该当事人予以罚款、拘留，构成犯罪的，依法追究刑事责任；

● 涉夫妻共同财产分割诉讼终结后，如一方发现对方在本案中未申报财产，可依法另行起诉要求分割。在处理该财产时，如人民法院查实存在未如实申报夫妻共同财产的情形的，经核实存在故意或重大过失的，可判决未申报方少分或不分该项财产。

本人已阅读并了解上述告知事项，并保证依法如实申报财产。

当事人签名：

日　　期：

财产申报表事项包括：

一、填报人的基本情况

姓名		性别		出生日期	
职业		结婚日期		是否初婚	
子女情况	子女姓名	子女性别	子女出生日期	子女就读或就业情况	

二、工资、住房公积金、奖金、津贴、补贴等状况（近三年来）

项目	年份	年份	年份
工资			
住房公积金			
奖金			
津贴			
补贴			
其他			

三、财产、权益状况

（一）土地、房产等不动产（附产权证明、使用权证明等）

编号	地址或方位	取得时间和方式	权属登记编号、登记人	不动产性质、建筑面积	取得时价值	有无按揭	自估现价

（二）车辆（附行驶证等权属证明）

编号	登记车主	品牌型号 及车牌号码	取得时间 和方式	取得时价值	有无 按揭	自估 现价

（三）贵重私人物品等价值较大动产（珠宝首饰、古玩字画等）

编号	物品名称、品牌、型号	取得时间和方式	取得时价值	自估现价

（四）银行存款

编号	开户银行	账户号码	账户余额

（五）租金、政府津贴、农村集体组织红利等生产、经营性收益

编号	名称	单次领取金额	取得期间	余额	用途、去向

（六）股权及其收益、其他投资企业情况（附工商登记查询结果、股东信息等）

编号	企业名称	注册时间	注册资本	持股比例 和持股数量	现总资产

（七）股票、基金等有价证券

编号	证券公司名称	账户编号	持有数量	现值

（八）投资型保险

编号	保险产品	保单号	保险公司名称	到期日	累积缴纳保费、 投资金

（九）知识产权的收益、继承或赠与所得财产等其他财产情况

四、其他须申报的内容

（一）债权

编号	债权人	债务人	金额	发生时间	备注

（二）债务

编号	债权人	债务人	金额	发生时间	备注

（三）婚前购买、婚后还贷的动产及不动产

编号	地址或方位	权属登记情况、取得时间及方式	取得时价值及首付款金额、支付时间	贷款金额	婚前还贷期间和金额	婚后还贷期间和金额	自估现价

（四）其他填报人认为有争议的财产或权益

编号	财产名称	权属证明	取得时间和方式	取得时价值	自估现价

附录 11　关于员工持股查询结果的回函（以华为公司为例）

回　函

西安市××区人民法院：

根据贵院（20××）陕××××民初××××号《调查函》的要求，现就××（身份证号码：××××××××××××××××××）的情况回复如下：

一、20××年××月××日至20××年××月××日的工资（含项目奖、TUP 收益）发放明细（单位：人民币元）：

发薪月份	标准工资	项目奖	TUP 收益	税后实发

注：TUP 不需要员工投资购买，没有对应的价格和价值，5 年后自动失效，TUP 年度收益随奖金或工资合并计税发入。

二、××自20××年××月××日至20××年××月××日的虚拟受限股以及分红情况：

截至20××年××月××日，××的虚拟受限股数为××××××股，20××年的股值为人民币×××××××××元（税后）

20××年××月××日至20××年××月××日的购股和分红情况如下表：

年份	配股股数	购股本金	分红 （人民币元）	分红发放 时间

三、××自20××年××月××日至20××年××月××日的年度奖金情况（单位：人民币元）：

20××年度 奖金税后	20××年度 奖金税后	20××年度 奖金税后	20××年度 奖金税后
××××××元	××××××元	××××××元	××××××元
发放日期	发放日期	发放日期	发放日期

四、××自20××年××月××日至20××年××月××日的发薪账户情况：

开户行：××银行××分行××支行

账号：×××××××××××××××××××××××××

户名：××

附录 12　收养协议

收养协议

送养人：________，男，________年____月____日出生，身份证号码：______________________，籍贯____，住址__________________________。

收养人 1：________，男，________年____月____日出生，身份证号码：______________________，籍贯____，住址__________________________。

收养人 2：________，女，________年____月____日出生，身份证号码：______________________，籍贯____，住址________________，为____妻子。

被收养人：________，男，系送养人________之子，________年____月____日出生。

送养人、收养人双方经协商，并征得被收养人同意（被收养人八周岁以上），根据《民法典》有关规定，达成如下收养协议：

一、送养人________送养儿子（女儿）________的原因：________的母亲已故，本人又重度残疾，体弱多病，无力照顾和教育好________，而且家中亦无其他亲人能照看孩子，因而只好将孩子送养他人，使其有一个更好的生活、学习和成长环境。

二、抚养义务：收养人________、________保证在收养期间，尽到抚养被收养人________的义务。

三、免打扰义务：收养关系成立后，非因家庭重大变故等特殊情况，送养人不得前来打扰收养人和被收养人的正常生活。

四、保密义务：为降低收养对被收养人________的负面影响，送养人、收养人任何一方不得将收养情况透露给近亲属之外的他人，为孩子充分融入新家庭创造有利条件。

五、姓氏问题：送养人同意被收养人在收养关系成立后改收养人1的姓氏，但名不变。

六、协助变更户籍义务：如有需要，送养人应当无条件配合收养人为孩子变更户籍。

七、遵守送养、收养承诺：协议生效后，非因极为特殊事由（指遇到重大事故无力抚养或当事人死亡等特殊情况），送养人不得随意领回孩子，收养人也不得随意找理由拒绝收养。

八、违背本协议的法律责任：

1. 如果被送养人________现时存在重大疾病或重大生理缺陷，送养人不得隐瞒，须如实相告。收养关系成立后六个月内，如果收养人发现被送养人身体上存在固有重大疾病或重大缺陷，收养人有权解除收养关系。

2. 如果送养人随意接回孩子或私下带走孩子或在孩子成年后教唆孩子返回的，送养人必须补偿收养人在收养期间对被收养人所花费的生活费、教育费等所有费用，并赔偿相应的精神损失。

本协议一式二份，送养人、收养人各执一份；本协议自收养登记之日起生效。

送 养 人：（签字、按印）________，　　年　月　日

收 养 人：（签字、按印）________，　　年　月　日

收 养 人：（签字、按印）________，　　年　月　日

被收养人：（签字、按印）________，　　年　月　日

附录 13　解除收养关系协议书

1. 被收养人年满 18 周岁的样张

解除收养关系协议书

收养人________，男，____族，身份证号码____________________，职业：________健康状况________

收养人________，女，____族，身份证号码____________________，职业：________健康状况________

被收养人________，男（女），____族，身份证号码________________，职业：________健康状况________

于________年____月____日在________依法办理收养登记，收养证字号________收养未成年人（男、女），后取名为________。从此，________与________、________夫妇成立了养子（女）与养父母关系。因____________________________养父母与养子（女）关系恶化、无法共同生活，双方收养关系形同虚设，现经协商自愿达成解除收养关系协议。

协议事项：

依据《民法典》的有关规定，收养人与被收养人协议如下：

一、收养人________、________与被收养人________经协商一致同意自愿解除双方间的收养与被收养关系，并共同到民政部门解除收养关系手续。

二、解除收养关系后，双方互不干涉各自的事务，养子女与养父母之间的权利、义务关系即行消除，与其他收养人近亲属之间的权利、义务关系也即行消除。(与生父母的权利、义务关系是否恢复自己协商确定。)

三、双方在收养关系存续期间没有共同债权，也没有共同债务。（双方在收养关系存续期间和解除收养关系后的财产已经法院判决后理顺，个人债务均由各自承担，与对方无关。)

四、被收养人自愿补偿收养人在收养关系存续期间所付出的抚养费人民币________元。（被收养人成年后，因虐待遗弃收养人而要求解除收养关系的。)

五、被收养人自愿补偿收养人生活费每月（年）人民币________元，直至终老。(收养人年迈缺乏劳动能力又缺乏生活来源的。)

六、自签订本协议之日起，被收养人对原收养家庭中可以享有的权利和财产不主张权利。

七、收养人与被收养人再无其他争议。

本协议一式三份，协议人各一份，民政部门存档一份。自当事人签字按手印并经收养登记机关颁发《解除收养关系证》后生效。

被收养人:(签字并手印）________，年　月　日
收 养 人:(签字并手印）________，年　月　日
收 养 人:(签字并手印）________，年　月　日

2. 被收养人未成年的（生父母送养）样张

解除收养关系协议书

收养人________，男，____族，身份证号码____________________，职业：________健康状况________

收养人________，女，____族，身份证号码____________________，职业：________健康状况________

送养人________，男，____族，身份证号码____________________，职业：________健康状况________

送养人________，女，____族，身份证号码____________________，职业：________健康状况________

于________年____月____日在________依法办理收养登记，收养证字号________收养未成年人（男、女），身份证号码____________________，后取名为________从此，________与________、________夫妇成立养子女与养父母关系。因______养父母与养子女无法共同生活，不利于养子女健康成长，现经协商收养人与送养人自愿达成解除收养关系协议。

协议事项：

依据《民法典》的有关规定，收养人与送养人协议如下：

一、收养人________、________与送养人________、________经协商一致同意自愿解除双方间的收养与送养关系，并共同到民政部门解除收养关系手续。

二、解除收养关系后，养子女与养父母之间的权利、义务关系即行消除，与其他收养人近亲属之间的权利、义务关系也即行消除。被收养人与生父母间的权利、义务关系自动恢复。

三、送养人自愿补偿收养人在收养关系存续期间所付出的抚养费人民币________元。（生父母要求解除收养关系的或收养人因故没有能力继续抚养被收养人的情况。但收养人虐待被收养人的不能得到补偿。)

四、自签订本协议之日起，被收养人对原收养家庭中可以享有的权利和财产不主张权利。

五、收养人与送养人再无其他争议。

本协议一式三份，收养人、送养人各一份，民政部门存档一份。自当事人签字按手印并经收养登记机关颁发《解除收养关系证》后生效。

收 养 人：(签字并手印) ________， 年 月 日

收 养 人：(签字并手印) ________， 年 月 日

送 养 人：(签字并手印) ________， 年 月 日

送 养 人：(签字并手印) ________， 年 月 日

被收养人（年满八周岁）：(签字并手印) ________， 年 月 日

3. 被收养人未成年的（福利院送养）样张

解除收养关系协议书

收养人________，男，____族，身份证号码________________，职业：________健康状况________

收养人________，女，____族，身份证号码________________，职业：________健康状况________

送养人：××市福利院

于________年____月____日在________依法办理收养登记，收养证字号________收养未成年人（男、女），身份证号码____________________，后取名为________。从此，________与________、________夫妇成立养子与养父母关系。因__________________________养父母与养子女无法共同生活，不利于养子女健康成长，现经协商收养人与送养人自愿达成解除收养关系协议。

协议事项：

依据《民法典》的有关规定，收养人与送养人协议如下：

一、收养人__________、__________与送养人××市福利院经协商一致同意自愿解除双方间的收养与送养关系，并共同到民政部门解除收养关系手续。

二、解除收养关系后，养子女与养父母之间的权利、义务关系即行消除，与其他收养人近亲属之间的权利、义务关系也即行消除。

三、××市福利院依据相关规定继续实行被收养人的监护权利和职责。

四、送养人不对收养人在收养期间支出的生活费和教育费进行补偿。

五、自签订本协议之日起，被收养人对原收养家庭中可以享有的权利和财产不主张权利。

六、收养人与送养人再无其他争议。

本协议一式三份，收养人、送养人各一份，民政部门存档一份。自当事人签字按手印并经收养登记机关颁发《解除收养关系证》后生效。

收 养 人：（签字并手印）________，　　年　月　日

收 养 人：（签字并手印）________，　　年　月　日

送 养 人：（公　　章）________，　　年　月　日

被收养人（年满八周岁）：（签字并手印）________，　　年　月　日

附录14　自书遗嘱

遗　嘱（自书）

立遗嘱人：×××，女，居民身份证号码×××××××××××。

我，×××，现因本人年事渐高，希望提早对名下个人财产做个安排以防范风险，趁神志清楚，经慎重考虑自愿订立遗嘱如下：

一、财产及债务情况

坐落于××市××区××路××号××小区×幢×单元×室房屋［房屋所有权证号码：×房权证×移字第×号；建筑面积：×平方米］系我和配偶××婚姻存续期间购买，房屋所有权属我和配偶××共同共有。

……

二、财产及债务安排

在我去世后，上述……中属于我的部分，由儿子×××继承；……

三、特别声明

我于××××年×月××日出生，从未患过精神类疾病，现头脑清醒。

我的家庭情况为：父亲×××，已于××××年×月××日去世；母亲×××，现居住在……；我和××系原配夫妻，我们共生育一子×××。我对此情况已予以考虑。我去世之时，如存在缺乏劳动能力又没有生活来源的继承人，则依照法律规定为他们保留必要遗产，其余部分按本遗嘱执行。

以上为我的真实意思表示，口说无凭，立此遗嘱为证。望大家能够尊重本人遗愿，和睦相处。

立遗嘱人：

立遗嘱时间：

附录 15　遗赠扶养协议

遗赠扶养协议

甲方（遗赠人、被扶养人）：某某某，男，××××年××月出生，住址：××，居民身份证号码：×××

乙方（受赠人、扶养人）：某某，男，××××年××月出生，住址：××，居民身份证号码：×××

经甲乙双方协商一致，甲方愿意将本协议第一条中所有个人财产遗赠给乙方，并由乙方承担生养死葬的扶养义务；乙方愿意承担甲方生养死葬的扶养义务，并愿意接受甲方遗赠的财产。为此，双方在自愿平等的基础上达成如下协议，双方共同遵守：

第一条　甲方所有的如下个人财产在甲方去世后赠与乙方

1. 房产

2. 其他财产

第二条　乙方扶养义务的确定

乙方负责甲方的衣食住行、医疗、养老等扶养义务，在生活上照顾、经济上帮助、精神上慰藉甲方，并在甲方死后进行安葬。具体：

1. 衣食住行

2. 医疗

3. 安葬

4. 其他

第三条 遗赠财产的保管、管理和维护责任

甲方应对遗赠遗产进行维护和保管，不得单方处置第一条约定的财产。遗赠财产损坏或甲方单方处置给第三方，乙方有权要求甲方赔偿，不予赔偿的，乙方有权解除协议，并要求甲方返还支付的扶养费用。

第四条 遗赠财产所有权的转移

乙方在甲方生前不得转移、处置甲方个人财产，否则甲方有权解除协议；乙方应在甲方去世后30天内办理财产所有权转移手续。

第五条 协议解除及违约责任

双方协商一致，可以解除该协议；一方无正当理由不履行协议，另一方可以解除。

乙方无故不履行扶养义务导致协议解除的，不得享有受遗赠的财产，已支付的扶养费用不予退回。

第六条 本协议自签订之日起成立并生效。

第七条 本协议一式三份，甲乙双方各一份，见证人一份。

甲　方（签字或捺印）：____________

乙　方（签字或捺印）：____________

见证人（签字或捺印）：____________

日　　　　　　　期：____________

附录 16　香港婚姻登记证明书

婚姻登记证明

兹证明：

根据香港大会堂婚姻登记处于××年××月××日发出登记编号第××××××号结婚证书，×××先生和×××女士于××年××月××日在香港登记结婚。

附件：

1. 香港结婚证书（登记编号第××××××号）复印件；
2. 申请人×××先生持有的美国护照（照片页）复印件；
3. 申请人×××女士持有的香港身份证复印件。

中华人民共和国司法部委托香港律师办理内地使用的公证文书 **转递专用章** ———★——— 中国法律服务（香港）有限公司 ＊＊＊＊第＊＊＊＊＊＊号 日期：××年××月××日

证明人：×××（签署）

证明人身份：中国委托公证人及香港律师

日期：××年××月××日

附录 17　香港婚前协议

PRE – NUPTIAL AGREEMENT

THIS AGREEMENT is made between A and B on the date of……．

DEFINITIONS

“Hong Kong” means Hong Kong Special Administrative Region or Hong Kong SAR.

……

WHEREAS

A and B are entering into this Agreement freely and voluntarily and without any fraud, menace, undue influence or duress or pressure of any kind that might enable this Agreement to be set aside, whether from the other or from any third party or from the circumstances or otherwise and neither has suffered inequality of bargaining power.

……

AGREEMENT

In consideration of the Marriage, A and B mutually covenant and agree with each other as follows：

Article 1：

……

Article 10：General provisions

This Agreement, with its Schedules, constitutes the entire agreement and understanding between A and B.

……

Article 16：Governing law

This Agreement shall be governed by and construed in accordance with the laws of Hong Kong.

SIGNED SEALED AND DELIVERED by A

SIGNED SEALED AND DELIVERED by B

Dated day of

附录 18　台湾地区公（认）证书核对证明

台湾地区公（认）证书核对证明

×公协核字第×××××号

兹证明×××持有的台北公证机构出具的（××××）北院民公敏字第×××××号公（认）证书正本与通过海基会海月陆（法）公认字第×××××号函附寄来的公（认）证书复本内容相符。

××市公证协会（盖章）

××年××月××日

附录 19　承认外国法院判决申请书

申请书

申请人：×××，女/男，××××年××月××日，身份证号码：××××××××××××××××××××，住××市×××，联系方式：××××××××××××。

被申请人：×××，女/男，××××年××月××日，身份证号码：××××××××××××××××××××，住××××，联系方式：××××××××××××。

申请事项：申请承认××××法院于××年××月××日作出的×××××××号判决。

事实与理由：

申请人与被申请人于××年××月××日在×××办理结婚登记。因夫妻感情破裂，双方于××年××月××日经何国或何地法院判决离婚，该判决已于××年××月××日生效。（根据案件情况，说明受传唤及应诉情况，以及其他需要向我国法院说明的其他情况。）

根据《中华人民共和国民事诉讼法》及相关法律规定，申请人向贵院提出上述申请，确认申请人与被申请人婚姻关系解除的法律效力。

此致

××××市中级人民法院

申请人签名：

年　月　日

附：××××法院×××××号判决书及其中文译本。